税收筹划实务操作丛书

现代服务业财税筹划实务

庄粉荣　主编

中国经济出版社
CHINA ECONOMIC PUBLISHING HOUSE
北　京

图书在版编目（CIP）数据

现代服务业财税筹划实务/庄粉荣主编
北京：中国经济出版社，2011.1
（税收筹划实务操作丛书）
ISBN 978-7-5017-9964-0
Ⅰ.①现… Ⅱ.①庄… Ⅲ.①服务业—税收筹划—中国 Ⅳ.①F812.42

中国版本图书馆 CIP 数据核字（2010）第 085937 号

责任编辑　邓嫒嫒
责任审读　贺　静
责任印制　张江虹
封面设计　华子工作室

出版发行　中国经济出版社
印 刷 者　北京市昌平区新兴胶印厂
经 销 者　各地新华书店
开　　本　710mm×1000mm　1/16
印　　张　21.75
字　　数　320 千字
版　　次　2011 年 1 月第 1 版
印　　次　2011 年 1 月第 1 次
书　　号　ISBN 978-7-5017-9964-0/F·8367
定　　价　38.00 元

中国经济出版社　**网址**　www.economyph.com　**社址**　北京市西城区百万庄北街 3 号　**邮编**　100037
本版图书如存在印装质量问题，请与本社发行中心联系调换（联系电话：010-68319116）

　服务热线：010-68344225　88386794

总 序

一、财税筹划的必要性

税收筹划在我国作为一门新兴学科，属于理财领域的一个分支，具有很强的实用性，可以给投资人带来实际的经济效益，在我国有着广泛的发展空间。为了帮助纳税人规避涉税风险，笔者通过十多年的财税咨询实践，并于1998年归纳和总结出税收筹划理论。

税收筹划是纳税人在现行税制条件下，通过充分利用各种有利的税收政策，适当安排投资行为和生产经营业务流程，通过合理的财务协调和有机的会计处理，巧妙地安排纳税方案，在合法的前提下，以实现税后利益最大化为目标的涉税经济行为。

税收筹划的主体是纳税人，税收筹划的客体是各项涉税行为，税收筹划的重点环节是企业的生产和经营业务流程，税收筹划的目标在于追求税后利益的最大化。

为什么说税收筹划不仅仅是人们通常所想象的那样想尽办法“少缴点税”呢？这是因为：

税收筹划必须以依法治税为前提。国家征税是强制的、无偿的，但在具体的税收行为中，国家为了鼓励某项产业、某项事业的发展，依据现实的客观条件，从有利于发展的目标出发，制定出一些优惠政策，这就给予了纳税人一定的筹划权利，为纳税人实施税收筹划提供了操作空间，使税收筹划的具体运作成为可能。从某种意义上讲，纳税人筹划税收的权利是派生的，是有条件的，即税收筹划必须在税法规定许可的范围内，充分运用纳税人的权利，依据税法中“应该”、“不应该”，“允许”、“不允许”，“可以”、“不可以”的规定来具体地进行操作实施。

税收筹划必须遵循经济原则。众所周知，对于纳税人来说，税收筹划的根本目的就是节约成本，增加投资收益。因此其操作必须遵循经济原则，选择最佳的纳税方案，达到合理赋税的目的。也就是说，税收筹划需要与投资人的其他生产要素结合起来考虑和筹划，有时税收成本与其他费用的发生往往会此消彼长，如果因为通过筹划节约了税收支出，而增加了其他费用的支出，并且其他费用的增加额大于税收成本的下降额，对于接受服务的投资人而言，也是不经济的。

税收筹划必须有效。在税收法律关系中，国家和纳税人的权利和义务关系是不对等的，纳税人只有在依法纳税之后才获得与之相关的权利。所以我们说，税收征收是必然的，纳税人所实施的税收筹划，只有在获得税务机关认可的前提下，才可能获得筹划效益。对税务机关来说，一方面依法征税是其自身的权力，一方面为纳税人提供优化服务，帮助纳税人实施税收筹划，也是其自身应尽的责任；对纳税人来说，依法纳税是其应尽的义务，而通过合法途径进行税收筹划，利用合法手段保护自己，也是自己应享受的权益。

可见，税收筹划是有限度的，也是有一定条件的，并不是随随便便就可以任意运作的，是在不违反现行法律法规的前提下进行的，应合理合法，在进行税收筹划时，要以《中华人民共和国税收征收管理法》以及现行的各种税收法规为依据，任何违背税收筹划合法性原则的活动，都不能算做是税收筹划，而且也是行不通的。

二、本套丛书的主要特色

我国目前正处于一个大变革的时代，虽然已经基本完成了从计划经济向市场经济的过渡，但是，有关法律体系还处于进一步完善的过程中。在最近的五年里，财务、会计和税收体系都在发生着很大的变化，特别是2008年和2009年，我国企业所得税完成了两税合一、增值税实现了转型。为了适应这种变化，完善相应的法律体系，直到2009年12月31日，有关企业所得税的配套政策才基本出齐。也正因为如此，市面上有关理财、理税和税收筹划方面的书籍也难觅踪影。广大投资人、企业经营管理者和财务会计人员急切期望有一套从实际操作的角度分析和解读在新税法基础上的税收筹划读物。为了满足广大读者的要求，笔者推出这套丛书，包括：《房地产企业财税筹划实务》、《现代服务业财税筹划实务》、《制造企业财税筹划实务》、《货物销售活动财税筹划实务》、《税收优惠政策利用筹划实务》、《企业所得税操作实务》。其中，《现代服务业财税筹划实务》专题研究服务行业的涉税风险规避及相关税收筹划问题。

第三产业是我国目前鼓励发展的产业，而该行业由于子行业很多，与之相对应的税收政策也十分复杂，在党的十五大报告、十五届四中全会关于“十五”计划纲要的决议以及十六大报告中又提出了现代服务业的概念，同时提出发展现代服务业的构想和要求。对于这个行业的涉税问题的系统性研究目前还没有人涉足，但是，在税收征管第一线，征纳双方往往对一些涉税事项的具体处理纠缠不清。《现代服务业财税筹划实务》开现代服务业系统性研究之先河，选择物流服务业、建筑服务业、金融保险服务业、旅游餐饮服务业等企业数目较多的服务行业的涉税问题进行研究，同时对动漫和软件产品开发、服务外包等新兴服务产品的涉税问题进行了综合分析，对相关的税收筹划问题进行了研究。如果再配上《税收优惠政策利用筹划实务》、《企业所得税操作实务》，则可以对现代服务企业的涉税事项的具体业务处理有一个比较全面的归纳。

笔者长期在税收第一线从事税务稽查和评估工作，在最近的十多年中又不断涉足高端涉税咨询服务，能够跟广大企业家和企业财务会计人员一道感受实务操作的困难和税务纠纷的复杂性。在本书写作过程中，又不断得到上海振信财务咨询有限公司的咨询专家们的帮助，也正因为如此，在对涉税事项的分析和处理上，笔者奉献给读者的作品所表述出来的观点和方法与多数著述不同，其最大的特点就是实操性很强。当然，该丛书肯定还有许多不完善的地方，期望有更多的咨询机构参与新政策、新机制条件下的涉税的分析和处理的研讨活动，也希望广大企业家和财务人员共同努力。相信通过群策群力，不仅可以完善本套丛书，而且还可以找到一个规避涉税风险、提升企业税收利益的新机制。

目录

前　言

为了进一步改善我国的产业结构，党和国家对发展服务业，提高服务业在我国经济总量中的比重问题十分重视。在党的十五大报告、十五届四中全会关于“十五”计划纲要的决议以及十六大报告中先后提出发展现代服务业的构想和要求。因此，在最近的几年，我国各地在鼓励和扶持服务业的发展上动足了脑筋，服务业的增长速度也十分惊人。在这样的社会背景下，服务行业的税收问题自然也就成了人们关心的话题。

笔者从2004年3月以物流企业的税收筹划作为切入点，开始对我国服务行业的涉税风险以及相应的税收筹划进行研究。先后在北京、上海、武汉等地与部分培训机构和上海物流协会合作研究并开办专题讲座。通过研究笔者发现，由于我国的服务业分支较多，各子行业之间的业务具有明显的特点，而有关税收政策的规定却十分笼统，纳税人在实务操作环节感到十分棘手。这是问题的一个方面，而问题的另一方面是纳税人往往将复杂的问题简单化，比如酒店的综合经营不仅仅涉及营业税，同时也涉及增值税；从事美容服务是营业税的业务，而经营化妆品可能还涉及增值税和消费税等等。2009年1月1日以后税收政策变化很大，直接对服务企业的纳税产生影响，比如混合经营政策的变化对提供建筑安装服务的企业提出新操作要求，而运输货物并经营货物的企业纳税也发生了变化……在新政策环境里，服务企业的涉税风险进一步增加。如何规避服务企业的涉税风险？在新政策条件下如何进行税收筹划争取更大的税收利益？笔者辟专题试图对相关问题给出答案。

本书不受概念的限制，从实际运用的角度出发，突出对问题较多的几大行业进行重点分析，同时对其他服务行业在日常经营过程中可能遇到的涉税事项进行归纳和提示。但是，由于本次探讨是一项“吃螃蟹”的活动，同时由于本书只是丛书的一个部分，对于服务企业与其他企业共同的涉税事项的处理，则在其他专题中讨论。

由于本书立足于实务操作，所以在研究和写作过程中采用了财税管理第一线人士的大量素材，并结合具体业务对税收筹划进行深入的思考。这里需要说明的是，在本书中引用了上海振信财务咨询有限公司的许多咨询案例，以及其他专家已经在《中国税务报》等刊物中发表的少量案例分析和其他资料。其目的是想借大家的力量整合一个研究思路，将税收筹划的研究引向深入。在此，笔者向常州市财政局科研所武军所长以及上海振信财务咨询有限公司的戚海根总经理，以及未提名的文章和资料的作者表示感谢！

本书的特色是立足于涉税风险分析、规避和税收筹划，所以既适合于服务行业的老板、财务、会计和有关涉税管理人员阅读，也适合于会计师事务所、税务师事务所、律师事务所等机构从事涉税服务的专业人员阅读，同时也可以作为各类财务院校进行服务业企业涉税教学的良好教材。

目前以专题的形式研究税收筹划的成功案例还不多，本书作为尝试，仅是表示笔者献身税收筹划事业的一个愿望。当然，应该肯定的是，虽然笔者已经作出了努力，但是书中仍有不足之处，希望读者不吝赐教！

作者 2010 年 11 月于南京

第一章 现代服务企业的税收筹划

服务行业属于第三产业。为了改善我国的产业结构,国家从多方面、多角度鼓励和扶持发展第三产业。在现代经济社会里,服务行业的服务手段多种多样,而且不断细分出新兴服务行业和企业,比如税务代理在我国是20世纪80年代产生的一个新兴行业,而税收筹划作为一门学科,2003年才得到国家教育部门的认可,不久国家税务总局将其作为涉税咨询产品之一。所以,现代服务业是一个动态的概念。但是,无论哪个服务行业或者服务产品都离不开税收的制约。纵观目前纳税人的服务性经营活动,都或多或少地存在涉税风险,这个风险表现在两个方面:一是少缴税,即应当缴纳的税收未缴纳,其直接后果是可能带来的补税和罚款,严重的还会让当事人承担刑事责任;二是多缴税,即不该缴的税却多缴了,从而导致投资成本的进一步增加。因此,本书设专题在税收筹划理论的基础上,研究现代服务经营活动的涉税风险规避和提升税收利益问题。

第一节 现代服务企业的涉税风险分析

现代服务企业面广量大,其服务对象多数都是直接的消费者,在经营活动提供环节,是国家对纳税人利益控制的最关键的环节之一。所以,在服务经营活动提供环节存在很大的涉税风险,在这里不仅表现为纳税人可能多缴税或者少缴税,还可能存在税务机关加大处罚力度的可能性。

一、现代服务企业的涉税风险举例

互联网服务是典型的现代服务产品，而“互联网企业最大涉税案——谷歌涉嫌偷漏税被调查”一事可能已经家喻户晓。下面是一篇网络文章：

无论是“税务门”还是“牌照门”，谷歌进入中国7年以来可谓磕磕绊绊，风波不断。

来自著名市场调查公司艾瑞的数据显示，谷歌2006年在中国的毛收入约2.85亿元，按照相关的税率估算的话，谷歌的应税收入高达上亿元人民币；换言之，这也可能就是谷歌仅仅在2006年偷漏税款的基数。然而，这完全有可能只是冰山一角，因为，谷歌并不是2006年才来到中国的。

从2000年开始，谷歌就开始向中国网民提供中文搜索服务，直至2003年推出中文关键词广告。在这期间，国内客户只要拥有一张国际信用卡，将钱直接打入谷歌在美账号，就可以在谷歌网上购买关键词广告，而这些钱就会通过国际信用卡直接进入谷歌在美账户。虽然发布广告的客户和由此产生的点击收入都是来自于中国，但是这些真金白银的流转在中国却没有任何记录，只有漆黑的大洋底下通往美国的电缆，才知晓这分分秒秒都在发生的交易。

然而，交易完成了，很多客户却发现他们并没有收到正式的广告发票，甚至都不知道该向谁索要，心有不甘者就此问题询问谷歌，得到的回复却是：“目前，谷歌广告字对于后付款方式支付的用户，暂不提供用于报税的发票。不过您可以通过‘结算摘要’中的发票号，查看广告费用明细。我们正在努力解决这一问题，请您过一段时间再来向我们查询。非常感谢您的耐心和支持。”

谷歌在发展代理的同时，网上直销仍然存在，客户可以通过文字提示在谷歌网上轻松便捷地购买关键词广告，且不必额外支付20%服务费给代理商。因此，相当多的客户选择直接汇款给谷歌。然而直到今年年初，谷歌关键词的后付费客户依然无法得到可以报税的发票。

……

在拥有“死亡和纳税不可避免”观念的西方企业竟然也存在重大偷税（逃避纳税）行为，这在许多人看来似乎有些不可思议，但是，事情却实实在在地发生了。与此相对照，我国纳税人的税收意识比较薄弱，发生逃避纳税的事情似乎合情合理。纵观身边的经济活动，目前逃避纳税的现象还相对比较普遍。由于科学技术的进一步发展，逃避纳税的手段也逐步向隐蔽化、智能化、高科技化方向发展。而问题往往集中在销售活动过程中，发生销售不申报，隐瞒销售收入是部分从事现代服务活动的纳税人逃避纳税义务最直接、最常用的手段。而其中比较隐蔽的形式主要有以下几种：

一是利用账外账偷逃税款。所谓账外账，就是不法分子为偷逃国家税款，私自设立两套账簿，以虚假的生产经营情况应对各方检查并以此作为纳税申报的依据，以达到偷逃税款的目的。这种偷税手段是当前最主要也是最难以查处的偷税方法，其特点是隐蔽性强，收入成本配比记账，内账主要以现金交易为主。据统计，当前采取账外账手段偷税占所有偷税案件的90%以上。

二是实现销售不入账。目前部分纳税人发生销售不入账是一个普遍现象，而这种现象在经济形势不景气的情况下，在服务行业、商业零售企业、直接消费品生产企业则是更加严重，规模不大的小型服务企业更是如此。

三是利用业务关系联合偷税。在利益驱使下，买卖双方或多方相互勾结，编造虚假业务，相互提供发票证明，偷逃税款。

四是关联企业转移利润偷税。多表现在一个集团公司下设若干子公司，独立计算盈亏、单独纳税，人为地将正常纳税子公司的利润转移到免税的子公司。如：在稽查实际工作中，发现个别集团公司下属若干子公司，分别独立核算，单独纳税，其中一家为劳动服务企业，则总公司会利用在下属企业之间调节售价、转移费用成本等手段，变相地把大部分利润转移到劳动服务企业，达到偷逃税款的目的。

五是钻税收政策的空子。由于我国的财税法律系统还不够完善，使纳税人有空子可钻，造成了大量的税款流失。如：代开发票问题。尽管总局出台了管理办法，但由于代开业务真假难辨，稽查取证困难，加上各地的执行情况各异，虚开现象严重。

上述偷税手段从微观的角度讲隐蔽性很强，传统简单的就账查账方法很难将偷税的问题查清、查透，这就给税务机关增加了检查的难度。但是，如果从更高的层次来看，比如将业务单位结合起来检查，问题还是可以发现的。所以，从纳税人的角度讲，希望降低税收负担是可以理解的，但是，应当通过正确的渠道和手段。

税收筹划作为一个在合法的前提下降低税收负担的方法,已经得到越来越多的人采用。但是,客观上企业人士对税收筹划还没有全面掌握,从而在操作过程中发生了许多不应当出现的问题。认真研究在实践过程中出现的问题,可以使人们更好地掌握税收筹划的操作技术。

二、降低涉税风险是企业涉税筹划的首要任务

2009年的“稽查风暴”,相信不少人依然记忆犹新。越来越多的企业家意识到,税务风险是企业生产经营过程中最大的风险之一,今后,企业税务筹划方案的安全性将面临更为严峻的挑战。在税务风险管理的问题上,税务机关的态度很明确,那就是“和企业一起工作”。服务行业也已经成为税务机关检查的重点行业,税务总局制定了《进一步加强税收征管若干具体措施》(国税发[2009]114号),并于2009年7月27日发布,该措施明确,掌握行业经营特点,加大纳税评估和稽查力度,重点对装饰、建材、餐饮、娱乐、美容等行业进行监控等等。因此,加强与税务机关的沟通与合作,逐步建立完善的税务风险管理体系,共同应对税务风险才是税企实现双赢的唯一选择。在不到一年的时间里,企业纷纷开始关注税务风险管理并积极采取行动,这一点值得肯定。但是,来源于企业外部的征管压力和监管压力要求企业必须采取更为明智的行动,进一步重视税务风险管理,提高税务风险管理的层次和质量。对于从事服务经营的企业来讲,要认清税务风险管理的发展趋势,在发展壮大的过程中自觉植入税务风险管理的理念,紧绷税务风险管理这根弦,科学、合理地安排在税务风险管理上的支出。

从纳税人的角度讲,企业在经济发展和纳税活动中,应注重涉税零风险的税收筹划,把实现涉税零风险作为企业管理的目标之一。原因有以下三点:

首先,实现涉税零风险可以取得良好的企业信誉。作为服务型企业而言,良好的美誉度十分重要,良好的品牌已转化为企业一笔硕大的无形资产,这是不争的事实。而一旦企业被税务机关认定为有偷税行为,企业的名声自然而然就会遭受到一定的损失。当税务机关进驻国美、苏宁电器检查时,其股票就大幅下挫,而南京百货的税务处罚一出台,其股票以跌停板开

盘就印证了这个问题。

其次,实现涉税零风险可以避免企业不必要的经济损失。税收筹划的最终目的,是企业通过涉税的策划和安排,达到实现少缴税或实际减轻税收负担,实现税后利润的最大化。但企业一旦因各种原因被税务机关查处定性为偷税行为,按税法规定,要受到最低0.5倍最高5倍的处罚,其经济利益肯定要遭受损失,情节严重的还会被认定为犯罪,实现税后利润最大化必然受到一定的影响。实现涉税零风险,从表面上看,好像企业不会获得直接的经济上的好处,但由于纳税人没有了因违法违规遭受税务机关处罚的负担,这样实际上就相当于获得了一定的效益。

再次,实现涉税零风险可以提高企业的财务管理水平。财务管理是企业管理的主要组成部分,财务管理水平的高低,直接影响着企业的健康发展。实现涉税零风险在客观上要求企业的财务管理有序,财会账目清楚,成本核算便利,纳税申报合理。实现涉税零风险,还要求财务人员必须不断地提高自身业务素质,精通会计知识,熟知税收政策,正确地进行纳税调整和计税申报,适应现代财务管理的需要。

第二节　涉税咨询服务需求分析

在管理当局的监管力度越来越大的同时,随着市场运行不断发展,社会化生产分工也越来越细。并且,随着经济全球化,许多企业面临的不仅是一个国家的经济法律和法规,有的还需要处理跨国业务,在企业发展规模化、经营多元化、管理专业化的社会背景下,就需要社会提供涉税服务帮助。

一、企业需要税收服务外包

随着经济社会的不断发展,对投资人和企业生产经营活动的要求越来越高,因此,社会分工也越来越细,各种劳务外包在目前已经十分普遍,其中的税收服务外包也不例外。

（一）企业靠自身的力量无法完成理财筹划活动

实践证明，投资人和企业的理财和涉税处理活动，仅靠企业自己的专业人员已经不能满足需要。现以涉税事项的处理为例，其一，目前和将来的税收政策将随着国家宏观调控的需要而不断变化，但是，企业人士由于受到企业自身业务流程和管理机制的约束而无法适应这个变化；其二，有关经济事项在同一时期的不同条件下税收政策也可能不同，而企业人士由于长期在微观岗位工作，受到的思维习惯影响，难以在政策差异中辩证地分析和寻找筹划机会；其三，涉税风险和避税筹划一般取决于投资活动和营销业务流程的安排，而企业的工作机制、职能分工和专业水平却难以满足全局筹划的需要……也正因为如此，许多企业出现一方面用高薪聘请财务人员，而另一方面涉税问题（一是该缴的税没有缴纳；二是不该缴的税多缴了）却仍然不能解决的尴尬局面。

（二）国家强化税务管理力度，也给咨询服务市场带来发展机遇

目前税务管理手段和力度越来越强，企业正面临越来越大的税收风险。国家税务总局每年"曝光"的大案要案，所涉及的企业几乎无一例外地都有完善的理财机构和理税团队，但是，他们无法解决自身的问题。所以，企业特别是规模企业就需要高水平的、能够为投资人带来实际利益的筹划专家为其服务。

（三）涉税理财业务自身的复杂性，需要专业咨询机构提供服务

企业的涉税理财事项呈现多层次的特点，从单笔业务、综合性业务到系统性业务，其处理和筹划的要求是不同的。一般情况下，综合性和系统性业务只有拥有丰富知识和能力的专家才能进行筹划。所以，筹划咨询业务的市场很大。

二、服务产品供给分析

有市场需求就会有市场供给，但是，目前市场供给的产品良莠不齐，伪劣难辨，这就给市场纳税人选择服务产品增加了难度。企业理财产品国内

市场多有流行：

（1）应当能够提供税收筹划服务产品的有税务师事务所、会计师事务所、律师事务所以及部分财务咨询公司，但是，综观这些机构，真正具有高水平的咨询专家却不多，所以他们往往只能提供部分规避涉税风险的咨询服务，而能够完整地、系统地进行税收筹划业务的机构却很少。原因是税收筹划需要多学科的高水平综合，并不是考到一个注册税务师或者注册会计师资格，就真的具备了有关操作的能力。

（2）标名为税收筹划的书籍不少，但是，真正具有理论上的权威性和实践上的操作性的著作难以寻到踪迹，多数是编著作品，很少有创新的著作。

（3）与税收筹划有关的光盘、软件和网络产品也很多，但是，得到市场认可的却不多。

第二章 物流企业经营业务的税收筹划

物流服务是现代服务的一种，物流企业的具体业务涉及运输、储运、搬运、包装、流通加工、配送、信息处理等多方面的业务。通过现代物流服务，可以提高社会劳动力。而从税收的角度讲，由于这些业务涉及的税种税目也比较复杂，所以，作为物流企业只有通过合理的税收筹划，才能有效降低税收成本。

从日常税收征管实践来看，物流企业在流转税的处理方面存在的问题，主要是有关业务的税种划分不清，或者适用税率使用错误，对有关业务的会计核算方法不正确，以致税务机关稽查时被确认为从高适用税种或者税率等。为了帮助物流企业提高涉税处理和筹划能力，我们在这里辟专题对物流业务的涉税问题处理和税收筹划方法作一个简要分析，涉及其他服务业务的涉税事项的，将在相应的章节中做重点讨论。

第一节 流转环节税收政策分析

物流产业正在迅速发展。物流产业是一个跨行业、跨部门的综合新兴产业，物流业主要包括交通运输业、仓储业、邮政业以及批发零售业中包装、流通加工、配送等。这里就物流业中涉及的主要营业税政策进行归纳和分析。

一、物流业涉及的营业税

交通运输业,税率3%。征收范围包括:陆路运输、水路运输、航空运输、管道运输、装卸搬运。凡与运营业务有关的各项劳务活动,均属本税目的征税范围。邮电通信业,税率3%。本税目的征收范围包括:邮政、电信。单位和个人从事快递业务按“邮电通信业”税目征收营业税。服务业,税率5%。本税目的征收范围包括:代理业、旅店业、饮食业、旅游业、仓储业、租赁业、广告业、其他服务业。转让无形资产,税率5%。本税目的征收范围包括:转让土地使用权、转让商标权、转让专利权、转让非专利技术、转让著作权、转让商誉。经营不动产,税率5%。本税目的征收范围包括:经营建筑物或构筑物、经营其他土地附着物。

为了确保部分交通运输业正确核算和处理涉税问题,税法还发专文对相关事项进行规范。如国家税务总局《关于铁路系统征收流转税问题的通知》(国税发[1994]47号)对铁路系统征收流转税问题明确,中央铁路运营业务的营业额,包括中央铁路运营业务的以下各项收入:旅客票价收入、行李运费收入、包裹运费收入、邮运运费收入、货物运费收入、其他收入、客货运费服务收入、旅游车上浮票价收入、应缴其他进款、保价收入、铁路建设基金收入。其具体范围:

1. 旅客票价收入

收入内容包括车站发售的旅客票价收入、乘降所上车旅客票价收入、旅客票价加价收入(季节性、优质优价)。

2. 行李运费收入

收入内容包括发送行李运费、变更到站行李运费、国际联运国内段运费。

3. 包裹运费收入

收入内容包括发送包裹运费、变更到站包裹运费、国际联运国内段运费。

4. 邮运运费收入

收入内容包括自备邮政车挂运费、租用邮政车和占用邮车空间使用费及邮政押运人员乘车费。

5. 货物运费收入

收入内容包括发送现付、到付、后付整车运费，发送零担货物运费，发送集装箱货物运费，快运费，冷藏车运费，短途附加费，国际联运国内段运费，自备车、租用铁路货车空车挂运费，变更到站货物运费，分卸作业费，特种货车使用费，回送费，集装箱使用费，拼箱费，电气化附加费，煤运特价收入。

6. 其他收入

收入内容包括：

(1)客运其他收入：到站、列车补收无票乘客车票票价收入，列车发售卧铺票价，站、车对携带品超重、超限及无票运货补收的运杂费，到站发现行包品名、重量不符补收运杂费，退票费，包车租用费，行包变更手续费，行包运杂费迟交金，行包查询费。

(2)货运其他收入：过秤费，取送车费，货车使用费，货车延期使用费，货车篷布使用费，货车篷布延期使用费，非运用车使用费，地方铁路货车使用费，守车占用费，工程线货车使用费，隔离车使用费，集装箱延期使用费，自备(租用)货车停放费，制冷费，冷却费，押运人乘车费，货物变更手续费，货运计划违约金，到站补收货物品名、重量不符运费，收回货主责任垫款，超载违约金，验关手续费，滞留费，货车清扫、洗刷除污费，施封作业费，机车作业费，运杂费迟交金，查询费，防风网使用费，铁路码头使用费，捏报货品名违约金，进出口货物声明价格费。

7. 客货运费服务收入

收入内容包括站台票、订票、送票费，行包保管费，接取送达费，携带品暂存费，货物暂存费，有价表格费，签证费，贵宾室使用费，补票手续费。

8. 旅游车上浮票价收入

9. 应缴其他进款

国联集装箱使用费、运营监管线收入。

10. 保价收入

收入内容包括行包保价收入和货物保价收入。

11. 铁路建设基金收入

二、远洋运输业务的政策问题

针对远洋运输企业不同的业务，营业税政策规定了不同的适用税率。国税发[2002]25号文件规定，对远洋运输企业从事程租、期租业务和航空运输企业从事湿租业务取得的收入，按“交通运输业”税目征收营业税。国税发[2002]25号文件还规定，对远洋运输企业从事光租业务和航空运输企业从事干租业务取得的收入，按“服务业——租赁业”项目征收营业税。

三、票据使用的业务问题

对从事货物运输业务的单位和个人，根据开具货物运输业发票的不同分为自开票纳税人和代开票纳税人。自开票纳税人除了可以自己领购发票并自行按照规定开具发票外，自开票纳税人的联运业务，以其向货主收取的运费及其他价外收费减去付给其他联运合作方运费后的余额为营业额计算征收营业税。除自开票纳税人外，其他的为代开票纳税人，其从事货物运输业务需要开具发票的，必须由税务机关或经税务机关批准的机构代开，同时代征税款。代开票纳税人从事联运业务取得的收入，应就全部收入纳税，不得减除分出合作方运费计税。

四、物流单位收取承包费的政策

目前，不少小单位和个人挂靠在一些规模较大的物流单位从事经营活动，或者承租承包物流单位的运输工具或其他资产从事物流业务活动，物流单位收取部分管理费用。对管理费用征收营业税问题，财税[2003]16号文件作了明确规定：双方签订承包、租赁合同（协议，下同），将企业或企业部分资产出包、租赁，出包、出租者向承包、承租方收取的承包费、租赁费（承租费，下同）按“服务业”税目征收营业税。出包方收取的承包费凡同时符合以下三个条件的，属于企业内部分配行为不征收营业税：（一）承包方以出包方名义对外经营，由出包方承担相关的法律责任；（二）承包方的经营收支全部纳入出包方的财务会计核算;(三)以出包方的利润为基础。

五、无船承运业务的征税问题

无船承运业务是指无船承运业务经营者以承运人身份接受托运人的货载,签发自己的提单或其他运输单证,向托运人收取运费,通过国际船舶运输经营者完成国际海上货物运输,承担承运人责任的国际海上运输经营活动。国家税务总局《关于无船承运业务有关营业税问题的通知》(国税函[2006]1312 号)明确,自 2007 年 1 月 1 日起,对无船承运业务的营业税税收管理,按下列规定执行:

其一,无船承运业务应按照“服务业——代理业”税目征收营业税。

其二,纳税人从事无船承运业务,以其向委托人收取的全部价款和价外费用扣除其支付的海运费以及报关、港杂、装卸费用后的余额为计税营业额申报缴纳营业税。

其三,纳税人从事无船承运业务,应按照其从事无船承运业务取得的全部价款和价外费用向委托人开具发票,同时应凭其取得的开具给本纳税人的发票或其他合法有效凭证作为差额缴纳营业税的扣除凭证。

第二节　物流业务分类的涉税分析

对于单纯从事运输业务的物流企业来说,在具体业务的处理上比较简单,但是对于那些从事综合性物流业务的企业而言,情况就比较复杂了。这就需要我们根据当地税务机关的管理特点进行具体的分析和筹划。

一、目前物流企业存在的政策困惑

现代物流业务往往是将与货物流动有关的若干个于服务汇集起来进行综合操作,从而提升货物运转的效率。但是,税收政策却是按照其自身的规律来确定的,这就给物流企业的运行带来政策上的困惑。

（一）物流企业统一营业税税率问题

物流企业开展的业务既有运输业务又有仓储业务，但在现行的税收制度中，交通运输业按3%的税率缴纳营业税，仓储业按5%缴纳，这样不利于物流企业开展一体化运作。物流业是微利性行业，毛利只有4%～5%，税后纯利只有1%～2%，目前3%、5%两档营业税率相对过高。物流企业建议国家对物流行业的营业税税率统一按3%的税率征收。

（二）物流企业重复纳税问题

由于现代物流企业发生大量物流业务外包，物流企业要支付给其他如运输企业和仓储企业较大比例的费用，只赚取差价收入。在运输环节可以扣除外包收入后纳税，但在占营业额15%～20%的仓储环节不能扣除，存在重复纳税问题。企业建议在规范物流业市场准入的基础上，比照旅游和联运业，对营业税税基实行扣除外包营业收入后计税的原则。

（三）物流企业发票抵扣问题

由于物流企业不是专业的运输企业，其对客户开出的发票，客户不能抵扣进项税额。企业建议在规范物流业市场准入的基础上，对物流企业开具专用运输发票，准予抵扣增值税进项税额。

上述问题的存在，影响到企业的经营效益。但是，如果纳税人掌握税收筹划原理，就可以将损失降低到理想状态。

二、适用同一税种但不同税率项目的筹划分析

运输和搬运业务适用3%的营业税率，仓储和租赁也适用一样的营业税率，都是5%，但是，对于仓储和租赁业务而言，其他最终的税收负担的结果却大不相同。

这里引用上海振信财务咨询有限公司提供的一个案例。华源物流公司（以下简称华源公司）是某地省会城市的一家大型物流企业，2008年公司在该城市的郊区拥有大量的仓库。为了盘活存量资产，公司的管理者决定将这些库房对外出租，以便使投资人的利益最大化。

由于华源公司的10栋仓库处于该市港口和车站之间，可以作为水陆交通转换的连接点，于是被某大型跨国零售企业看中。经过多次协商，该跨国公司决定承租华源公司的10栋库房（价值24 000万元），租赁期限为10年。仅2009年一年就取得租金收入4 500万元，成为企业新的利润增长点。

2010年1月18日，税务专家应华源公司的委托对公司的房屋出租情况进行了专项审计和纳税风险评估。税务专家发现：公司2009年取得4 500万元的租金收入，实际缴纳各种税金合计为787.5万元（当地的城市维护建议税的适用税率为7%，教育费附加征收率为3%）。其中：缴纳营业税225万元（4 500×5%）；缴纳房产税540万元（4 500×12%）；缴纳城建税、教育费附加22.5万元［225×（7%+3%）］，整个租赁业务的税收负担高达17.5%，税务专家认为，公司用租赁方式经营库房，税收负担明显过重。

有没有办法降低税收成本？答案是肯定的。华源公司与税务专家经过进一步磋商达成税收筹划协议之后，又为华源公司的上述经营活动进行了税收筹划。

如果公司与客户进行友好协商，继续利用库房为客户存放商品，可将租赁合同改为仓储保管合同，增加服务内容，配备保管人员，为客户提供24小时服务。假设提供仓储服务的收入约为4 500万元，收入不变，其税收情况将会出现变化，具体变化情况是：应纳营业税225万元（4 500×5%）；应纳房产税201.6万元［24 000×（1－30%）×1.2%］；应纳城建税、教育费附加合计为22.5万元［225×（7%+3%）］。合计应纳各税金额为449.1万元。

两项比较可以看出，库房仓储比房屋租赁每年节税338.4万元，10年就可以节约税收合计3 045.6万元。

当然，将房屋出租变为仓储之后，公司需要增加经营成本，如须增加保管人员的工资费用、办公费用和其他管理费用等。对此税务专家认为：公司可以进行综合性税收筹划，作为公司的仓储管理，技术要求不高，因此在招收职工时可以录用遵章守纪、责任心强的下岗职工，而录用下岗职工公司又可以享受有关税收优惠，从而进一步降低企业的经营成本。

华源公司董事会成员看了筹划建议之后喜出望外，立即派人与客户联络。跨国公司见改变操作方案后，不仅经营费用没有增加，反而降低了经营费用和管理费用，于是欣然接受。此次税收筹划活动既满足了税收法规的要求，又满足了客户的需要，同时又达到了节税的目的。

这个筹划案例具有一定的代表性。现在部分物流公司存在大量的闲置仓库,社会资源重新组合在所难免。如何在利用好闲置资源的同时,又降低税收成本,使企业能够在依法纳税的前提下,保持在较低的经营成本运行状态,是值得人们研究的课题。

实践中,部分业务税法往往规定了两个以上的纳税可能性,以房产税的征收方法而言,由于房产税计税公式的不同,必然导致应纳税额的差异,这就为纳税人进行税收筹划提供了机会。

结合本案的实际情况,要降低房产经营业务的税收负担,必须完成房屋租赁与库房仓储的转换,这是问题的关键。在这个环节进行税收筹划,要明确租赁与仓储的含义。所谓房屋租赁是指租赁双方在约定的期间内,出租方将房屋的使用权让渡给承租方,并收取租金的一种经营方式;仓储是指在约定的期间内,房产所有人用该房产代客贮存、保管货物,并收取仓储费的一种经营方式。不同的经营方式适用不同的税收政策法规进行征税,这就为税收筹划提供了可能。

当然,需要特别注意的是,进行有关业务的税收筹划必须具有真实性、合法性,不能挂羊头卖狗肉,同时能够满足客户的利益要求。否则,再好的设想也不能取得理想的效果。

三、适用不同税种的项目的筹划分析

国家发展和改革委员会、国家税务总局等九部门印发了《关于促进我国现代物流业发展的意见的通知》(发改运行[2004]1617号)。物流是若干经济活动系统的、集成的、一体的现代概念。2001年4月国家颁布的《物流术语标准》对物流的定义为:物流是物品从供应地向接收地的实体流动过程。根据需要,将运输、储运、搬运、包装、流通加工、配送、信息处理等基本功能实施有机结合。它主要解决生产与消费的地点和时间差异。从事物流活动的经济组织就是物流企业。

对物流业务征税,要根据物流业务的具体功能并对照现行税法规定来分析。其一,交通运输业务;其二,服务业务;其三,增值税业务;其四,混合经营业务;其五,兼营业务。

从目前企业的生产经营情况来看,物流业务涉及所有纳税人。从税务管理系统提供的信息反映，目前对物流业务的处理存在的问题较多。主要有三个方面：其一，对运输业务的税收政策把握不准确，有关业务的税种划分不清，以致税务机关稽查时被确认为从高适用税种或者税率；其二，适用税率使用错误，对有关业务的会计核算方法不正确，技术操作不当，导致企业运输的税收成本加大；其三，票据填开不规范，导致大量运输中所含的增值税不能抵扣等。有鉴于此，我们有必要从有关物流企业税收政策具体规定的分析开始，讨论如何对物流企业以及物流业务进行税收筹划，从而降低纳税人的税收成本。

在日常经营活动中，部分企业家往往存在这样的观念，对有关业务集中管理，可以提高企业的营运效率。这从压缩企业的管理成本的角度考虑，也许是有一定的道理的。但是，如果从税收的角度去分析，就另当别论了。

康美物流有限公司（以下简称康美公司），内部设有批发中心和运输车队以及仓储管理中心等，为了强化管理，企业内部以业务部为单位实行内部结算。运输车队的主要任务是为批发中心、大型商场运输货物，业务空隙也外出招揽一些其他业务，如帮助外单位运输一些零星货物等。通过企业的内部核算资料显示：2009 年实现商品经营收入 56 000 万元，实际缴纳增值税额为 735 万元。运输业务部的业务额为 2 160 万元，其中外揽业务 560 万元。另外公司仓储管理中心结算的仓储业务额为 1 200 万元、搬运业务额为 200 万元。与运输业务有关的增值税进项税额为 26 万元，与仓储有关的增值税进项税额为 4 万元。企业处于微利经营状态。

2010 年初，上海振信财务咨询有限公司的税务专家李鸣接受该企业的董事会的委托，担任该公司的税收法律顾问。

为了对公司的经营情况有一个全面的了解，税务专家李鸣委派助手对该公司 2010 年度的纳税情况进行了一次全面取样和论证分析。

当助手将该企业 2010 年度的纳税情况的有关数据和资料呈报给李鸣之后，他发现企业的纳税方案存在不尽合理的地方。

从该公司的情况来看，其名称是物流企业，但是实际上主要从事的是货物经营业务。就一般情况而言，根据现行税法规定：物流企业提供配送劳务取得的收入属于混合经营收入。因为物流企业一般是以提供营业税劳务为主，所以对于物流企业的混合经营行为（在提供营业税劳务的同时提供包装、加工等增值税劳务）应当征收营业税，但是，根据财政部、国家税务总局

[94]财税字26号通知规定，从事运输业务的单位和个人，发生经营货物并负责运输所售货物的混合经营行为，征收增值税。虽然该企业是按照不同的业务划分成业务部管理的，但是由于有些业务在具体的会计核算过程中并未划分清楚，所以，当地主管税务机关认定该公司发生运输及其他业务应当缴纳增值税：

2 160×17% -26 =341.2(万元)；

仓储业务额应当缴纳的增值税为：

1 200×17% -4 =200(万元)；

搬运业务额应当缴纳的增值税为：

200×17% =34(万元)。

那么对于该企业来讲，有没有税收筹划的可能性？李鸣认为，如果在现有组织构架的基础上进行账务调整，在一般情况下，无法取得税务机关的认可，所谓税收筹划只是纸上谈兵。有鉴于此，李鸣提出如下建议：将具体的物流业务从货物流通业务中分离出来。

其一，将企业原来的运输车队独立出来，成立专业运输公司，作为集团公司的下属子公司，在财务管理上实行独立核算，自负盈亏。

其二，将企业原来的仓储以及搬运业务也独立出来，成立专业性储运公司，作为集团公司的下属子公司，在财务管理上实行独立核算，自负盈亏。

其三，在具体的业务操作过程中，运输公司、储运公司与购货单位直接发生关系，即购货者在与货物批发中心签署货物供应合同的同时，也与运输公司签署运输合同，与储运公司签署货物仓储以及搬运合同。

原来康美公司以货物经营为主，企业在提供货物的同时提供与之相适应的增值税专用发票，而货物的接收者取得该发票后，可以抵扣增值税的进项税额。在新的运行思路下，康美公司在经营货物时，往往要给购货者提供两份或者两份以上的票据，其中提供货物的是增值税专用发票，提供运输、仓储和搬运服务的则提供普通发票。根据现行税法规定，运输票据只能抵扣7%的增值税进项税额，而仓储、搬运等服务票据则不能抵扣增值税进项税额。所以根据这个思路去操作，存在两个问题：一是增加了工作量；二是购货方不肯接受几张票。

康美公司在当地已经成为规模企业，其货物的品种比较齐全，配送机制比较完整，在当地具有一定的垄断地位。作为购货人如果改变进货渠道，必然增加采购成本，其增加的采购成本与在康美公司采购因减少的增值税进项税抵扣而增加的成本相比较，康美公司仍具有成本的比较优势。所以该筹划方案在康美公司取得了比较好的效果。

公司接受了李鸣的建议，对公司的组织机构进行了整合，将原来的事业部独立出来，然后在总公司的协调下进行整体运行。

2010 年公司的经营在平衡发展的基础上有了一些提高，预计可以实现商品经营收入 65 000 万元，运输公司的业务额为 2 500 万元，其中外揽业务 800 万元；仓储公司的仓储业务额为 1 400 万元，搬运业务额为 250 万元。与运输业务有关的增值税进项税额为 35 万元，与仓储有关的增值税进项税额为 5 万元。

如果按照原来的核算体制，那么，以上业务只能缴纳增值税。三项业务合计应缴纳增值税额为：

(2 500 + 1 400 + 250) × 17% − (35 + 5) = 665.5（万元）。

但是，按照现行组织架构和业务操作流程，以上三项业务只需要按规定缴纳营业税。三项合计应当缴纳营业税额为：

2 500 × 3% + 1 400 × 5% + 250 × 3% = 152.5（万元）。

通过税收筹划，实现节税 513 万元(665.5 − 152.5)。

康美公司由于将两个事业部改变核算方式，成立两个独立核算的公司，增加注册成本 5 万元。同时，运输公司和储运公司应当建立健全会计核算制度，需要增加两个主办会计，从而增加工资以及相关费用 4 万元。为了强化三个企业的业务管理，集团公司增加了一个副总经理，增加工资福利以及办公费用 10 万元。在筹划活动过程中发生的其他成本为 100 万元。

康美公司通过两个月时间的具体筹划和实施，并通过半年多的实践，公司取得了明显的筹划效益，预计当年可计算的实际筹划成果为 394 万元(513 − 5 − 4 − 10 − 100)。

第三节　开票单位的认定办法

为了加强对公路、内河货物运输业的税收管理，国家税务总局下发了《关于加强货物运输业税收征收管理的通知》(国税发[2003]121 号)和四个明传电报以及《关于货物运输业若干税收问题的通知》(国税发[2004]88号)在中华人民共和国境内提供公路、内河货物运输劳务(包括内海及近海货物运输)的单位和个人适用《货物运输业营业税征收管理办法》(以下简称《管理办法》)。明确提供公路、内河货物运输劳务(以下简称货物运输劳务)的单位需申请自开票纳税人的,应向主管地方税务局办理认定手续,符合《货物运输业营业税征收管理试行办法》规定的六个条件的,自2003年11月1日起,应向主管税务机关申请认定为自开票纳税人。

但是,同时还规定:(一)适用《管理办法》从事货物运输的承包人、承租人、挂靠人和个体运输户不得认定为自开票纳税人。(二)铁路运输(包括中央、地方、工矿及其他单位所属铁路)、管道运输、国际海洋运输业务,装卸搬运以及公路、内河客运业务的纳税人不需要进行自开票纳税人资格认定,不需要报送货物运输业发票清单。(三)《货物运输业营业税纳税人认定和年审试行办法》中有关代开票纳税人认定和年审的规定停止执行。

为了加强货物运输业的管理,国家税务总局又颁布了《公路、内河货物运输业税收管理操作规程》(国税发[2004]135号),其中货物运输营业税纳税人认定的管理进一步提出具体管理意见。

综述这些规定,我们可以进一步明确:凡申请成为自开票纳税人的,由纳税人自行向当地主管地方税务机关提出申请,经主管地方税务机关对其有关资料和实际经营状况进行调查审核,在最长不超过30日内审批、认定完毕,对符合条件者,认定其为自开票纳税人,办理认定手续。除自开票以外的纳税人均认定为代开票纳税人。代开票纳税人也要根据《管理办法》的有关规定向当地主管地方税务机关申请认定。对新办的货运单位和个人,在办理税务登记的同时申请办理代开票纳税人认定,凡不符合自开票纳税人条件的,在办理税务登记的同时申请办理代开票纳税人的认定申请,待各种条件符合自开票纳税人条件后,再按有关规定提出申请认定为自开票纳税人。

一、自开票纳税人资格认定

申请办理自开票纳税人认定的单位,应向主管税务机关提供下列有关证件和资料:(一)申请报告;(二)营业执照复印件;(三)税务登记证副本及复印件;(四)车辆道路运输证或船舶营业运输证复印件;(五)自有房屋产权证或房屋租赁合同复印件;(六)自有运输工具明细表及购买发票或行车证复印件;(七)银行开户许可证复印件;(八)地方税务局要求提供的其他有关证件、资料。

税务机关在收到纳税人的申请资料之后会审核其是否同时符合下列条件:(一)具有工商行政管理部门核发的营业执照,地方税务局核发的税务登记证,交通管理部门核发的道路运输经营许可证、水路运输许可证;(二)上一年度提供货物运输劳务金额在20万元以上(新办企业注册资金在30万元以上);(三)具有固定的经营场所。如是租用办公场所,则承租期必须1年以上;(四)在银行开设结算账户;(五)具有自备运输工具,并提供货物运输劳务;(六)账簿设置齐全,能按发票管理办法规定妥善保管、使用发票及其他单证等资料,能按财务会计制度和税务机关的要求正确核算营业收入、营业成本、税金和营业利润,并能按规定向税务机关进行纳税申报和缴纳各项税款。

二、代开票中介机构资格认定

申请办理自开票纳税人认定的单位,应向主管税务机关提供下列有关证件和资料:(一)申请报告;(二)营业执照复印件;(三)税务登记证副本及复印件;(四)自有房屋产权证或房屋租赁合同复印件;(五)银行开户许可证复印件;(六)地方税务局要求提供的其他有关证件、资料。

税务机关在收到纳税人的申请资料之后会审核其是否同时符合下列条件:(一)具有工商行政管理部门核发的从事中介业务的营业执照,地方税务局核发的税务登记证;(二)具有固定的经营场所。如是租用办公场所,则承租期必须1年以上;(三)在银行开设结算账户;(四)账簿设置齐全,能按发票管理办法规定妥善保管、使用发票及其他单证等资料,能按税务机关和财务会计制度的要求正确核算营业收入、营业成本、税金和营业利润,并能按规定向税务机关进行纳税申报和缴纳各项税款。

三、代开票纳税人认定

拥有工商行政管理部门核发的营业执照和地税局核发的税务登记证，同时有自备或承包、承租的车、船等运输工具的单位和个人申请办理代开票纳税人认定手续时，应提供下列有关证件和资料：(一)单位和个人申请报告；(二)货物运输业代开票纳税人认定表；(三)营业执照复印件；(四)税务登记证复印件；(五)车辆道路运输证、船舶营业运输证复印件；(六)承包、承租或挂靠车辆应提供承包、承租或所挂靠方的税务登记证复印件、纳税人识别码及承包、承租或挂靠合同复印件；(七)地方税务局要求提供的其他有关证件、资料。

(一)代开票纳税人认定应当注意的问题

这里应该注意的是，关于办理税务登记前发生的货物运输劳务征税问题，国税发[2004]88号文件明确规定：

一是单位和个人在领取营业执照之日起30日内向主管地方税务局申请办理税务登记的，对其自领取营业执照之日至取得税务登记证期间提供的货物运输劳务，办理税务登记手续后，主管地方税务局可为其代开货物运输业发票。

二是单位和个人领取营业执照超过30日未向主管地方税务局申请办理税务登记的，主管地方税务局应按《征管法》及其《实施细则》的规定进行处理，在补办税务登记手续后，对其自领取营业执照之日至取得税务登记证期间提供的货物运输劳务，可为其代开货物运输发票。

三是地方税务局对提供货物运输劳务的单位和个人进行税收管理过程中，凡发现代开票纳税人(包括承包人、承租人、挂靠人以及其他单位和个人)未办理税务登记的，符合税务登记条件的，必须依法办理税务登记。

(二)代开票物流企业的征税问题

物流企业从事的物流业务，从税收的角度讲，应将其分解成交通运输、装卸搬运、仓储保管以及其他服务等项目，这些项目虽然都征收营业税，但是却适用不同的税率，如交通运输、装卸搬运等业务适用3%的营业税，而其他服务业务则适用5%的营业税。对于能够进行正确的会计核算、实行查账征收的自开票企业来说，其征税方法与其他企业相同。对于代开票运输企业和个人的征税问题，从加强管理与提高效率的角度出发，国家税务总局先后发文对有关问题进行了一系列具体的规定和要求。

1. 代开票单位和个人的税款征收率

对于代开票运输企业和个人的征税问题，国税发明电[2003]55号文件明确，按照《货物运输业营业税征收管理办法》第十五条规定，对代开票纳税人实行定期定额征收办法。为避免在代开票时按票征税发生重复征税，对代开票纳税人可采取附征的方法：在代开票时按开具的货物运输业发票注明的运费和其他价外收费征收营业税、所得税及附加，其营业税及城建税、教育费附加，按3.3%的征收率征收。其所得税（企业所得税和个人所得税）的征收率，由国家税务总局另行通知。在代开票时按开具的货物运输业发票注明的运费和其他价外收费征收营业税、所得税及附加应当为营业税及城建税、教育费附加的征收率（即3.3%的征收率）和省级国家税务局、地方税务局联合确定的所得税征收率。

《关于货物运输业若干税收问题的通知》（国税发[2004]88号）明确，按代开票纳税人管理的所有单位和个人（包括外商投资企业、特区企业和其他单位、个人），凡按规定应当征收营业税的，在代开货物运输业发票时一律按开票金额3%征收营业税，按营业税税款7%预征城建税，按营业税税款3%征收教育费附加。同时按开票金额3.3%预征所得税，预征的所得税年终时进行清算。但代开票纳税人实行核定征收企业所得税办法的，年终不再进行所得税清算。

实行新的企业所得税法以后，国家税务总局在《关于调整代开货物运输业发票企业所得税预征率的通知》（国税函[2008]819号）明确，从2008年1月1日起代开货物运输业发票的企业，按开票金额2.5%预征企业所得税。国家税务总局《关于货物运输业若干税收问题的通知》（国税发[2004]88号）第四条中"按开票金额3.3%预征所得税"同时废止。

综合有关文件规定我们可以发现，目前税法规定对于代开票单位和个人的征税实行在开票环节按经营额以一定的比例附征的办法，综合税收负担率为5.8%。

2. 代开票单位的税款征收方法

对于代开票单位和个人的征税方法，国家税务总局也先后通过两个文件进行了规范。国税发明电[2003]55号文件明确：对代开票纳税人按月或按季结算。代开票纳税人在缴纳定额税款时，地方税务局应按其在代开票时取得的税收完税凭证为依据，如完税凭证上注明的税款大于定额的，以开票时缴纳的税款为准，不再征收定额的税款；如完税凭证上注明的税款小于定额的，则补缴定额与完税凭证上注明的税款差额部分。

而国税发[2004]88号文件则对代开票纳税人实行定期定额征收方法进一步强化的同时，对代开票纳税人涉及的其他问题也进行了规范。明确凡核定的营业额低于当地确定的营业税起征点的，不征收营业税；凡核定的营业额高于当地确定的营业税起征点的，代开发票时按规定征收税款。单位和个人利用自备车辆偶尔对外提供货物运输劳务的，可不进行定期定额管理，代开票时对其按次征税。代开票纳税人实行定期定额征收方法时，为避免在代开票时按票征收发生重复征税，对代开票纳税人可采取以下征收方法：

一是在代开票时按开具的货物运输业发票上注明的营业税应税收入按规定征收（代征）营业税、所得税及附加。二是代开票纳税人采取按月还是按季结算，由省级地方税务局确定。三是代开票纳税人在缴纳定额税款时，如其在代开票时取得的税收完税凭证上注明的税款大于定额税款的，不再缴纳定额税款；如完税凭证上注明的税款小于定额的，则补缴完税凭证上注明的税款与定额税款差额部分。

3. 代开票单位和个人在税务管理中应注意的问题

一是兼营业务应分别核算分别缴税。对于物流企业兼营其他业务，《关于货物运输业若干税收问题的通知》（国税发[2004]88号）规定，自开票的物流劳务单位开展物流业务应按其收入性质分别核算，提供运输劳务取得的运输收入按“交通运输业”税目征收营业税并开具货物运输业发票；提供其他劳务取得的收入按“服务业”税目征收营业税并开具服务业发票。凡未按规定分别核算其应税收入的，一律按“服务业”税目征收营业税。同时该文件还明确，代开票单位在为代开票物流劳务单位代开发票时也应按照以上原则征税（代征）并代开发票。

二是代开票纳税人在减免税期限内支付的代征税款可以退税。对于物流企业涉及减免税问题，纳税人应关注国税发[2004]88号文件的有关规定：在代开票时已征收的属于法律法规规定的减征或者免征的营业税及城市维护建设税、教育费附加、所得税以及高于法律法规规定的城市维护建设税税率的税款，按国家税务总局、中国人民银行、财政部《关于现金退税问题的紧急通知》(国税发[2004]47号)在下一征期退税。

三是未办证但存在运输业务的通过代开票方式处理。如提供了货物运输劳务但按规定不需办理工商登记和税务登记的单位和个人，凭单位证明或个人身份证在单位机构所在地或个人车籍地由代开票单位代开货物运输业发票，其应纳税款也在开票环节能代扣代缴。

四、对运输企业和个人的管理

为了强化公路、内河货物运输企业的管理，《公路、内河货物运输业税收管理操作规程》(国税发[2004]135号)规定实行年审制度。对自开票纳税人的年审，要求其提供下列证件和资料：

(一)营业执照副本复印件；(二)税务登记证副本复印件；(三)发票领购簿；(四)车辆道路运输证或船舶营业运输证复印件；(五)年度财务报表；(六)自有运输工具变化情况；(七)《货物运输业营业税自开票纳税人认定证书》；(八)地方税务局要求提供的其他有关证件、资料。

对已具有自开票纳税人资格的提供货物运输劳务单位，发现有下列情形之一的，税务机关将取消其自开票纳税人资格：(一)没有按地方税务局的要求正确核算货物运输和非货物运输的营业收入、营业成本、税金、营业利润的；(二)不能按规定向税务机关进行正常纳税申报和缴纳各项税款的；(三)有偷税、抗税行为的；(四)不能妥善保管、使用货物运输业发票造成严重后果的；(五)违反规定，对货物运输和非货物运输业务都开具货物运输业发票的；(六)违反规定，为其他纳税人开具货物运输业发票的；(七)税务机关规定的其他情形。

对代开票中介机构的年审，则要求提供下列证件和资料：(一)营业执照副本复印件；(二)税务登记证副本及复印件；(三)发票领购簿；(四)年度财务报表；(五)《货物运输业代开票中介机构认定证书》；(六)地方税务局要求提供的其他有关证件、资料。

对已具有代开票中介机构资格的单位，一旦发现有下列情形之一的，税务机关将取消其代开票中介机构资格：（一）没有按地方税务局的要求在代开发票同时代征税款的；（二）不能按规定向税务机关进行正常纳税申报、缴纳和解缴各项税款的；（三）有偷税、抗税行为的；（四）不能妥善保管、代开货物运输业发票造成严重后果的；（五）违反规定，对货物运输和非货物运输业务都代开货物运输业发票的；（六）税务机关规定的其他情形。

五、税收减免的管理

根据国务院《关于第三批取消和调整行政审批项目的决定》（国发[2004]16号）文件精神，就取消“货运业自开票纳税人和代开票纳税人营业税减免认定”后，国税函[2004]824号文件如何加强后续监督和管理，提出如下要求：

国家税务总局《关于加强货物运输业税收征收管理的通知》（国税发[2003]121号）附件1《货物运输业营业税征收管理试行办法》第十七条“符合营业税法规规定的减免条件的自开票纳税人，应向主管地方税务局报送有关资料，并经主管地方税务局认定后才能享受减免营业税优惠。符合营业税法规规定减免条件的代开票纳税人，必须提供主管地方税务局批准的减免税文书，其由代开票单位代开的货物运输业发票的营业额，才能享受减免营业税优惠”予以取消。取消认定手续后，主管地方税务局应按照减免税条件的要求，对符合享受减免税条件的自开票纳税人所开具的货物运输业发票减免征收营业税；对符合享受减免税条件的代开票纳税人，在代开货物运输业发票时即时征收营业税、城建税、教育费附加及所得税，再按规定办理退税（具体办法另行通知）；对给予了减免营业税优惠的自开票纳税人和代开票纳税人，要分户建立减免税档案，加强对减免税企业的资质及材料档案的管理，同时要加强其日常监督、检查。

六、运输开票的其他问题

对于运输业务来说，还存在一些特殊情况，如一些特殊车辆的开票人认

定、非独立机构的开票人认定等问题。对此,国税发明电[2003]55号文件进行了具体的规定:

(一)除自开票纳税人以外的其他提供货物运输劳务的单位和个人,不论其是否有工商管理部门核发的营业执照和车辆道路运输证、船舶营业运输证复印件,均可办理税务登记。凭税务登记和自备或承包、承租的车船等运输工具的证明办理代开票纳税人认定手续。

因有中国邮政专用标志的邮政运输车辆不需要由交通部门核发车辆道路运输证(或称道路运输经营许可证,下同),因此在对邮政部门认定自开票纳税人时对有中国邮政专用标志的邮政运输车辆不需要车辆道路运输证。

(二)对跨省、市、县(区)设立非独立核算分支机构提供货物运输劳务的单位,可凭总机构出具的车辆道路运输证、船舶营业运输证复印件办理自开票纳税人或代开票纳税人的认定工作。

(三)对于拥有自备车的单位开展其他业务问题,国税发[2004]88号文件明确利用自备车辆提供运输劳务的同时提供其他劳务(如对运输货物进行挑选、整理、包装、仓储、装卸搬运等劳务)的单位(以下简称物流劳务单位),凡符合规定的自开票纳税人条件的,可以认定为自开票纳税人。

第四节　对运费票据的要求

以前多数一般纳税人企业在处理运输业务问题上存在一个“老大难”问题,取得联营企业、个体运输专业户所提供的运输服务发票,绝大多数不能抵扣增值税进项税额,无形中影响了物流企业和个人的业务拓展。最近,国家税务总局以国税发[2003]121号文件下发了《关于加强货物运输业税收征收管理的通知》,制定了《货物运输业营业税征收管理试行办法》、《运费发票增值税抵扣管理试行办法》、《货物运输业营业税纳税人认定和年审试行办法》和《货物运输业发票管理流程实施方案》。对货物运输业的税收管理提出了一系列规定,为一般纳税人接受运输服务而降低税收成本带来了福音,也为物流企业的发展带来了机遇。

将现行的货物运输劳务管理办法与原来的管理方法作一个比较,不难发现,现在的运输发票抵扣增值税的企业范围增加了。但是,在具体操作过程中,作为提供物流服务的纳税人仍应该注意,税法明确规定了可以提供物流服务并提供可以抵扣增值税进项税额的企业的具体范围。

一、具有自开票的合法身份

《货物运输业营业税征收管理试行办法》规定,自2003年11月1日起,在中华人民共和国境内提供公路、内河货物运输劳务(以下简称货物运输劳务)的单位和个人,如果符合如下规定条件,可以向主管地方税务局申请领购并自行开具货物运输业发票(不包括个人、承包人、承租人以及挂靠人),其条件是:其一,具有工商行政管理部门核发的营业执照,地方税务局核发的税务登记证,交通管理部门核发的道路运输经营许可证、水路运输许可证;其二,年提供货物运输劳务金额在20万元以上(新办企业除外);其三,具有固定的办公场所。如是租用办公场所,则租期必须在1年以上;其四,在银行开设结算账户;其五,具有自备运输工具,并提供货物运输劳务;其六,账簿设置齐全,能按发票管理办法规定妥善保管、使用发票及其他单证等资料,能按财务会计制度和税务局的要求正确核算营业收入、营业成本、税金、营业利润,并能按规定向主管地方税务局正常进行纳税申报和缴纳各项税款。

不同时具备六个条件的单位、拥有运输工具的个人或者不同时具备以下条件的承包人、承租人以及挂靠人,不能认定为自开票纳税人:一是以出包方、出租方、被挂靠方的名义对外经营,由出包方、出租方、被挂靠方承担相关的法律责任;二是经营收支全部纳入出包方、出租方、被挂靠方的财务会计核算;三是利益分配以出包方、出租方、被挂靠方的利润为基础。

为了强化运输业务的管理,2004年7月8日,国家税务总局下发《关于货物运输业若干税收问题的通知》(国税发[2004]88号),明确在国家税务总局《关于加强货物运输业税收征收管理的通知》(国税发[2003]121号)的基础上,自2004年7月1日起,在中华人民共和国境内提供公路、内河货物运输劳务(包括内海及近海货物运输)的单位和个人适用《货物运输业营业税征收管理办法》(以下简称《管理办法》)。其中就纳税人认定问题,该文件明确:(一)适用《管理办法》从事货物运输的承包人、承租人、挂靠人和个体运输户不得认定为自开票纳税人。(二)铁路运输(包括中央、地方、工矿及其他单位所属铁路)、管道运输、国际海洋运输业务,装卸搬运以及公路、内河客运业务的纳税人不需要进行自开票纳税人资格认定,不需要报送货物运输业发票清单。(三)《货物运输业营业税纳税人认定和年审试行办法》中有关代开票纳税人认定和年审的规定停止执行。

如果不符合自开票条件,可以申请由主管地方税务局或者经省级地方税务局批准委托中介机构代开票单位代开货物运输业发票。

通过以上介绍我们可以发现,作为接受货物运输劳务服务的纳税人可以从三个渠道取得抵扣增值税的运输发票,即有资格自行开票的运输企业、由当地主管税务机关代开的运输发票和经省级地方税务局批准委托中介机构代开票单位代开货物运输业发票。

二、符合规定的运输票据

运输票据也是目前税务管理的重点内容之一。国家税务总局《关于使用公路、内河货物运输业统一发票有关问题的通知》(国税函[2004]557号)决定从2004年7月1日起,统一使用公路、内河货物运输业统一发票(以下简称《货运发票》)。其一,凡在中华人民共和国境内提供公路、内河货物运输劳务的单位和个人,在结算运输劳务费用,收取运费时,必须开具《货运发票》。其二,《货运发票》由各省、自治区、直辖市和计划单列市地方税务局统一印制。《货运发票》采用压感纸,并按总局新颁布的全国统一发票分类代码和发票号码规则印制;发票分类代码中4位地区代码统一使用省、自治区、直辖市和计划单列市代码。其三,《货运发票》为一式四联的计算机发票,第一联为抵扣联(绿色),第二联为发票联(棕色),第三联为记账联(红色),第四联为存根联(黑色)。发票规格为241mm×152mm,其中密码区规格为:92mm×22mm。该文对开具《货运发票》也提出了具体要求,如必须采用税控收款机系列产品开票,手写无效;必须按规定录入有关信息;有关事项应符合逻辑关系;《货运发票》应如实一次性填开,运费和其他费用要分别注明;开具《货运发票》时应加盖财务印章或发票专用章等。

就联运业务问题,国家税务总局《关于印发新版全国联运行业货运统一发票式样的通知》(国税函[2004]1033号)决定启用新版《联运发票》,旧版

《联运发票》2004 年 10 月 30 日起停止使用。在未使用税控收款机系列产品前，新版《联运发票》一律使用计算机开具。对联运业务特别强调严格区分运费与非运费项目，在填开《联运发票》时，必须将运输费用和垫付费用、其他费用分别填开。运输费用项目内容包括：自备运输工具运费和代付运费，其中，自备运输工具运费包括公路运费和水路运费，代付运费包括铁路运费、公路运费、水路运费及航空运费。垫付费用项目内容包括：保险费和邮寄费。其他费用内容包括：仓储费、包装整理费、装卸费、业务费及票签费。

三、运费发票的开具要求

运输企业的服务对象一般是增值税一般纳税人企业，而对方则要求运输发票能够抵扣增值税，所以，对运输费用的发票开具有一定的要求。但是，在实务过程中，有关企业往往不能按照相关要求进行操作，这里引用上海振信财务咨询有限公司提供的一个案例：由于烟草行业经营的特殊性，该行业通常在市一级的烟草公司成立独立核算的烟草物流公司。物流公司主要为烟草公司提供运输、仓储、保管和装卸搬运等业务，而烟草公司则按照约定好的标准向其支付费用。江南烟草物流公司除了完成相关业务以外，还同全国许多地区的烟草物流公司开展了大量的烟草联运业务，这大大地降低了烟草的运输费用，缩短了运输时间。2008 年 2 月，烟草物流公司还被当地主管税务机关认定为货物运输业自开票单位。

2010 年 5 月 8 日，该公司的主管国税局稽查局和地税局稽查局对市烟草公司和江南烟草物流公司分别进行检查。在对江南烟草物流公司 2008 年 1 月 1 日 ~2009 年 12 月 31 日以来的营业税缴纳情况进行检查后，市地税局稽查局对该公司做了两个补税决定：

其一，江南烟草物流公司提供的 6 729 万元的运输、仓储、保管和装卸搬运收入发票开具不规范。江南烟草物流公司未能就运输收入和其他收入分别开具发票。发票上全部以“运杂费”为名，且在申报纳税时毫无根据地将“运杂费”简单地划分为“运输收入”和“其他服务收入”。地税局稽查局对这部分申报的“运输收入”5 199 万元，决定按服务业依 5% 的税率补征营业税 103. 98 万元。

其二，对支付给全国其他地区烟草物流公司的联运费支出 902 万元，决定不予冲减本烟草物流公司的运输收入，补税27.06万元。

此外，国税局稽查局在增值税检查中，认为江南烟草公司从物流公司取得的5 199万元运费发票因全部开具为“运杂费”，要求该公司对已计算抵扣的进项税额363.93万元进行全额补缴。

那么，江南烟草物流公司发生的联运收入为什么不能扣除支付给其他物流公司的运输费后按余额缴纳营业税呢？烟草公司取得的运费发票仅仅因为开具了“运杂费”就不能全额计算抵扣进项税额吗？江南烟草物流公司因为没有将运输收入和其他收入分别开具发票，就应该全额按服务业缴纳5%的营业税吗？

解决上述问题，需要从政策层面入手。

首先，根据《营业税暂行条例》第三条的规定，纳税人兼营不同税目应税行为的，应当分别核算不同税目的营业额、转让额、经营额；未分别核算营业额的，从高适用税率。烟草物流公司在为烟草公司提供运输、仓储、保管和装卸搬运业务时，既提供了“交通运输业”税目的劳务，也兼营了“服务业”税目的劳务，其理应按照税法的规定进行明确的划分，但烟草物流公司却将全部收入都开成“运杂费”收入，没有进行分别核算，这就要从高按照“服务业”税目适用的税率5%缴纳营业税了。况且国家税务总局《关于货物运输业若干税收问题的通知》（国税发[2004]88号）第8条第（二）项有了进一步规定：自开票的物流劳务单位开展物流业务应按其收入性质分别核算，提供运输劳务取得的运输收入按“交通运输业”税目征收营业税并开具货物运输业发票；提供其他劳务取得的收入按“服务业”税目征收营业税并开具服务业发票。凡未按规定分别核算其应税收入的，一律按服务业税目征收营业税。因此，该市地税局稽查局对该公司提供的所谓“运杂费”全部按服务业征收营业税是正确的。

其次，根据《营业税暂行条例实施细则》第17条第1款以及《货物运输业营业税征收管理试行办法》（国税发[2003]121号）第14条的规定，对从事货物运输的自开票纳税人来说，无论2003年11月1日前后（《货物运输业营业税征收管理试行办法》开始执行的日期），凡自开票纳税人参与了符合交通运输业征税范围的货物运输业务，联运合作方向自开票纳税人开具了货物运输业发票，且自开票纳税人将接受的货物运输业发票作为原始记账凭证进行妥善保管的，自开票纳税人的联运业务，均可以按扣除支付给其他联运合作方运费后的余额为征收营业税的计税依据。因此,如果该公司参与了货物联运业务并符合交通运输业征税范围,且取得了联运合作方开具的货物运输业发票,则完全可以按扣除支付给其他联运合作方运费后的余额作为营业收入申报缴纳营业税。该市地税局稽查局的做法是错误的。

烟草公司从江南物流公司取得的注明为"运杂费"发票能否计算抵扣进项税额?财政部、国家税务总局《关于运输费用和废旧物资准予抵扣进项税额问题的通知》(财税字[1994]12号)、国家税务总局《关于印发〈增值税问题解答(之一)〉的通知》(国税函发[1995]288号)都规定,对纳税人外购货物或经营货物所支付的运输费用准予计算抵扣进项税额的部分,仅限于"运费"和"基金",不含有其他费用。而国家税务总局《关于货物运输业若干税收问题的通知》(国税发[2004]88号)第十条第(二)项则更加明确地规定:"增值税一般纳税人取得税务机关认定为自开票纳税人的联运单位和物流单位开具的货物运输业发票准予计算抵扣进项税额。准予抵扣的货物运费金额是指自开票纳税人和代开票单位为代开票纳税人开具的货运发票上注明的运费、基金和现行规定允许抵扣的其他货物运输费用;装卸费、保险费和其他杂费不予抵扣。货运发票应当分别注明运费和杂费,对未分别注明,而合并注明为运杂费的不予抵扣。"因此,该市国税局稽查局对烟草公司从江南物流公司取得的注明为"运杂费"的运费发票不予抵扣进项税额是有根据的。

针对我国目前运输企业和个人的实际情况,国家税务总局关于印发《国家税务总局〈关于加强货物运输业税收管理及运输发票增值税抵扣管理的公告〉的通知》(国税发[2003]120号),对运输业务的具体管理提出了切实可行的具体要求。对运输发票抵扣增值税的问题,与之配套的《运输发票增值税抵扣管理试行办法》则规定:从2003年11月1日起,纳税人外购货物(固定资产除外)或者经营应税货物而支付运输费用所取得的运费结算单据(《中华人民共和国增值税暂行条例实施细则》第十二条所规定的不并入经营额的代垫运费除外),无论是运输单位提供运输劳务自行开具的运输发票,还是运输单位主管地方税务局及省级地方税务局委托的代开发票中介机构为运输单位和个人代开的运输发票,都准予抵扣增值税进项税额,从而进一步扩大增值税的抵扣范围,这对接受运输服务的企业而言,其好处是不言而喻的。

但是，在税务稽查实践中，税务机关却发现有些企业在利用运输发票抵扣增值税方面存在许多问题，如存在代开票、运费发票填列不正确、以其他服务发票代运费发票等，从规避涉税风险的角度讲，作为接受运输服务的企业，在接受运输服务取得运输发票进行抵扣增值税时，应该重点注意以下八个方面：

其一，注意发票开票单位是否合法。税法明确规定，开票单位必须是经税务机关批准，有自行开具运输发票资格的企业，或者是主管地方税务局以及经省级地方税务局批准委托中介机构代开票单位代开的货物运输业发票才可以抵扣增值税。凡未经主管地方税务机关认定的纳税人开具的货物运输业发票一律不得作为记账凭证和增值税抵扣凭证。所以，作为一般纳税人企业，在接受运输服务时，应当注意提供服务的当事人的合法身份，验明所接受的运输票据是否符合抵扣增值税的规定，以防人为地增加税收成本。

其二，注意验明具有合法身份的单位和个人所提供的运输票据是否在法定的期限内。在稽查过程中我们经常发现原来的旧运输发票还在抵扣增值税，国税发[2003]120号文件规定，纳税人必须于2003年10月31日前向主管地方税务局缴回已经领购的货物运输业发票，经税务机关审核界定为自开票纳税人的再返还其继续使用；未缴回的货物运输业发票不得开具和使用，也不得作为记账凭证和增值税抵扣凭证。《关于使用公路、内河货物运输业统一发票有关问题的通知》(国税函[2004]557号)明确《货运发票》必须采用税控收款机系列产品开具，手写无效。国税函[2004]1033号明确《全国联运行业货运统一发票》使用新版本。因此，纳税人在受票时应当注意检查其时效性。

其三，自开票纳税人和代开票单位必须按照规定逐栏、如实填开货物运输业发票。凡开具给增值税一般纳税人的货物运输业发票，必须填写该增值税一般纳税人的名称和纳税人识别号。自开发票的，应在运费发票下方正中央加盖有开票人识别号、主管地方税务局名称和代码等内容的"开票人专章"和财务专用章。此外，国税发[2003]55号文件规定，如果地方税务局代开货运发票时，应加盖代开票地方税务局发票专用章，专用章要有代开票地方税务局名称和地方税务局代码。否则不予抵扣增值税。

这里引用上海振信财务咨询有限公司提供的一个案例：中山实业公司是从事铁矿石采选行业的，从采区到选区这段距离运送矿石的运费，每月月末统计汇总后，到地税局开具运费定额发票，然后填制《增值税运输发票抵扣清单》到国税部门申报抵扣进项税。可是国税局稽查部门在稽查时，却以不是外购的经营货物运费不许抵扣为由要中山实业公司补缴税款，该公司认为自己的汽车消耗油料和修理用配件都可以抵扣，为什么雇用的汽车所产生的运费却不许抵扣进项税？

根据国家税务总局《关于加强增值税征收管理若干问题的通知》(国税发[1995]192号)文件规定：增值税一般纳税人外购和经营货物(固定资产除外)所支付的运输费用，准予抵扣的运费结算单据(普通发票)，是指国有铁路、民用航空、公路和水上运输单位开具的货票，以及从事货物运输的非国有运输单位开具的套印全国统一发票监制章的货票，准予计算进项税额扣除的货运发票种类，不包括增值税一般纳税人取得的货运定额发票。所以该公司的运费是不允许抵扣的。

其四，申报抵扣增值税时的手续是否符合规定。取得的所有需计算抵扣增值税进项税额的运输发票，应根据相关运输发票逐票填写《增值税运输发票抵扣清单》，增值税一般纳税人必须填写其中的“取得运输发票单位名称及识别号”栏，否则，所取得的运费发票不能作为增值税进项抵扣凭证。在进行增值税纳税申报时，除按现行规定申报报表资料外，还必须报送《增值税运输发票抵扣清单》。纳税人除报送清单纸质资料外，还需同时报送《增值税运输发票抵扣清单》的电子信息。未单独报送《增值税运输发票抵扣清单》纸质资料及电子信息的，其运输发票进项税额不得抵扣。同时规定，如果纳税人未按规定要求填写《增值税运输发票抵扣清单》或者填写内容不全的，该张运输发票不得计算抵扣进项税额。因此，纳税人必须特别注意，在录入《增值税运输发票抵扣清单》信息采集软件时应细心，如果某些地方输入错误，经税务机关与开具的电子信息比对不符，那么该笔运输发票的进项税额不得抵扣。增值税一般纳税人取得的联运发票应当逐票填写在《增值税运费发票抵扣清单》的“联运”栏次内。增值税一般纳税人取得的内海及近海货物运输发票，可暂填写在《增值税运输发票抵扣清单》内河运输栏内。

其五，国税发[2004]88号文件还规定：增值税一般纳税人取得税务机关认定为自开票纳税人的联运单位和物流单位开具的货物运输业发票准予计算抵扣进项税额。准予抵扣的货物运费金额是指自开票纳税人和代开票单位为代开票纳税人开具的货运发票上注明的运费、建设基金和现行规定允许抵扣的其他货物运输费用;装卸费、保险费和其他杂费不予抵扣。货运发票应当分别注明运费和杂费,对未分别注明,而合并注明为运杂费的不予抵扣。

某服装厂近期从外地购进一批棉布,并请当地一家联运公司负责运输。棉布运回后,服装厂向联运公司支付了8 000元运费,1 200元建设基金和1 000元的装卸费、保险费。为了结算方便,服装厂与联运公司商定,在开具的运输发票上直接以"运杂费"的名义注明了全部费用的合计数。但当服装厂财务人员将这笔费用申请抵扣进项税时,税务机关却以发票上注明的是"运杂费"为由,拒绝了他们的申请。这让财务人员感到大惑不解:国家不是规定运费可以抵扣吗?为什么有正规发票却不让抵扣?

其实这里是财务人员对政策掌握得不够准确。国家税务总局《关于货物运输业若干税收问题的通知》(国税发[2004]88号)第十条第二款规定:"增值税一般纳税人取得税务机关认定为自开票纳税人的联运单位和物流单位开具的货物运输业发票准予计算抵扣进项税额。准予抵扣的货物运费金额是指自开票纳税人和代开票单位为代开票纳税人开具的货运发票上注明的运费、建设基金和现行规定允许抵扣的其他货物运输费用;装卸费、保险费和其他杂费不予抵扣。货运发票应当分别注明运费和杂费,对未分别注明,而合并注明为运杂费的不予抵扣。"按照此规定,服装厂在向联运公司支付的费用中,只有运费和建设基金可以抵扣,装卸费、保险费等杂费是不能抵扣的。但服装厂取得的运输发票上并未对这些费用分别注明,而是合并注明为"运杂费"。因此,税务机关对这种发票有权拒绝抵扣进项税额。

其六,申报抵扣增值税的时间是否符合规定。纳税人取得的2010年1月1日以后开具的运输发票增值税一般纳税人取得的货物运输业发票,可以在自发票开具日180天后的第一个纳税申报期结束以前申报抵扣。增值税一般纳税人在2004年3月1日以后取得的货物运输业发票,必须按照《增值税运费发票抵扣清单》的要求填写全部内容,对填写内容不全的不得予以抵扣进项税额。

其七,铁路运费发票抵扣的具体范围。

根据《国家税务总局关于铁路运费进项税额抵扣有关问题的通知》(国税发[2000]14号)规定,增值税一般纳税人购进或经营货物(固定资产除外)所支付的铁路运输费用,准予抵扣的范围限于铁路运输部门开具的货票上注明的以下项目:运输运营费用(发到运费和运行运费);铁路建设基金;临管铁路运费及新线运费(包括:大秦煤运费,京秦煤运费,京原煤运费,丰沙煤运费,京九分流加价,太古岚加价,京九运费,大沙运费,侯月运费,南昆运费,宣杭运费,伊敏运费,通霍运费,塔韩运费,北仑运费)。

同时根据文件国家税务总局《关于铁路运费进项税额抵扣有关问题的补充通知》(国税函[2003]970 号):除国税发[2000]14 号文件中规定的抵扣项目外,对铁路运输部门开具新增的北疆线、西康线、上铅线、内六线、福前线、塔士线、广深线、南疆线货票运费,允许按 7% 的扣除率计算抵扣进项税额。

中国铁路包裹快运公司(以下简称中铁快运)为客户提供运输劳务,属于铁路运输企业。因此,对增值税一般纳税人购进或经营货物取得的《中国铁路小件货物快运运单》列明的铁路快运包干费、超重费、到付运费和转运费,可按 7% 的扣除率计算抵扣进项税额。

其八,铁路运输发票的抵扣范围有变化。国家税务总局《关于铁路运费进项税额抵扣问题的补充通知》(国税函[2005]332 号)明确,自 2005 年 4 月 1 日起,增值税一般纳税人购进或者经营货物(固定资产除外)所支付的运输费用(包括未列明的新增的铁路临管线及铁路专线运输费用)准予抵扣。准予抵扣的范围仅限于铁路运输企业开具各种运营费用和铁路建设基金,随同运费支付的装卸费、保险费等其他杂费不得抵扣。东北地区扩大增值税抵扣范围企业购进或经营固定资产支付的运输费用准予抵扣。

另外应注意:根据国家税务总局《关于增值税一般纳税人支付的货物运输代理费用不得抵扣进项税额的批复》(国税函[2005]54 号)规定,国际货物运输代理业务是国际货运代理企业作为委托方和承运单位的中介人,受托办理国际货物运输和相关事宜并收取中介报酬的业务。因此,增值税一般纳税人支付的国际货物运输代理费用,不得作为运输费用抵扣进项税额。

第五节　物流企业特殊业务的政策分析

物流业务存在流动性大的特点,其中运输业务就更加明显,由于车辆是一种特殊的经营工具,从事的业务多数在外地进行远程作业,作为机构在经营管理存在一定的难度。为了提高司机的工作责任感和工作热情,多数物流企业都在寻找适合物流业务的运行和管理方法。

一、车辆挂靠经营问题

个体工商户或者小型企业将车辆挂靠在有特定资质的企业从事经营活动的现象,在日常生产和经营活动中比较普遍,但是,如果操作不当,就可能发生涉税风险。这里有一则案例:

2010 年 5 月 26 日,地方税务局稽查局对宏远物流公司进行了纳税检查,发现如下问题:其一,2009 年度该企业将本单位的 100 辆运输车作价 1 630 万元,然后给本单位的司机或社会人员(以下统称司机),分 4 年向司机收取车辆的价款,同时每年向车辆使用者收取管理费 500 万元,收清车辆价款后虽然车辆的所有权转归司机所有,但车辆牌照、营运证、线路牌等仍属公司所有,并仍由公司统一承担缴纳各项税、费的义务和其他法律责任。其二,公司让 28 名集装箱运输卡车拥有者,挂靠在租赁公司名下,这些人利用拥有的集装箱运输卡车以公司名义从事集装箱运输业务,公司为拥有集装箱运输卡车者开具运输收入发票 900 万元。那么,对于以上两种情况应当如何缴税?

第一种情况属于出租经营。如采用供车的形式经营,部分小汽车出租公司、汽车运输公司等单位(以下简称公司)将本单位的运输车辆作价后给本单位的司机或社会人员(以下统称司机),分期向司机收取车辆的价款和管理费,收清车辆价款后虽然车辆的所有权转归司机所有,但车辆牌照、营运证、线路牌等仍属公司所有,并仍由公司统一承担缴纳各项税、费的义务和其他法律责任。公司将运输车辆作价后给司机这种行为的本身不在于卖车,而是公司内部经营责任制的改革措施,公司与司机的关系没有实质性的改变。因此公司的供车行为,并不属于经营货物的行为,而属于出租行为。

第二种情况属于挂靠经营。如果个人向汽车租赁有限公司(以下简称租赁公司)购买或租赁集装箱运输卡车(以下简称集卡车),挂靠在租赁公司名下,利用拥有(包括购买或租赁,下同)的集装箱运输卡车以租赁公司名义从事集装箱运输业务,租赁公司及其在外县、市的分支机构为拥有集装箱运输卡车者开具运输收入发票,并按开具额的一定比例收取管理费,应当如何征收营业税?

如果拥有集装箱运输卡车者属于租赁公司的内部职工,其从事集装箱运输业务的营业税以租赁公司为纳税人,拥有集装箱运输卡车者不是集装箱运输业务的营业税纳税人。如果租赁公司在外县、市设立的分支机构(包括分公司、办事处),同时符合《中华人民共和国营业税暂行条例实施细则》(以下简称《细则》)第十二条第二款规定的条件,则集装箱运输业务的营业税由分支机构在分支机构所在地缴纳;如果不符合细则第十二条第二款规定的条件,则由租赁公司在租赁公司机构所在地缴纳。至于租赁公司向拥有集装箱运输卡车者收取的管理费,属于内部收入,不征收营业税。

二、车辆内部作价管理的涉税处理

某市一家公路运输企业于2009年1月份将其货运卡车和部分客运车辆作价给本单位的司机及少数社会人员,双方约定,司机必须在两年内付清车款,付清款项后,车辆即归司机个人所有,但车辆牌照、营运证、线路牌等仍属公司所有。同时约定,司机向公司缴纳一定的管理费,由公司负责缴纳各项税、费。

2010年3月,某市国税局接到群众举报后,在对该企业进行税务检查中发现:从2009年1月至2009年12月,单位共收到司机上交的车款325.50万元,企业还没有为司机办理车辆的过户手续。企业没有申报缴纳增值税,只向当地地税局按“服务业”申报缴纳了营业税和其他地方税。企业的这些作价车辆销价大于其账面原价。

鉴于此,稽查局依据《增值税问题解答(之一)》(国税函发[1995]288号)和财政部、国家税务总局《关于旧货和旧机动车增值税政策的通知》(财税字[2002]29号)的规定,按照4%的征收率减半征收增值税计

62 596.15 元，并将纳税人少交增值税的行为定性为偷税，课处应交未交税款 50% 的罚款。

应当说，该公司所在地国税稽查局的处理与处罚决定是错误的。我们可以从以下两个方面来分析：

其一，税法适用的主体不同，有关旧货和旧机动车经营应征收增值税的规定是针对增值税纳税人而言的。财政部、国家税务总局《关于旧货和旧机动车增值税政策的通知》（财税字[2002]29 号）规定，自 2002 年 1 月 1 日起，纳税人经营旧货（包括旧货经营单位经营旧货和纳税人经营自己使用过的应税固定资产），无论其是增值税一般纳税人或小规模纳税人，也无论其是否为批准认定的旧货调剂试点单位，一律按 4% 的征收率减半征收增值税，不得抵扣进项税额。纳税人经营自己使用过的属于应征消费税的机动车、摩托车、游艇，售价超过原值的，按照 4% 的征收率减半征收增值税；售价未超过原值的，免征增值税。旧机动车经营单位经营旧机动车、摩托车、游艇，按照 4% 的征收率减半征收增值税。多数人从该文件中"无论其是增值税一般纳税人或小规模纳税人"的表述上理解，发生有关业务征收增值税的主体并不包括交通运输业的营业税纳税人。而《关于运输企业的供车行为征收流转税问题的批复》（国税函发[1995]578 号）明确规定："……汽车出租公司、汽车运输公司等单位（以下简称公司）为搞活经营、提高司机工作的积极性与服务质量，采取供车形式，即公司将本单位的运输车辆作价后给本单位的司机或社会人员（以下统称司机），分期向司机收取车辆的价款和管理费，收清车辆价款后虽然车辆的所有权转归司机所有，但车辆牌照、营运证、线路牌等仍属公司所有，并仍由公司统一承担缴纳各项税、费的义务和其他法律责任。由此可见，公司将运输车辆作价后给司机这种行为的本身不在于卖车，而是公司内部经营责任制的改革措施，公司与司机的关系没有实质性的改变。因此公司的供车行为，并不同于经营货物的行为而属于出租行为。根据《中华人民共和国营业税暂行条例》的有关规定，对公司的供车行为，应按'服务业'征收营业税。"对照此文件，我们可以得出这样的结论：这个运输企业只须缴纳营业税，无须缴纳增值税。

其二，从企业的具体业务运作过程来分析。从企业的业务流程的角度来看，企业的行为是一种租赁行为。对于租赁行为应当根据税法规定征收营业税。对于融资租赁，是指承租的一方向出租方支付租赁费，但租赁期满后获得该项资产所有权的一种租赁方式。《关于融资租赁业务征收流转税问题的通知》(国税函[2000]514号)明确:对经中国人民银行批准经营融资租赁业务的单位所从事的融资租赁业务,无论租赁的货物的所有权是否转让给承租方,均按《中华人民共和国营业税暂行条例》的有关规定征收营业税,不征收增值税。其他单位从事的融资租赁业务,租赁的货物的所有权转让给承租方,征收增值税,不征收营业税;租赁的货物的所有权未转让给承租方,征收营业税,不征收增值税。国家税务总局《关于印发〈企业所得税税前扣除办法〉的通知》(国税发[2000]84号)第三十九条规定,融资租赁是指在实质上转移与一项资产所有权有关的全部风险和报酬的一种租赁。为了便于纳税人具体操作,该文同时明确符合下列条件之一的租赁为融资租赁:(一)在租赁期满时,租赁资产的所有权转让给承租方;(二)租赁期为资产使用年限的大部分(75%或以上);(三)租赁期内租赁最低付款额大于或基本等于租赁开始日资产的公允价值。

对于本案而言,运输公司将车辆作价给本公司的司机,体现了融资租赁的特点,但是企业最后并没有将车辆的所有权进行转移(没有办理过户手续),并不具备融资租赁征收增值税的条件,充其量只能作为经营性租赁处理,而国家税务总局单独下发了国税函发[1995]578号文,明确规定对类似行为按照"服务业"征收营业税。所以,该公司的主管税务机关对该行为征收增值税是错误的。该案中的纳税人可以通过行政复议或者行政诉讼来维护自己的合法权益。

三、高速路经营的政策问题

高速公路已经成为我国主要交通手段之一,为了扶持国家基础交通设施建设,促进我国高速公路建设的发展,财政部、国家税务总局联合出台的《关于公路经营企业车辆通行费收入营业税政策的通知》。《通知》规定,从2005年6月1日起,对公路经营企业收取的高速公路车辆通行费收入统一减按3%的税率征收营业税。营业税税率由原来的5%调减为3%。

业内人士分析,高速公路车辆通行费收入是经营高速公路类上市公司最主要的收入来源,此次将营业税税率从原先的5%下调至3%,下降幅度达40%,这将有望降低公司的税负,进而提升相关公司主营业务净利润水平。

对这类上市公司整体而言，税率调整将使每股净利润提高 5% ~6%。其中毛利率水平低的公司，每股净利润提升更高。目前，高速公路上市公司中，净利润一般占主营业务收入的35%左右，该项政策调整对2005年6—12月行业净利润的影响约为2.8%，对以后年度影响约为5.7%。

对于高速路经营权转让，国家税务总局《关于交通部门有偿转让高速公路收费经营权征收营业税的批复》（国税函[2005]1146号）明确，根据《中华人民共和国营业税暂行条例》（以下简称《条例》）第一条的规定，在我国境内提供应税劳务的单位和个人，为营业税的纳税义务人，应当依照《条例》的规定缴纳营业税。交通部门有偿转让高速公路收费权的行为，属于营业税征收范围，应按“服务业”税目中的“租赁”项目征收营业税。

根据国家税务总局《关于转让公路桥梁收费权取得收入征收营业税问题的批复》（国税函[1999]145号）明确，《营业税暂行条例》第一条规定，在我国境内提供应税劳务的单位和个人为营业税的纳税义务人，应当按照规定缴纳营业税。因此，该公司应按“服务业”税目中的“租赁”项目缴纳营业税。这里引用上海振信财务咨询有限公司提供的一个案例：

畅达公司是一家代表当地政府专门从事高速公路建设和运营管理的国有独资企业，为了便于管理，它采用一路一公司的管理模式。为筹集新的建设资金，公司决定将其经营管理的全资子公司——通达公司的经营权（收费）对外转让。通达公司注册资本2.5亿元，经营管理着价值2.5亿元的高速公路。该路段的经营期限为25年，已经营5年，通达公司把高速公路作为固定资产管理，并按直线法计提折旧（不考虑残值）。现畅达公司以3亿元的价格对外转让经营（收费）权。

根据国家税务总局《关于交通部门转让公路桥梁收费权征收营业税问题的批复》（国税函[1999]145号）和国家税务总局《对湖南省地方税务局关于交通部门转让公路桥梁收费权征收营业税问题的批复》（国税函[2005]1146号）的规定，交通部门有偿转让高速公路收费权行为，属于营业税征收范围，应按“服务业”税目中的“租赁”项目缴纳营业税。因此，畅达公司的上述转让行为应该缴纳营业税，其收取的20年转让高速公路经营权的收入每年应纳营业税：1 500 × 5% = 75（万元），营业税金及附加 = 75 × 10% = 7.5（万元）。由于该路段的所有权仍归畅达公司所有，因此当年应计提折旧1 000万元，所得税（不考虑其他因素）=（1 500 − 1 000 − 82.5）× 33% ≈

137.78(万元),该业务每年的总税负为137.78+75+7.5=220.28(万元)(此处不考虑印花税等),20年总税负的绝对值为4 405.6万元,折算成现值为11.469 9×220.28≈2 526.59(万元)(折现率按6%计算)。

畅达公司如果不是通过转让经营(收费)权的方式,而是直接转让其持有的通达公司的全部股权,合同约定股权只对公路资产而言,其他资产、负债和权益仍由畅达公司承担,且转让后的公司其经营(收费)权仍为20年,经营到期后该公路资产的所有权(由其直接)无偿归还给国家。根据《收费公路管理条例》等现行法规的规定,经营性高速公路的经营收费权一般地区最长为25年,国家确定的中西部地区最长不超过30年,收费期满后在高速公路的技术等级和标准达到取得收费权益时核定标准的前提下无偿归还给国家,其他条件不变。根据国家税务总局《关于股权转让有关营业税问题的通知》(财税[2002]191号)关于股权转让中涉及的无形资产、不动产转让如何缴纳营业税问题及股权转让的营业税问题明确规定:一、以无形资产、不动产投资入股,参与接受投资方利润分配,共同承担风险的行为不缴纳营业税。二、股权转让不缴纳营业税。也就是说,畅达公司这一转让股权的行为不需缴纳营业税。

另外,根据国家税务总局《关于企业股权投资业务若干所得税问题的通知》(国税发[2000]118号)规定,"企业股权投资转让所得或损失是指企业因收回、转让或清算处置股权投资的收入减除股权投资成本后的余额。企业股权投资转让所得应并入企业的应纳税所得,依法缴纳企业所得税"。该转让行为应承担的所得税为(30 000-25 000)×33%=1 650(万元)(不考虑其他因素)。这也就是畅达公司转让通达公司股权行为承担的全部税负。两相比较不难发现畅达公司采用股权转让的方式可以为公司带来876.59万元(2 526.59-1 650)的节税效益(现值),而对于受让方来说,按照现行税法的规定,也不增加任何税收负担。因此,该方案实施的必要性和可能性大大增加。

从上面的讨论过程中不难看出,企业在转让公路经营(收费)权的过程中究竟采用哪一种方式,如果其他条件都一样,单从这一行为所承担的税负来分析,决定因素有两个:一是经营期限,二是折现率。仍按上例,若出让资产的经营期限延长为25年,其他条件均不变,则转让股权的方式所承担的税负不变仍为1 650万元,而采用转让经营权方式每年所承担的税负为营业税金及附加 66 万元，所得税 44.22 万元，25 年税负现值为 1 408.99 万元（110.22 × 12.783 4），转让经营权比转让股权所承担的税负轻 241.01 万元（现值）；同理，折现率的降低也将使节税效益发生变化。因此在方案的选择过程中，不仅要考虑转让公路资产经营期限的长短、企业的直接税负、当时的其他各种因素和环境，而且还要注意未来的金融政策和利率变化，只有这样，才能使筹划方案真正具有实用价值。

四、对于跨地区运输业务的征税问题

运输业务没有地域的限制，但是，税收却存在地域的规定和限制。对于单位和个人将运输经营权承包租赁给他人，应如何确定纳税人和纳税地点问题，国家税务总局《关于交通运输业征税问题的批复》（国税函发[1997]478 号）明确：其一，根据《中华人民共和国营业税暂行条例实施细则》第十条规定，单位和个人将运输经营权承包租赁给他人的，以承租人或承包人为纳税人。其二，根据《中华人民共和国营业税暂行条例》第十二条规定，纳税人从事运输业务，应当向其机构所在地主管税务机关申报纳税。这里的“机构所在地”包含以下含义：（一）纳税人办理税务登记的，为税务登记所在地。（二）未办理税务登记的单位为其驻地；个人为其居住地。根据税收征管法及有关规定，一切从事交通运输经营的单位和个人，都应当向其单位驻地或个人居住地税务机关申报办理税务登记。

这里需要注意的是，国家税务总局《关于澳门企业在内地经营运输业务营业税问题的批复》（国税函[2005]219 号），澳门企业在内地经营运输业务有关营业税问题明确：内地与澳门特别行政区《关于对所得避免双重征税和防止偷漏税的安排》第八条第一款“一方企业在另一方以船舶、飞机或陆运车辆经营的运输业务所取得的收入和利润，该另一方应予免税”的规定，可以比照内地与香港特别行政区《关于对所得避免双重征税和防止偷漏税的安排》第二条第一款“一方企业在另一方以船舶、飞机或陆运车辆经营的运输业务所取得的收入和利润，该另一方应予免税（在内地，包括营业税）”的规定执行，澳门企业在内地以船舶、飞机或陆运车辆经营的运输业务所取得的收入，内地给予的免税待遇也应包括免征营业税。

五、车辆通行费以及拍卖机动车牌照和公交线路运营权的征税问题

对于车辆通行费的征税问题，分两种情况分别处理。财政部、国家税务总局《关于车辆通行费有关营业税等税收政策的通知》（财税［2000］139号）明确：其一，自2000年10月22日起，凡交通、建设部门贷款或按照国家规定有偿集资修建路桥、隧道、渡口、船闸收取的车辆通行费、船舶过闸费，收费项目经有关部门批准，使用省、自治区、直辖市财政部门统一印（监）制的收费票据，所收资金全额纳入财政专户，实行“收支两条线”管理，不缴纳营业税。此前，已征的税款不再退还，未征的税款不再补征。其二，凡国内外经济组织设立公路或城市道路经营企业收取车辆通行费，统一由省、自治区、直辖市物价部门会同交通或建设部门审核后，报同级人民政府审批，收费时要按照有关规定使用税务发票，依法缴纳各项税收。

至于公安部门拍卖机动车牌照，交通部门拍卖公交线路运营权，是否征收营业税问题，国税函［1995］156号文件明确，由于公安部门拍卖机动车牌照，交通部门拍卖公交线路运营权，这两种行为均不属于营业税的征税范围，因而不征收营业税。

六、索道运营的征税处理

对设在旅游景点为旅客观光提供服务的索道运营营业税问题，财政部、国家税务总局《关于索道运营征收营业税问题的通知》（财税［2001］116号）规定，根据现行营业税条例及营业税税目注释的规定，在旅游景点为旅客观光提供的索道运营服务属于交通运输业税目的征税范围，应按交通运输业适用3%的税率征收营业税。

七、运输经营权承包租赁

关于单位和个人将运输经营权承包租赁给他人，应如何确定纳税人和纳税地点问题，国家税务总局《关于交通运输业征税问题的批复》（国税函

[1997]478号)明确:其一,关于纳税人问题。根据《中华人民共和国营业税暂行条例实施细则》第十条规定,单位和个人将运输经营权承包租赁给他人的,以承租人或承包人为纳税人。其二,关于纳税地点问题。根据《中华人民共和国营业税暂行条例》第十二条规定,纳税人从事运输业务,应当向其机构所在地主管税务机关申报纳税。这里的"机构所在地"包含以下含义:(一)纳税人办理税务登记的,为税务登记所在地。(二)未办理税务登记的单位为其驻地;个人为其居住地。

根据《税收征管法》及有关规定,一切从事交通运输经营的单位和个人,都应当向其单位驻地或个人居住地税务机关申报办理税务登记。

八、车辆通行费的征税问题

关于交通运输车辆的通行费征收营业税的问题,财政部和国家税务总局先后下发了几个文件,根据《营业税暂行条例》及其实施细则的规定,车辆通行费如何缴纳营业税、按什么税目、按什么税率缴纳营业税呢？笔者作了以下归纳。

1. 什么样的收费需要缴纳营业税

根据国务院发布的《收费公路管理条例》(国务院令第417号)规定,我国现行的收费公路分为两类:一类是县级以上地方人民政府交通主管部门利用贷款或者向企业、个人有偿集资建设的公路,简称政府还贷公路;另一类是国内外经济组织投资建设或者依照公路法的规定受让政府还贷公路收费权的公路,简称经营性公路。根据《营业税暂行条例》及其实施细则的规定,国家税务总局下发国家税务总局《关于广播电视系统、交通、工商、公安等部门的有关收费项目征收营业税的批复》(国税函[1998]766号)规定,交通部门收取的车辆通行费(过路费、过桥费)是提供营业税应税劳务取得的收入,属于营业税的征税范围。按照当时的税法规定,对于上述两类收费公路收取的车辆通行费,全部需要缴纳营业税。但是在2000年,财政部、国家税务总局根据国务院批转财政部等部门《交通和车辆税费改革实施方案的通知》(国发[2000]34号)的规定,下发了财政部、国家税务总局《关于车辆通行费有关营业税等税收政策的通知》(财税[2000]139号),根据该文件的规定,自2000年10月22日起,凡交通、建设部门贷款或按照国家规定有偿集资修建路桥、隧道、渡口、船闸收取的车辆通行费、船舶过闸费，收费项目由省、自治区、直辖市财政部门会同物价、交通和建设部门审核，收费标准由省、自治区、直辖市物价部门会同财政、交通或建设部门审核后，报同级人民政府审批，收费时要按照有关规定到规定的价格主管部门申领收费许可证，使用省、自治区、直辖市财政部门统一印(监)制的收费票据，所收资金全额纳入财政专户，实行"收支两条线"管理，不缴纳营业税。该文件同时规定，凡国内外经济组织设立公路或城市道路经营企业收取车辆通行费，统一由省、自治区、直辖市物价部门会同交通或建设部门审核后，报同级人民政府审批，收费时要按照有关规定使用税务发票，依法缴纳各项税款。由此可以认为，目前的税收政策是对经营性公路的车辆通行费应当缴纳营业税；而对政府还贷公路的车辆通行费，在同时满足"经省级政府批准"和"收支两条线管理"两个条件的情况下，不缴纳营业税。另外，不缴纳营业税的通行费必须是由行政机关自己直接收取的，交通部门将收费权转让给其他单位或者委托其他单位收取通行费，由其他收取车辆通行费的单位缴纳营业税。

2. 按什么税目缴纳营业税

现行营业税税目注释(国税发[1993]149 号)并未对车辆通行费以及过路费、过桥费适用何种税目作出十分明确规定，很多基层税务征收人员在实际操作中，对车辆通行费是按"服务业"税目，还是"交通运输业"税目缴纳营业税也不是十分清楚。但 1994 年初，国家税务总局就下发了国家税务总局《关于中外合资 × × 公路桥梁开发有限公司税收问题的批复》(国税函发[1994]32 号)，在该文件中明确规定，对企业所建商品路收费站所收取的费用应依"服务业"税目 5% 的税率缴纳营业税。综上所述，车辆通行费应按"服务业——其他服务业"税目缴纳营业税。

按什么税率缴纳营业税？财政部、国家税务总局《关于公路经营企业车辆通行费收入营业税政策的通知》(财税[2005]77 号)规定，自 2005 年 6 月 1 日起，对公路经营企业收取的高速公路车辆通行费收入统一减按 3% 的税率征收营业税。这里需要注意的是财税[2005]77 号文件，规定的范围是公路经营性企业收取的车辆通行费，而不是政府还贷公路收取的车辆通行费，并且仅涉及对高速公路车辆通行费减征营业税的问题，而对于不属于高速公路的经营性公路的车辆通行费收入不属于减征营业税的范围，仍然按 5% 的税率缴纳营业税。

第三章 物流行业的税收分析

从我国目前物流企业的具体情况来看，专业型、小规模企业偏多，大规模、综合型企业所占数量较少。但是，无论是专业经营，还是综合操作，都需要对物流各类业务的税收政策进行系统地分析和理解，因为从目前的税收政策规定的特点来看，有关政策还是从行业分类的角度进行规定的，主要有航空运输、铁路运输、远洋运输等。

第一节 航空运输业务的涉税处理

航空运输业是我国物流运输业的一个重要方面。由于航空运输企业的起点比较高，因此，在物流企业总数中所占的比例不大，但是，由于航空运输存在其自身的特殊性，所以现行税法对一些具体问题给予其特殊的规定。

一、航空运输企业的纳税地点

目前，由于各航空运输公司对其所属分公司的核算制度不同，下属分公司是否负有营业税纳税义务情况不一，大部分已成为营业税纳税人，少数仍由航空运输公司统一缴纳运输业务的营业税。实践表明，航空运输公司下属分公司承担纳税义务，向分公司所在地税务机关就地缴纳营业税，有利于加强营业税控管，堵塞营业税收入流失漏洞。而且，《中华人民共和国营业税暂行条例实施细则》第十二条规定，航空运输业负有营业税纳税义务的单位为从事运输业务并计算盈亏的单位。有鉴于此，为加强对航空运输企业的营业税征收管理，统一税收政策，国家税务总局通过《关于航空运输业营业税纳税人问题的通知》（国税发[1998]210号）决定，自1999年1月1日起，各航空运输公司所属分公司，无论是否单独计算盈亏，均应作为纳税人向分公司所在地主管税务机关缴纳营业税。

二、包机业务的税务处理

鉴于部门客户的特殊需要，要求航空运输企业提供包机服务。为了强化包机业务的税收管理，国家税务总局有专门的文件对这一行为进行了规范。如就香港公司包机从事内地旅游运输的税收问题，为有利于香港、内地间空运旅游业务的发展，国家税务总局在《关于香港公司包机运输税收问题的通知》（国税发[1995]128号）中明确规定：包机人在内地设有办事处或者代表处，应当由该办事处或者代表处直接向其所在地主管税务机关进行税务登记，并按月自行申报纳税。包机人在内地未设办事处或者代表处，应当委托代理人负责按月办理纳税事宜。

对于内地企业从事提供包机服务业务，国家税务总局在《关于中国南方航空公司湖北分公司包机费收入适用营业税税目问题的批复》（国税函发[1996]695号）明确，根据国家税务总局《关于营业税若干征税问题的通知》（国税发[1994]159号）第一条规定，包机公司是"利用运输工具、从事运输业务、取得运输收入"的单位，该公司应是"交通运输业"的纳税人。而南航湖北公司向湖北省包机公司提供飞机并收取定额包机费属于《营业税税目注释》规定的"将场地、房屋、物品、设备或设施等转让他人使用的业务"，应按"服务业——租赁业"税目征收营业税（本文件已经废止，有关事项按国税发[2002]25号文件执行）。

三、机场管理建设费的涉税处理

对于民航单位收取的机场管理建设费、旅游发展基金等费用有一个政策变化过程，部分企业对此不熟悉，从而导致操作错误。在1994年税制改革以前,机场向中外旅客收取的机场管理建设费属于免税项目,实行新税制后,原营业税的法规均已废止,过去所作的减税免税规定也一律停止执行,对此已有明文规定。关于纳税人代收款项,《营业税暂行条例》及其实施细则明确规定应并入营业额中计算缴纳税款。为了强化机场管理建设费、旅游发展基金等费用的管理,财政部、国家税务总局《关于民航单位收取的机场管理建设费、旅游发展基金应按税法规定征收营业税的通知》(财税字[1995]5 号)又进一步强调,为了维护税制的统一规范,巩固税制改革成果,各地财政和地方税务部门对于一些民航单位违反税法的行为应坚决予以纠正,责令其限期将这两项收费应纳的营业税补缴入库,对于仍然拒绝缴纳的,应依法按照抗税予以严肃处理。

考虑到目前我国航空运输企业的实际情况,为支持民航事业发展,财政部、国家税务总局在《关于民航机场管理建设费营业税先征后返还问题的通知》(财税[1996]32 号)中明确,经国务院批准,自 1996 年 1 月 1 日起,对民航机场管理建设费照章征收营业税,所征税款由财政部门予以返还,用于机场建设。具体操作办法,按照财政部、国家税务总局、中国人民银行《关于税制改革后对某些行业实行"先征后退"有关预算管理问题的暂行规定的通知》([1994]财预字 55 号)第三条第五款的规定办理。

四、有关附属业务问题

国家税务总局《关于企业从事附属于其国际运输业务取得的所得征税问题的批复》(国税函[1998]241 号)根据我国对外签订的税收协定第八条规定的原则以及国际通行惯例明确:税收协定第八条所述从事国际运输业务取得的所得,是指企业以船舶或飞机经营客运或货运取得的所得,包括该企业从事的附属于其国际运输业务取得的所得。上述附属于其国际运输业务取得的所得主要包括:

其一,以湿租形式出租船舶或飞机(包括所有设备、人员及供应)取得的租赁所得;

其二,为其他企业代售客票取得的所得;

其三,从市区至机场运送旅客取得的所得;

其四,通过货车从事货仓至机场、码头或者后者至购货者间的运输,以及直接将货物发送至购货者所取得的运输所得；

其五，以船舶或飞机从事国际运输的企业附营或临时性经营集装箱租赁取得的所得；

其六，企业仅为其承运旅客提供中转住所设置的旅馆取得的所得；

其七，非专门从事国际船运或空运业务的企业，以其本企业所拥有的船舶或飞机经营国际运输业务所取得的所得。

此外，中国国际航空股份有限公司《关于客运飞机腹舱联运收入营业税问题的通知》（国税函[2005]202号）明确：中国国际航空股份有限公司（以下简称国航）与中国国际货运航空有限公司（以下简称货航）开展客运飞机腹舱联运业务时，国航以收到的腹舱收入为营业额；货航以其收到的货运收入扣除支付给国航的腹舱收入的余额为营业额，营业额扣除凭证为国航开具的“航空货运单”。

五、航空企业的几个免税事项

对于航空运输企业的一些特殊服务事项税法给予了免税待遇。如对“运输企业在境外载运旅客或货物入境”，《营业税问题解答（之一）》（国税函[1995]156号）明确，根据《营业税暂行条例实施细则》第七条第二款关于“在境内载运旅客或货物出境”属于境内提供应税劳务的规定，运输企业在境外载运旅客或货物入境，不属于在境内提供应税劳务，因而不征收营业税。对于航空公司用飞机开展飞洒农药业务，国税函[1995]156号同时明确，《营业税暂行条例》第六条第五款规定农业病虫害防治免征营业税，《营业税暂行条例实施细则》第二十六条第四款明确农业病虫害防治“是指从事农业、林业、牧业、渔业的病虫害测报和防治的业务”。航空公司用飞机开展飞洒农药业务属于从事农业病虫害防治业务，因而应当免征营业税。

依据财政部、国家税务总局《关于民航系统8项行政事业性收费不征收营业税的通知》（财税[2003]170号）规定，以及根据财政部、国家税务总局《关于调整行政事业性收费（基金）营业税政策的通知》（财税字[1997]5号）的精神，自2003年8月1日起，对民航总局及地区民航管理机构在开展相关业务时收取并纳入预算管理，实行“收支两条线”的以下8项费用不征收营业税：①民用航空器国籍登记费；②民用航空器权利登记费；③民航经营活动主体和经营代理企业经营许可证工本费；④民航安全检查许可证工本费；⑤安全检查仪器使用合格证工本费；⑥民航从业人员考试费、执照工本费；⑦航空业务权补偿费；⑧适航审查费。

对于国际航空电讯协会向会员提供信息服务所收取服务费、信息处理费和管理费等税务处理问题，国家税务总局《关于国际航空电讯协会从中国境内收取费用有关税收处理问题的补充通知》（国税函[2003]703号）明确：其一，协会向我国境内用户提供网络、信息处理等服务，由于其提供劳务发生地在我国境外，其从我国会员单位或非会员单位取得的网络服务费、信息处理费等费用，根据我国现行税法规定，不予征收营业税和企业所得税。有关单位在支付上述费用时，各地可根据国家外汇管理局、国家税务总局发布的《关于非贸易及部分资本项目下售付汇提交税务凭证有关问题的通知》（汇发[1999]372号）的规定，经审核后开具不予征税的税务凭证。其二，中国民用航空总局为协会注册登记会员，其会员代码为ca。由于中国民用航空总局系统及其下属中国国际航空公司等单位以ca代码索取信息较多，为便于统一对外付汇，中国民用航空总局指定民航电信开发有限责任公司统一向协会办理以ca代码索取信息、接受服务应付费用的结算。对此，有关税务机关可对民航电信开发有限责任公司统一支付的上述费用，审核开具不予征税证明。今后中国民用航空总局统一办理结算业务的企业发生变化的，由其报当地税务机关核准备案。

此外，为推动海峡两岸海上直航，财政部、国家税务总局《关于海峡两岸海上直航营业税和企业所得税政策的通知》（财税[2009]4号）对海峡两岸海上直航业务有关税收政策明确：一是自2008年12月15日起，对台湾航运公司从事海峡两岸海上直航业务在大陆取得的运输收入，免征营业税。对台湾航运公司在2008年12月15日至文到之日已缴纳应予免征的营业税，从以后应缴的营业税税款中抵减，年度内抵减不完的予以退税。二是自2008年12月15日起，对台湾航运公司从事海峡两岸海上直航业务取得的来源于大陆的所得，免征企业所得税。享受企业所得税免税政策的台湾航运公司应当按照《企业所得税法实施条例》的有关规定，单独核算其从事上述业务在大陆取得的收入和发生的成本、费用；未单独核算的，不得享受免征企业所得税政策。需要注意的是，这里所称台湾航运公司，是指取得交通运输部颁发的"台湾海峡两岸间水路运输许可证"且上述许可证上注明的公司登记地址在我国台湾的航运公司。

第二节 铁路运输企业流转税分析

目前在我国,铁路系统的企业执行其特殊的税收政策,因此,作为铁路系统的企业来说,在日常涉税处理活动中应注意有关政策的具体规定。主要有以下几方面。

一、注意集中缴纳营业税的收入范围

为支持铁道部运营体制及财务核算办法的改革,适应铁路运营业务项目调整的新情况,国家税务总局《关于中央铁路征收营业税问题的通知》(国税发[2002]44号)根据《营业税暂行条例》及其实施细则,明确规定自2002年5月1日起,继续由铁道部集中缴纳的中央铁路运营业务营业税的营业额的具体范围包括:

(一)旅客票价收入:包括车站发售国铁担当的旅客列车车票收入及国际联运国内段旅客车票收入(含优质优价收入)。(二)行李运费收入:包括发送行李运费,变更到站行李运费,国际联运国内段运费。(三)包裹运费收入:包括发送包裹运费,变更到站包裹运费,国际联运国内段运费。(四)邮运运费收入:包括自备邮政车挂运费,租用行李车和占用行李车空间使用费及邮政押运人员乘车费。(五)货物运费收入:包括整车货物发到运费,运行运费,发送零担货物运费,发送集装箱货物运费,冷藏车运费,军运后付运费,国际联运国内段运费,水陆联运铁路段运费,变更到站货物运费,快运费(含快运业务收入),京九分流运费,新路新价均摊运费,特殊运价运费,空车回送费,自备机车、货车和租用铁路机车挂运费,电力附加费。(六)客运其他收入:包括到站、列车补收无票旅客车票收入,列车发售卧铺票收入,乘客所上车旅客车票收入,送票费,退票费,签证费,行李包裹装卸费、保管费、查询费、搬运费、变更手续费,站车对携带品超重、超限及无票运货补收的运杂费,到站发现行包品名、重量不符补收的运杂费,运杂费迟交金,停留费,空驶费,包车租用费,客运票证事故赔款,国际联运中发生的客运杂费。

(七)货运其他收入:包括货物过秤费、暂存费、变更手续费、分卸作业费、超载违约金、查询费、验关手续费,货车中转技术作业费、取送车费、使用费、延期使用费、施封费、制冷费、冷却费、清扫洗刷除污费、篷布使用费、篷布延期使用费,集装箱使用费、延期使用费、拼箱费,自备箱管理费,守车租用费,路产专用线租用费,路产房屋、站场、设施出租费,非运用车使用费,特种货车使用费,隔离车使用费,防风网使用费,铁路码头使用费,合资和地方铁路、临管铁路货车使用费,自备(租用)货车停放费,押运人乘车费,货运计划违约金,捏报货物品名违约金,到站补收货物品名、重量不符运费,收回货主责任垫款,滞留费,空车回送费,机车作业费,运杂费迟交金,进出口货物声明价格费,货运票证事故赔款,合资和地方铁路、临管铁路相关服务清算款。(八)客货运服务收入:包括站台票费,送票费,补票手续费,接取送达费,携带品暂存费,货物暂存费,有价表格费,签证费,贵宾室使用费,清扫费,国联集装箱服务费。(九)铁路运营临管线收入。(十)保价收入:包括行包保价收入,货物保价收入。(十一)铁路建设基金收入。(十二)铁路关联收入:包括协议运输加价收入,自备车管理费等。

二、不征收营业税项目的具体范围

对各铁路局、铁路分局间因财务模拟核算取得的以下费用不征收营业税:

(一)线路使用费;(二)车站旅客服务费;(三)机车牵引费;(四)车站上水服务费;(五)售票服务费;(六)旅客列车车辆加挂费;(七)行包专列车辆加挂费;(八)行包专列发送服务费;(九)接触网使用费;(十)铁路局内、局间因财务改革产生的其他收付费项目。

对于财政部、国家税务总局《关于增值税几个税收政策问题的通知》([1994]财税字 60 号)中规定,铁路工附业单位,凡是向其所在铁路局内部其他单位提供的货物或应税劳务,1995 年年底前暂免征收增值税;所称的铁路工附业,是指直接为铁路运输生产服务的工业性和非工业性生产经营单位,主要包括工业性生产和加工修理修配、材料供应、生活供应等,其具体的执行范围,国家税务总局在关于印发《增值税问题解答(之一)》的通知(国税函发[1995]288 号)第三条中也给纳税人提供了具体的处理意见。

三、货物经营的税务处理

对于铁路系统企业发生经营货物行为，国家税务总局在关于印发《增值税问题解答（之一）》的通知（国税函发［1995］288 号）第三条中明确规定，铁路局及铁路局内部所属单位经营货物或应税劳务，缴纳增值税的纳税地点，按增值税纳税地点的有关规定执行。铁路局及铁路局内部所属单位经营货物或应税劳务，计算增值税应纳税额时，进项税额的范围和抵扣凭证，应按增值税进项税额抵扣的统一规定执行。铁路局内部所属单位相互开具的调拨结算单、普通发票等，不属于增值税税法规定的抵扣凭证，不允许计算进项税额抵扣。

四、铁路系统通信服务的税务处理

为了扶持国有中央级企业的建设和发展，国家对铁路系统的企业给予了多方面的照顾。财政部、国家税务总局《关于铁通公司营业税问题的通知》（财税［2002］129 号）中对铁通公司为铁路运输企业提供通信服务取得的收入免征营业税。明确从 2002 年 1 月 1 日起至 2004 年 12 月 31 日止，对铁通公司 2002 年 1 月 1 日以前为铁路运输企业提供通信服务取得的收入，已征税款不再退还，未征税款不再补征。

本通知所称铁路运输企业是指铁道部（含铁道部机关、直属单位、中心、协会、学会等）、各铁路运输企业（含各铁路局及广铁集团所属的分局、公司、站、段、所、办、厂、中心、队、室、场、协会、学会、工会、公安局、检察院、法院、疗养院、报社、行车公寓、招待所、中小学、职业高中、铁路中专、职工大学、医院、防疫站、印刷厂、技校、职校、党校、科研所、设计院等）、铁道部或铁路运输企业控股的铁路运输企业（含各合资铁路企业及所属站段等），以及其他的成本费用列入铁路运输总支出的单位。

本通知所称“通信服务”是指固定电话、电报、专线、各种 MIS 系统、数据端口、电视电话会议、数据业务、无线列调、区段通信及其他基本电信业务、增值电信业务、专用通信业务等业务。

五、青藏铁路建设期间的税收问题

为支持青藏铁路建设，财政部、国家税务总局《关于青藏铁路建设期间有关税收政策问题的通知》(财税[2003]128号)就青藏铁路建设期间有关税收政策问题明确如下：

(一)关于营业税

对中标的施工企业、监理企业和勘察设计企业从事青藏铁路建设的施工、监理和勘察设计所取得的收入，免征营业税、城市维护建设税和教育费附加；对青藏铁路公司在建设期间取得的临时管理运输收入免征营业税、城市维护建设税和教育费附加。

(二)关于增值税

对中标的加工生产企业为青藏铁路建设加工生产的轨枕和水泥预制构件免征增值税、城市维护建设税和教育费附加。

(三)关于印花税

对青藏铁路公司的营业账簿免征印花税；对青藏铁路公司与中标的建设单位所签订的加工承揽合同、建设工程勘察设计合同、建筑安装工程承包合同，免征签订合同双方应缴纳的印花税。

(四)关于资源税

对青藏铁路建设工程单位为建设青藏铁路自采自用的砂、石等材料免征资源税；对青藏铁路建设工程单位自采外销以及其他单位和个人开采经营给青藏铁路建设工程的砂、石等材料应照章征收资源税。

(五)关于城镇土地使用税

对青藏铁路线路使用的土地以及青藏铁路公司和中标的建设单位在青藏铁路建设期间因施工、生产的需要而使用的土地，免征城镇土地使用税。

（六）关于耕地占用税

对青藏铁路线路占用的耕地以及青藏铁路在建设过程中因施工、生产临时占用的耕地免征耕地占用税；对生活区占用耕地应照章征收耕地占用税。

（七）关于企业所得税

对青藏铁路公司在青藏铁路建设期间从事临时管理运输业务取得的所得免征企业所得税。对中标的施工企业、加工企业、监理企业和勘察设计企业从事青藏铁路建设取得的所得免征企业所得税；企业如兼有其他生产经营活动的，必须与免税的生产经营活动分别核算，否则应全额照章征收企业所得税。

青藏铁路公司和中标的建设企业凡接本通知一至六条规定免征的税金及附加，可不计入企业的应纳税所得额，免予征收企业所得税。

（八）青藏铁路正式运营的税收政策另行明确

对于已经征收的税款，根据国家税务总局《关于青藏铁路建设期间有关已缴税金退税问题的通知》（国税函[2003]1387号）规定，凡2001年青藏铁路建设开工后，参建单位已经缴纳的符合财税[2003]128号文应免征的税款应一律退还纳税人。

第三节　国际租赁业务的税务处理

根据《营业税暂行条例》规定，租赁属于服务业的范畴，应按5%的税率征收营业税。但是也有例外。随着我国加入WTO以后，国际业务的大幅增长，引起国际海运远洋运输业务也越来越多，因此，运输工具的租赁业务也越来越多。在这些经营活动中，国际无船运输业务和国际租赁业务比较特别，因此，我国税法对有关业务的具体税收问题进行了专门的规定。纳税人应当根据具体情况分别进行处理。

一、国际海运无船承运业务的税务处理

所谓无船承运业务，根据《中华人民共和国国际海运条例》的有关规定，无船承运业务是指以承运人身份接受托运人的货载，签发自己的提单或者其他运输单证，向托运人收取运费，通过国际船舶运输经营者完成国际海上货物运输，承担承运人责任的国际海上运输经营活动。

无船承运企业符合规定可以使用发票。为了加强对从事国际海运无船承运业务的税源监控，规范其所使用发票的管理，根据《中华人民共和国发票管理办法》和《中华人民共和国国际海运条例》的有关规定，国家税务总局颁布了《关于从事国际海运无船承运业务使用发票有关问题的通知》(国税函[2002]404号)，对无船承运业务经营人使用发票的有关问题进行了明确规定。该文件指出，在中国境内注册，并依法取得交通部《无船承运业务经营资格登记证》的企业，可以向税务机关申请办理领购、使用《国际海运业运输专用发票》事宜。无船承运业务经营人应按照国家税务总局、交通部《关于启用〈国际海运业运输专用发票〉和〈国际海运业船舶代理专用发票〉有关问题的通知》(国税发[2000]9号)的规定，领购、使用《国际海运业运输专用发票》。

二、远洋运输企业租赁业务的征税问题

由于远洋运输企业的情况比较复杂，涉及的租赁业务税法也就企业的不同业务给予了不同的规定。

其一，对远洋运输企业从事程租、期租业务和航空运输企业从事湿租业务取得的收入，按“交通运输业”税目征收营业税。国家税务总局《关于交通运输企业征收营业税问题的通知》(国税发[2002]25号)对相关业务的征税问题作出具体规定的同时，还就具体业务作出了具体解释：

程租业务，是指远洋运输企业为租船人完成某一特定航次的运输任务并收取租赁费的业务。

期租业务，是指远洋运输企业将配备有操作人员的船舶承租给他人使用一定期限，承租期内听候承租方调遣，不论是否经营，均按天向承租方收

取租赁费,发生的固定费用(如人员工资、维修费用等)均由船东负担的业务。

湿租业务,是指航空运输企业将配备有机组人员的飞机承租给他人使用一定期限,承租期内听候承租方调遣,不论是否经营,均按一定标准向承租方收取租赁费,发生的固定费用(如人员工资、维修费用等)均由承租方负担的业务。

其二,对远洋运输企业从事光租业务和航空运输企业从事干租业务取得的收入,按“服务业”税目中的“租赁业”项目征收营业税。国家税务总局《关于交通运输企业征收营业税问题的通知》(国税发[2002]25 号)对相关业务的征税问题作出具体规定的同时,还就具体业务作出了具体解释:

光租业务,是指远洋运输企业将船舶在约定的时间内出租给他人使用,不配备操作人员,不承担运输过程中发生的各种费用,只收取固定租赁费的业务。

干租业务,是指航空运输企业将飞机在约定的时间内出租给他人使用,不配备机组人员,不承担运输过程中发生的各种费用,只收取固定租赁费的业务。

交通运输业务征收营业税的境内外划分,按现行税法规定执行。

至于从事租赁业务的收入,从境界划分征税的角度讲,国税发[1996]126 号文件明确:税制改革前,根据原营业税制规定,来源于境外的营业收入免征营业税。1994 年税制改革以后,此项免税规定已经废止。根据《中华人民共和国营业税暂行条例实施细则》第七条规定,境内远洋运输企业将船舶出租给境外单位或个人使用,其船舶出租的劳务发生地为“中华人民共和国境内”,应按照“服务业”税目中的“租赁业”项目征收营业税。

三、国际运输劳务的涉税问题

考虑到国际运输劳务市场的竞争日趋激烈,国家对从事国际运输劳务在营业税方面给予一定的支持。财政部、国家税务总局在《关于国际运输劳务免征营业税的通知》(财税[2010]8 号)中明确,自 2010 年 1 月 1 日起,对中华人民共和国境内(以下简称境内)单位或者个人提供的国际运输劳务免征营业税。国际运输劳务是指:一是在境内载运旅客或者货物出境;二是在境外载运旅客或者货物入境；三是在境外发生载运旅客或者货物的行为。本通知自2010年1月1日起执行，2010年1月1日至文到之日已征的应予免征的营业税税额在纳税人以后的应纳营业税税额中抵减或者予以退税。

第四节　外国公司运输业务的涉税处理

为了加强对外国公司以船舶从事国际海运业务从中国取得运输收入的税收管理，根据《中华人民共和国税收征收管理法》《中华人民共和国营业税暂行条例》的规定，有关部门先后制定了《外国公司船舶运输收入征税办法》（财税字［1996］87号），国家税务总局、国家外汇管理局《关于加强外国公司船舶运输收入税收管理及国际海运业对外支付管理的通知》（国税发［2001］139号）和国家税务总局、国家外汇管理局《关于加强外国公司船舶运输收入税收管理及国际海运业对外支付管理的补充通知》（国税发［2002］107号）等文件，其主要精神如下：

一、纳税人的具体范围

《外国公司船舶运输收入征税办法》第三条规定，外国公司以船舶从中国港口运载旅客、货物或者邮件出境的，取得运输收入的承运人为纳税人。纳税人包括：

（一）买方派船的期租船，以外国租船公司为纳税人；

（二）程租船，以外国船东为纳税人；

（三）中国租用的外国籍船舶再以期租方式转租给外国公司的，以外国公司为纳税人；

（四）外国公司期租的中国籍船舶，以外国公司为纳税人；

（五）其他外国籍船舶，以其船公司为纳税人。

依法经批准经营外轮代理业务的公司（以下简称外轮代理人）为应纳税款的扣缴义务人。

国税发［2001］139号文件进一步明确：《办法》第三条所称应纳税款的扣缴义务人是指按照国家有关规定，负责向《办法》第三条所称的纳税人（以下简称纳税人)直接或间接支付运费的单位或个人(以下简称扣缴义务人),包括外商独资船务公司、国际船舶代理公司、国际货运代理公司,以及其他对外支付国际海运运费的单位或个人。

扣缴义务人应按照我国法律法规的有关规定履行代扣代缴、代收代缴税款的义务。

二、征税范围及方法

国家税务总局《关于非居民企业船舶、航空运输收入计算征收企业所得税有关问题的通知》(国税函[2008]952号)对非居民企业在我国从事船舶、航空运输取得国际运输收入计算征收企业所得税的问题明确,自2008年1月1日起:一是非居民企业在我国境内从事船舶、航空等国际运输业务的,以其在中国境内起运客货收入总额的5%为应纳税所得额。二是纳税人的应纳税额,按照每次从中国境内起运旅客、货物出境取得的收入总额,依照1.25%的计征率计算征收企业所得税。调整后的综合计征率为4.25%,其中营业税为3%,企业所得税为1.25%。

扣缴义务人在每次对外支付运费前,以对外支付运费总额为应纳税收入总额,按照国税函[2008]952号文件规定的综合计征率,直接从纳税人的运费总额中代扣应纳税款,并按照有关规定分别向当地主管国家税务局报送《中华人民共和国国家税务总局代扣代缴外国公司船舶运输收入所得税报告表》,向地方税务局报送《中华人民共和国国家税务总局代扣代缴外国公司船舶运输收入营业税报告表》。

三、计税依据

对于外国运输公司征税的计税依据问题,财税字[1996]87号文件进行了具体的规定。这里所称收入总额,是指纳税人经营的船舶每次运载从中国港口始发旅客、货物或者邮件到达目的地的客运收入和货运收入的总和,不得扣除任何费用或者支出。客运收入包括船票收入以及逾重行李运费、餐费、保险费、服务费和娱乐费等。货运收入包括基本运费以及各项附加费等收入。纳税人不能完整、准确地提供本办法第六条、第八条规定的资料,不能正确计算收入总额的，外轮代理人应当及时报告港口所在地税务机关。港口所在地税务机关可以会同外轮代理人，参照国际间相同或者类似情况下运载旅客或者货物的通常价格，或者根据我国有关部门制订的运费率表，核定纳税人的收入总额，并据以征税。在中国港口运载旅客、货物或者邮件出境，经由另一国或者地区转运到目的地的，营业税按照纳税人全程运费减去付给后续运输企业运费后的余额计征，企业所得税按照提单全程运输收入总额计征。

四、税务管理方面的要求

由于外国运输公司到我国开展运输业务的情况比较复杂，涉及的税收问题也比较多，所以税法以三个文件对具体征管环节的各种问题进行了具体的规定。其中主要有以下几点：

其一，外国公司以船舶到中国港口运载旅客、货物或者邮件出境的，在将承运人的地址、船舶悬挂的国旗、客运情况、运货种类、运量以及到港日期通知外轮代理人的同时，应当将运费率等通知外轮代理人。

其二，外国公司委托外轮代理人计算并代收运费的，代理人应当在收取运费后，按照规定的综合计征率，直接从纳税人的收入总额中代扣应纳税款。外国公司不通过外轮代理人代收运费的，外轮代理人应当根据本办法第四条规定的综合计征率计算预计税款，并通知纳税人在船舶抵港前将预计税款与港口使用费备用金一并汇达，由外轮代理人代收税款。

其三，外国公司以船舶运载旅客、货物或者邮件出境后，外轮代理人应当在电告纳税人该船舶实际运载的出境旅客人数、货物或者邮件数量的同时，通知其向税务机关报告运输收入总额和应纳税额，并附运费结算凭证。纳税人向税务机关报告和缴纳税款的期限不得超过船舶离港之日起60日。

其四，外轮代理人应当将代扣、代收的税款，自代扣代收之日起10日内，将实收税款缴入国库，并在次月15日前向港口所在地税务机关报送上月外轮代理业务情况一览表、运费结算情况统计报表、《代扣代缴、代收代缴外轮运输收入税收报告表》等资料。

其五，外国公司以同一艘船舶在中国几个港口运载旅客、货物或者邮件出境的，应当按照其在各港口运载旅客、货物或者邮件的运输收入，分别在各起运港征税。但是，同一艘程租船连续在中国几个港口运载货物或者邮件出境,其运费收入采取净包干方法的,全部运输收入应当在运载货物或者邮件的第一港口征税;采取包干运费并加收增港附加费方法的,其包干运费收入应当在运载货物或者邮件的第一港口征税,增港附加费收入应当分别在货物或者邮件起运港征税。

其六,香港、澳门、台湾的公司以船舶从境内港口运载旅客、货物或者邮件出境的,所取得的运输收入、所得,除另有规定外,比照本办法征税。中华人民共和国同外国缔结的有关协定规定减税或者免税的,按照协定规定执行。这里所称协定,是指关于对所得(和财产)避免双重征税和防止偷漏税的协定、互免海运企业运输业务收入税收协定、海运协定以及其他有关协定或者换文。

此外,还有一些具体的操作性规定和承办过程中需要提供的具体手续,以及注意的具体事项在有关文件中都有具体列示,纳税人如果涉及有关事项,应当结合具体情况具体处理。

第五节　物流企业筹划案例分析

任何企业都必须建立一套内部管理制度,否则企业就不能正常运行。企业的内部控制制度主要表现在货物流、资金流和信息流的控制方面。

一、会计核算方法

2001 年 4 月国家颁布的《物流术语标准》对物流的定义为:物流是物品从供应地向接收地的实体流动过程。根据需要,将运输、储运、搬运、包装、流通加工、配送、信息处理等基本功能实施有机结合。它主要解决生产与消费的地点和时间差异。从事物流活动的经济组织就是物流企业。在实践中,多数物流企业并不都集以上各种业务于一身,而是从事以上业务的一项或几项。但是,在几项业务中就可能涉及多个税种,或者营业税的两个以上的适用不同税率的税目。这就要求相关企业做好涉税核算了。

从税收筹划的角度来讲,现代物流企业管理制度应当如何操作呢?是越严格越好,还是适当控制一定的弹性?笔者认为,应当具体问题作具体分析。

长江物流公司是一家以通达船舶制造公司的下岗职工为主组建起来的服务性企业,2008 年年初开办,现有职工 86 人,主要从事修理、运输、储运、搬运等业务,2008 年实现经营收入 350 万元,缴纳营业税 10.5 万元。

2009 年初,该公司的负责人陈小明听说,单位下岗职工兴办的再就业企业可以享受营业税、企业所得税等方面的税收优惠,于是就主动找主管税务机关进行政策咨询。为了核实情况,当地主管国税和地税机关到企业进行纳税检查。在检查的过程中,发现该企业没有建立必要的会计核算制,不能准确地提供经营费用成本和其他纳税情况,对兼营的相关业务也没有分别核算,而是以汇总数额统一用交通运输业的适用税率计算缴纳营业税的。

通过对有关票据的具体分析,发现该企业 2008 年度取得修理修配业务收入 20 万元,运输业务收入 260 万元,搬运服务收入 30 万元,仓储服务收入 40 万元。

根据 2008 年底以前的税法规定,该企业应按照修理修配收入的适用税率 6%(征收率,2009 年 1 月 1 日以后为 3%)计税,应补缴增值税 21 万元。

对此,经理陈小明还不理解。税务人员解释:

纳税人兼营不同税目、不同税的项目的,应当分别核算,否则按从高适用税征税。对于该企业而言,如果分别核算,则应缴纳如下税收:

应缴纳增值税:$20 \times 6\% = 1.2$(万元);

应缴纳营业税:$(260 + 30) \times 3\% + 40 \times 5\% = 10.7$(万元);

合计应缴纳流转税 11.9 万元。

有的人认为,进行税收筹划就是打税收政策的擦边球。持这种观点的人,于是就将有关企业的会计核算有意做得似是而非,让人无法看清就里。其实,税收的筹划和运作离不开真实可靠的会计信息,而且有些税收优惠政策的享受还是建立在准确完善的会计核算的基础上的,因此,会计核算是税收筹划的基础。

其实,有关建账立制问题同样与所得税也有关系。

某私营企业老板李国平从事运输业务 4 年,积累了一些资本,自己拥有 5 辆黄河牌载重运输车。2009 年 1 月初注册成立了一家小型运输公司,当年实现营运收入 405 万元。李国平认为反正企业是自己的,会计核算马虎一点儿无所谓。由于运输行业的经营风险较大,操作了 1 年,企业实际处于亏损状态，大约亏损10万元。

但是由于该企业未按税务机关的有关规定进行会计核算，成本和费用情况的核算不准确，地方税务局在对其进行所得税汇缴时按规定进行核定征收，则该企业应纳税所得额为：

405×7%＝28.35（万元）；

应该缴纳企业所得税：

28.35×25%＝7.0875（万元）。

为什么会出现这个结果呢？按税法的规定，企业所得税的征收管理方式有两种，即查账征收和核定征收。查账征收适用于财务管理比较规范，能够建账建制，成本费用核算准确，能向税务机关提供准确、完整的纳税资料的企业。实行查账征收的企业，所得税税率一般为25%。这些企业如果发生年度亏损，不但当年可以不缴纳企业所得税，而且企业的亏损还可以在以后5年内弥补。

核定征收方式按《核定征收企业所得税暂行办法》的规定，适用于存在不设置账簿，不能准确核算收入或成本费用，不能提供准确、完整的纳税资料等情况的企业。核定征收方式有个“特点”：无论盈亏，都得缴纳企业所得税。

李国平未按税法规定进行会计核算，当年虽然亏损，但仍要缴纳所得税。其实，企业完善会计核算，其好处不仅在于可能会节约一些税收支出，更重要的是其符合企业发展的内在要求。

二、企业业务流程

决策者对有关政策不熟悉，又没有经过咨询就武断操作，导致相关手续不完整，商事凭证与实际经济事项不一致。当税务机关对其进行纳税检查时，将有关事项确定为偷税，从而造成纳税风险。

2010年2月8日，基层人员在巡查过程中发现，一家运输企业，将抵债回来的200吨棉纱经营外地某企业，并负责送货上门，合计价款200万元，开具了运输发票，企业按“运输业”税目申报缴纳了营业税。

该企业的处理依据是《中华人民共和国营业税暂行条例实施细则》第六条规定，一项经营行为如果既涉及应税劳务又涉及货物，为混合经营行为。

除特殊情况外，从事货物的生产、批发或者零售的企业、企业性单位和个体工商户的混合经营行为，视为经营货物，不缴纳营业税；由于运输企业属于其他单位和个人的混合经营行为，视为提供应税劳务，缴纳营业税。

但是，如果我们对有关业务的实际情况分析，就会发现该企业对此项业务的处理存在疑问：将货物经营作为运输业务开具运输发票申报缴纳营业税，不符合经济事实，受货方也不能正确核算相关税收和生产成本。

三、企业票据管理制度

从物流企业的角度讲，票据管理制度的建立和健全对于该企业降低税收负担就显得十分重要。因为许多业务可以实行差额纳税，而差额纳税必须是建立在足够的凭证和证据基础上的。

1. 代理业务实行差额纳税要求

物流企业还可能从事其他综合性业务，对于从事其他物流代理业务的，可以按照国家税务总局《关于营业税若干问题的通知》(国税发[1995]76号)执行，该文件规定“代理业的营业额为纳税人从事代理业务向委托方实际收取的报酬”。

物流行业的代理业，主要有航空包机业务、无船承运业务和报关代理以及其他代理。国税发[2000]139号规定，对航空运输企业从事包机业务向包机公司收取的包机费，按“交通运输业”税目征收营业税；对包机公司向旅客或货主收取的运营收入，应按“服务业——代理业”项目征收营业税，其营业额为向旅客或货主收取的全部价款和价外费用减除支付给航空运输企业的包机费后的余额。

国税函[2006]1312号规定，无船承运业务应按照“服务业——代理业”税目征收营业税。纳税人从事无船承运业务，以其向委托人收取的全部价款和价外费用扣除其支付的海运费以及报关、港杂、装卸费用后的余额为计税营业额申报缴纳营业税。纳税人从事无船承运业务，应按照其从事无船承运业务取得的全部价款和价外费用向委托人开具发票，同时应凭其取得的开具给本纳税人的发票或其他合法有效凭证作为差额缴纳营业税的扣除凭证。

国家税务总局《关于加强代理报关业务营业税征收管理有关问题的通

知》(国税函[2006]1310号)规定,纳税人从事代理报关业务,以其向委托人收取的全部价款和价外费用扣除以下项目金额后的余额为计税营业额申报缴纳营业税:①支付给海关的税金、签证费、滞报费、滞纳金、查验费、打单费、电子报关平台费、仓储费;②支付给检验检疫单位的三检费、熏蒸费、消毒费、电子保险平台费;③支付给预录入单位的预录费;④国家税务总局规定的其他费用。

2. 分包业务的差额纳税要求

对试点物流企业开展物流业务营业税征税问题,国税发[2005]208号规定,试点企业将承揽的运输业务分给其他单位并由其统一收取价款的,应以该企业取得的全部收入减去付给其他运输企业的运费后的余额为营业额计算征收营业税。试点企业将承揽的仓储业务分给其他单位并由其统一收取价款的,应以该企业取得的全部收入减去付给其他仓储合作方的仓储费后的余额为营业额计算征收营业税。文件对营业额减除项目凭证管理问题提出了要求:营业额减除项目支付款项发生在境内的,该减除项目支付款项凭证必须是发票或经税务机关认可的合法有效凭证;支付给境外的,该减除项目支付款项凭证必须是外汇付汇凭证,或外方公司的签收单据、出具的公证证明。

2009年1月1日以后实施的《营业税暂行条例》第五条规定,纳税人的营业额为纳税人提供应税劳务、转让无形资产或者经营不动产收取的全部价款和价外费用。但是,纳税人将承揽的运输业务分给其他单位或者个人的,以其取得的全部价款和价外费用扣除其支付给其他单位或者个人的运输费用后的余额为营业额。这里的具体的计算也应当建立在合法有效的凭证基础上。

四、联运业务的税收筹划

物流过程中存在大量的分工和合作问题,目的是提高经营效益。但是,在合作的过程中,存在许多相关的法律问题,其中比较典型的是联运业务的操作。

1. 联运业务的涉税规定

对于联运业务,现行政策给予明确的规定。国家税务总局在《关于新版公路、内河货物运输业统一发票有关使用问题的通知》(国税发[2007]101号)中规定,公路、内河联合货物运输业务,是指其一项货物运输业务由两个或两个以上的运输单位(或个人)共同完成的货物运输业务。运输单位(或个人)应以收取的全部价款向付款人开具货运发票,合作运输单位(或个人)以向运输单位(或个人)收取的全部价款向该运输单位(或个人)开具货运发票,运输单位(或个人)应以合作运输单位(或个人)向其开具的货运发票作为差额缴纳营业税的扣除凭证。

但是,在实务过程中,人们往往不注意联运业务的操作要点,如某货物运输企业是当地税务机关认定的代开票纳税人。2009年9月,该企业受委托人委托,协同其他3家运输企业共同开展一项化工产品联运业务。按照运输协议,该企业向委托方共收取运输费用28万元,由其向委托方一次开票;付给联运合作方19万元,已收到正式运输发票。当该企业向税务机关申请代开发票时,税务机关要求其按照28万元缴纳营业税和企业所得税,而不是按其实际收到的9万元纳税。该企业负责人十分不解:同属联运业务,为什么自开票纳税人和代开票纳税人的税负不同?

《营业税暂行条例实施细则》第十七条规定:"运输企业从事联运业务的营业额为其实际取得的营业额。"国家税务总局《关于营业税若干征税问题的通知》(国税发[1994]159号)第二条明确:"细则第十七条第一款所称联运业务,是指两个以上运输企业完成旅客或货物从发送地点至到达地点所进行的运输业务。联运的特点是一次购买、一次收费、一票到底。联运业务以其实际取得的收入为营业额,即指运输企业开展联运业务时,以收到的收入扣除支付给以后的承运者的运费、装卸费、换装费等费用后的余额。"

国家税务总局于2003年10月出台了《货物运输业营业税征收管理试行办法》(以下简称《办法》),根据其开具货物运输业发票的方式,对所有提供货物运输劳务的单位和个人分为自开票纳税人和代开票纳税人,同时对相关税收政策进行重大调整。该《办法》第十四条规定:对自开票纳税人的联运业务,以其向货主收取的运费及其他价外收费减去付给其他联运合作方运费后的余额为营业额计算征收营业税。《关于货物运输业若干税收问题的通知》(国税发[2004]88号)第七条进一步补充规定:代开票纳税人从事联运业务的,其计征营业税的营业额为代开的货物运输业发票注明营业税应税收入,不得减除支付给其他联运合作方的各种费用。在代开货运发票时，除按该《通知》第四条的规定，在代开货物运输业发票时一律按开票金额3%征收营业税，按营业税税款7%预征城建税，按营业税税款3%征收教育费附加外，还要按开票金额2.5%预征所得税，预征的所得税年终时进行清算。但代开票纳税人实行核定征收企业所得税办法的，年终不再进行所得税清算。可见，自开票纳税人和代开票纳税人从事货物联运业务的税收政策是不同的，税务机关为代开票纳税人代开发票时全额征收营业税和企业所得税的做法是正确的。

2. 对于联运业务的政策界定

国家税务总局《关于营业税若干征税问题的通知》(国税发[1994]159号)就运输业务纳税人问题明确:《中华人民共和国营业税暂行条例实施细则》(以下简称《细则》)第十二条第二款"从事运输业务并计算盈亏的单位",是指同时具备以下条件的单位:(一)利用运输工具、从事运输业务、取得运输收入;(二)在银行开设有结算账户;(三)在财务上计算营业收入、营业支出、经营利润。

《国家税务总局关于加强货物运输业税收征收管理的通知》(国税发[2003]121号)规定:"对自开票纳税人的联运业务,以其向货主收取的运费及其他价外收费减去付给其他联运合作方运费后的余额为营业额计算征收营业税。"

对于代开票纳税人从事联营业务的计税依据问题，国税发[2004]88号通知明确代开票纳税人从事联运业务的，其计征营业税的营业额为代开的货物运输业发票注明营业税应税收入，不得减除支付给其他联运合作方的各种费用。

为进一步推进我国现代物流业的发展，从而适应经济全球化和加入世界贸易组织的迫切需要，对于物流企业从事的联运业务，财政部、国家税务总局《关于营业税若干政策问题的通知》(财税[2003]16号)明确:经地方税务机关批准使用运输企业发票，按"交通运输业"税目征收营业税的单位将承担的运输业务分给其他运输企业并由其统一收取价款的，以其取得的全部收入减去支付给其他运输企业的运费后的余额为营业额。

国家发展和改革委员会、国家税务总局等九部门印发了《关于促进我国现代物流业发展的意见的通知》(发改运行[2004]1617号)。文件规定:"物流企业将承揽的运输、仓储等业务分包给其他单位并由其统一收取价款的，应以该企业取得的全部收入减去其他项目支出后的余额，为营业税的计税基数。”具体办法由国家税务总局制定。该文件实际上规定了物流企业取得的运输、仓储收入，在征收营业税时可以扣除分包支出，即实行“差额征税”，从而避免了对物流企业的重复征税，有利于物流企业之间加强协作。但是在国家税务总局进一步明确“减去其他项目支出”的具体范围和政策执行的起始日期之前，物流企业仍然应当就其取得的运输、仓储收入，全额申报缴纳营业税。

3. 联运业务的税收筹划

《货物运输业营业税征收管理试行办法》还规定，只有同时符合以下三个条件的联运业务，自开票纳税人才能享受以上联运税收政策：(一)自开票纳税人必须参与该项货物运输业务；(二)联运合作方向自开票纳税人开具货物运输业发票；(三)自开票纳税人必须将其接受的货物运输业发票作为原始计账凭证，妥善保管，以备税务机关检查。另根据财政部、国家税务总局《关于营业税若干政策问题的通知》(财税[2003]16号)第四条的规定，营业额减除项目支付款项发生在境内的，该减除项目支付款项凭证必须是发票或合法有效凭证；支付给境外的，该减除项目支付款项凭证必须是外汇付汇凭证、外方公司的签收单据或出具的公证证明。对未能提供运输发票或者其他合法证明的，即使是自开票纳税人也要按全额纳税。其实，对于联运业务而言，还存在许多需要筹划的问题，这里引用上海振信财务咨询有限公司提供的一个案例：

长江航空运输实业公司(以下简称长江公司)，与大发运输股份公司(以下简称大发公司)是同属于一家控股公司投资的两家航空运输企业，在许多业务上实行联手经营。长江公司在中国注册，其主要服务实施都在中国境内，大发公司在甲国注册，其主要服务实施都在甲国境内。对于从中国境内运往甲国的业务，主要由长江公司承担运输，运费按总价值10%提取。其国外运输部分的运费按总运费的10%且由长江公司付给大发公司。这是一份由长江公司与客户正常交易价格的约定。

但是长江公司出于节税的目的，一方面尽可能想方设法缩小境内外总运费；另一方面，利用关联企业便利，扩大非税收管辖的大发公司运输费，从而缩小长江公司实际运输费。

若长江公司要求国内某企业在100万元的运费中支付80万元，且作为运费总额，另20万元国内某企业用实物作价，境外大发公司的10万元运费，在合同中标明按总运费的30%支付(30万元)。由于出境的票据是自制的，这样操作比较容易实现。让我们计算一下：

长江公司应交税额：

如果按正常交易方式，其实际营业额：总运费 - 境外运费 = 100 - 10 = 90(万元)；

应交营业税额 = 90 × 3% = 2.7(万元)；

长江公司实际交税额：

通过筹划后的营业额：80 - 30 = 50(万元)；

实交税额：50 × 3% = 1.5(万元)；

长江公司通过筹划，结果少交税额1.2万元(2.7 - 1.5)。

在税率一定的情况下，作为一个运输企业应纳营业税税额直接取决于该企业运输营业税。税法规定，营业额是指纳税人提供应税劳务向被服务方收取的全部价款和价外费用。价外费用包括向对方收取的手续费、基金、集资费、代垫款项及其他各种性质的价外收费。凡属价外费用，无论会计制度如何核算，均应并入营业额中计算纳税。对交通运输业还作了特殊规定：“运输企业从事联运业务的运营业务的营业额为其实际取得的营业额。但运输企业自我国境内运输旅客或者货物出境，在境外改由其他运输企业承运乘客或货物的，以全程运费减去付给该承运企业的运费后的余额为营业额”。应该承认新税法对营业额规定是严密的，在很大程度上堵住了可能节税的漏洞，但是由于企业间联运，特别是境外企业参与的联运业务，使节税可能仍然存在。利用联运节税有两种类型：一是扩大境外运输费；二是缩小总运费。

运输企业可以达到节税的目的情况有多种，比如以起运地不在中国境内的运输业为例：根据国际税收管辖权的属地和对等原则，运输企业(含我国)承担的运输业务，凡起运地在我国境外的，由起运地国家征税；对起运地在我国境内的客货运输业务，由我国征收营业税。

对于同我国有税收互惠协定的国家，我国的运输企业在该国起运的运输业务，该国政府不征流转税；同理，我国政府也不征收起运地在我国境内的该国运输企业运输业务的营业税。对与我国没有税收互惠协定的外国运输企业在我国境内起运的运输业务，按营业税收管辖权的规定，在我国缴纳营业税。根据此原则,运输企业将客货从我国境外运往我国境内,或者将客货从境外的一个地方运往境外的另一个地方,这两种运输业务因起运地不在我国境内,所以不缴纳营业税。运输企业可以充分利用这条规定,开展起运地在境外的业务,尤其是在与我国有税收互惠协定的国家实行客货运输业务,以达到节税的目的。

运输服务是一种流动性的业务,运输业务与旅游业务很相似,但是税收待遇不同;运输服务不仅向境内人提供,而且还可以向境外人提供,而境内外的税收待遇也不同。对有关业务进行税收筹划,其关键就是对这些具体的业务进行处理,并且得到当地主管税务机关的认可。如何得到当地主管税务机关的认可,就是此类业务的操作难点。

五、物流企业的涉税筹划要点

根据现行税收政策,物流企业可以从以下几个方面进行税收筹划。

1. 自备运输车辆的物流单位应申请货物运输业自开票纳税人

物流企业申请为自开票纳税人后,其从事联营运输业务取得的收入可以按差价缴税。国家税务总局《关于货物运输业若干税收问题的通知》(国税发[2004]88 号)规定,利用自备车辆提供运输劳务的同时提供其他劳务(如对运输货物进行挑选、整理、包装、仓储、装卸搬运等劳务)的单位(以下简称物流劳务单位),凡符合规定的自开票纳税人条件的,可以认定为自开票纳税人。《货物运输业营业税征收管理试行办法》(国税发[2003]121 号)第十四条规定:对自开票纳税人的联运业务,以其向货主收取的运费及其他价外收费减去付给其他联运合作方运费后的余额为营业额计算征收营业税。联运必须同时符合以下条件:(一)自开票纳税人必须参与该项货物运输业务;(二)联运合作方向自开票纳税人开具货物运输业发票;(三)自开票纳税人必须将其接受的货物运输业发票作为原始记账凭证,妥善保管,以备税务机关检查。国税发[2005]208 号文件也规定,试点企业将承揽的运输业务分给其他单位并由其统一收取价款的,应以该企业取得的全部收入减去付给其他运输企业的运费后的余额为营业额计算征收营业税。如果物流企业不符合货物运输业自开票纳税人资格的,其按差价缴税的规定自然不能享受。

2. 要分开核算不同应税业务,按照不同税率缴纳营业税

物流企业分别业务核算,可以将税率低的运输业按照3%的税率纳税;如果没有分开核算运输、仓储或其他业务,则统一按照5%的税率缴纳营业税。国税发[2004]88号文件规定:自开票的物流劳务单位开展物流业务应按其收入性质分别核算,提供运输劳务取得的运输收入按“交通运输业”税目征收营业税并开具货物运输业发票;提供其他劳务取得的收入按“服务业”税目征收营业税并开具服务业发票。凡未按规定分别核算其应税收入的,一律按“服务业”税目征收营业税。国税发[2005]208号文件要求物流企业将收入分别按交通运输业务和仓储业务核算,然后分别按差额进行缴税处理。即:(一)提供运输劳务取得的运输收入按“交通运输业”税目征收营业税并开具货物运输业发票。凡未按规定分别核算其营业税应税收入的,一律按“服务业”税目征收营业税。(二)试点企业将承揽的仓储业务分给其他单位并由其统一收取价款的,应以该企业取得的全部收入减去付给其他仓储合作方的仓储费后的余额为营业额计算征收营业税。因此,对于一项业务既涉及运输业收入又涉及其他营业税应税劳务收入的,应分别开具发票结算,以免全部收入从高适用税率。

3. 可以合理确定运输业务收入和仓储等其他应税业务收入金额

从上述税法规定分析,物流企业结算的收入如果分开核算,分别取得收入的话,就不应统一开具发票收取价款。否则,不能分开结算收入,运输业务收入就不能享受差价缴税和低税率缴税的规定。这对一项业务既含有运输业务又含有仓储业务和其他服务业务的企业来说,其经营活动会受到一定的影响。尽管如此,这一规定也为物流企业和接受物流企业劳务的纳税人留下了税收筹划的空间。如物流企业有既提供运输业务又提供仓储业务的一项劳务,就可以在合理的范围内,扩大运输业务收入,减小仓储业务收入,这样不仅使转换运输的仓储收入减少了2%的税率,也增加了接受发票单位的运费增值税进项抵扣数额。

4. 其他物流企业应争取成为试点企业,尽快享受新政策规定的待遇

国税发[2005]208号文件只规定了37户试点物流企业可以执行这一政策,说明其他物流企业暂时还是不能按新的政策执行。虽然如此,但是文件提出,各地地方税务机关可以根据本地区物流企业发展的实际情况,选取具

有一定经营规模、管理集约化并依法纳税的现代物流企业，向国家税务总局推荐参与试点。被推荐的企业经国家发改委、国家税务总局联合确认后，纳入试点物流企业名单。其他物流企业纳入试点后，便可以按照新税收政策规定执行。

六、保税物流中心的税收筹划问题

为了扩大进出口贸易，我国政府曾建立了上海外高桥保税区等15个保税区，保税物流中心的建立，是保税区向自由贸易区转型迈出的重要一步。商业性自由港的概念在保税物流中心（B型）内都已具备。但是，我国政府管理的范围更广泛一些，今后还将从简便性、政策性方面进一步与国际接轨。保税物流中心（B型）主要享受如下政策。

1. 物流中心外企业报关进入物流中心的货物视同出口，由海关办理出口报关手续，签发出口货物报关单（出口退税专用）；出口企业即可办理出口退税。而原保税区规定必须要等到货物离境才能办理出口报关手续。货物进入保税物流中心（B型）可以无限制停留，而原规定货物进入保税区后，必须在14天内报关离境。

如上所述，上游企业完全可以在保税物流中心注册公司，设立仓库，货物只需运入保税物流中心便可视同出口，享受出口退税的待遇。上海市国家税务局在《关于转发国家税务总局关于印发〈保税物流中心（B型）税收管理办法的通知〉的通知》（沪国税进[2004]63号）中解释：本《办法》所称“物流中心外企业”，指外贸企业、外商投资企业和内资生产企业。

2. 物流中心外企业从物流中心运出货物，海关按照对进口货物的有关规定，办理报关进口手续，并对报关的货物按照现行进口货物的有关规定征收或免征进口环节的增值税、消费税。

下游企业完全可在物流中心进口货物，所要做的，只是取得物流中心内企业发票，然后向海关以“进料加工”理由申报“国货复进口”，把外汇货款汇到物流中心内企业指定的境外银行账户，就能享受进口料件免缴关税、增值税的待遇。

3. 区内货物自由流通，不缴纳增值税、消费税，进出境及中转货物在物流中心内可以分拆、集拼。而过去保税区货物只能整箱装卸。这样规定以后,物流中心又具备了成为区外企业采购中心的条件。

七、试点物流企业的税收筹划要点

国家税务总局下发《关于试点物流企业有关税收政策问题的通知》(国税发[2005]208号)以后,已有许多物流企业享受到有关税收优惠政策,但是,从实务操作的具体情况来看还存在一些问题。根据现行税收政策,物流企业可以从以下几个方面进行税收筹划。

一是自备运输车辆的物流单位应申请货物运输业自开票纳税人。物流企业申请为自开票纳税人后,其从事联营运输业务取得的收入可以按差价缴税。国家税务总局《关于货物运输业若干税收问题的通知》(国税发[2004]88号)规定,利用自备车辆提供运输劳务的同时提供其他劳务(如对运输货物进行挑选、整理、包装、仓储、装卸搬运等劳务)的单位(以下简称物流劳务单位),凡符合规定的自开票纳税人条件的,可以认定为自开票纳税人。《货物运输业营业税征收管理试行办法》(国税发[2003]121号)第十四条规定:对自开票纳税人的联运业务,以其向货主收取的运费及其他价外收费减去付给其他联运合作方运费后的余额为营业额计算征收营业税。联运必须同时符合以下条件:(一)自开票纳税人必须参与该项货物运输业务;(二)联运合作方向自开票纳税人开具货物运输业发票;(三)自开票纳税人必须将其接受的货物运输业发票作为原始记账凭证,妥善保管,以备税务机关检查。国税发[2005]208号文件也规定,试点企业将承揽的运输业务分给其他单位并由其统一收取价款的,应以该企业取得的全部收入减去付给其他运输企业的运费后的余额为营业额计算征收营业税。如果物流企业不符合货物运输业自开票纳税人资格的,其按差价缴税的规定自然不能享受。

二是要分开核算不同应税业务,按照不同税率缴纳营业税。物流企业应分别进行业务核算,可以将税率低的运输业按照3%税率纳税;如果没有分开核算运输、仓储或其他业务,则统一按照5%的税率缴纳营业税。国税发[2004]88号文件规定:自开票的物流劳务单位开展物流业务应按其收入性质分别核算,提供运输劳务取得的运输收入按“交通运输业”税目征收营业税并开具货物运输业发票;提供其他劳务取得的收入按“服务业”税目征收营业税并开具服务业发票。凡未按规定分别核算其应税收入的,一律按

“服务业”税目征收营业税。国税发[2005]208号文件要求物流企业将收入分别按交通运输业务和仓储业务核算，然后分别按差额进行缴税处理。即：（一）提供运输劳务取得的运输收入按“交通运输业”税目征收营业税并开具货物运输业发票。凡未按规定分别核算其营业税应税收入的，一律按“服务业”税目征收营业税。（二）试点企业将承揽的仓储业务分给其他单位并由其统一收取价款的，应以该企业取得的全部收入减去付给其他仓储合作方的仓储费后的余额为营业额计算征收营业税。因此，对于一项业务既涉及运输业收入又涉及其他营业税应税劳务收入的，应分别开具发票结算，以免全部收入从高适用税率。

三是可以合理确定运输业务收入和仓储等其他应税业务收入金额。从上述税法规定分析，物流企业结算的收入如果分开核算，分别取得收入的话，就不应统一开具发票收取价款。否则，不能分开结算收入，运输业务收入就不能享受差价缴税和低税率缴税的规定。这对一项业务既含有运输业务又含有仓储业务和其他服务业务的企业来说，其经营活动会受到一定的影响。尽管如此，这一规定也为物流企业和接受物流企业劳务的纳税人留下了税收筹划的空间。如物流企业有既提供运输业务又提供仓储业务的一项劳务，就可以在合理的范围内，扩大运输业务收入，减小仓储业务收入，这样不仅使转换运输的仓储收入减少了2%的税率，也增加了接受发票单位的运费增值税进项抵扣数额。

四是其他物流企业应争取成为试点企业，尽快享受新政策规定的待遇。国税发[2005]208号文件只规定了37户试点物流企业可以执行这一政策，说明其他物流企业暂时还是不能按新的政策执行。虽然如此，但是文件提出，各地地方税务机关可以根据本地区物流企业发展的实际情况，选取具有一定经营规模、管理集约化并依法纳税的现代物流企业，向国家税务总局推荐参与试点。被推荐的企业经国家发改委、国家税务总局联合确认后，纳入试点物流企业名单。其他物流企业纳入试点后，便可以按照新税收政策规定执行。

八、物流企业仓库经营筹划举例

参见第13页华源物流公司的案例。

第四章 金融保险业务的涉税分析

在当今社会，金融保险企业作为现代服务业的一个重要行业，对推动市场经济的发展具有极其重要的作用。为了规范金融保险业的涉税行为，我国对金融保险业制定了一系列税收政策。从金融保险企业的角度讲，应当注意对相关涉税政策的分析和研究，在正确核算相关经济业务、规避涉税风险的前提下，做好税收筹划。

第一节　金融保险企业的营业税分析

金融保险业属于现代服务业的范畴。根据《营业税税目注释》(国税发[1993]149号)的解释，金融保险业，是指经营金融、保险的业务。应当按照《营业税暂行条例》的规定，按5%的税率征收营业税。但是，在具体业务操作过程中，问题就不是这么简单了。怎么针对金融保险企业的经营特点做好涉税事项的处理，从而规避涉税风险呢？这里我们引用上海振信财务咨询有限公司提供的部分资料就金融保险企业主要涉税事项作一个探讨。

一、金融服务概述

金融服务指货币的发行、流通和回笼，贷款的发放和收回，存款的存入和提取，汇兑的往来等经济活动。换句话说，是指金融机构运用货币交易手段融通有价物品，向金融活动参与者和顾客提供的共同受益、获得满足的活动。金融的内容可概括为货币的发行与回笼，存款的吸收与付出，贷款的发放与回收，金银、外汇的买卖，有价证券的发行与转让，保险、信托、国内、国际的货币结算等。

从事金融活动的机构主要有银行、信托投资公司、保险公司、证券公司、投资基金，还有信用合作社、财务公司、金融资产管理公司、邮政储蓄机构、金融租赁公司以及证券、金银、外汇交易所等。其服务内容主要有：一是接受公众存款和其他应偿还基金。二是所有类型的贷款，包括消费信贷、抵押信贷、商业交易的代理和融资。三是财务租赁。四是所有支付和货币转移服务，包括信用卡、赊账卡、贷记卡、旅行支票和银行汇票。五是担保和承诺。六是交易市场、公开市场或场外交易市场的自行交易或代客交易，包括：货币市场工具（包括支票、汇票、存单），外汇，衍生产品（包括但不仅限于期货和期权），汇率和利率工具（包括换汇和远期利率协议等产品），可转让证券，其他可转让票据和金融资产，包括金银条块。七是直接保险（包括共同保险、寿险、非寿险）。八是再保险和转分保。九是保险中介，如经纪和代理。十是保险附属服务，如咨询、精算、风险评估和理赔服务；银行和其他金融服务（保险除外）。十一是参与各类证券的发行，包括承销和募集代理（无论公开或私下），并提供与该发行有关的服务。十二是货币经纪。十三是资产管理，如现金或证券管理、各种形式的集体投资管理、养老基金管理、保管、存款和信托服务。十四是金融资产的结算和清算服务，包括证券、衍生产品和其他可转让票据。十五是提供和传送其他金融服务提供者提供的金融信息、金融数据处理和相关软件。

金融是信用货币出现以后形成的一个经济范畴，它和信用是两个不同的概念：(1)金融不包括实物借贷而专指货币资金的融通（狭义金融），人们除了通过借贷货币融通资金之外，还以发行股票的方式来融通资金。(2)信用指一切货币的借贷，金融（狭义）专指信用货币的融通。人们之所以要在“信用”之外创造一个新的概念来专指信用货币的融通，是为了概括一种新的经济现象；信用与货币流通这两个经济过程已紧密地结合在一起。最能表明金融特征的是可以创造和消减货币的银行信用，银行信用被认为是金融的核心。

二、金融保险业的涉税界定

从税收的角度讲，我国税法对金融保险业的界定是根据《营业税税目注释》（国税发［1993］149 号）的解释。

（一）金融业务的涉税范围

金融，是指经营货币资金融通活动的业务，包括贷款、融资租赁、金融商品转让、金融经纪业和其他金融业务。

1. 贷款，是指将资金贷与他人使用的业务，包括自有资金贷款和转贷。

自有资金贷款，是指将自有资本金或吸收的单位、个人的存款贷与他人使用。转贷，是指将借来的资金贷与他人使用。

典当业的抵押贷款业务，无论其资金来源如何，均按自有资金贷款征税。中国人民银行的贷款业务，不征税。

2. 融资租赁，是指具有融资性质和所有权转移特点的设备租赁业务。即：出租人根据承租人所要求的规格、型号、性能等条件购入设备租赁给承租人，合同期内设备所有权属于出租人，承租人只拥有使用权，合同期满付清租金后，承租人有权按残值购入设备，以拥有设备的所有权。凡融资租赁，无论出租人是否将设备残值经营给承租人，均按本税目征税。

3. 金融商品转让，是指转让外汇、有价证券或非货物期货的所有权的行为。

非货物期货，是指商品期货、贵金属期货以外的期货，如外汇期货等。

4. 金融经纪业，是指受托代他人经营金融活动的业务。

5. 其他金融业务，是指除上列业务以外的各项金融业务，如银行结算、票据贴现等。存款或购入金融商品行为，不征收营业税。

（二）保险业务的涉税范围

保险，是指将通过契约形式集中起来的资金，用以补偿被保险人的经济利益的业务。

（三）金融业务的涉税分析

1. 金融企业往来业务的营业税问题

对于金融企业往来业务的营业税问题，国家税务总局《关于金融企业往来业务计税依据问题的通知》（国税发[1994]87号）明确，金融企业是指经中国人民银行批准经营金融业务的单位，包括各银行和非银行金融机构。金融企业往来是指金融企业之间的资金、账务往来而发生的利息收入（或支出），如联行往来、同业往来等等。金融企业往来的计税依据，可比照《中华人民共和国营业税暂行条例》第五条第四项对“转贷业务”的规定，按金融企业之间往来发生的利息收入与利息支出的正差计算纳税。

但是，财政部、国家税务总局《关于金融业征收营业税有关问题的通知》（财税字[1995]79号）明确，自1995年1月1日起对金融机构往来业务暂不征收营业税。

2. 人民币转贷业务征收营业税问题

对于人民币转贷业务征收营业税问题，国家税务总局《关于外资金融机构若干营业税政策问题的通知》（国税发[2000]135号）第三条规定，关于人民币转贷业务征收营业税问题外资银行经批准开展的经营人民币业务，应按照财政部、国家税务总局《关于金融业征收营业税有关问题的通知》（财税字[1995]79号）的有关规定处理，即，转贷人民币业务按一般贷款业务处理，以利息收入全额为营业额计征营业税；外资金融机构间人民币同业往来暂不征收营业税。

国家税务总局《关于外资金融机构若干营业税政策问题的通知》（国税发[2000]135号）中明确，关于自有资本金存入境外银行再拆借能否按转贷外汇业务征收营业税的问题，有些外资银行在经营过程中，除按规定将自有资本金的30%存在人民银行外，其余部分存入境外的关联银行，待其发放贷款时再向该关联银行拆借。上述贷款中相当于自有资本金存款余额的部分，不属于财政部、国家税务总局《关于金融业征收营业税有关问题的通知》（财税字[1995]79号）第二条所说的“转贷外汇业务”，具有《中华人民共和国营业税暂行条例实施细则》第二十条所说的“将自有资金贷与他人使用”的性质，因此，对外资银行从存放自有资本金的境外关联银行拆借资金对外贷款的业务，等额于所存放的自有资本金部分的贷款，应按利息收入全额征收营业税。

对于金融企业经营转贷外汇业务的营业税问题，财政部、国家税务总局《关于金融业征收营业税有关问题的通知》(财税字[1995]79号)明确，对金融企业经营转贷外汇业务，以贷款利息减去借款利息后的余额为营业额计算征收营业税。转贷外汇业务，是指金融企业直接向境外借入外汇资金，然后再贷给国内企业。

一般贷款业务，一律以利息收入全额为营业额计算征收营业税。

3. 出纳长款、结算罚款的征税问题

对于出纳长款、结算罚款的征税问题，财政部、国家税务总局《关于转发〈国务院关于调整金融保险业税收政策有关问题的通知〉的通知》(财税字[1997]45号)第五条就出纳长款、结算罚款的征税问题明确，金融机构的出纳长款收入，不征收营业税。

对金融机构当期实际收到的结算罚款、罚息、加息等收入应并入营业额中征收营业税。

4. 贴现、押汇业务的征税问题

对于贴现、押汇业务的征税问题，财政部、国家税务总局《关于转发〈国务院关于调整金融保险业税收政策有关问题的通知〉的通知》(财税字[1997]45号)第六条就贴现、押汇业务的征税问题明确，对金融机构办理贴现、押汇业务按"其他金融业务"征收营业税。金融机构从事再贴现、转贴现业务取得的收入，属于金融机构往来，暂不征收营业税。

5. 邮政企业代办金融业务的营业税问题

对于邮政企业代办金融业务的营业税问题，财政部、国家税务总局《关于邮政企业代办金融业务免征营业税的通知》(财税[2009]7号)明确，为了支持邮政体制改革，减轻邮政企业改组改制后增加的营业税负担，经国务院批准，现对邮政企业为邮政储蓄银行代办金融业务营业税政策通知如下：

对中国邮政集团公司及其所属邮政企业为中国邮政储蓄银行及其所属分行、支行代办金融业务取得的代理金融业务收入，自2008年1月1日至2010年12月31日免征营业税。对于本通知到达之日前已缴纳的应予免征的营业税,允许从纳税人以后应缴的营业税税款中抵减或予以退税。

(四)部分金融业务征税问题的界定

金融业务是一项十分专业的经营活动,因此,对一些金融业务的涉税事项需要从政策的角度进行具体界定。在日常金融活动中,以下问题人们往往会发生政策理解上的差错:

1. 应收未收利息征收营业税问题

为适应金融企业应收未收利息财务核算办法的调整,财政部、国家税务总局《关于金融企业应收未收利息征收营业税问题的通知》(财税[2002]182号)就金融企业贷款业务征收营业税问题明确:一是金融企业应收未收利息核算期限按财政部或国家税务总局制定的财务会计制度的有关规定执行。根据财政部《关于缩短金融企业应收利息核算期限的通知》(财金[2002]5号)规定:从2002年1月1日起,金融企业应收未收利息核算期限由原来的180天调整为90天。因此,对金融企业贷款利息征收营业税作以下调整:金融企业发放贷款(包括自营贷款和委托贷款,下同)后,凡在规定的应收未收利息核算期内发生的应收利息,均应按规定申报交纳营业税;贷款应收利息自结息之日起,超过应收未收利息核算期限或贷款本金到期(含展期)后尚未收回的,按照实际收到利息申报交纳营业税。二是对金融企业2001年1月1日以后发生的已缴纳过营业税的应收未收利息(包括自营贷款和委托贷款利息,下同),若超过应收未收利息核算期限后仍未收回或其贷款本金到期(含展期)后尚未收回的,可从以后的营业额中减除。三是金融企业在2000年12月31日以前已缴纳过营业税的应收未收利息,原则上应在2005年12月31日前从营业额中减除完毕。但已移交给中国华融、长城、东方和信达资产管理公司的应收未收利息不得从营业额中减除。四是税务机关对金融企业营业税征收管理时,负责核对从营业额中减除的应收未收利息是否已征收过营业税,该项从营业额中减除的应收未收利息是否符合财政部或国家税务总局制定的财务会计制度以及税法规定。金融企业从营业额中减除的应收未收利息的额度和年限以该金融企业确定的额度和年限确定,各级地方政府及其财政、税务机关不得规定金融企业应收未收利息从营业额中减除的年限和比例。五是本通知中所称金融企业是指银行(包括国有、集体、股份制、合资、外资银行以及其他所有制形式的银行)、城市信用社和农村信用社、信托投资公司和财务公司。六是本通知自2003年1月1日起执行。国家税务总局《关于银行贷款利息收入营业税纳税义务发生时间问题的通知》(国税发[2001]38号)同时停止执行。

2. 关于外资金融机构离岸银行业务征收营业税问题

国家税务总局《关于外资金融机构若干营业税政策问题的通知》(国税发[2000]135号)明确,根据《中华人民共和国营业税暂行条例实施细则》第七条及国家税务总局《关于外国企业在中国境内取得的利息、租金收入是否征收营业税问题的通知》(国税发[1997]35号)有关规定确定的金融机构所在地为劳务发生地的原则,我国境内外资金融机构从事离岸银行业务,属于在我国境内提供营业税应税劳务,其利息收入应照章征收营业税。对于外资金融机构取得的利息收入以外的离岸业务收入,为便于管理,暂比照利息收入的处理办法,以其机构所在地确定其营业税应税劳务发生地。所称离岸银行业务,是指银行吸收非居民的资金,服务于非居民的金融活动。离岸银行业务包括:外汇存款,外汇贷款,同业外汇拆借,国际结算,发行大额可转让存款证,外汇担保,咨询、见证业务,国家外汇管理局批准的其他业务。

3. 关于经济特区内的外资金融机构来源于特区内的营业收入的范围问题

国家税务总局《关于外资金融机构若干营业税政策问题的通知》(国税发[2000]135号)明确,财政部、国家税务总局《关于转发〈国务院关于调整金融保险业税收政策有关问题的通知〉的通知》(财税字[1997]45号)第一条第二款所说的经济特区内的外资金融机构来源于特区内的收入,可包括外资金融机构为居住在特区内的个人提供金融保险劳务所取得的营业收入。经济特区内的外资保险公司直接为特区内的单位和个人提供保险劳务所取得的营业收入,可比照外资金融机构来源于特区内的收入,按照国务院《关于调整金融保险业税收政策有关问题的通知》(国发[1997]5号)第三条的规定,享受自注册登记之日起,5年内免征营业税的优惠政策。

4. 关于对经济特区内外商金融企业收入的营业税问题

财政部、国家税务总局《关于转发〈国务院关于调整金融保险业税收政策有关问题的通知〉的通知》(财税字[1997]45号)对经济特区内(包括上海浦东新区和苏州工业园区,下同)的外商投资和外国金融企业(以下简称外资金融机构）来源于特区内、外营业收入的划分问题明确，经济特区内的外资金融机构来源于特区内的收入，是指外资金融机构直接为设在本特区内的单位提供金融保险劳务所取得的营业收入；来源于特区外的收入，是指外资金融机构直接为设在本特区外的单位提供金融机构取得的营业收入。

经济特区内的外资金融保险劳务所取得的来源于特区内、外的营业收入应当分别核算；未分别核算或不能分别核算的，一律视为来源于特区外的营业收入征收营业税。

5. 关于逾期贷款纳税义务发生时间问题

财政部、国家税务总局《关于转发〈国务院关于调整金融保险业税收政策有关问题的通知〉的通知》（财税字［1997］45号）明确，金融机构的逾期贷款纳税义务发生的时间，为纳税人取得利息收入权利的当天。对超过催收贷款核算年限的逾期贷款，可按实际收到的利息收入征收营业税。

催收贷款的核算年限按财务制度的有关规定执行。

6. 关于委托贷款业务代扣代缴营业税的问题

财政部、国家税务总局《关于转发〈国务院关于调整金融保险业税收政策有关问题的通知〉的通知》（财税字［1997］45号）明确，金融机构接受其他单位或个人的委托，为其办理委托贷款业务时，如果将委托方的资金转给经办机构，由经办机构将资金贷给使用单位或个人，在征收营业税时，由最终将贷款发放给使用单位或个人并取得贷款利息的经办机构代扣委托方应纳的营业税，并向经办机构所在地主管税务机关解缴。

7. 关于金融机构收取的账单费、凭证费、邮电费等费用的征税问题

财政部、国家税务总局《关于转发〈国务院关于调整金融保险业税收政策有关问题的通知〉的通知》（财税字［1997］45号）明确，根据《中华人民共和国营业税暂行条例实施细则》第五条的有关规定，金融机构在提供金融劳务的同时，经营账单凭证、支票等属于应征收营业税的混合经营行为，应将此项经营收入并入营业额中征收营业税。

根据《中华人民共和国营业税暂行条例》第五条及《中华人民共和国营业税暂行条例实施细则》第十四条的有关规定，金融机构提供金融保险业劳务时代收的邮电费也应并入营业额中征收营业税。

8. 部分金融业务的营业税确认

目前金融创新已经得到更多人的重视，所以，会不断出现新型金融服务产品。而这些金融服务产品的涉税处理，比如相关事项按什么税目征税，其营业额的具体确定应当如何把握？等等。这里我们结合部分新型服务产品对其营业税的确认作一个简要分析。

(1)股指期货交易的营业税问题

股指期货的全称是股票价格指数期货，也可称为股价指数期货、期指，是指以股价指数为标的物的标准化期货合约，双方约定在未来的某个特定日期，可以按照事先确定的股价指数的大小，进行标的指数的买卖。作为期货交易的一种类型，股指期货交易与普通商品期货交易具有基本相同的特征和流程。股指期货是基于股票的衍生产品，具有发现价格和套期保值的基本功能。

股指期货买卖业务属于《营业税暂行条例》及其实施细则中规定的期货业务中的非货物期货买卖业务，纳税人从事期货等金融商品买卖业务，以卖出价减去买入价后的余额为营业额，按“金融保险业”税目缴纳营业税，货物期货不缴纳营业税。

需要说明的是，由于期货包括货物期货与非货物期货。而非货物期货即金融期货是指以金融工具为标的物的期货合约，依据各种合约标的物的不同性质，可分为利率期货、汇率期货和指数期货三大类。因而，股指期货买卖业务属于《营业税暂行条例》及其实施细则中规定的期货业务中的非货物期货买卖业务，纳税人从事期货等金融商品买卖业务，以卖出价减去买入价后的余额为营业额，按“金融保险业”税目缴纳营业税。货物期货（包括商品期货和贵金属期货），根据国家税务总局关于印发《增值税若干具体问题的规定》的通知（国税发[1993]154号）的规定，应当征收增值税，并在期货的实物交割环节纳税，也就是说货物期货不缴纳营业税。

根据财政部、国家税务总局《关于个人金融商品买卖等营业税若干免税政策的通知》（财税[2009]111号）规定，自2009年1月1日起对个人（包括个体工商户及其他个人）从事外汇、有价证券、非货物期货和其他金融商品买卖业务取得的收入暂免征收营业税。

基于上述政策的规定，股指期货买卖业务就纳税人而言，仅对单位纳税人按差额进行征收，对个人从事股指期货买卖业务暂免征收营业税。

(2)从事股票、债券买卖业务的营业额确定

对于从事股票、债券买卖业务的营业额确定问题,财政部、国家税务总局《关于营业税若干政策问题的通知》(财税[2003]16号)明确,金融企业(包括银行和非银行金融机构,下同)从事股票、债券买卖业务以股票、债券的卖出价减去买入价后的余额为营业额。买入价依照财务会计制度规定,以股票、债券的购入价减去股票、债券持有期间取得的股票、债券红利收入的余额确定。

财政部、国家税务总局《关于营业税若干政策问题的通知》(财税[2003]16号)同时还明确,金融企业买卖金融商品(包括股票、债券、外汇及其他金融商品,下同),可在同一会计年度末,将不同纳税期出现的正差和负差按同一会计年度汇总的方式计算并缴纳营业税,如果汇总计算应缴的营业税税额小于本年已缴纳的营业税税额,可以向税务机关申请办理退税,但不得将一个会计年度内汇总后仍为负差的部分结转下一会计年度。

(3)金融企业从事受托收款业务的计税依据

金融企业从事受托收款业务,如代收电话费、水电煤气费、信息费、学杂费、寻呼费、社保统筹费、交通违章罚款、税款等,以全部收入减去支付给委托方价款后的余额为营业额。

(4)从事融资租赁业务的营业额确定

经中国人民银行、外经贸部和国家经贸委批准经营融资租赁业务的单位从事融资租赁业务的,以其向承租者收取的全部价款和价外费用(包括残值)减除出租方承担的出租货物的实际成本后的余额为营业额。

以上所称出租货物的实际成本,包括由出租方承担的货物的购入价、关税、增值税、消费税、运杂费、安装费、保险费和贷款的利息(包括外汇借款和人民币借款利息)。

三、非金融机构有关金融业务的涉税问题分析

我国许多非金融机构在从事有关金融业务是一个不争的事实,因此,需要从税收的角度对非金融机构从事金融业务的行为进行规范。

（一）非金融机构取得资金使用费征税问题

非金融机构将资金提供给对方，并收取资金占用费，如企业与企业之间借用周转金而收取资金占用费，行政机关或企业主管部门将资金提供给所属单位或企业而收取资金占用费，农村合作基金会将资金提供给农民而收取资金占用费等，应如何征收营业税？财政部、国家税务总局《营业税问题解答》（国税函[1995]156号）在第十条中对此问题进行了解答。《营业税税目注释》规定，贷款属于“金融保险业”税目的征收范围，而贷款是指将资金贷与他人使用的行为。根据这一规定，不论金融机构还是其他单位，只要是发生将资金贷与他人使用的行为，均应视为发生贷款行为，按“金融保险业”税目征收营业税。

（二）关于非金融机构统借统还贷款业务征税问题

国家税务总局《关于贷款业务征收营业税问题的通知》（国税发[2002]13号）明确，企业集团或集团内的核心企业（以下简称企业集团）委托企业集团所属财务公司代理统借统还贷款业务，从财务公司取得的用于归还金融机构的利息不征收营业税；财务公司承担此项统借统还委托贷款业务，从贷款企业收取贷款利息不代扣代缴营业税。

以上所称企业集团委托企业集团所属财务公司代理统借统还业务，是指企业集团从金融机构取得统借统还贷款后，由集团所属财务公司与企业集团或集团内下属企业签订统借统还贷款合同并分拨借款，按支付给金融机构的借款利率向企业集团或集团内下属企业收取用于归还金融机构借款的利息，再转付企业集团，由企业集团统一归还金融机构的业务。

（三）关于金融企业承办委托贷款业务纳税义务发生时间问题

国家税务总局《关于贷款业务征收营业税问题的通知》（国税发[2002]13号）明确，金融企业承办委托贷款业务营业税的扣缴义务发生时间，为受托发放贷款的金融机构代委托人收讫贷款利息的当天。

四、保险公司的涉税业务分析

保险业务是金融行业的一个分支，因此我国税法将保险业务的涉税问题纳入金融保险税目进行管理。由于保险业在我国还是处于发展初期,所以税收给予更多的支持,许多险种都纳入免税的范围。

(一)保费收入的营业额确定

保险公司开展财产、人身保险时向投保者收取的全部保费记入“储金”科目,储金的利息记入“保费收入”科目,储金到期返还给用户。对保险公司开展财产、人身保险征收营业税的营业额是向投保者收取的保费,还是储金的利息?对于到期返还给用户的储金是否准许从其营业额中扣除?对此,财政部、国家税务总局《营业税问题解答》(国税函[1995]156 号)明确,《营业税暂行条例》第五条规定:除另有规定者外,“纳税人的营业额为纳税人提供应税劳务、转让无形资产或者经营不动产向对方收取的全部价款和价外费用。”根据此项规定,第一,保险公司开展财产、人身保险的营业为向投保者收取的全部保费,而不是储金的利息收入。因为,就提供保险劳务而言,此项规定所说的“对方”是指投保者,保险公司向投保者收取的是保费,而储金利息是保险公司向银行收取的,不是向投保者收取的。第二,应以保费金额为营业额,对到期返还给用户的储金不能从营业额中扣除。

(二)关于保险公司办理储金业务的征税问题

财政部、国家税务总局《关于转发〈国务院关于调整金融保险业税收政策有关问题的通知〉的通知》(财税字[1997]45 号)明确,储金业务,是指保险公司在办理保险业务时,不是直接向投保人收取保费,而是向投保人收取一定数额的到期应返还的资金(称为储金),以储金产生的收益作为保费收入的业务。

储金业务的营业额,以纳税人在纳税期内的储金平均余额乘以人民银行公布的一年期存款利率折算的月利率计算。储金平均余额为纳税期期初储金余额与期末余额之和乘以50%。

按上述规定计算储金业务营业额后,在计算保险企业其他业务营业额时,应相应从“保费收入”账户营业收入中扣除储金业务的保费收入。

纳税人将收取的储金加以运用取得的收入,凡属于营业税征税范围的,应按有关规定征收营业税。

(三)关于初保、分保业务的征税问题

财政部、国家税务总局《关于转发〈国务院关于调整金融保险业税收政策有关问题的通知〉的通知》(财税字[1997]45号)明确,按照《中华人民共和国营业税暂行条例实施细则》第二十一条的规定,保险业实行分保险的,初保业务以全部保费收入减去付给分保人的保费后的余额为营业额。为了简化手续,在实际征收过程中,可对初保人按其向投保人收取的保费收入全额(不扣除分保费支出)征税,对分保人取得的分保费收入不再征收营业税。

(四)信用保险的征税范围

财政部、国家税务总局《关于营业税若干政策问题的通知》(财税[2003]16号)明确,财政部、国家税务总局《关于对中国出口信用保险公司办理的出口信用保险业务不征收营业税的通知》(财税[2002]157号)规定,“对中国出口信用保险公司办理的出口信用保险业务不征收营业税”,这里的“出口信用保险业务”包括出口信用保险业务和出口信用担保业务。以上所称出口信用担保业务,是指与出口信用保险相关的信用担保业务,包括融资担保(如设计融资担保、项目融资担保、贸易融资担保等)和非融资担保(如投标担保、履约担保、预付款担保等)。

(五)保险企业几项业务征税的营业额确定

财政部、国家税务总局《关于营业税若干政策问题的通知》(财税[2003]16号)就营业额问题明确,保险企业已征收过营业税的应收未收保费,凡在财务会计制度规定的核算期限内未收回的,允许从营业额中减除。在会计核算期限以后收回的已冲减的应收未收保费,再并入当期营业额中。保险企业开展无赔偿奖励业务的,以向投保人实际收取的保费为营业额。中华人民共和国境内的保险人将其承保的以境内标的物为保险标的的保险业务向境外再保险人办理分保的,以全部保费收入减去分保保费后的余额为营业额。

境外再保险人应就其分保收入承担营业税纳税义务,并由境内保险人扣缴境外再保险人应缴纳的营业税税款。

第二节　金融保险企业所得税分析

自从2008年1月1日以后，我国实行统一的企业所得税政策。但是，又根据金融业在我国目前的地位和发展现状，对其企业所得税的部分问题进行了特别的规定，这里我们仅对这些特别的问题作一个简要提示。

一、准备金税前扣除问题

《中华人民共和国企业所得税法》及《中华人民共和国企业所得税法实施条例》出台以后，不再实行坏账准备政策，但是由于我国金融、证券和保险等行业还处于建设初期，需要给予适当的政策扶持。所以，税法对从事金融和证券业务的企业在准备金的税前扣除方面给予特殊的规定。

（一）金融企业准备金的税前扣除

在全球性的金融危机影响下，我国的经济也受到冲击。为了促进我国经济的复苏，金融手段是一个十分有效的工具。为了体现积极的金融政策，财政部、国家税务总局先后出台了《关于金融企业贷款损失准备金企业所得税税前扣除有关问题的通知》（财税[2009]64号）、《关于中小企业信用担保机构有关准备金税前扣除问题的通知》（财税[2009]62号）和《关于金融企业涉农贷款和中小企业贷款损失准备金税前扣除政策的通知》（财税[2009]99号）文件，针对金融企业的特点，制定了一些特殊的政策，明确自2008年1月1日起至2010年12月31日可以实行贷款准备金制度。

1. 金融企业贷款损失准备金的税前扣除问题

财政部、国家税务总局出台了《关于金融企业贷款损失准备金企业所得税税前扣除有关问题的通知》（财税[2009]64号），明确了贷款损失准备金税前扣除口径，对提取贷款损失准备金的贷款种类作了具体规定。这里引用上海振信财务咨询有限公司提供的资料对其相关内容作一个分析介绍：

（1）准予提取贷款损失准备金资产范围

财税[2009]64号文件结合了金融企业会计制度和国际财务报告准则的

要求，将呆账准备规范称作贷款损失准备，对准予提取贷款损失准备金的贷款资产范围具体分为了贷款、具有贷款特征的风险资产和由金融企业转贷并承担对外还款责任的国外贷款三类。既有效解决了政策衔接问题，又将计提准备金的资产范围回归到会计制度的规定上来，强调了计提准备金资产的贷款性质或贷款特征，剔除了不具有贷款性质的抵债资产、股权投资和债券投资、应收利息（不含贷款应收利息）、应收股利、应收保费、应收分保账款、应收租赁款等债权和股权等资产。根据财税[2009]64号文件第一条规定，准予提取贷款损失准备金的贷款资产范围包括：（一）贷款（含抵押、质押、担保等贷款）；（二）银行卡透支、贴现、信用垫款（含银行承兑汇票垫款、信用证垫款、担保垫款等）、进出口押汇、同业拆出等各项具有贷款特征的风险资产；（三）由金融企业转贷并承担对外还款责任的国外贷款，包括国际金融组织贷款、外国买方信贷、外国政府贷款、日本国际协力银行不附条件贷款和外国政府混合贷款等资产。

同时，根据企业所得税税前扣除遵循的相关性原则，金融企业不承担风险的资产，不计提贷款损失准备金。财税[2009]64号文件第三条采用正列举法规定，金融企业的委托贷款、代理贷款、国债投资、应收股利、上交央行准备金，以及金融企业剥离的债权和股权、应收财政贴息、央行款项等不承担风险和损失的资产，不得提取贷款损失准备金在税前扣除。

（2）贷款损失准备金计算公式

财税[2009]64号文件不但规定了贷款损失准备金的计算公式，同时还明确了计算时出现红字的处理方法。其第二条规定，金融企业准予当年税前扣除的贷款损失准备金计算公式如下：准予当年税前扣除的贷款损失准备金＝本年末准予提取贷款损失准备金的贷款资产余额×1%－截至上年末已在税前扣除的贷款损失准备金余额。金融企业按上述公式计算的数额如为负数，应当相应调增当年应纳税所得额。

例如，A金融企业2008年年末贷款损失准备金余额为100万元，2009年年末贷款余额20 000万元，银行承兑汇票垫款余额1 000万元，国际金融组织贷款余额2 000万元，委托贷款余额500万元。由于委托贷款未纳入提取贷款损失准备金的贷款资产范围，因此2009年准予当年税前扣除的贷款损失准备金＝（20 000＋1 000＋2 000）×1%－100＝130（万元），2009年贷款损失准备余额为230万元；如果金融企业2008年年末贷款损失准备金余额为300万元,2009年准予当年税前扣除的贷款损失准备金 =(20 000 + 1 000 + 2 000) × 1% - 300 = - 70(万元),因此对多计提的70万元贷款损失准备金就需要调增2009年度的应纳税所得额,2009年贷款损失准备金余额仍为230万元。

(3)贷款损失税前扣除程序

企业所得税减免税的优惠审批管理控制比较严格,必须有文所指,对金融企业税前扣除的贷款损失准备金就须经税务机关审批后才能扣除。财税[2009]64号文件第四条规定,金融企业发生的符合条件的贷款损失,按规定报经税务机关审批后,应先冲减已在税前扣除的贷款损失准备金,不足冲减部分可据实在计算当年应纳税所得额时扣除。

例如,B金融企业2009年发生贷款损失400万元,2008年年末贷款损失准备金余额为200万元,报经税务机关审批后,先冲减已计提的200万元贷款损失准备金,余下的200万元据实在计算2009年应纳税所得额时扣除。当然了,如果发生贷款损失当期收回的事项,根据国家税务总局令[2002]4号文件第七条规定,金融企业收回的已在税前扣除的呆账,应计入收回当期的应纳税所得额缴纳企业所得税;金融企业收回的尚未在税前扣除的呆账,超过本金的部分,计入收回当期的应纳税所得额缴纳企业所得税。

需要提醒的是,金融企业申报税前扣除贷款损失时,须同时报送以下相关文件、资料:(1)贷款损失税前扣除申请报告,基本内容包括:借款人、担保人和被投资企业的基本情况,贷款发放及使用情况和投资情况,形成呆账的主要原因以及采取的补救措施和结果,借款人或被投资企业、担保人财产清算、清偿和分配情况,贷款或投资人受偿及损失情况,申请税前扣除金额等;(2)贷款和投资合同、发放贷款和投资凭证及相关材料;(3)政府、法院、公安、工商行政管理部门、企业主管部门、保险企业等单位出具的相关证明材料;(4)税务机关要求报送的其他资料。

2. 中小企业信用担保机构准备金税前扣除问题

中小企业贷款难是我国目前不争的事实,为了扶持中小企业发展,解决资金筹措问题,我国从政策层面上扶持中小企业信用担保机构。对于中小企业信用担保机构有关准备金税前扣除问题,财政部、国家税务总局《关于中小企业信用担保机构有关准备金税前扣除问题的通知》(财税[2009]62号)根据《中华人民共和国企业所得税法》和《中华人民共和国企业所得税法实施条例》的有关规定，就中小企业信用担保机构有关税前扣除政策问题，自2008年1月1日起至2010年12月31日按如下精神操作：

(1)中小企业信用担保机构可按照不超过当年年末担保责任余额1%的比例计提担保赔偿准备，允许在企业所得税税前扣除。

(2)中小企业信用担保机构可按照不超过当年担保费收入50%的比例计提未到期责任准备，允许在企业所得税税前扣除，同时将上年度计提的未到期责任准备余额转为当期收入。

(3)中小企业信用担保机构实际发生的代偿损失，应依次冲减已在税前扣除的担保赔偿准备和在税后利润中提取的一般风险准备，不足冲减部分据实在企业所得税税前扣除。

(4)本通知所称中小企业信用担保机构是指以中小企业为服务对象的信用担保机构。

3. 金融企业涉农贷款损失准备金税前扣除问题

扶持农业发展是我国的基本国策，因此，财政部、国家税务总局在《关于金融企业涉农贷款和中小企业贷款损失准备金税前扣除政策的通知》(财税[2009]99号)中，根据国务院办公厅《关于当前金融促进经济发展的若干意见》(国办发[2008]126号)有关规定，就金融企业涉农贷款和中小企业贷款损失准备金税前扣除政策，明确自2008年1月1日起至2010年12月31日按如下精神操作：

(1)金融企业根据《贷款风险分类指导原则》(银发[2001]416号)，对其涉农贷款和中小企业贷款进行风险分类后，按照以下比例计提的贷款损失专项准备金，准予在计算应纳税所得额时扣除：

A. 关注类贷款，计提比例为2%；

B. 次级类贷款，计提比例为25%；

C. 可疑类贷款，计提比例为50%；

D. 损失类贷款，计提比例为100%。

(2)本通知所称涉农贷款，是指《涉农贷款专项统计制度》(银发[2007]246号)统计的以下贷款：

A. 农户贷款；

B. 农村企业及各类组织贷款。

这里所称农户贷款，是指金融企业发放给农户的所有贷款。农户贷款的判定应以贷款发放时的承贷主体是否属于农户为准。农户,是指长期(一年以上)居住在乡镇(不包括城关镇)行政管理区域内的住户,还包括长期居住在城关镇所辖行政村范围内的住户和户口不在本地而在本地居住一年以上的住户,国有农场的职工和农村个体工商户。位于乡镇(不包括城关镇)行政管理区域内和在城关镇所辖行政村范围内的国有经济的机关、团体、学校、企事业单位的集体户;有本地户口,但举家外出谋生一年以上的住户,无论是否保留承包耕地均不属于农户。农户以户为统计单位,既可以从事农业生产经营,也可以从事非农业生产经营。

这里所称农村企业及各类组织贷款,是指金融企业发放给注册地位于农村区域的企业及各类组织的所有贷款。农村区域,是指除地级及以上城市的城市行政区及其市辖建制镇之外的区域。

(3)本通知所称中小企业贷款,是指金融企业对年经营额和资产总额均不超过2亿元的企业的贷款。

(4)金融企业发生的符合条件的涉农贷款和中小企业贷款损失,应先冲减已在税前扣除的贷款损失准备金,不足冲减部分可据实在计算应纳税所得额时扣除。

(二)证券行业准备金可税前扣除

财政部、国家税务总局联合下发了《关于证券行业准备金支出企业所得税税前扣除有关问题的通知》(财税[2009]33号),对证券行业准备金支出企业所得税税前扣除政策作出了规范。

1. 证券行业提取风险准备金的方法

我国财务会计制度规定,基于资产的真实性和谨慎性原则考虑,为保证企业因市场变化、科技进步或经营管理不善等原因导致资产实际价值的变动能够真实地得以反映,要求企业合理地预计各项资产可能发生的损失,提取准备金。根据证券行业的特点,允许扣除的项目限于风险准备。风险准备,指特定企业为了防范可能存在的风险,依法提取的一定数量的资金,来弥补风险真正发生时所造成的损失。如《证券法》就规定,证券交易所应当从其收取的交易费用和会员费、席位费中提取一定比例的金额设立风险基金;证券登记结算机构应当设立证券结算风险基金,用于垫付或者弥补因违约交收、技术故障、操作失误、不可抗力造成的证券登记结算机构的损失。

《期货交易管理条例》也规定，期货交易所、期货公司、非期货公司结算会员应当按照国务院期货监督管理机构、财政部门的规定提取、管理和使用风险准备金，不得挪用。

2. 证券行业准备金税前扣除

财税[2009]33号文件对证券行业准备金扣除进行了分类列举。证券类准备金的扣除规定。具体包括：

(1)证券交易所风险基金。上海、深圳证券交易所依据《证券交易所风险基金管理暂行办法》(证监发[2000]22号)的有关规定，按证券交易所交易收取经手费的20%、会员年费的10%提取的证券交易所风险基金，在各基金净资产不超过10亿元的额度内，准予在企业所得税税前扣除。

(2)证券结算风险基金。中国证券登记结算公司所属上海分公司、深圳分公司依据《证券结算风险基金管理办法》(证监发[2006]65号)的有关规定，按证券登记结算公司业务收入的20%提取的证券结算风险基金，在各基金净资产不超过30亿元的额度内，准予在税前扣除。证券公司依据证监发[2006]65号文件规定，作为结算会员按人民币普通股和基金成交金额的十万分之三、国债现货成交金额的十万分之一、1天期国债回购成交额的千万分之五、2天期国债回购成交额的千万分之十、3天期国债回购成交额的千万分之十五、4天期国债回购成交额的千万分之二十、7天期国债回购成交额的千万分之五十、14天期国债回购成交额的十万分之一、28天期国债回购成交额的十万分之二、91天期国债回购成交额的十万分之六、182天期国债回购成交额的十万分之十二逐日交纳的证券结算风险基金，准予在税前扣除。

(3)证券投资者保护基金。上海、深圳证券交易所依据《证券投资者保护基金管理办法》(证监会令27号)的有关规定，在风险基金分别达到规定的上限后，按交易经手费的20%缴纳的证券投资者保护基金，准予在企业所得税税前扣除；证券公司按其营业收入0.5%～5%缴纳的证券投资者保护基金，准予在税前扣除。

期货类准备金扣除规定。具体包括：

(1)期货交易所风险准备金。上海期货交易所、大连商品交易所、郑州商品交易所和中国金融期货交易所依据《期货交易管理条例》(国务院令489号)、《期货交易所管理办法》(证监会令42号)和《商品期货交易财务管理暂行规定》(财商字[1997]44号)的有关规定,分别按向会员收取手续费收入的20%计提的风险准备金,在风险准备金余额达到有关规定的额度内,准予在企业所得税税前扣除。

(2)期货公司风险准备金。期货公司依据《期货公司管理办法》(证监会令43号)和财商字[1997]44号文件的有关规定,从其收取的交易手续费收入减去应付期货交易所手续费后的净收入的5%提取的期货公司风险准备金,准予在税前扣除。

(3)期货投资者保障基金。上海期货交易所、大连商品交易所、郑州商品交易所和中国金融期货交易所依据《期货投资者保障基金管理暂行办法》(证监会令38号)的有关规定,按其向期货公司会员收取的交易手续费的3%缴纳的期货投资者保障基金,在基金总额达到有关规定的额度内,准予在税前扣除。期货公司依据证监会令38号文件的有关规定,从其收取的交易手续费中按照代理交易额的千万分之五至千万分之十的比例缴纳的期货投资者保障基金,在基金总额达到有关规定的额度内,准予在税前扣除。

3. 准备金发生清算、退还的涉税处理

财税[2009]33号文件第三条规定,证券行业准备金如发生清算、退还,应按规定补缴企业所得税。

以证券交易所风险基金为例,如某证券交易所2008年12月31日风险基金净资产余额为7亿元,2009年1~12月收取交易经手费10亿元,收取会员年费5亿元。该证券交易所2009年度按规定可以提取证券交易所风险基金=10×20%+5×10%=2.5(亿元),风险基金净资产余额为9.5亿元。如果2009年度还存在对违规会员的罚款、罚息收入1亿元,那么风险基金2009年末净资产余额就达到了10.5亿元。根据证监发[2000]22号文件第四条规定,每一个财政年度终了,该基金净资产达到或超过10亿元后,下一年度不再根据证监发[2000]22号文件第三条第(一)项“按证券交易所收取交易经手费的20%提取,作为风险基金单独列账”,第(二)项“按证券交易所收取席位年费的10%提取,作为风险基金单独列账提取资金”提取资金。证监发[2000]22号文件第十四条还规定,经证监会批准,该基金作相应变更、清算时,由证监会会同财政部另行决定该基金剩余资产中应当上缴财政和退还有关出资人的比例和数额。2009年12月31日,该风险基金就要对多计提的0.5亿元作清算处理,如果证监会会同财政部决定将0.2亿元上缴财政,0.3亿元退还出资人,那么该证券交易所就应当按规定补征企业所得税 =0.3×25% =0.075(亿元)。

(三)保险保障基金扣除的标准

根据《保险公司准备金支出企业所得税税前扣除有关问题的通知》(财税[2009]48号)第一条的规定,非投资型财产保险业务,按照不超过保费收入0.8%提取并上缴的保险保障基金,以及投资型财产保险业务,对有保证收益的,按照不超过保费收入0.08%提取并上缴的保险保障基金和对没有保证收益的,按照不超过保费收入0.05%提取并上缴的保险保障基金可以在缴纳企业所得税前进行扣除;非投资型意外伤害保险业务,按照不超过保费收入0.8%提取并上缴的保险保障基金,以及投资型意外伤害保险业务,对有保证收益的,按照不超过保费收入0.08%提取并上缴的保险保障基金和对没有保证收益的,按照不超过保费收入0.05%提取并上缴的保险保障基金可以在缴纳企业所得税前进行扣除,超过部分不得扣除。

二、银行呆账损失的税前扣除

利息收入是银行向单位和个人发放各种贷款和办理票据贴现业务所取得的收入(不包括金融机构往来利息收入),也是银行最主要的营业收入来源。目前,税法对银行利息收入的规定与会计制度的处理规定基本是一致的,其差异主要表现在银行贷款利息收入确认的标准不完全相同。

《金融企业会计制度》规定,金融企业提供金融产品服务取得的收入,应当在以下条件均能满足时予以确认:与交易相关的经济利益能够流入企业;收入的金额能够可靠地计量。这一规定是谨慎性原则在金融企业确认收入方面的具体运用。如果金融企业发生不能收回利息收入的事项,例如借款人财务状况不好或其他原因而无法收取利息或收取利息的可能性极小,即与交易相关的经济利益不能够流入企业,则企业就可以依据金融企业会计制度的规定不再确认这部分利息收入。而现行税法则要求纳税人按照"是否收讫营业收入款项或取得索取营业收入款项的凭据"作为认定收入的基本标准,凡在规定的应收未收利息核算期(目前规定为90天)内发生的应收利息,要先按照应计提利息申报缴纳营业税;对已缴纳过营业税的应收未收利息,若超过应收未收利息核算期限后仍未收回的,再从营业额中减除。对企业所得税来说,应收利息超过90天未收回的部分,不计入应纳税所得额;应收利息未超过90天的部分,还应计入应纳税所得额。试想,如果税法也按照"与交易相关的经济利益能否流入企业"的标准对银行贷款利息收入进行认定并作为征税依据,那么计税的基数就很难保证,税收的固定性也就无从谈起。所以,会计制度与税收制度之间存在的差异是由于两者的调整对象和管理目的不同而产生的,是正常的和必要的。关键是当会计制度与税收制度规定不一致时,企业要在会计核算资料的基础上进行纳税调整,使纳税申报数据完全符合税法的要求。

(一)银行损失的税前扣除

哪些呆账损失可以税前扣除,认定呆账损失要提供哪些证明材料,税前扣除时需要注意哪些政策规定?财政部、国家税务总局《关于企业资产损失税前扣除政策的通知》(财税[2009]57号)第五条明确企业经采取所有可能的措施和实施必要的程序之后,符合下列条件之一的贷款类债权,可以作为贷款损失在计算应纳税所得额时扣除:

(1)借款人和担保人依法宣告破产、关闭、解散、被撤销,并终止法人资格,或者已完全停止经营活动,被依法注销、吊销营业执照,对借款人和担保人进行追偿后,未能收回的债权;

(2)借款人死亡,或者依法被宣告失踪、死亡,依法对其财产或者遗产进行清偿,并对担保人进行追偿后,未能收回的债权;

(3)借款人遭受重大自然灾害或者意外事故,损失巨大且不能获得保险补偿,或者以保险赔偿后,确实无力偿还部分或者全部债务,对借款人财产进行清偿和对担保人进行追偿后,未能收回的债权;

(4)借款人触犯刑律,依法受到制裁,其财产不足归还所借债务,又无其他债务承担者,经追偿后确实无法收回的债权;

(5)由于借款人和担保人不能偿还到期债务,企业诉诸法律,经法院对借款人和担保人强制执行,借款人和担保人均无财产可执行,法院裁定执行程序终结或终止(中止)后,仍无法收回的债权;

(6)由于借款人和担保人不能偿还到期债务,企业诉诸法律后,经法院调解或经债权人会议通过,与借款人和担保人达成和解协议或重整协议,在借款人和担保人履行完还款义务后，无法追偿的剩余债权；

(7)由于上述1至6项原因，借款人不能偿还到期债务，企业依法取得抵债资产，抵债金额小于贷款本息的差额，经追偿后仍无法收回的债权；

(8)开立信用证、办理承兑汇票、开具保函等发生垫款时，凡开证申请人和保证人由于上述1至7项原因，无法偿还垫款，金融企业经追偿后仍无法收回的垫款；

(9)银行卡持卡人和担保人由于上述1至7项原因，未能还清透支款项，金融企业经追偿后仍无法收回的透支款项；

(10)助学贷款逾期后，在金融企业确定的有效追索期限内，依法处置助学贷款抵押物(质押物)，并向担保人追索连带责任后，仍无法收回的贷款；

(11)经国务院专案批准核销的贷款类债权；

(12)国务院财政、税务主管部门规定的其他条件。

(二)税前扣除应注意相关政策规定

呆账损失进行税前扣除要注意国家税务总局《关于印发〈企业资产损失税前扣除管理办法〉的通知》(国税发[2009]88号)的具体规定，并提供相关外部合法证据和证明材料：

企业应收、预付账款发生符合坏账损失条件的，申请坏账损失税前扣除，应提供下列相关依据：

(1)法院的破产公告和破产清算的清偿文件；

(2)法院的败诉判决书、裁决书，或者胜诉但被法院裁定终(中)止执行的法律文书；

(3)工商部门的注销、吊销证明；

(4)政府部门有关撤销、责令关闭的行政决定文件；

(5)公安等有关部门的死亡、失踪证明；

(6)逾期三年以上及已无力清偿债务的确凿证明；

(7)与债务人的债务重组协议及其相关证明；

(8)其他相关证明。

逾期不能收回的应收款项中，单笔数额较小、不足以弥补清收成本的，由企业作出专项说明，对确实不能收回的部分，认定为损失。

逾期三年以上的应收款项，企业有依法催收磋商记录，确认债务人已资不抵债、连续三年亏损或连续停止经营三年以上的，并能认定三年内没有任何业务往来，可以认定为损失。

例如，某上市商业银行 2009 年年初向 A 公司发放了一笔三年期贷款，银行按季结息并从 A 公司存款账户中扣收。同年 5 月，A 公司发生了为其他独立纳税人提供贷款担保，因被担保方不能还清巨额贷款而由 A 公司承担全部本息事项，使 A 公司财务状况严重恶化，2009 年后半年的利息 60 000 元无法按期偿还。根据谨慎性原则，该银行可以对后半年的 60 000 元利息不再确认会计收入。而根据税法规定，应收利息只有超过 90 天未能收回时才能不计入应纳税所得额。2009 年第三季度的利息到年底已超过 90 天，可以不计入 2009 年度的应纳税所得额，2009 年第四季度的利息由于未超过 90 天，所以应按税法要求进行纳税调整，把会计上未作为收入的第四季度应收利息计入 2009 年度应纳税所得额，计算缴纳营业税和企业所得税。

对于贷款无法收回而形成的呆账损失，《金融企业会计制度》规定，对有确凿证据表明确实无法收回的贷款等，根据金融企业的管理权限，经股东大会或董事会或行长（经理）会议或类似机构批准作为资产损失，冲销已提取的相关资产减值准备。而《企业财产损失所得税前扣除管理办法》第二章第七条明确规定，金融企业的呆账损失，须经税务机关审批才能在申报企业所得税时扣除。并在第十三条规定，企业发生的各项需审批的财产损失应在纳税年度终了后 15 日内集中一次报税务机关审批。这两条新规定表明，金融企业发生的呆账损失，未经税务机关审批或超过规定时限上报审批的均属于权益自动放弃，不允许在企业所得税前扣除。已经根据会计制度规定自行扣除的，要在纳税申报时进行账外调整，即只在纳税申报表上进行调整，而不必改变原符合会计制度规定的账面记录，以体现会计制度的独立性及与税法分离的原则。

第三节　金融企业涉税事项分析

随着我国金融企业市场化程度的进一步加强，有关企业将涉及多方面的业务，从而涉及更广泛的税收问题。这里我们结合日常咨询业务对金融企业的其他涉税问题也作一个分析。

一、信用担保收入的涉税界定

“我们是一家信用担保机构，专门为中小企业特别是小企业提供贷款担保和融资服务。请问我们提供担保服务取得的收入，是否要缴纳营业税?”近日，上海振信财务咨询有限公司的税务专家接到咨询。

税务专家结合有关文件进行了分析，根据工业和信息化部、国家税务总局《关于中小企业信用担保机构免征营业税有关问题的通知》(工信部联企业[2009]114 号)规定，担保机构从事中小企业信用担保或再担保业务取得的收入(不含信用评级、咨询、培训等收入)3 年内免征营业税，免税时间自担保机构向主管税务机关办理免税手续之日起计算。

享受免税的担保机构有条件限制：

(1)经政府授权部门(中小企业管理部门)同意，依法登记注册为企(事)业法人，且主要从事为中小企业提供担保服务的机构，实收资本超过2 000万元；

(2)不以营利为主要目的，担保业务收费不高于同期贷款利率的50%；

(3)有 2 年以上的可持续发展经历，资金主要用于担保业务，具备健全的内部管理制度和为中小企业提供担保的能力，经营业绩突出，对受保项目具有完善的事前评估、事中监控、事后追偿与处置机制；

(4)为工业、农业、商贸中小企业提供的累计担保贷款额占其 2 年累计担保业务总额的 80% 以上，单笔 800 万元以下的累计担保贷款额占其累计担保业务总额的 50% 以上；

(5)对单个受保企业提供的担保余额不超过担保机构实收资本总额的10%，且平均单笔担保责任金额最多不超过 3 000 万元人民币；

(6)担保资金与担保贷款放大比例不低于 3 倍，且代偿额占担保资金比例不超过 2%；

(7)接受所在地政府中小企业管理部门的监管，按要求向中小企业管理部门报送担保业务情况和财务会计报表。

同时规定，享受 3 年营业税减免政策期限已满的担保机构，仍符合上述条件的，可继续申请免征营业税。

二、中小企业信用担保机构符合条件可免营业税

为破解中小企业融资难，根据《中小企业促进法》的规定，某县经其人民政府批准成立融资担保中心，对中小企业融资业务组织专业化的培训，同时，改革信用评级体系，建立标准化营销平台，设计符合中小企业客户群体需求的标准化金融产品并提供融资担保。业务范围符合财政部《关于印发〈中小企业融资担保机构风险管理暂行办法〉的通知》（财金[2001]77号）规定，主要是对中小企业向金融机构贷款、票据贴现、融资租赁等融资方式提供担保和再担保，以及经主管财政部门批准的其他担保和资金运用业务。担保机构不从事存、贷款金融业务及财政信用业务。近期，该机构财务人员询问，其从事担保业务所取得的培训及担保收入能否享受营业税优惠政策，如不享受，又应依何税目申报缴纳营业税？

上海振信财务咨询有限公司的税务专家进行了分析：根据国家经贸委印发《关于建立中小企业信用担保体系试点的指导意见》的通知（国经贸中小企[1999]540号）、财政部关于印发《中小企业融资担保机构风险管理暂行办法》的通知（财金[2001]77号）规定，中小企业信用担保，是指经同级人民政府及政府指定部门审核批准设立并依法登记注册的中小企业信用担保专门机构与债权人（包括银行等金融机构）约定，当被担保人不履行或不能履行主合同约定债务时，担保机构承担约定的责任或履行债务的行为。这里的融资担保机构指政府出资（含政府与其他出资人共同出资）设立的以中小企业为服务对象的以财政资金来源为支撑的融资担保机构。担保机构可根据担保项目的风险程度实行浮动费率，收取担保费。另外在税收政策的把握上，国家税务总局《关于中小企业信用担保、再担保机构免征营业税的通知》（国税发[2001]37号），国家发展改革委、国家税务总局《明确中小企业信用担保机构免征营业税有关问题的通知》（发改企业[2006]563号），国家发展改革委、国家税务总局《关于公布免征营业税中小企业信用担保机构名单及取消名单的通知》（发改企业[2007]770号）也就相关担保机构的准入条件、免税范围、担保机构的性质认定作出了如下操作性规定。

1. 信用担保机构免税应符合以下基本条件：

（1）经政府授权部门（中小企业政府管理部门）同意，依法登记注册为企

业法人,且主要从事为中小企业提供担保服务的机构。

(2)不以营利为主要目的,担保业务收费标准报经所在地人民政府中小企业主管部门和同级人民政府物价部门批准。

(3)具备健全的内部管理制度和为中小企业提供担保的能力,经营业绩突出,对受保项目具有完善的事前评估、事中监控、事后追偿与处置机制;注册资金超过2 000万元。

(4)对中小企业累计贷款担保金额占其累计担保业务总额的80%,对单个受保企业提供的担保余额不超过担保机构自身实收资本总额的10%,并且其单笔担保责任金额最高不超过4 000万元。

(5)担保资金与担保贷款放大比例不低于3倍,并且其代偿额占担保资金比例不超过5%。

(6)接受所在地政府中小企业管理部门的监管,按照要求向所在地政府中小企业管理部门报送担保业务情况和财务会计报表。

享受3年营业税减免政策期限已满的担保机构,仍符合上述条件的,可以继续申请减免税。

根据以上信用担保的准入条件,因此该机构暂不符合国家规定的免税条件,但可在自愿的基础上直接向发改委提出申请,纳入全国中小企业信用担保体系试点范围名单。在未经批准前,其取得的担保业务收入应照章征收营业税。

2. 信用担保机构的税收征免问题

国经贸中小企[1999]540号规定,中小企业信用担保属《担保法》规定的保证行为,各类中小企业信用担保机构均属非金融机构,一律不得从事财政信用业务和金融业务。另外,财政部关于印发《中小企业融资担保机构风险管理暂行办法》的通知(财金[2001]77号)也明确规定担保机构不得从事存、贷款金融业务及财政信用业务,上述文件界定了信用担保机构的行业性质,从而也为其担保费的应税项目进行了归类。《中小企业促进法》第二十条规定,国家鼓励各种担保机构为中小企业提供信用担保。这里需要指出的是对不符合上述免税条件的中小企业信用担保机构及从事中小企业担保业务的商业担保机构和企业互助担保机构,从事担保业务所取得的收入,按“服务业——其他服务业”税目征收营业税。根据中国人民银行《关于印发金融机构管理规定的通知》(银发[1994]198号)规定,对境内金融机构从事担保业务所取得的收入，按“金融保险业”税目征收营业税。财政部、国家税务总局《关于营业税若干政策问题的通知》（财税［2003］16 号）规定，对中国出口信用保险公司办理的与出口信用保险相关的信用担保业务，包括融资担保（如设计融资担保、项目融资担保、贸易融资担保等）和非融资担保（如投标担保、履约担保、预付款担保等）不征营业税。而且免征营业税的担保业务收入是从事中小企业信用担保或再担保取得的担保业务收入，不包括信用评级、咨询、培训等收入。因此，该融资中心在开展专业培训所取得的收入也属于营业税的征税范围。

3. 担保支出的税前扣除规定

根据财政部、国家税务总局《关于企业补贴收入征税等问题的通知》（财税［1995］81 号）、《企业财产损失所得税前扣除管理办法》（国家税务总局令13 号）第四十七条规定，企业为其他独立纳税人提供的与本身应纳税收入无关的贷款担保等，因被担保方还不清贷款而由该担保人承担的本息等，不得申报扣除。企业对外提供与本身应纳税收入有关的担保，因被担保人不能按期偿还债务而承担连带还款责任，经清查和追索，被担保人无偿还能力，对无法追回的，比照本办法坏账损失进行管理。企业为其他独立纳税人提供的与本身应纳税收入无关的贷款担保等，因被担保方还不清贷款而由该担保人承担的本息等，不得申报扣除。

三、信用社改为银行的涉税问题分析

经中国银行业监督管理机构批准，按照市场经济规则，明晰产权关系，完善法人治理结构，转换经营机制的要求，近期，某县农村信用合作联社改革组建地方性农村银行机构——农村合作银行并正式挂牌开业。为此，其财务人员来电咨询，其原享受的营业税、企业所得税税收优惠能否继续享受执行？同时实行统一法人后，各独立核算的基层非法人机构还是否独立核算纳税？

上海振信财务咨询有限公司的税务专家到该企业进行了现场调研以后，结合有关文件进行了分析：

1. 试点地区农村合作金融机构营业税税率依然维持 3%

为深化农村信用社改革，改进农村金融服务，根据财政部、国家税务总局《关于试点地区农村信用社税收政策的通知》(财税[2004]35号),财政部、国家税务总局《关于进一步扩大试点地区农村信用社有关税收政策问题的通知》(财税[2004]177号)规定,从2003年1月1日起,对试点地区(西部地区和江西、吉林省实行改革试点的农村信用社)所有信用社的营业税按3%的税率征收。从2004年1月1日起,对进一步扩大中西部试点地区(包括山西、内蒙古、黑龙江、安徽、河南、湖北、湖南、广西、四川、云南、甘肃、宁夏、青海和新疆,其他试点地区包括北京、天津、河北、辽宁、上海、福建和广东)。农村信用社的营业税按3%税率征收,同时财税[2004]35号、财税[2004]177号明确规定,上述优惠税率是针对信用社取得的金融保险业应税收入按3%的税率征收营业税。也就是说,上述信用社如果从事营业税其他税目如服务业、经营不动产等行为,不得享受3%的税收优惠,这不仅是具体税率的问题,而且涉及具体营业税税目的认定。

2. 试点地区的农村信用社已改制为农村商业银行的,不再享受企业所得税的减免税优惠

此前,财税[2004]35号规定,对从2003年1月1日起至2005年年底,对西部地区试点的信用社一律暂免征收企业所得税;对其他地区试点的信用社,一律按其应纳税额减半征收企业所得税;财税[2004]35号规定,从2004年1月1日起至2006年年底,对参与试点的中西部地区的农村信用社一律暂免征收企业所得税;其他试点地区的农村信用社,一律按其应纳税额减半征收企业所得税。财政部、国家税务总局《关于延长农村信用社有关税收政策期限的通知》(财税[2006]46号)规定,给予上述试点地区和进一步扩大试点地区农村信用社的企业所得税优惠政策,在执行到期后,再延长三年优惠期限,分别延至2008年年底和2009年年底。该文件同时规定,对改革试点地区的农村信用社已改制为农村商业银行的,不再享受本通知明确的税收优惠政策。但不涉及农村合作金融机构(包括农村信用社、农村合作银行和农村商业银行)的营业税,农村合作金融机构营业税税率依然维持3%。国务院办公厅《关于进一步深化农村信用社改革试点的意见》(国办发[2004]66号)规定,深化产权制度改革,完善农村信用社法人治理结构,在组织形式上,有条件地区的农村信用社可以改制组建农村商业银行、农村合作银行等银行类机构或实行以县(市)为单位统一法人,信用社以县(市)为单位组成统一法人或组建农村商业银行、农村合作银行后,国家税务总局

《关于农村信用社体制改革中有关税务处理问题的通知》(国税发[2004]46号)规定,应以新组建的县(市)联社或农村商业银行、农村合作银行为纳税人,统一申报缴纳企业所得税,此项政策的规定也是与新《企业所得税法》所实行的法人所得税制相一致的,对信用社改革中涉及的如贷款呆账损失的税务处理等相关企业所得税问题,按照国税发[2004]46号执行。

四、保险企业佣金扣除的涉税处理

近日,某市财产保险公司财务科李科长向上海振信财务咨询有限公司的税务专家咨询,按原《企业所得税税前扣除办法》及国家税务总局《关于金融保险企业所得税有关业务问题的通知》(国税函[2002]960号)规定,企业发生的佣金和手续费支出允许在企业所得税前列支,而且对佣金的支出规定不得超过服务金额的5%,对保险企业的佣金支出还规定从保单签发之日起5年内,凭合法凭证在不超过保费收入总额5%的范围内扣除。新《企业所得税法》及《企业所得税法实施条例》颁布后,只是原则性地规定了企业实际发生的与取得收入有关的、合理的成本、费用(经营费用、管理费用和财务费用)、税金、损失和其他支出,准予在计算应纳税所得额时扣除,那么,企业发生的手续费及佣金支出应该如何扣除呢?

税务专家结合最新文件给他进行了解释。根据财政部、国家税务总局《关于企业手续费及佣金支出税前扣除政策的通知》(财税[2009]29号)规定,自2008年1月1日起,企业发生与生产经营有关的手续费及佣金支出税前列支标准为:财产保险企业不得超过当年全部保费收入扣除退保金等后余额的15%(含本数,下同);人身保险企业不得超过当年全部保费收入扣除退保金等后余额的10%;其他企业不得超过与具有合法经营资格中介服务机构或个人(不含交易双方及其雇员、代理人和代表人等)所签订服务协议或合同确认的收入金额的5%。但在具体扣除时需要注意以下几个问题:

(1)企业与具有合法经营资格中介服务企业或个人签订代办协议或合同支付的手续费及佣金,除委托个人代理外,以现金等非转账方式支付的不得在税前扣除;发行权益性证券支付给有关证券承销机构的手续费及佣金也不得在税前扣除。

(2)不得将手续费及佣金支出计入回扣、业务提成、返利、进场费等费用。

(3)已计入固定资产、无形资产等相关资产的手续费及佣金支出,应当通过折旧、摊销等方式分期扣除,不得在发生当期直接扣除。

(4)支付的手续费及佣金不得直接冲减服务协议或合同金额。

(5)企业应当向当地主管税务机关提供当年手续费及佣金计算分配表和其他相关资料,并取得合法真实的支出凭证。

五、金融企业的其他涉税事项的处理

2010 年 6 月,税务人员在对某金融企业报送的 2009 年度企业所得税汇算清缴资料进行审核时发现,该企业 2009 年 6 月将外购价值 185 万元的空调无偿赠送给某政府部门,账务上列入营业外支出。2009 年度企业所得税汇算清缴时对该业务已作纳税调整。但对该笔业务是否应按视同经营行为追缴增值税,税务机关内部存在两种截然不同的意见。

一种意见认为,该企业为金融企业,涉及的主体税种是营业税,非增值税纳税人,上述无偿赠送外购货物行为无需缴纳增值税。

另一种意见认为,虽然该企业缴纳的主体税种是营业税,但发生了无偿赠送外购货物行为,属于《增值税暂行条例实施细则》所述的"不经常发生应税行为的企业",上述无偿赠送外购货物行为应当缴纳增值税。

笔者赞同第二种意见,理由如下:

第一,该企业作为一家金融企业,经营的主要业务是从事货币资金融通活动,按照现行税法规定,应当缴纳营业税。所以,该企业在流转税纳税义务中,属于营业税为主的纳税人。但是,以营业税纳税为主的企业,并不等于不涉及增值税纳税义务。一旦发生《增值税暂行条例》及其实施细则所规定的纳税行为时,也要缴纳增值税,只是与营业税相比,所占比例较小而已。

第二,修订前与修订后的《增值税暂行条例实施细则》第四条第八款均规定:单位或个体经营者将自产、委托加工或购买的货物无偿赠送他人,视同经营货物。上述将外购空调无偿赠送他人的行为就属法定的增值税应税行为。

第三,按照 2008 年修订前的《增值税暂行条例实施细则》,不经常发生应税行为的企业,视同小规模纳税人。因此,2008 年度以前不经常发生增值税应税行为的企业，如果发生纳税行为只能依据小规模纳税人有关规定缴纳增值税。而修订后的《增值税暂行条例实施细则》又进一步明确：非企业性单位、不经常发生应税行为的企业可选择按小规模纳税人纳税。

所以，上述该金融企业将外购空调无偿赠送他人，属于不经常发生的增值税应税行为，税务机关应当依据小规模纳税人的有关规定追缴其增值税。

值得注意的是，不经常发生增值税应税行为的企业还会时常发生经营自己使用过的固定资产（如转让自己使用过的小汽车）、经营抵债物品（如金融企业处置以物抵债的动产）等其他增值税应税行为，相关的增值税文件都作出了明确而具体的规定。如财政部、国家税务总局2009年1月发布的《关于部分货物适用增值税低税率和简易办法征收增值税政策的通知》第二条第二款规定：纳税人经营旧货，按照简易办法依照4%征收率减半征收增值税。由于相关企业对此类纳税行为有所疏忽，加之主管税务机关监管不严，导致税款流失较为严重。

综上所述，应税行为一旦发生，就应该依法纳税，而不应该考虑其是否经常发生。

第四节　保险费用的涉税处理

在金融业务中，有一种产品本身就是构成消费者的费用的，这就是保险。在日常活动中，许多保险业务推销员往往将保险产品说成是保值增值产品，这个实在是一个误区，至少对于多数保险产品是这样。但是，如果保险企业能够将保险产品的接受者的税收利益问题也搞清楚，这对于相关产品的推销是有积极意义的。因此，这里我们引用上海振信财务咨询有限公司提供的部分资料对保险产品，其中特别是与个人有关的保险产品接受方的涉税作一个分析。

一、社会保险费用的一般规定

根据税法规定，准予税前扣除的企业的社会保险费和住房公积金支出，可以从以下几方面来理解：

1. 基本社会保险费和住房公积金的扣除

扣除的对象包括基本医疗保险费、基本养老保险费、失业保险费、工伤保险费和生育保险费等基本社会保险费和住房公积金,除此之外的保险费支出,都不能纳入本项范围予以税前扣除。

原内资税法就规定,纳税人按国家有关规定上缴的各类保险基金和统筹基金,包括职工养老基金、待业保险基金等,经税务机关审核后,可在规定的比例内扣除。目前,国家关于基本社会保险费和住房公积金的征缴都有相应的规定。根据《社会保险费征缴暂行条例》第三条的规定,基本养老保险费的征缴范围为国有企业、城镇集体企业、外商投资企业、城镇私营企业和其他城镇企业及其职工,实行企业化管理的事业单位及其职工;基本医疗保险费的征缴范围为国有企业、城镇集体企业、外商投资企业、城镇私营企业和其他城镇企业及其职工,事业单位及其职工,民办非企业单位及其职工,社会团体及其专职人员;失业保险费的征缴范围为国有企业、城镇集体企业、外商投资企业、城镇私营企业和其他城镇企业及其职工,事业单位及其职工;省、自治区、直辖市人民政府根据本地实际情况,可以决定《社会保险费征缴暂行条例》适用于本行政区域内工伤保险费和生育保险费的征收、缴纳;根据《住房公积金管理条例》的规定,国有企业、城镇集体企业、外商投资企业、城镇私营企业及其他城镇企业、事业单位、民办非企业单位、社会团体应当每月为职工缴存职工本人上一年度月平均工资乘以职工住房公积金缴存比例后的数额的住房公积金。

2. 基本社会保险费和住房公积金的扣除范围和标准

扣除的范围和标准以国务院有关主管部门或者省级人民政府的规定为依据,超出这个范围和标准的部分,不得在税前扣除,因为基于国家目前财政承受能力的考虑,以及为了防止部分纳税人通过此项扣除,逃避纳税义务,国家只承认在规定范围和标准内的基本社会保险费和住房公积金支出才允许税前扣除。

3. 补充养老保险费和补充医疗保险费的扣除

根据这里第二款的规定,企业缴纳的补充养老保险费、补充医疗保险费,在国务院财政、税务主管部门规定的标准和范围内,准予税前扣除。为建立多层次的养老保险和医疗保险制度,更好地保障企业职工退休后的生活，防止职工因病返贫，依法参加基本养老保险、医疗保险，履行缴费义务、具有相应的经济负担能力并已建立集体协商机制的企业，经有关部门批准，可为其职工办理补充养老保险和补充医疗保险。申请设立企业补充养老保险、补充医疗保险，是企业及其职工在依法参加基本养老保险、医疗保险的基础上，自愿建立的补充保险制度，不仅是一种企业福利、激励制度，也是一种社会制度，对调动企业职工的劳动积极性，增强企业的凝聚力和竞争力，完善国家多层次保障体系，促进和谐社会的发展等具有积极的促进作用，所以国家应从税收政策方面加以鼓励和支持，原企业所得税政策也是允许其税前扣除的。但是，必须注意的是，根据这里的规定，准予在税前扣除的补充养老保险费和补充医疗保险费，限于在国务院财政、税务主管部门规定的标准和范围内，超过规定的标准和范围的部分，将不允许税前扣除，以防止企业借这部分开支逃避国家税收。

二、商业保险费用的扣除规定

商业保险是指投保人根据合同约定，向保险人支付保险费，保险人对于合同约定的可能发生的事故因其发生所造成的财产损失承担赔偿保险金责任，或者当被保险人死亡、伤残、疾病或者达到合同约定的年龄、期限时承担给付保险金责任的保险行为。它是在基本社会保险的基础上，有经济能力和保险意愿的社会主体，为了进一步保障自身的权益，自主决定所投保的险种，有利于和谐社会的构建。对于企业为其投资者和个人支付的商业保险费和法定人身安全保险费的扣除问题，《企业所得税法实施条例》第三十六条规定，除企业依照国家有关规定为特殊工种职工支付的人身安全保险费和国务院财政、税务主管部门规定可以扣除的其他商业保险费外，企业为投资者或者职工支付的商业保险费，不得扣除。也就是说，企业为其投资者或者职工投保商业保险所发生的保险费支出，限于以下两种才准予税前扣除：

1. 企业按照国家规定为特殊工种职工支付的法定人身安全保险费

在一些特殊行业的企业中，从事特定工种的职工，其人身可能具有高度危险性，一次微小的失误或者事故，都可能使这些职工的生命、健康受到致命性威胁。为了减少这些职工工作的后顾之忧，同时为了尽可能地保障这些职工的生命和健康安全，国家会作出要求企业为这些职工投保人身安全保险的强制性规定，且从企业角度来看，其对本企业职工的工伤等负有赔偿责任，若通过保险，能分散和减少其所承担的责任，是其取得经济利益流入所发生的必要与正常的支出，也符合税前扣除原则。为了鼓励企业为特定工种职工投保人身安全保险费，落实其他国家有关规定的精神，有必要允许企业发生的这部分支出准予税前扣除。原内资税法规定，纳税人按国家规定为特殊工种职工支付的法定人身安全保险费，准予在计算应纳税所得额时据实扣除。这里是沿用了原内资税法的这个规定，并将其扩大到含括外资企业在内的所有纳税人。此类保险费，其依据必须是法定的，即是国家其他法律法规强制规定企业应当为其职工投保的人身安全保险，如果不是国家法律法规所强制性规定的，企业自愿为其职工投保的所谓人身安全保险而发生的保险费支出是不准予税前扣除的。此类保险费范围的大小、保险费率的高低、投保对象的多少等都是有国家法律法规依据的，如《建筑法》第四十八条规定，建筑施工企业必须为从事危险作业的职工办理意外伤害保险，支付保险费。《煤炭法》第四十四条规定，煤矿企业必须为煤矿井下作业职工办理意外伤害保险，支付保险费。

2. 国务院财政、税务主管部门规定可以扣除的其他商业保险费

虽然，国家也提倡和鼓励社会主体投保商业保险，但是基于国家税收利益上的考虑，以及实践中的可操作性等角度出发，若允许企业为其投资者或者职工向商业保险机构投保的商业保险费支出可以税前扣除，将造成不同盈利水平等状况下的企业扣除范围不一，税负不均，不宜从税收政策上促进这种现象的发生，所以这里对此作了原则性规定，对于企业为其投资者或者职工向商业保险机构投保的人身保险、财产保险等商业保险，不得扣除。其中，企业投资者，是指对企业财产享有所有者权益的投资人，而不管该投资人是否在本企业任职；职工，是指与企业形成劳动关系的个人。

但是，商业保险的种类较多，形式多样，功能也相对较为复杂和多样，企业为其投资者或者职工投保的特定商业保险，可能具有特殊的功能，与企业的生产经营活动也是直接相关的，不宜一概规定不许税前扣除。所以这里规定，企业按国家规定为特殊工种职工支付的法定人身安全保险费，以及国务院财政、税务主管部门规定可以税前扣除的商业保险费，准予税前扣除。

三、企业年金的涉税处理

企业年金,是指企业及其职工在依法参加基本养老保险的基础上,为建立多层次的养老保险制度,更好地保障企业职工退休后的生活,完善社会保障体系,自愿建立的补充养老保险制度,是我国养老保险体系的重要组成部分。《中华人民共和国企业所得税法实施条例》规定,企业为投资者或者职工支付的补充养老保险费、补充医疗保险费,在国务院财政、税务主管部门规定的范围和标准内,准予扣除。

与补充养老保险制度有关的费用列支问题,国务院《关于完善城镇社会保障体系的试点方案》(国发[2000]42号)规定,企业年金实行基金完全积累,采用个人账户方式进行管理,费用由企业和职工个人缴纳,企业缴费在工资总额4%以内的部分,可从成本中列支。国家税务总局《关于执行〈企业会计制度〉需要明确的有关所得税问题的通知》(国税发[2003]45号)同时规定:“企业为全体雇员按国务院或省级人民政府规定的比例或标准补缴的基本或补充养老、医疗和失业保险,可在补缴当期直接扣除;金额较大的,主管税务机关可要求企业在不低于三年的期间内分期均匀扣除。”《企业财务通则》第四十三条规定,已参加基本医疗、基本养老保险的企业,具有持续盈利能力和支付能力的,可以为职工建立补充医疗保险和补充养老保险,所需费用按照省级以上人民政府规定的比例从成本(费用)中提取。超出规定比例的部分,由职工个人负担。

财政部《关于企业新旧财务制度衔接有关问题的通知》(财企[2008]34号)规定:补充养老保险的企业缴费总额在工资总额4%以内的部分,从成本(费用)中列支。企业缴费总额超出规定比例的部分,不得由企业负担,企业应当从职工个人工资中扣缴。个人缴费全部由个人负担,企业不得提供任何形式的资助。该文件是对《企业财务通则》的明确和补充,并有了量化的具体指标4%,这样更有利于实务操作。

企业为员工建立企业年金基金,必须全额并入当月个人“工资、薪金所得”计算缴纳个人所得税。对于总机构为所属单位统一办理企业年金缴付手续的,所属单位应当在向总机构上缴企业年金费用时,按总机构有关规定分解为每个员工的收入,且并入当月“工资、薪金所得”计算扣缴个人所得税,并向当地地税机关申报入库。否则,当地地税机关可按照企业上缴费用额平均分解为每个员工的收入征收个人所得税,或采取其他合理的办法确定征收个人所得税。

在[2008]34 号文发布之前,《企业财务通则》与《企业会计准则》关于补充养老保险的会计处理完全一致,但是[2008]34 号文又有了新规定:施行以前提取的应付福利费有结余的,符合规定的企业缴费应当先从应付福利费中列支。这就涉及以下政策的变动:

(1)企业将不再执行《关于实施修订后的〈企业财务通则〉有关问题的通知》(财企[2007]48 号)。关于职工福利费财务制度改革的衔接问题,截至 2006 年 12 月 31 日,应付福利费账面为结余的,继续按照原有规定使用,待结余使用完毕后,再按照修订后的《企业财务通则》执行。而[2008]34 号文的新规定是先用补充养老保险冲抵以前结余的应付福利费,不再继续按照原有规定使用,待结余使用完毕后,再按照《企业财务通则》执行。

(2)[2008]34 号文的新规定要求,以前提取的应付福利费有结余的,提取的补充养老保险暂不按《企业会计准则第 9 号——职工薪酬》第五条规定执行,即企业为职工缴纳的各种保险,在职工为企业提供服务的会计期间,根据受益对象,将应付的职工薪酬确认为负债,全部计入资产成本或当期费用。而是先将应付福利费结余冲平,冲平后再按《企业会计准则第 9 号——职工薪酬》第五条规定处理。

会计处理:[2008]34 号文规定先用补充养老保险冲抵以前结余的应付福利费,并不计入会计成本或费用。纳税调整:税法上可在成本(费用)中列支的补充保险金额,会计上计入了“应付职工薪酬——应付福利费”科目,该科目的使用影响了企业应纳税所得额,需作纳税调减处理。

四、保险费用列支的政策变化

新企业所得税法出台以后,涉及企业保险费用列支问题的政策发生了变化,纳税人在生产和经营过程中应当引起注意,主要有以下几个方面:

(1)五险一金:旧法规定,企业为其雇员提存了医疗保险基金、住房公积金、退休保险基金等基金可以在计算企业所得税前列支,此类费用,不得超过企业全年职工税前列支工资总额的 14%;企业不得列支其在中国境内工作的职工的境外社会保险费,但上述境外保险费作为支付给雇员的工资、薪金的,可以在企业应纳税所得额中扣除。新法规定,企业为职工缴纳的基本养老保险费、基本医疗保险费、失业保险费、工伤保险费、生育保险费等基本社会保险费和住房公积金,准予扣除。

(2)补充养老、医疗保险费:旧法规定,企业实际发生的不属于五项预提基金或经费开支范围内的其他职工福利类支出,可按实际发生数在当年度税前扣除。但当年度税前扣除的此类费用,不得超过企业全年职工税前列支工资总额的14%,其超过部分也不得在以后年度扣除。新法规定,在国务院财政、税务主管部门规定的标准和范围内,准予扣除。

(3)个人商业保险费:旧法规定,企业直接为其在中国境内工作的雇员个人支付或负担的各类境外商业人身(人寿)保险费和境外社会保险费,不得在企业应纳税所得额中扣除。但上述境外保险费作为支付给雇员的工资、薪金的,可以在企业应纳税所得额中扣除。新法规定,除企业依照国家有关规定为特殊工种职工支付的人身安全保险费和国务院财政、税务主管部门规定可以扣除的其他商业保险费外,企业为投资者或者职工支付的商业保险费,不得扣除。

第五节　典当行业的涉税分析

随着市场经济和金融业的发展,中小企业融资问题的日益突出,古老的典当行业以崭新的面貌再度兴起,并有着良好的发展态势。近年来,从事典当业务的越来越多,所以,有关典当业务的涉税问题也就引起人们的注意。

一、典当业务概述

根据商务部、公安部颁布,2005 年 4 月 1 日起施行的《典当管理办法》规定,所谓典当,是指当户将其动产、财产权利作为当物质押或者抵押给典当行,交付一定比例费用,取得当金,并在约定期限内支付当金利息、偿还当金、赎回当物的行为。通俗的说,典当就是要以财物作质押,有偿有期借贷融资的一种方式。这是一种以物换钱的融资方式,只要顾客在约定时间内还本并支付一定的综合服务费(包括当物的保管费、保险费、利息等),就可赎回当物。

1. 典当的历史演变

典当业是人类最古老的行业之一,堪称现代金融业的鼻祖,是抵押银行的前身。中国是世界上最早出现典当活动并形成典当业的国家之一。经考证,中国的典当业早在西汉时代就已经出现,在唐代得到大量发展,而最兴盛的时期为明清两朝,但是,在清末民初开始衰落,20 世纪 50 年代则被完全取缔,到当代改革开放又开始复兴。前后经历了 1 600 多年的历史沉浮。

典当业在 1978 年十一届三中全会后恢复经营,1995 年公安部发布了《典当业治安管理办法》(公安部第 26 号令),1996 年 4 月中国人民银行颁布了《典当行管理暂行办法》,明确典当行为非银行金融机构,公安部对典当业进行监管。2000 年以后,为适应金融体制改革要求,经国务院同意,中国人民银行将典当行作为特殊的工商企业移交原国家经贸委统一归口管理。2001 年 8 月,原国家经贸委根据典当业发展的情况,制订并颁布了《典当行管理办法》(国家经贸委令 22 号)。2003 年机构改革后,典当业的监管划归商务部负责。

清代典当业活动范围由城市伸入农村,成为遍布全国城乡的重要借贷组织。康熙时,据税收资料估计,全国至少有典当 2 万余家。乾隆时,北京城内外有官民开设的大小当铺共六七百家。鸦片战争后,由于城乡人民生计日益贫困,典当业出现典、当、质、按、押不同等级的划分。最大的是典铺,资本较多,赎当期较长,利息较轻,接受不动产和动产抵押,对押款额不加限制;当铺只接受动产抵押,押款定有限额;再次为质铺(山西、安徽称质,广东、福建则称按);押店最小,赎当期最短,利息也最高。由于清政府所征当税、贴捐不断增加,视营业规模大小而多寡不等的各项摊派日益繁多,商人为减轻负担,并摆脱典当行会业规的限制,后来新设典当多称质铺或押店,原有典当也有改称押店的,各类界限已难区分。此外,还有一种所谓"代当",亦称"代岁",或称"接典",多设于乡镇,如为大典当的分店,称"本代";与大当铺订立合同,经营质押的代理业务,则称"客代"。

借款人去当铺借贷,主要是应付家庭生活上的紧迫需要,也有个体小生产者用于小本经营,或农民用于生产的。借贷时先要送上实物验收作押,由当铺付给"当票",载明所当物品及押借价款,作为当户到期赎取押品的凭证。为使业外人无法辨认，书写当票多用特殊字体。当物虽为新衣，必写成旧衣或注明“破烂”；对金银照例写成铜铅；对器皿则冠以“废”字。借款期限、押借金额和利息高低，根据押品性质和当铺大小因地而异。期限一般自6个月至2年不等。押借金额大多在押品价值五成上下，到期无力取赎，就成“死当”，押品由当铺没收。清代官方规定，典当利息每月不得超过三分，实际上大大超过，利息须按月计算。过月几天，也加计一月息。当铺在收付款项时，又以所谓“轻出重入”或“折扣出满钱入”的手法，盘剥当户。贷出现金只按九四、九五甚至九折付款，当户赎当时则要十足偿付，利息也照当本十足计算；此外还有各项额外费用的征收。而且抵押品价值越小，赎期既短，利息也最高，故贫穷劳动人民所受剥削也最沉重。乡镇上的当铺还有以粮谷为当本或与大囤户勾结，进行粮食的贷放和买卖等投机操纵活动，农民又须承受实物损耗和进出差价等损失。典当业的残酷剥削，曾激起广大人民的反抗。尽管官府对当铺予以保护和扶植，各地抢劫、焚掠当铺一类事件仍时有发生。

早期典当业多系独资经营，资本自数千两至数万两不等，几乎为山西、陕西商人（俗称山陕帮）和徽商的专业。封建官府和贵族官僚也把它看做营运资本的有利处所。内务府曾在北京开设官当铺十几处，地方当局也有由官自行设典生息。国库和地方各库官款经常拨出一部分发交典商当商生息，称生息银，利率约七八厘至一分。大官僚大商人投资开设典当牟利的，亦屡见不鲜。康熙朝刑部尚书徐乾学曾将本银十万两交给布商陈天石经营典当；乾隆朝大学士和珅拥有当铺七十五座；光绪时大买办商人胡光墉有当铺二十余处，分设各省。典当业集中体现了官僚、地主、商人三位一体的高利贷资本的活动。官款存放生息曾是这种高利贷活动的有力支柱；一般当铺还可自己签发银票、钱票，作为信用工具，因而其贷出金额（俗称“架本”）远远超过自有资本。后来，官银钱号开设，票号、钱庄业务发达，官额存放减少，则依靠票号、钱庄转手借贷的支持，原有典铺、当铺逐渐衰落。光绪十四年（1888），北京以外各省典当大约七千余家，较前期减少很多。1912年，全国登记的典当数减至四千余家。押店则继续增加，其营业重点亦逐步由城市而转向乡镇。

2. 现代国家对典当行的管理

现在注册典当行管理十分严格，需先经国家商务部审批，由商务部批准并颁发《典当经营许可证》。申请人领取《典当经营许可证》后，应当在10日内向所在地县级人民政府公安机关申请典当行《特种行业许可证》。申请人领取《特种行业许可证》后，应当在10日内到工商行政管理机关申请登记注册，领取营业执照后，方可营业。

典当行注册资本最低限额为300万元；从事房地产抵押典当业务的，注册资本最低限额为500万元；从事财产权利质押典当业务的，注册资本最低限额为1 000万元。典当行的注册资本最低限额应当为股东实缴的货币资本，不包括以实物、工业产权、非专利技术、土地使用权作价出资的资本。

具备下列条件的典当行可以跨省（自治区、直辖市）设立分支机构：

(1)经营典当业务3年以上，注册资本不少于人民币1 500万元；

(2)最近两年连续盈利；

(3)最近两年无违法违规经营记录。

典当行应当对每个分支机构拨付不少于500万元的营运资金。

典当行各分支机构营运资金总额不得超过典当行注册资本的50%。

3. 典当日常业务

(1)典当对象

原则上只要来源合法、产权明晰、可以依法流通的有价值物品或财产权利都可以典当，但不同典当行具体开展的业务有所不同，一般来讲房产、股票、企业债券、大额存单、车辆、金银饰品、珠宝钻石、电子产品、钟表、照相机、批量物资等都可以典当。与通常人们想象中的旧当铺不同的是，现代典当行一般不收旧衣服。一般的，活物也是不典当的。

(2)典当受理范围

根据《典当管理办法》第二十五条规定：经批准，典当行可以经营下列业务：(一)动产质押典当业务；(二)财产权利质押典当业务；(三)房地产（外省、自治区、直辖市的房地产或者未取得商品房预售许可证的在建工程除外）抵押典当业务；(四)限额内绝当物品的变卖；(五)鉴定评估及咨询服务；(六)商务部依法批准的其他典当业务。

《典当管理办法》第二十六条规定典当行不得经营下列业务：(一)非绝当物品的销售以及旧物收购、寄售；(二)动产抵押业务；(三)集资、吸收存款或者变相吸收存款；(四)发放信用贷款；(五)未经商务部批准的其他业务。

《典当管理办法》第二十七条规定典当行不得收当下列财物：(一)依法

被查封、扣押或者已经被采取其他保全措施的财产;(二)赃物和来源不明的物品;(三)易燃、易爆、剧毒、放射性物品及其容器;(四)管制刀具,枪支、弹药,军、警用标志、制式服装和器械;(五)国家机关公文、印章及其管理的财物;(六)国家机关核发的除物权证书以外的证照及有效身份证件;(七)当户没有所有权或者未能依法取得处分权的财产;(八)法律、法规及国家有关规定禁止流通的自然资源或者其他财物。

(3)典当服务费用

典当是一种融资行为,需有偿使用。典当行一般按当金收取综合费及当金利息。按照《典当管理办法》有关规定,质押典当月综合费率不得超过当金的4.5%,房地产抵押典当月综合费率不得超过当金的3.0%,综合费在典当时预扣,当金利息一般按同期银行贷款利率上浮30%执行。具体费、息标准根据不同典当行、不同业务种类都会不一样,客户应以典当行公告为准。

4. 典当借款的特点

典当属于金融业的一个分支,因此,可以将典当借款同银行贷款进行比较,从而了解其特点:

(1)业务方式上,典当更加灵活多样,原则上有价值的物品或财产权利都可以典当;

(2)典当借款手续简便快捷,一般少则几分钟,多则三五天;

(3)借款用途不一样,典当借款多用于救急,银行贷款多用于生产或消费;

(4)典当一般期限较短,最短5天,最长6个月;

(5)典当一般除收取当金利息外,还按当金一定比例收取综合费。

5. 典当业务流程

其基本流程可简单归纳为交当、收当、存当三个板块,具体操作程序如下:

(1)当户出具有效证件交付当物。

(2)典当行受理当物进行鉴定。

(3)双方约定评估价格、当金数额和典当期限并确认法定息费标准。

(4)双方共同清点封存当物由典当行保管。

(5)典当行向当户出具当票发放当金。

这里需要提醒人们注意的是,不同典当业务需要提供证件和办理手续是不一样的:

(1)民品:本人身份证原件,有发票最好,可适当提高当价。

(2)房产:户主身份证、户口簿、房屋所有权证、土地使用证等,需现场察看房产。

(3)股票:本人身份证、深沪股东账户卡,一般需签约监控。

(4)车辆:本人身份证、汽车有关证件。

(5)物资:本人身份证、相关财产证明。

注:民品即金银饰品、珠宝钻石、电子产品、钟表、照相机等。

6. 典当期限

根据《典当行管理办法》有关规定,典当最短时间为 5 天,不足 5 天按 5 天计算,最长期限为 6 个月。

典当到期后,5 天内,客户可以选择赎当,也可以根据自己需要选择绝当。

典当期限届满或续当期限届满后,当户应在 5 天内赎当或续当,预期不赎当或续当为绝当。绝当后,绝当物估价金额不足 3 万元的,典当行可以自行变卖或折价处理,损益自负;当物估价金额在 3 万元以上的,可以按《中华人民共和国担保法》有关规定处理,也可以双方事先约定绝当后由典当行委托拍卖行公开拍卖。拍卖收入在扣除拍卖费用及当金本息后,剩余部分应当退还当户,不足部分向当户追索。

二、典当企业涉税风险的表现

随着经济的发展,典当业被赋予了时代特征,其经营范围是向非国有中小企业和个人提供临时质押贷款,为其解决融资难题。典当业的经营收入主要来源于质押贷款利息综合收入和死当物品的销售收入。作为一种特殊的融资渠道和方式,典当业正被越来越多的中小企业所重视,成为各中小企业融资的绿色通道。在这种情况下,该行业的税收管理问题也逐渐显现出来。

(一)收入真实性确认不准。当票是典当行与当户之间的借贷契约,是典当行向当户支付当金的付款凭证，是该行业经营情况的重要凭证。当票需载明：典当行机构名称及住所；当户姓名（名称）、住所（址）、有效证件（照）及号码；当物名称、数量、质量、状况；估价金额、当金数额；利率、综合费率；典当日期、典当期、续当期。典当行业经营收入确定要依据当票记载的内容，质押贷款利息收入完全凭典当票记收入。典当票是企业凭省商务厅开具的批条直接从印刷厂购买，而商务厅对购买数量没有限制，对当票的领用也没有进行登记，而且当票也未经税务机关监制，这样缺乏监督的收入必然形成漏洞，只有企业完全掌控自己收入的多少。

（二）内部管理缺陷突出。典当行内部管理制度不完善，操作随意性大，多以手工笔记本记录作为业务台账。新当、续当时，由典当行自己填写当票、续当票。赎当时，当户拿着最初新当时的当票就可以赎当，若提前赎当，退回部分预售的费用。一笔业务当期长短、综合费用收入情况、是否续当、续期长短、赎当的确切时间、是否提前赎当等，其连续性无法体现，只能从典当行内部手工登记的内容逐笔核实，从某种角度上来说典当业务处在一种失控状态。

（三）典当综合费用随意性大。典当业的综合费收入只有上限，没有下限，超期的典当业务不收取滞纳金、罚款，企业的解释是为了降低价格，向顾客让利优惠，争取更多客户。

（四）从业人员对典当物品销售涉税事项了解不多，认识不清。

三、典当业有关税收政策

上述现象无论从税务管理的角度讲，还是从规避纳税风险的角度分析，都是问题。这里仅从税收政策分析的角度，对典当业务的政策问题作一个分析。

1. 营业税、增值税

典当行业属于服务业，系金融服务的范畴。对于典当企业取得贷款利息收入的征收问题，国家税务总局在《关于印发〈营业税税目注释〉（试行稿）的通知》（国税发[1993]149号）中明确，典当业的抵押贷款业务，无论其资金来源如何，均按自有资金贷款征税。

典当业有时也涉及死当物品销售业务，国家税务总局在《关于印发〈增值税若干具体问题的规定〉的通知》(国税发[1993]154号)中明确,典当业的死当物品销售业务和寄售业代委托人销售寄售物品的业务,均应征收增值税。

对于典当企业销售死当物品的适用税率,财政部、国家税务总局《关于增值税、营业税若干政策规定的通知》(财税字[1994]26号)明确,寄售商店代销的寄售物品(包括居民个人寄售的物品在内)、典当业销售的死当物品,无论销售单位是否属于一般纳税人,均按简易办法依照6%的征收率计算缴纳增值税,并且不得开具专用发票。但是,后来对此又作了调整:根据国务院关于调整商业小规模纳税人征收率的决定的精神,国家税务总局《关于调整部分按简易办法征收增值税的特定货物销售行为征收率的通知》(国税发[1998]122号)明确,自1998年8月1日起,下列特定货物销售行为的征收率由6%调减为4%:

一是寄售商店代销寄售物品(包括居民个人寄售的物品在内);

二是典当业销售死当物品。

目前,根据财政部、国家税务总局《关于部分货物适用增值税低税率和简易办法征收增值税政策的通知》(财税[2009]9号)明确,一般纳税人销售货物属于下列情形之一的,暂按简易办法依照4%征收率计算缴纳增值税:

一是寄售商店代销寄售物品(包括居民个人寄售的物品在内);

二是典当业销售死当物品。

2. 企业所得税

2008年1月1日以后实行统一的企业所得税政策,如果有关典当企业属于责任有限公司性质,其在管理上就需要按照企业所得税的相关规定进行日常管理。而现行企业所得税管理规定对典当业要求实行查账征收。

国家税务总局《关于印发〈企业所得税核定征收办法〉(试行)的通知》(国税发[2008]30号)第三条规定,纳税人具有下列情形之一的,核定征收企业所得税:(一)依照法律、行政法规的规定可以不设置账簿的;(二)依照法律、行政法规的规定应当设置但未设置账簿的;(三)擅自销毁账簿或者拒不提供纳税资料的;(四)虽设置账簿,但账目混乱或者成本资料、收入凭证、费用凭证残缺不全,难以查账的;(五)发生纳税义务,未按照规定的期限办理纳税申报,经税务机关责令限期申报,逾期仍不申报的;(六)申报的计税依据明显偏低,又无正当理由的。

特殊行业、特殊类型的纳税人和一定规模以上的纳税人不适用本办法。上述特定纳税人由国家税务总局另行明确。

国家税务总局《关于企业所得税核定征收若干问题的通知》(国税函[2009]377号)明确,国税发[2008]30号文件第三条第二款所称"特定纳税人"包括以下类型的企业:(一)享受《中华人民共和国企业所得税法》及其实施条例和国务院规定的一项或几项企业所得税优惠政策的企业(不包括仅享受《中华人民共和国企业所得税法》第二十六条规定免税收入优惠政策的企业);(二)汇总纳税企业;(三)上市公司;(四)银行、信用社、小额贷款公司、保险公司、证券公司、期货公司、信托投资公司、金融资产管理公司、融资租赁公司、担保公司、财务公司、典当公司等金融企业;(五)会计、审计、资产评估、税务、房地产估价、土地估价、工程造价、律师、价格鉴证、公证机构、基层法律服务机构、专利代理、商标代理以及其他经济鉴证类社会中介机构;(六)国家税务总局规定的其他企业。

对上述规定之外的企业,主管税务机关要严格按照规定的范围和标准确定企业所得税的征收方式,不得违规扩大核定征收企业所得税范围;对其中达不到查账征收条件的企业核定征收企业所得税,并促使其完善会计核算和财务管理,达到查账征收条件后要及时转为查账征收。

第六节 投资金融产品的涉税筹划

随着我国经济的发展,人们手中的钱越来越多,于是,大家自然会想到投资理财问题。而要进行投资理财,其中的税收问题自然又需要考虑,从而进一步降低投资成本。这里我们引用上海振信财务咨询有限公司提供的部分资料对相关问题的涉税筹划作一个简要分析。

一、企业投资开放式基金的所得税筹划

基于开放式基金现金分红暂不征收企业所得税与分红后赎回的税收利益考虑,企业投资者创造免税收益和亏损的做法,是目前企业投资开放式基金时常用的所得税筹划方法。

基金拆分和基金分红是开放式基金降低基金净值的两种方式，这两种方式所产生的税收效应不同。依据财政部、国家税务总局《关于企业所得税若干优惠政策的通知》(财税[2008]1 号)第二条第二款的规定，对投资者从证券投资基金分配中取得的收入，暂不征收企业所得税。因此，企业在现金分红方式下取得的收益暂不征收企业所得税。但是在拆分方式下，企业投资者获得更多的基金份额，单位投资成本降低，赎回开放式基金时获得的价差收益增加，而价差收益要缴纳企业所得税。

(一)基金分红的收益筹划分析

对于投资于基金的投资人而言，是通过基金分红还是通过基金拆分更能够取得税收利益呢？这里我们可以通过实例来进行分析：

某企业投资者 2008 年动用 1 000 万元认购某开放式基金，购买了 1 000 万份净值为 1 元的开放式基金。年末基金净值升到 2 元，基金公司决定将净值降到 1 元。企业计划再过半年赎回该基金，假设半年后基金净值为 1.20 元。

基金分红方式下，分配所得为 1 000 万元(1 000 ×1)，赎回时价差收益为 200 万元[(1.20 - 1.00) ×1 000]，应税利得为 200 万元，税后利得为 1 150 万元[1 000 +200 ×(1 -25%)]。

基金拆分方式下，原来 1 000 万份的基金份额变为 2 000 万份，企业投资开放式基金的单位投资成本变为 0.50 元，赎回时价差收益为 1 400 万元[(1.20 -0.50) ×2 000]，应税利得为 1 400 万元，税后利得为 1 050 万元[1 400 ×(1 -25%)]。

可见，企业在基金分红方式下比基金拆分方式下少缴纳企业所得税 300 万元[(200 -1 400) ×25%]，税后利得增加 100 万元(1 150 -1 050)。

(二)投资于基金的赎回时间选择

如果投资人已经投资于基金，并且过了一段时间准备赎回。但是，该基金发出公告准备在某时分红。这时，对于投资人而言，就有一个选择问题：是在分红以前赎回，还是等待分红以后赎回？这里我们仅从税收筹划的角度来作一个分析：

企业投资某开放式基金 1 000 万份，申购日净值为每单位 1.20 元。截至2009年4月5日，该基金单位净值为2.80元，在此期间，基金公司未进行过分红。因此，企业浮动收益为1 600万元[1 000×(2.80－1.20)]。企业拟收回此项投资，且该基金已发布将在4月10日对每一基金份额分红0.70元的公告。公司目前面临两种选择方案，方案一是在分红前赎回全部基金份额，方案二是待基金分红后再赎回全部基金份额。

方案一：企业通过赎回基金实现收益1 600万元[1 000×(2.80－1.20)]，根据税法规定，该笔投资的税后净收益为1 200万元[1 600×(1－25%)]。

方案二：企业首先通过分红实现收益700万元(1 000×0.70)，再通过赎回实现收益900万元[1 000×(2.10－1.20)]，上文已假定分红到赎回期间净值和公司累计净值不发生变动，即基金分红除权后基金净值从2.80元降为2.10元。可以看出，方案二与方案一实现的税前收益相同，均为1 600万元。但由于分红收益不征收企业所得税，公司仅需就赎回实现的价差收入缴纳企业所得税，则公司该笔投资的税后净收益为1 375万元[700＋900×(1－25%)]，通过基金分红，企业多实现税后收益175万元(1 375－1 200)。

(三)利用分红免税和分红后赎回的筹划方案

基于以上企业投资开放式基金的免税分红和赎回时点的选择，企业具备了筹划的空间，期望实现企业利益的最大化。当然，在具体操作过程中应当注意综合运作。这里再引用一则案例进行分析。

某企业预测2009年度利润将大幅增加，初步估计应纳税所得额为2 000万元，应纳所得税额为500万元。企业向上海振信财务咨询有限公司的税务专家咨询，寻求减少应纳税所得额的途径。该咨询公司的税务专家建议企业购买临近分红的开放式基金，在分红后赎回，用投资损失减少应纳税所得额。

企业接受建议，动用3 600万元购买了2 000万份净值为1.80元的某开放式基金。该基金发布公告，将在近期进行大比例分红，将其净值从1.80元降低到1.00元(假定该基金自成立后一直未进行分红，即基金累计净值也为1.80元)。一周后，每一份基金单位分红0.80元，使得基金净值降低到1.00元。企业取得免税的分红所得1 600万元(2 000×0.80)，取得分红收入后不久，企业将基金赎回，假定基金净值仍为1.00元，则产生赎回损失

1 600 万元(3 600 - 2 000 ×1.00)。

通过上述操作,企业 3 600 万元的投资在账面上产生 1 600 万元的分红收入(暂免征收所得税)和 1 600 万元的亏损,虽然对企业利润总额的影响为零(不考虑交易成本),企业的应纳税所得额从 2 000 万元变成了 400 万元(2 000 万元应纳税所得额 + 1 600 万元分配收入 - 1 600 万元免税分配收入 - 1 600 万元投资损失),应纳所得税额从 500 万元(2 000 ×25%)减少为 100 万元(400 ×25%),成功实现价值最大化。

(四)筹划点评

通过开放式基金现金分红暂不征收所得税与分红后赎回的税收利益的案例分析可知,基金分红取得的分配收入因暂不征收企业所得税而提高了投资的税后净收益水平,分红后赎回的策略能有效降低赎回价差,提高税后净收益水平。基金分红或者拆分是由基金公司决定而不是由投资企业决定的,企业仅有选择的权利,但是从税收利益角度出发,企业投资开放式基金在选择投资对象时,最好选择偏好分红的基金;赎回基金阶段,应选择在分红后赎回的策略。

如果企业采用两者结合的策略,则极可能存在较大的税务风险,税务机关完全有理由进行纳税调整。在“(三)利用分红免税和分红后赎回的筹划方案”所列举的案例中,企业的税务风险主要有以下两点:

第一,购买开放式基金是一种投资行为,为分红免税和产生亏损而投资,属于不具有合理商业目的的安排行为。根据《企业所得税法》第四十七条的规定,企业实施其他不具有合理商业目的的安排而减少其应纳税收入或者所得额的,税务机关有权按照合理方法调整。不具有合理商业目的,是指以减少、免除或者推迟缴纳税款为主要目的。对开放式基金分配中取得的收入,暂不征收企业所得税,此税收优惠政策的目的是支持开放式基金的发展,充分利用开放式基金手段,进一步拓宽社会投资渠道,大力培育机构投资者,促进证券市场健康、稳定发展。而企业动用大额资金,短期内申购赎回,产生巨额的免税所得和投资损失,显然以减少、免除纳税义务为主要目的,与税收优惠的初衷不符。

第二,对投资成本的认定不同导致的风险。财税[2008]1 号文件中没有明确税法上确认暂不征税的分配所得是否仅限于投资后享有的开放式基金净值的升值部分,对所获分配所得超过上述数额的部分是否应作投资成本的收回,从上面的筹划方案来看,是不考虑该因素的。如果税务机关认定理解为确认暂不征税的分配所得仅限于投资后享有的开放式基金净值的升值部分,所获分配所得超过升值数额的部分应作投资成本的收回,上述筹划行为中的分红所得1 600万元应视为成本的收回,赎回基金时,因成本降为每份1.00元,赎回收益为零,不存在赎回损失。因此,基于以上理解,税务机关有权进行调整,企业不仅可能会承担巨额补税和滞纳金,还可能会有信用受损的风险。

二、延迟纳税的实务操作

税收筹划的方式有直接与间接之分。所谓直接方式就是指纳税人通过税收筹划直接减少应纳税额,减轻税收负担。这种筹划比较直观,易于被纳税人接受,筹划操作也相对较容易。间接筹划则是主要指纳税人实施筹划,既不能直接地减轻税负,也不能减少纳税,但可以获得其他的经济利益,比如实现税款的延迟缴纳而获得资金的利息收入等等。间接筹划的实现要求相对较高,收益性也并不明显,因而远不如直接筹划那么普遍。但是作为一种税收筹划方式,间接筹划方式对纳税人来说仍然是必需的,特别是在不能进行直接筹划的时候,选择间接筹划仍然可以给纳税人带来不小的税收上的收益。我们不妨来看一个例子。

某银行2008年第一季度—第四季度的应税贷款利息收入分别为5 000万元、6 100万元、4 900万元、7 200万元。各季度最后一旬的贷款收入情况分别为600万元、820万元、370万元、1 100万元。

《金融保险业营业税申报管理办法》(国税发[2002]9号)第二十五条的规定:"银行、财务公司、信托投资公司、信用社以一个季度为纳税期限,上述金融机构每季度末最后一旬应得的贷款利息收入,可以在本季度缴纳营业税,也可以在下季度缴纳营业税、但确定后一年内不得变更。"那么根据此规定,上例中的银行在营业税计算与缴纳方面就有两种方案:

其一是按照每个季度的实际应税贷款收入直接申报纳税营业税,那么第一季度~第四季度应纳的营业税分别为250万元、305万元、245万元以及360万元。与营业税相对应的城建税和教育费附加分别为2.5万元、3.05万元、2.45万元以及3.60万元。

其二是在年初向主管税务机关申请，将每个季度最后一旬的应税贷款收入延迟到下个季度申报纳税。这样，该银行第一季度的应纳税额变为220万元，第二季度与第四季度的应纳税额变为294万元[(6 100－820＋600)×5%]、267.5万元[(4 900－370＋820)×5%]及323.5万元[(7 200－1 100＋370)×5%]。与营业税相对应的城建税和教育费附加分别为2.2万元、2.94万元、2.675万元以及3.235万元。

方案二与方案一相比，纳税的绝对数额好像少了一些，但是如果考虑到第四季度最后一旬的1 100万元仍然必须纳税，则两个方案所缴纳的税款完全相等。

但是方案二与方案一有一个明显的不同，即每个季度最后一旬的贷款利息所应缴纳的营业税以及与营业税相对应的城建税和教育费附加都会延迟一个季度。延后一个季度缴纳的税款分别为33万元、45.1万元、20.35万元、60.5万元。4项合计为158.95万元。假设资金的年利率为5%，即季度利率为1.25%，那么选择方案二可以使银行获得资金利息收益近2万元。虽然其收益在绝对数量上并不多，但是如果这种筹划可以持续进行，达到5年或者10年，那么其收效仍然是相当可观的。而且这种筹划本身的成本很小，几乎没有什么成本。

三、个人金融产品的涉税分析

近来，个人理财成了非常热门的话题。银行、保险公司、投资咨询公司以及税务、会计等中介机构纷纷介入个人理财市场。在理财产品方面，除传统的储蓄、国库券外，股票、基金、保险、外汇、房产等产品不断涌现并形成气候。那么，目前税收法律法规对理财产品的征免税是如何规定的呢？这里引用上海振信财务咨询有限公司提供的资料就目前流行的主要理财产品结合税收进行了分析。

（一）人民币理财的涉税问题

何谓人民币理财？简单地说就是投资者通过购买人民币理财产品的方式，将资金交由银行进行投资经营，到期后银行根据一定的收益率计算收益回报投资者的投资方式。人民币理财之所以受到人们的追捧，源于各商业银行的宣传：收益率一般高于储蓄利率 1 个百分点左右，而且一般都免手续费、认购费。人民币理财一般以国债、政策性金融债、央行票据等为投资对象，因此市场风险低，资金的安全性较高。

购买人民币理财产品获得的收益是否缴税，该缴什么税？这个问题一直比较模糊。有些机构和人士在介绍人民币理财产品时，把“免利息税”作为推销的招牌；按《个人所得税法》的有关规定，购买人民币理财产品获得的收益应该纳税。目前，由于人民币理财产品投资方向较为复杂，纳税主体既涉及银行，又涉及个人，纳税的具体办法还需要研究。

（二）债券投资的税收待遇分析

国债走俏，国债难买现象已经持续很长时间了。原因就是国债利息免税，一般情况下利率比银行同期储蓄存款利率扣除利息税后略高一点。我国股市风险太高，运作不规范，使债券日渐成为个人理财的主要产品。随着债券市场的不断发展，债券种类越来越多。按发行主体划分，可分为国债、地方政府债券、金融债券、企业债券；按偿还期限划分，可分为长期债券、中期债券、短期债券等。就是国债，也可分为三种，即一般凭证式国债、电子记账凭证式国债和记账式国债，种类不同，买卖方式、流通方式以及收益风险也不同。

投资者买卖国债获得的收益包括两部分，一部分是利息，一部分是记账式国债买卖差价收入。目前，我国税法规定，投资者买卖国债获得的利息收入和差价收入免缴个人所得税。

按税法规定，投资者购买国家发行的金融债券利息也免缴个人所得税。由于金融债券概念不太好理解，人们往往会发生误会。虽然税法规定国家发行的金融债券利息免税，但近些年来符合免税条件的金融债券几乎没有。现在国家开发银行、农发行虽然发行了大量金融债券，但由于是中国人民银行批准发行，而且只在银行间市场发行，个人无法购买，自然也不存在免个人所得税的问题。

除了国债、金融债券外，现在流通的还有大量企业债券，对于购买企业债券取得的利息收入，按税法的规定应缴纳 20% 的个人所得税。平常人们所说的企业债券是指企业依照法定程序发行、约定在一定期限内还本付息的有价证券。目前,企业发行的债券品种较多,如国电总公司发行的电力债券、三峡总公司发行的三峡债券、铁道部发行的中铁建设债券、中信集团发行的中信债券等均属企业债券。根据我国《个人所得税法》的有关规定,从1980年征收个人所得税以来,个人取得企业债券利息收入,一直作为"利息、股息、红利所得"应税项目,按20%的比例税率缴纳个人所得税。因此,个人投资者无论是在一级发行市场还是在二级市场购买企业债券,到期后取得的利息收入均应缴纳20%的个人所得税,税款由兑付利息的机构负责代扣代缴。此外,个人投资者持有的企业债券在债券到期前转让的,根据个人所得税法的有关规定,转让产生的价差收入,应按"财产转让所得"应税项目缴纳20%的个人所得税。

《个人所得税法》及其实施条例是国家法律法规体系的重要组成部分,是判断应否缴纳个人所得税的唯一依据。因此,任何单位和个人都不能以企业债券发行公告中是否告示应缴税而确定是否需要纳税。购买债券时要提前了解所购买债券的类型、其产生的利息是否应纳个人所得税,同时充分考虑二级市场各种风险,据此计算投资收益并决定是否投资,以免造成个人不必要的经济损失。

(三)保险分红的涉税问题

目前,购买保险已成为不少人理财的手段。保险产品花样翻新,财产险、寿险都推出了很多新品种。其中最引人关注的是具有投资功能的保险。保险公司业务员,甚至是银行营业员,在推销保险时往往打着免税的招牌。

保险的主要功能仍然只是保障,投资功能还不强,不应把目光过多地放到投资增值上。一些机构和人员随便拿免税招徕业务,是误导客户。目前我国税法对保险的规定主要有两项:

一是企业和个人按照国家或地方政府规定的比例提取并向指定的金融机构缴付的失业保险金、医疗保险金和养老保险金,不计入个人当期的工资、薪金收入,免于缴纳个人所得税;医疗保险金、基本养老保险金和失业保险基金存入银行个人账户所取得的利息收入,也免缴个人所得税。这项主要是由单位操作,个人没有什么调控的余地。

二是购买保险取得的保险赔款,是赔偿个人遭受意外不幸的损失,不属于个人收入,免缴个人所得税。

个人购买投资型保险、分红型保险取得的收入，大体包括两部分，一是到期保险金，此部分可以免税；二是保险分红或取得利息，不能免税，应按照“利息、股息、红利”所得缴纳个人所得税。个人所得税一般在保险公司派发红利时代扣代缴。

（四）基金投资的税收优惠

证券投资基金，通俗地讲，就是集中众多投资者的资金，统一交给专家去投资于股票、债券等市场，然后按投资的份额分配收益的一种投资工具。基金可分为封闭式基金和开放式基金两种，开放式基金可以赎回变现，目前广受关注的货币基金属于开放式基金。因为货币基金是面对普通百姓的，其在设计时就充分考虑了申购、赎回的便捷性。如果想买货币基金，投资者只要有银行的存折就可以轻易办到。货币基金在发行时都会确定银行、证券机构作为自己的代销商，投资者选择好货币基金后，到代销银行办理即可。手续很简单，拿着该银行的存折和自己的身份证，到银行填写个人证券开户申请表，获得证券卡；填写证券买入（基金认购/申购）委托单，银行从你存折上将款项划转到基金管理公司账户；基金管理公司收到款项后，向你发出确认书，认购、申购就成功了。申购后，如果你想赎回，带上身份证和证券卡，到银行填写赎回委托单即可。另外，各大公司都开通了网上申购、赎回业务，在网上也可以申购、赎回，更加方便。

在税收方面，国家为了支持和积极培育机构投资者，充分利用基金手段，进一步拓宽社会投资渠道，促进证券市场的健康、稳定发展，制定了非常优惠的税收政策。比如在所得税方面，税法规定基金管理人运用基金买卖股票、债券的差价收入，暂免征收企业所得税，可以使基金获得更多收益用于分配；对个人投资者申购和赎回基金单位取得的差价收入，在对个人买卖股票的差价收入未恢复征收个人所得税以前，暂不征收个人所得税；投资者（包括个人和机构投资者）从基金分配中取得的收入，暂不征收个人所得税和企业所得税。这一优惠对投资者好处很大，购买基金不用缴纳个人所得税和企业所得税，从基金公司分得的收益实际上就是税后收益。另外，税法还规定，投资者申购和赎回基金单位，暂不征收印花税。这比买卖股票有优势，减少了1‰的印花税支出。

（五）股票投资税收政策变化提示

股票是一种风险高同时报酬也可能高的投资理财方式，其需要较高的专业知识才能进行。炒股通常指买卖上市公司流通股票，在上市公司流通股票方面，我国税法规定，投资者买卖上市公司流通股票首先要按交易额缴纳1‰的印花税；其次，当持有的股票遇到上市公司派息时，需要就取得的利息缴纳20%的个人所得税；再次，个人买卖股票取得的差价收入，目前暂不征收个人所得税。

涉及股票的还有一个股票期权的问题。所谓股票期权，按财政部、国家税务总局《关于个人股票期权所得征收个人所得税问题的通知》（财税[2005]35号）规定，是指上市公司按照规定的程序授予本公司及其控股企业员工的一项权利，该权利允许被授权员工在未来时间内以某一特定价格购买本公司一定数量的股票。比如，某上市公司2005年4月1日规定，在公司工作满5年的职工，在2008年4月1日可以按照每股20元的价格购买本公司的股票2 000股，而4月1日该公司的股票市场价格为25元。这种规定实际上是对员工的一种奖励，员工从股票期权计划中获得了好处。该通知规定，对员工取得的这种收入，在公司授权时不缴税，但需要在实际购买股票的时候，如果购买价低于当日市场价而取得差价收入，按“工资、薪金所得”计算缴纳个人所得税。

另外，为进一步完善股权分置改革后的相关制度，发挥税收对高收入者的调节作用，促进资本市场长期稳定健康发展，财政部、国家税务总局、证监会《关于个人转让上市公司限售股所得征收个人所得税有关问题的通知》（财税[2009]167号）就个人转让上市公司限售流通股（以下简称限售股）取得的所得征收个人所得税有关问题明确：

（1）自2010年1月1日起，对个人转让限售股取得的所得，按照“财产转让所得”，适用20%的比例税率征收个人所得税。

（2）本通知所称限售股，包括：一是上市公司股权分置改革完成后股票复牌日之前股东所持原非流通股股份，以及股票复牌日至解禁日期间由上述股份孳生的送、转股（以下统称股改限售股）；二是2006年股权分置改革新老划断后，首次公开发行股票并上市的公司形成的限售股，以及上市首日至解禁日期间由上述股份孳生的送、转股（以下统称新股限售股）；三是财政部、税务总局、法制办和证监会共同确定的其他限售股。

(3)个人转让限售股,以每次限售股转让收入,减除股票原值和合理税费后的余额,为应纳税所得额。即:

应纳税所得额 = 限售股转让收入 -(限售股原值 + 合理税费)

应纳税额 = 应纳税所得额 ×20%

这里所称的限售股转让收入,是指转让限售股股票实际取得的收入。限售股原值,是指限售股买入时的买入价及按照规定缴纳的有关费用。合理税费,是指转让限售股过程中发生的印花税、佣金、过户费等与交易相关的税费。

如果纳税人未能提供完整、真实的限售股原值凭证的,不能准确计算限售股原值的,主管税务机关一律按限售股转让收入的 15% 核定限售股原值及合理税费。

(4)限售股转让所得个人所得税,以限售股持有者为纳税义务人,以个人股东开户的证券机构为扣缴义务人。限售股个人所得税由证券机构所在地主管税务机关负责征收管理。

(5)限售股转让所得个人所得税,采取证券机构预扣预缴、纳税人自行申报清算和证券机构直接扣缴相结合的方式征收。证券机构预扣预缴的税款,于次月 7 日内以纳税保证金形式向主管税务机关缴纳。主管税务机关在收取纳税保证金时,应向证券机构开具《中华人民共和国纳税保证金收据》,并纳入专户存储。

根据证券机构技术和制度准备完成情况,对不同阶段形成的限售股,采取不同的征收管理办法。

①证券机构技术和制度准备完成前形成的限售股,证券机构按照股改限售股股改复牌日收盘价,或新股限售股上市首日收盘价计算转让收入,按照计算出的转让收入的 15% 确定限售股原值和合理税费,以转让收入减去原值和合理税费后的余额,适用 20% 税率,计算预扣预缴个人所得税额。

纳税人按照实际转让收入与实际成本计算出的应纳税额,与证券机构预扣预缴税额有差异的,纳税人应自证券机构代扣并解缴税款的次月 1 日起 3 个月内,持加盖证券机构印章的交易记录和相关完整、真实凭证,向主管税务机关提出清算申报并办理清算事宜。主管税务机关审核确认后,按照重新计算的应纳税额,办理退(补)税手续。纳税人在规定期限内未到主管税务机关办理清算事宜的，税务机关不再办理清算事宜，已预扣预缴的税款从纳税保证金账户全额缴入国库。

②证券机构技术和制度准备完成后新上市公司的限售股，按照证券机构事先植入结算系统的限售股成本原值和发生的合理税费，以实际转让收入减去原值和合理税费后的余额，适用20%税率，计算直接扣缴个人所得税额。

(6)纳税人同时持有限售股及该股流通股的，其股票转让所得，按照限售股优先原则，即：转让股票视同为先转让限售股，按规定计算缴纳个人所得税。

(7)证券机构等应积极配合税务机关做好各项征收管理工作，并于每月15日前，将上月限售股减持的有关信息传递至主管税务机关。限售股减持信息包括：股东姓名、公民身份号码、开户证券公司名称及地址、限售股股票代码、本期减持股数及减持取得的收入总额。证券机构有义务向纳税人提供加盖印章的限售股交易记录。

(8)对个人在上海证券交易所、深圳证券交易所转让从上市公司公开发行和转让市场取得的上市公司股票所得，继续免征个人所得税。

第五章 建筑安装企业经营业务的税收筹划

建筑安装行业在我国是一个比较大的行业，从事建筑安装的企业很多。对于建筑安装企业的涉税问题，多年来一直是一个"老大难"问题，因为建筑安装企业在从事具体的建筑安装业务过程中，既涉及货物(设备)，又涉及应税劳务，相关价款的具体确认，随着用工方式和服务流程的不同而有所不同。在计算缴纳建筑业的营业税时，税法对有关业务的计税依据进行了具体的规定。但是，有关企业由于对相关政策的规定和变化了解不多，从而产生涉税风险，许多企业因此而多缴了税。其实，对于建筑安装企业而言，如果对有关业务进行科学的筹划，其经济效益是非常明显的。

第一节 建筑安装营业额的确定

2009年1月1日实施的《营业税暂行条例》第一条规定，在中华人民共和国境内提供条例规定的劳务、转让无形资产或者经营不动产的单位和个人，为营业税的纳税人，应当依照条例缴纳营业税。《营业税暂行条例实施细则》第二条明确，条例第一条所称条例规定的劳务是指属于交通运输业、建筑业、金融保险业、邮电通信业、文化体育业、娱乐业、服务业税目征收范围的劳务(以下简称应税劳务)。因此，建筑安装业务应当缴纳营业税。

一、建筑安装营业税的征收范围

税法所说的建筑安装业务是有具体的范围的。《营业税税目注释》(国税发[1993]149号)在第二条做出具体解释:建筑业,是指建筑安装工程作业。本税目的征收范围包括:建筑、安装、修缮、装饰及其他工程作业。

(一)建筑

建筑,是指新建、改建、扩建各种建筑物、构筑物的工程作业,包括与建筑物相连的各种设备或支柱、操作平台的安装或装设工程作业,以及各种窑炉和金属结构工程作业在内。

(二)安装

安装,是指生产设备、动力设备、起重设备、运输设备、传动设备、医疗实验设备及其他各种设备的装配、安置工程作业,包括与设备相连的工作台、梯子、栏杆的装设工程作业和被安装设备的绝缘、防腐、保温、油漆等工程作业在内。

(三)修缮

修缮,是指对建筑物、构筑物进行修补、加固、养护、改善,使之恢复原来的使用价值或延长其使用期限的工程作业。

(四)装饰

装饰,是指对建筑物、构筑物进行修饰,使之美观或具有特定用途的工程作业。

(五)其他工程作业

其他工程作业,是指除上列工程作业以外的各种工程作业,如代办电信工程、水利工程、道路修建、疏浚、钻井(打井)、拆除建筑物或构筑物、平整土地、搭脚手架、爆破等工程作业。

财政部、国家税务总局《关于营业税几个政策问题的通知》(财税字

[1995]45号)在其一条关于其他工程作业征税问题中明确,纳税人从事建筑安装工程作业中的"其他工程作业",无论与对方如何结算,其营业额均应包括工程所用原材料及其他物资和动力的价款在内。

(六)绿化工程

对绿化工程应按何税目征税问题,《营业税问题解答(之一)》(国税函[1995]156号)明确,绿化工程往往与建筑工程相连,或者本身就是某个建筑工程的一个组成部分,例如,绿化与平整土地就分不开,而平整土地本身就属于建筑业中的"其他工程作业"。为了减少划分,便于征管,对绿化工程按"建筑业——其他工程作业"征收营业税。

(七)对工程承包公司承包的建筑安装工程的征税问题

《营业税问题解答(之一)》(国税函发[1995]156号)明确:根据《营业税暂行条例》第五条第(三)款"建筑业的总承包人将工程分包或转包给他人的,以工程的全部承包额减去付给分包人或者转包人的价款后的余额为营业额"的规定,工程承包公司承包建筑安装工程业务,即工程承包公司与建设单位签订承包合同的建筑安装工程业务,无论其是否参与施工,均应按"建筑业"税目征收营业税。工程承包公司不与建设单位签订承包建筑安装工程合同,只是负责工程的组织协调业务,对工程承包公司的此项业务则按"服务业"税目征收营业税。

(八)初装费

关于"初装费"征税问题,国家税务总局《关于营业税若干征税问题的通知》(国税发[1994]159号)明确:有线电视安装费,是指有线电视台为用户安装有线电视接收装置,一次性向用户收取的安装费,也称之为"初装费"。对有线电视安装费,应按"建筑业"税目征税。国家税务总局《关于管道煤气集资费(初装费)征收营业税问题的批复》(国税函[2002]105号)明确:管道煤气集资费(初装费),是用于管道煤气工程建设和技术改造,在报装环节一次性向用户收取的费用。根据现行营业税政策规定,对管道煤气集资费(初装费),应按"建筑业"税目征收营业税。

（九）工程勘察设计业务征收营业税

财政部、国家税务总局《关于工程勘察设计单位改为企业后有关税收问题的函》（财税字[1995]91 号）明确，其一，根据国务院严格控制减免税的精神，对工程勘察设计单位改为企业后，不能实行与科研单位（科技企业）一致的税收政策。其二，对勘察设计企业负责的建设项目可行性研究、咨询、评估、规划、勘察、设计、监理，以及有关工程建设的技术开发、技术咨询、技术转让、技术服务等业务，应按"服务业"征收营业税；对其承包的建筑安装工程，按"建筑业"征收营业税。

（十）劳务承包行为征收营业税问题

国家税务总局《关于劳务承包行为征收营业税问题的批复》（国税函[2006]493 号）明确，建筑安装企业将其承包的某一工程项目的纯劳务部分分包给若干个施工企业，由该建筑安装企业提供施工技术、施工材料并负责工程质量监督，施工劳务由施工企业的职工提供，施工企业按照其提供的工程量与该建筑安装企业统一结算价款。按照现行营业税的有关规定，施工企业提供的施工劳务属于提供建筑业应税劳务，因此，对其取得的收入应按照"建筑业"税目征收营业税。

二、建筑业营业额的确定

我们知道，营业额是营业税的直接计税依据，营业额确认的高低，直接影响到国家、纳税人的利益，因此纳税人必须按照税法的要求确定营业额，以进一步确定应纳营业税税额。税法规定：建筑业的营业额为建筑、修缮、安装、装饰和其他工程作业取得的营业收入额，即建筑安装企业向建设单位收取的工程价款及工程价款之外收取的各种费用。其中工程价款由下列四项内容组成：一是根据实际完成的工作量和预算单位计算的直接费；二是根据直接费数额和管理费收费标准计算的间接费；三是根据直接费、间接费和规定标准计算的计划利润；四是根据直接费、间接费、计划利润，按国家规定的税（费）标准计算的营业税、城市维护建设税和教育费附加。但是，在操作过程中，还需要根据不同的情况作出具体分析。

(一)建筑业营业额的一般处理

建筑业的营业额为承包建筑、修缮、安装、装饰和其他工程作业取得的营业收入额，即建筑安装企业向建设单位收取的工程价款(即工程造价)及工程价款之外收取的各种费用。其中，工程价款由下列四项内容组成：根据实际完成的工作量和预算单价计算的直接费；根据直接费数额和管理费收费标准计算的间接费；根据直接费、间接费和规定标准计算的计划利润；根据直接费、间接费、计划利润，按国家规定的税(费)标准计算的营业税、城市维护建设税和教育费附加。用公式表示为：

工程价款 = 直接费 + 间接费 + 计划利润 + 税金

因此，建筑安装企业向建设单位收取的临时设施费、劳动保护费和施工机构迁移费，以及施工企业收取的材料差价款、抢工费、全优工程奖和提前竣工奖，都应并入营业额征收营业税。

(二)营业额确认的相关业务

建筑行业中涉及的如下费用，也应包括在营业额中。

(1)纳税人从事建筑、修缮、装饰和其他工程作业，无论与对方如何结算，其营业额均应包括工程所用原材料及其他物质和动力的价款在内。

(2)纳税人从事安装工程作业，凡所安装的设备的价值作为安装工程产值的，其营业额应包括设备的价款在内。

(3)建筑业的总承包人将工程分包或者转包给他人的，以工程的全部承包额减去付出分包人或者转包人的价款后的余额为营业额。国家税务总局《关于勘察设计劳务征收营业税问题的通知》(国税函[2006]1245 号)对勘察设计单位将承担的勘察设计劳务分包或转包给其他勘察设计单位或个人并由其统一收取价款的，以其取得的勘察设计总包收入减去支付给其他勘察设计单位或个人的勘察设计费后的余额为营业税计税营业额。

(4)自建行为的营业额根据同类工程的价格确定，没有同类工程价格的，按下列公式核定计税价格：

计税价格 = 工程成本 ×(1 + 成本利润率) ÷(1 − 营业税税率)

上列公式中的成本利润率，由省、自治区、直辖市人民政府所属税务机关确定。

(5)招标、投标工程的营业额。实行招投标的建筑安装工程,其标底和报价的编制,均应包含营业税,中标的价格是计征营业税的营业额,中标价格以后调整的,以调整后的实际收入额为营业额。

(6)承包国防工程建筑安装免缴营业税。对于单位和个人承包国防工程和承包军队系统的建筑安装工程取得的收入应当如何征税问题,财政部与国税总局《关于军队、军工系统所属单位征收流转税、资源税问题的通知》(财税字[1994]11号)明确,其一,军队系统各单位(不包括军办企业)附设的服务性单位,为军队内部服务所取得的收入,免征营业税;对外经营取得的收入,应按规定征收营业税。其二,单位和个人承包国防工程和承包军队系统的建筑安装工程取得的收入,免征营业税。

(三)建筑业混合经营营业额的确定

新修订并于2009年1月1日生效的《营业税暂行条例实施细则》第七条明确,纳税人的下列混合经营行为,应当分别核算应税劳务的营业额和货物的经营额,其应税劳务的营业额缴纳营业税,货物经营额不缴纳营业税;未分别核算的,由主管税务机关核定其应税劳务的营业额:一是提供建筑业劳务的同时经营自产货物的行为;二是财政部、国家税务总局规定的其他情形。

《营业税暂行条例》第五条规定,纳税人的营业额为纳税人提供应税劳务、转让无形资产或者经营不动产收取的全部价款和价外费用。但是,建筑业的总承包人将工程分包或者转包给他人的,以工程的全部承包额减去付给分包人或者转包人的价款后的余额为营业额。这里需要注意的是,该规定只限于建筑业的总承包人,若分包人或者转包人再将工程转分包的,其营业额不得扣减再转分包额。

《营业税暂行条例实施细则》第十六条明确,除本细则第七条规定外,纳税人提供建筑业劳务(不含装饰劳务)的,其营业额应当包括工程所用原材料、设备及其他物资和动力价款在内,但不包括建设方提供的设备的价款。

目前,建筑安装企业承包工程建设有两种方式:包工包料和包工不包料。所谓包工包料,是指建设单位不负责供应材料,而由建筑安装企业自行采购并进行施工的工程,这种承包方式取得的收入包括料、工、费的收入。所谓包工不包料,是指建筑材料由建设单位提供,建设安装企业只负责施工的工程。这种承包方式取得的收入，没有材料部分，只有人工费收入。为了堵塞漏洞，减少国家税款的流失，新税制规定，无论是包工包料工程还是包工不包料工程，一律按包工包料工程以料工费全额征收营业税。

对于建筑安装企业人营业额确认，《营业税暂行条例》第五条规定，纳税人的营业额为纳税人提供应税劳务、转让无形资产或者经营不动产向对方收取的全部价款和价外费用。但是，其第三款规定，建筑业的总承包人将工程分包或者转包给他人的，以工程的全部承包额减去付给分包人或者转包人的价款后的余额为营业额。《营业税暂行条例实施细则》第十六条则明确，纳税人提供建筑业劳务（不含装饰劳务）的，其营业额应当包括工程所用原材料、设备及其他物资和动力价款在内，但不包括建设方提供的设备的价款。

如果提供建筑业劳务的纳税人将自产货物经营给建设单位，或纳税人同时提供增值税应税劳务的，根据国税总局《关于纳税人经营自产货物提供增值税应税劳务并同时提供建筑业劳务征收流转税问题的通知》（国税发[2002]117号，以下简称国税发[2002]117号文件）的规定，应当按照以下规定确定建筑业劳务的营业额：纳税人以签订建设工程施工总包或分包合同（包括建筑、修缮、安装、装饰和其他工程总包或分包合同）方式开展经营，提供建筑劳务，同时经营自产产品或提供增值税应税劳务，若同时符合两个条件：一是具备建筑施工（安装）资质；二是签订的建设工程施工合同总包或分包合同中单独注明建筑业劳务价款的。那么，对经营自产产品或提供增值税应税劳务征收增值税，对建筑劳务征收营业税（即营业额不含经营自产产品或提供增值税应税劳务之价款）。不能同时满足上述要求的，对纳税人全部收入征收增值税而不征收营业税。

纳税人通过签订建设工程施工合同，经营自产货物、提供增值税应税劳务的同时，将建筑业劳务分包或转包给其他单位和个人的，对其经营的货物和提供的增值税应税劳务征收增值税；同时，签订建设工程施工总承包合同的单位和个人，应扣缴提供建筑业劳务的单位和个人取得的建筑业劳务收入的营业税。

（四）建筑施工设备的计税问题

根据财政部、国家税务总局《关于营业税若干政策问题的通知》（财税

[2003]16号),通信线路工程和输送管道工程所使用的电缆、光缆和构成管道工程主体的防腐管段、管件(弯头、三通、冷弯管、绝缘接头)、清管器、收发球筒、机泵、加热炉、金属容器等物品均属于设备,其价值不包括在工程的计税营业额中。其他建筑安装工程的计税营业额也不应包括设备价值,各省级地方税务机关按照财税[2003]16号文精神,均发文列举具体可以不计入工程营业额的设备名单。

新的《营业税暂行条例》和实施细则对建筑业中涉及的设备如何征收营业税问题进行了重新规定,我们应从以下三方面来把握:

第一,设备由建设方提供。新的《营业税暂行条例实施细则》第十六条明确规定,建设方提供的设备的价款不征收营业税。这样对于建设方提供设备的情况,难点就在于设备和材料如何划分上,这一点新的《营业税暂行条例》和实施细则并没有明确规定。因此,我们认为,财税[2003]16号文对于设备的列举以及赋予省级地方税务机关对设备划分的规定仍然是有效的。实践中,建设方和税务机关在材料和设备划分上若有争议,可以提请省级地方税务机关来裁决。

第二,设备是施工方提供,且设备是施工方自产的。这是一种混合经营行为,对这种混合经营行为则应根据《营业税暂行条例实施细则》第七条的规定来处理,即纳税人的下列混合经营行为,应当分别核算应税劳务的营业额和货物的经营额,其应税劳务的营业额缴纳营业税,货物经营额不缴纳营业税;未分别核算的,由主管税务机关核定其应税劳务的营业额:(一)提供建筑业劳务的同时经营自产货物的行为;(二)财政部、国家税务总局规定的其他情形。这里需要提醒纳税人注意的是,国税发[2002]117号文件规定,对于自产货物并提供营业税劳务,要分别征收营业税需要满足2个条件,一是具备建设行政部门批准的建筑业施工(安装)资质;二是签订建设工程施工总包或分包合同中单独注明建筑业劳务价款,否则就一并征收增值税。新的《营业税暂行条例实施细则》出台后,国税发[2002]117号文件的上述规定并未失效,因此,有些人认为“不再强调需要具备国税发[2002]117号文件的两个条件”的说法是不正确的。

第三,设备是施工方提供,且设备是施工方外购的。这种行为是混合经营行为,应根据《营业税暂行条例实施细则》第六条的规定来处理。即一项经营行为如果既涉及应税劳务又涉及货物,为混合经营行为。除本细则第七条的规定外，从事货物的生产、批发或者零售的企业、企业性单位和个体工商户的混合经营行为，视为经营货物，不缴纳营业税；其他单位和个人的混合经营行为，视为提供应税劳务，缴纳营业税。同时第六条第三款规定从事货物的生产、批发或者零售的企业、企业性单位和个体工商户，包括以从事货物的生产、批发或者零售为主，并兼营应税劳务的企业、企业性单位和个体工商户在内。对于什么是以从事货物的生产、批发或者零售为主，并兼营应税劳务的企业、企业性单位和个体工商户，财政部、国家税务总局《关于增值税、营业税若干政策规定的通知》（财税字[1994]26号）已有明确规定。

根据上面的规定，对于设备是施工方提供且设备是施工方外购的，并不是简单地将设备并入安装劳务价款征收营业税，而是要按混合经营行为的基本原则来判断。如果该纳税人的年货物经营额与非增值税应税劳务营业额的合计数中，年货物经营额超过50%，非增值税应税劳务营业额不到50%，则该企业应被认为是以从事货物的生产、批发或零售为主的，此时设备价款和安装价款一并征收增值税。如果非增值税应税劳务营业额超过50%，而年货物经营额不到50%的，则应就设备和安装劳务价款一并征收营业税。

三、建筑营业税的代扣代缴

根据国税发[2002]117号文件规定，作为总承包人应当注意扣缴分包出去的营业税款。不论签订建设工程施工合同的总承包人是提供建筑劳务，同时经营自产产品或提供增值税应税劳务；还是仅经营自产产品或提供增值税应税劳务，而不提供建筑业劳务，其均有义务代为扣缴分包人或转包人的营业税，代扣代缴之营业额按照以下方式确定：一是若分包人或转包人提供建筑劳务，同时经营自产产品或提供增值税应税劳务的，总承包人扣缴建筑业营业税时的营业额为除分包人或转包人经营自产产品或提供增值税应税劳务以外的价款；二是其他情形之分包人或转包人，总承包人扣缴建筑业营业税时的营业额为分包额或转包额。具体地讲，纳税人应当注意以下几个问题：

1. 建筑业的扣缴义务人

（1）建筑安装业务实行分包或者转包的，以总承包人为扣缴义务人。

建筑业的总承包人将工程分包或者转包给他人的，以工程的全部承包额减去付出分包人或者转包人的价款后的余额为营业额。

(2)建筑安装工程的总承包人为境外机构,如果该机构在境内设有机构的,则境内所设机构负责缴纳其承包工程营业税,并负责扣缴分包或转包工程的营业税税款。

如果该机构在境内未设有机构,但有代理者的,则不论其承包的工程是否实行分包或转包,全部工程应纳的营业税款均由代理者扣缴;如果该机构在境内未设有机构,又没有代理者的,不论其总承包的工程是否实行分包或转包,全部工程应纳的营业税税款均由建筑单位扣缴。

2. 境外纳税人的扣缴义务人

境外单位或者个人发生应税行为而在境内未设有经营机构的,其应纳税额以代理者为扣缴义务人,没有代理者的,以受让者或购买者为扣缴义务人。

对境外机构总承包建筑安装工程的征税问题。《营业税问题解答(之一)》(国税函发[1995]156号)明确:根据《营业税暂行条例》第十一条第二款"建筑安装业务实行分包或者转包的,以总承包人为扣缴义务人"和《营业税暂行条例实施细则》第二十九条第一款"境外单位或者个人在境内发生应税行为而在境内未设有经营机构的,其应缴税款以代理者为扣缴义务人;没有代理者的,以受让者或购买者为扣缴义务人"的规定,建筑安装工程的总承包人为境外机构,如果该机构在境内设有机构的,则境内所设机构负责缴纳其承包工程营业税,并负责扣缴分包或转包工程的营业税税款;如果该机构在境内未设有机构,但有代理者的,则不论其承包的工程是否实行分包或转包,全部工程应纳的营业税款均由代理者扣缴;如果该机构在境内未设有机构,又没有代理者的,不论其总承包的工程是否实行分包或转包,全部工程应纳的营业税税款均由建设单位扣缴。

3. 财政部规定的其他扣缴义务人

从2007年1月1日起,纳税人提供建筑业应税劳务时应按照财政部、国家税务总局《关于建筑业营业税若干政策问题的通知》(财税[2006]177号)的规定确定营业税扣缴义务人:(一)建筑业工程实行总承包、分包方式的,以总承包人为扣缴义务人;(二)纳税人提供建筑业应税劳务,符合以下情形之一的,无论工程是否实行分包,税务机关可以建设单位和个人作为营业税的扣缴义务人:1. 纳税人从事跨地区(包括省、市、县,下同)工程提供建筑业应税劳务的;2. 纳税人在劳务发生地没有办理税务登记或临时税务登记的。

四、内部施工队伍承担其所隶属单位的建筑安装工程的征税问题

单位所属内部施工队伍承担其所隶属单位的建筑安装工程是否征收营业税？回答这个问题应当注意有关的规定,《营业税问题解答(之一)》(国税函发[1995]156号)明确:如果属于独立核算单位,不论承担其所隶属单位(以下简称本单位)的建筑安装工程业务,还是承担其他单位的建筑安装工程业务,均应当征收营业税。如果属于非独立核算单位,承担其他单位建筑安装工程业务应当征收营业税;而承担本单位的建筑安装工程业务是否应当缴纳营业税,则要看其与本单位之间是否结算工程价款。《营业税暂行条例实施细则》第十一条规定,负有营业税纳税义务的单位为发生应税行为并向对方收取货币、货物或其他经济利益的单位,包括独立核算的单位和不独立核算的单位。根据这一规定,内部施工队伍为本单位承担建筑安装业务,凡同本单位结算工程价款的,不论是否编制工程概(预)算,也不论工程价款中是否包括营业税税金,均应当征收营业税;凡不与本单位结算工程价款的,不征收营业税。但是,财政部、国家税务总局《关于明确〈中华人民共和国营业税暂行条例实施细则〉第十一条有关问题的通知》(财税[2001]160号)明确:自2001年9月1日起,其一,《细则》第十一条"负有营业税纳税义务的单位为发生应税行为并向对方收取货币、货物或其他经济利益的单位,包括独立核算的单位和不独立核算的单位"中的"向对方收取货币、货物或其他经济利益",是指发生应税行为的独立核算单位或者独立核算单位内部非独立核算单位向本独立核算单位以外单位和个人收取货币、货物或其他经济利益,不包括独立核算单位内部非独立核算单位从本独立核算单位内部收取货币、货物或其他经济利益。其二,本通知第一条所称独立核算单位是指:(一)在工商行政管理部门领取法人营业执照的企业。(二)具有法人资格的行政机关、事业单位、军事单位、社会团体及其他单位。其三,纳税人必须将为本独立核算单位内部提供应税劳务、转让无形资产、经营不动产取得收入和为本独立核算单位以外单位和个人提供应税劳务、转让无形资产、

经营不动产取得的收入分别记账，分别核算。凡未分别记账，未分别核算的，一律征收营业税。

五、建筑业营业税的政策调整

新《营业税暂行条例》及新《营业税暂行条例实施细则》（以下简称新条例、新细则）从2009年1月1日起实施，财政部与国家税务总局先后下发国家税务总局《关于公布废止的营业税规范性文件目录的通知》（国税发[2009]29号）、财政部、国家税务总局《关于公布若干废止和失效的营业税规范性文件的通知》（财税[2009]61号），对原有文件进行了清理，法规的变化使得原来关于建筑业营业税的规范性文件已失去了法律效力，从而导致建筑业的营业税政策发生了变化。

1. 承包人是否作纳税人的政策调整

根据新细则第十一条规定，单位以承包、承租、挂靠方式经营的，承包人、承租人、挂靠人（以下统称承包人）发生应税行为，承包人以发包人、出租人、被挂靠人（以下统称发包人）名义对外经营并由发包人承担相关法律责任的，以发包人为纳税人，否则以承包人为纳税人。

新条例第十一条取消了原"建筑安装业务实行分包或者转包的，以总承包人为扣缴义务人"的规定，也就是说，建筑业的总包人不再被规定为分包人的扣缴义务人，建设方与总包方均不再是分包方建筑业营业税的扣缴义务人，分包方应自行于劳务发生地缴纳税款。

2. 建筑业营业税计税依据的确定

根据新细则第五条第二款的规定："纳税人将建筑工程分包给其他单位的，以其取得的全部价款和价外费用扣除其支付给其他单位的分包款后的余额为营业额。"那么对总包方而言，是可以差额纳税的。但如何开具发票却是备受关注的问题。假设总包工程款为1 000万元，其中分包为200万元，如何开具发票更合理？现在的处理模式：总包人向建设单位开具1 000万元的发票进行工程结算，分包方向总包方开具200万元的发票进行分包工程结算，然后总包将分包开来的发票进行营业额抵减并申报纳税。现实中为征收管理的需要，税务机关可能会采取委托建设方代扣总包方和分包方税款的办法。

这里需要强调的是，只有总包方发生分包业务可以差额纳税，其他企业的再分包业务应按取得的收入全额缴纳营业税。新条例和新细则将建筑业可以差额纳税的主体界定为纳税人而不再是原条例规定的总承包人，这是为了保证条款的一致性，但实质是一致的。根据《中华人民共和国建筑法》的规定，只有建筑工程总承包人才可以将工程承包给其他具有相应资质条件的分包单位，而不能分包给个人，同时禁止分包单位将其承包的工程再分包。因此，只有总承包人才有可能差额纳税，而分包单位不能再分包，所以也不能差额纳税，如果再分包不仅违法，而且要全额纳税。

根据新细则第十六条规定："除本细则第七条规定外，纳税人提供建筑业劳务（不含装饰劳务）的，其营业额应当包括工程所用原材料、设备及其他物资和动力价款在内，但不包括建设方提供的设备的价款。"这里强调，只有建设方提供的设备不包含在应税营业额中。

新条例附表《营业税税目税率表》取消了原条例附表中的征税范围规定，建筑业的征税范围目前仍适用试行了15年的国家税务总局《关于印发〈营业税税目注释〉（试行稿）的通知》（国税发［1993］149号），是否修改有待国家税务总局发文明确。

3. 建筑业中的装饰劳务纳税问题

新细则第十六条规定，除本细则第七条规定外，纳税人提供建筑业劳务（不含装饰劳务）的，其营业额应当包括工程所用原材料、设备及其他物资和动力价款在内，但不包括建设方提供的设备的价款。新细则第七条规定，纳税人的下列混合经营行为，应当分别核算应税劳务的营业额和货物的经营额，其应税劳务的营业额缴纳营业税，货物经营额不缴纳营业税。未分别核算的，由主管税务机关核定其应税劳务的营业额：（1）提供建筑业劳务的同时经营自产货物的行为；（2）财政部、国家税务总局规定的其他情形。

新细则已对装饰劳务做了例外规定，即对于装饰劳务，无论是否为清包工的形式，其营业额可以不包括工程所用原材料、设备及其他物资和动力价款在内，对装饰劳务避免了重复征税。通常情况下，装饰工程是由客户采购主要原材料和设备的，可不计入承揽方的营业额纳税，但如果出现由承揽方采购主要原材料和设备的情况，还是要依混合经营的规定并入营业额缴纳营业税。

4. 混合经营纳税问题

根据新条例及细则关于混合经营行为的规定，对建筑业劳务只有同时经营自产货物的情形需要分别缴纳营业税和增值税外，其他情况下的混合经营行为均应缴纳营业税，并取消了自产货物的范围限定。

5. 境内外劳务划分问题

新细则第四条对境内提供条例规定的劳务的界定为：提供或者接受条例规定劳务的单位或者个人在境内，因此，对境外单位和个人接受中国境内企业的委托进行的建筑、工程等项目的设计均应征收营业税。

6. 内部提供劳务是否缴税的政策调整

根据新细则第十条规定，负有营业税纳税义务的单位为发生应税行为并收取货币、货物或者其他经济利益的单位，但不包括单位依法不需要办理税务登记的内设机构。内设机构通常不能单独用本机构的名义行使职权和承担义务，要通过所从属的独立机构的名义来行使所赋予的职权，如办公室、生产车间等。

7. 营业税管理的政策调整

纳税义务发生时间。新条例规定，收讫营业收入款项，是指纳税人应税行为发生过程中或者完成后收取的款项。取得索取营业收入款项凭据的当天，为书面合同确定的付款日期的当天。未签订书面合同或者书面合同未确定付款日期的，为应税行为完成的当天。要特别注意的是，建筑业纳税义务发生时间采取预收账款方式的，为收到预收款的当天。

纳税地点。根据新条例的规定，建筑业营业税的纳税地点为应税劳务发生地的主管税务机关，取消了纳税人承包的跨省工程向其机构所在地主管税务机关申报纳税的规定。与财政部、国家税务总局《关于建筑业营业税若干政策问题的通知》（财税[2006]177号）规定相同，异地提供建筑业劳务超过6个月未申报纳税的，机构所在地或者居住地的税务机关可补征税款。

扣除凭证管理问题。新条例规定，对总包方应取得分包方开具的合法有效凭证才可以差额缴纳营业税，取得的凭证不符合法律、行政法规或者国务院税务主管部门有关规定的，该项目金额不得扣除。根据新细则规定，建筑业合法有效凭证是指：一是支付给境内单位或者个人的款项，且该单位或者个人发生的行为属于营业税或者增值税征收范围的，以该单位或者个人开具的发票为合法有效凭证；二是支付给境外单位或者个人的款项，以该单位或者个人的签收单据为合法有效凭证，税务机关对签收单据有疑义的，可以要求其提供境外公证机构的确认证明。

六、施工企业“应交营业税”的核算

建造合同是施工企业为建造一项资产或者在设计、技术、功能、最终用途等方面密切相关的数项资产而订立的合同。对于合同收入的确认时间，建造合同准则规定了三种：

(1)施工期较长、施工期跨越了一个或几个会计年度、在资产负债表日尚未完工的建造合同，在资产负债表日确认当期已完工程部分的合同收入；

(2)在以前会计年度开工本年度完工以及在本年度开工本年度完工的建造合同，在合同完工的当期确认收入；

(3)能确认补偿费用(即合同变更、索赔、奖励等原因形成的追加收入)发生的当期。

根据相关税法规定，建造安装营业税纳税义务发生时间为：

(1)实行合同完成后一次结算工程价款办法的工程合同，为完成合同、施工单位与发包单位进行工程合同价款结算的当天；

(2)实行旬末或月中预支、月终结算、竣工后清算办法的工程项目，为月份终了与发包单位进行已完工程价款结算的当天；

(3)实行按工程进度划分不同阶段、分段结算工程价款办法的工程合同，为各月份终了与发包单位进行已完工程价款结算的当天；

(4)实行其他结算方式的工程合同，为与发包单位结算工程价款的当天。

显然，对合同收入的确认，建造合同准则与相关税法规定存在着时间上和金额上的差异。这里引用上海振信财务咨询有限公司提供的一个实例进行说明。

某建筑公司与客户签订了一项总金额为100万元的建造合同，工程已于2008年7月3日开工，到2009年12月10日完工。该合同在2008年年末预计总成本为80万元，2008年年末实际发生的成本为20万元，双方实际按工程进度分段结算工程价款,2008 年结算金额共计 15 万元,实际收到的结算价款为 15 万元,营业税税率为 3%(不考虑教育费附加等税金)。该公司的会计处理为:

2008 年:

1. 实际发生合同成本

借:工程施工	200 000	
贷:应付工资、原材料等		200 000

2. 记录已结算的工程价款

借:应收账款	150 000	
贷:工程结算		150 000

3. 记录已收的工程价款

借:银行存款	150 000	
贷:应收账款		150 000

4. 到 2008 年年底对工程进行结算

计算完工进度:20 ÷ 80 × 100% = 25%;

2008 年确认的收入:100 × 25% = 25(万元);

2008 年确认的毛利:(100 − 80) × 25% = 5(万元);

2008 年确认的合同费用:25 − 5 = 20(万元)。

借:主营业务成本	200 000	
工程施工——毛利	50 000	
贷:主营业务收入		250 000
借:主营业务税金及附加	7 500	
贷:应交税金——应交营业税		7 500

双方结算的工程价款为 15 万元,纳税义务发生时间为工程价款结算的当天,金额为双方结算的工程结算款,实际上缴的营业税应为 0.45 万元(15 ×3%),此时“应交税金——应交营业税”为贷方余额 0.3 万元。

借:应交税金——应交营业税	4 500	
贷:银行存款		4 500

2009 年工程完工时:

实际发生的成本为 60 万元,结算价款为 85 万元,实际收到的结算价款为 85 万元。

1. 实际发生合同成本

借:工程施工　　600 000

　　贷:应付工资、原材料等　　600 000

2. 记录已结算的工程价款

借:应收账款　　850 000

　　贷:工程结算　　850 000

3. 记录已收的工程价款

借:银行存款　　850 000

　　贷:应收账款　　850 000

4. 结算进度并计算税金

2009 年完工进度:80 ÷ 80 × 100% = 100%;

2009 年确认的收入:100 × 100% − 25 = 75(万元);

2009 年确认的毛利:(100 − 80) − 5 = 15(万元);

2009 年确认的合同费用:75 − 15 = 60(万元)。

借:主营业务成本　　600 000

　　工程施工——毛利　　150 000

　　贷:主营业务收入　　750 000

借:主营业务税金及附加　　22 500

　　贷:应交税金——应交营业税　　22 500

双方结算的工程价款为 85 万元,此时实际上缴的营业税应为 2.55 万元(85 × 3%)。

借:应交税金——应交营业税　　25 500

　　贷:银行存款　　25 500

5. 工程完工时将“工程施工”科目的余额与“工程结算”科目的余额对冲

借:工程结算　　1 000 000

　　贷:工程施工——毛利　　200 000

　　　　工程施工　　800 000

由此可见,企业在计算与缴纳营业税时会出现时间性差异,在工程完工时,“应交税金——应交营业税”借贷方发生额最终为零。

第二节　主要业务的筹划思路

根据《营业税税目注释》的规定，建筑、安装、修缮、装饰和其他工程作业的营业税税率均为3%。但是，在日常财务管理中，建筑业营业税的筹划空间却是大有可为的。这里引用上海振信财务咨询有限公司提供的一些资料就建筑业营业税筹划问题作一个简要分析。

一、安装业务的税收筹划

根据《营业税暂行条例》的规定，从事安装工程作业，凡所安装的设备价值作为安装工程产值的，营业额包括设备价款。这就要求建筑安装企业在从事安装工程作业时，应尽量不将设备价值计入所安装工程的产值，可由建设单位提供机器设备，企业只负责安装并取得安装费收入，从而使得营业额中不包括所安装设备价款，进而达到节税的目的。

某安装企业2009年5月18日承包基本单位传动设备的安装工程，原计划由安装企业提供设备并负责安装，工程总价款为200万元，其中设备价款为180万元。

如果按照这个方案，那么该安装企业应缴纳营业税为：

200×3%＝6(万元)。

[筹划思路]

在签署安装合同时，该安装企业接受了一个税务专家的建议，对有关业务进行适当的分离。即设备由建设单位负责购买，而安装企业只负责安装业务，从而收取安装费20万元。在这样的操作程序下，该安装企业应该缴纳营业税为：

20×3%＝0.6(万元)。

通过税收筹划，安装企业的税收负担由原来的6万元，下降至现在的6 000元。

[筹划点评]

营业税属于价内税，营业额包括所收取的全部价款和价外费用，但对建筑业规定了分包或者转包扣除。《营业税暂行条例》规定，建筑业的总承包人将工程分包或者转包给他人的，以承包额减去付给分包人或者转包人的价款后的余额为营业额。因此，在签订分包或者转包合同时要注意此条款的运用。这里应当注意，与工程相关的合同应避免单独签订服务合同。同时，注意总包与分包合同条款的完整性。

《营业税暂行条例实施细则》第七条规定，纳税人的下列混合经营行为，应当分别核算应税劳务的营业额和货物的经营额，其应税劳务的营业额缴纳营业税，货物经营额不缴纳营业税；未分别核算的，由主管税务机关核定其应税劳务的营业额：

（一）提供建筑业劳务的同时经营自产货物的行为；

（二）财政部、国家税务总局规定的其他情形。

《营业税暂行条例实施细则》第十六条规定，除本细则第七条规定外，纳税人提供建筑业劳务（不含装饰劳务）的，其营业额应当包括工程所用原材料、设备及其他物资和动力价款在内，但不包括建设方提供的设备的价款。因此，建设安装企业在从事安装工程作业时，应尽量不将设备价值作为安装工程产值，可由建设单位提供机器设备，建筑安装企业负责安装，取得的只是安装费收入，使得营业额中不包括所安装设备价款，从而达到节税的目的。

[筹划难点]

货物转让与投资入股的业务流程不同，利用投资活动可以节税，但是操作流程复杂了许多。建筑安装由“一票制”改为“两票制”可能得不到主管税务机关的认可。

二、承包业务的税收筹划

根据《营业税暂行条例》的规定，工程承包公司承包建筑安装工程业务，如果该公司不与施工单位签订承包建筑安装工程合同，只是负责工程的组织协调业务，对工程承包公司的此项业务应按“服务业”税目征收营业税；如果该公司与施工单位签订承包建筑安装工程合同，无论其是否参与施工，均按“建筑业”税目征收营业税。其应税营业额均为扣除转包或者分包款后的价款。

[**案例之一**]A施工企业承建一栋厂房，总价款为2 000万元，该企业又将部分工程转包给B施工企业，支付转包费为1 000万元。

[**筹划分析**]

对工程承包公司与建设单位是否签订承包合同，将营业税划分成两个不同的税目。建筑业适用的税率是3%，服务业适用的税率是5%。这就为工程承包公司进行避税筹划提供了契机。

根据《营业税暂行条例》第五条第三款规定："建筑业的总承包人将工程分包或转包给他人的，以工程的全部承包额减去付给分包人或者转包人的价款后的余额为营业额。"工程承包公司承包建筑安装工程业务，如果工程承包公司与建设单位签订建筑安装工程承包合同的，无论其是否参与施工，均应按"建筑业"税目征收营业税，如果工程承包公司不与建设单位签订承包建筑安装工程合同，只是负责工程的组织协调业务，对工程承包公司的此项业务则按"服务业"税目征收营业税。

则A施工企业应纳营业税为：

(2 000 - 1 000) × 3% = 30(万元)。

A负责代扣代缴B企业营业税为：

1 000 × 3% = 30(万元)。

[**案例之二**]甲单位发包一建筑工程。在工程承包公司乙的协助下，施工单位丙最终中标，于是甲与丙公司签订了工程承包合同，总金额为2 100万元。乙公司未与甲单位签订承包建筑安装合同，而只是负责工程的组织协调业务，丙支付乙公司服务费用100万元。

在这个业务流程中，对于工程承包公司乙来说，不是作为建筑单位出现的，而是以一个服务性公司的角色出现，乙公司所提供的组织协调服务则应按营业税的"服务业"税目计算缴纳营业税。

乙公司应纳营业税为：

100 × 5% = 5(万元)。

[**筹划思路**]

如果乙公司直接和甲公司签订合同，合同金额为2 100万元。然后，乙公司再把该工程转包给丙公司，分包款为2 000万元。这样，乙公司应缴纳营业税：

(2 100 - 2 000) × 3% = 3(万元)。

通过上述策划,乙公司可少缴2万元的税款。

但是,在日常筹划实务中应当注意节税与其他风险的选择。

淮河建安公司在上海承揽到A公司的一项总投资4 200万元的建筑工程。在具体操作过程中,经与A公司协调,淮河建安公司可供选择的方案有两个:其一,建安公司只负责工程的协调业务,促成另一家公司承包此项工程,然后向另一家公司收取服务费。其二,建安公司直接与该大公司签订承包合同,然后再将工程转包给另外一家公司。

面对这两个方案,建安公司老板不知如何选择,便向上海振信财务咨询有限公司的税务专家征求意见。

税务专家在弄清有关情况之后,对有关业务进行了如下分析:

营业税有关法规规定,服务业与建筑业营业税税率分别为5%和3%。假如选择方案一,那么就应该按服务业5%的税率缴纳营业税,假如选择方案二,那么就应该按建筑业3%的税率缴纳营业税。两个方案在缴纳营业税方面相差两个百分点。建安公司老板听完税务专家的话十分兴奋。

于是,税务专家便为其进行了详细测算。在方案一中建安公司处于"中间人"的角色,假如建安公司收取200万元的服务费。那么建安公司应该缴纳的营业税为$200 \times 5\% = 10$(万元)。在方案二中假设建安公司以4 000万元的价格转包,那么建安公司应该缴纳的营业税为$(4\,200 - 4\,000) \times 3\% = 6$(万元)。

也就是说,在利润相同的情况下,如果选择承包方案,就会节省4万元的税款。建安公司老板见此十分高兴,当即决定采用承包方案。

但是税务专家此时再三提醒建安公司的老板,承包方案相对中介方案而言,虽然节省税款但是风险却大于中介方案。建安公司老板听后觉得税务专家说的有一定道理。不过,他认为只是将工程转包,就算万一出现问题承担责任的也应该是接受转包的公司。于是建安公司老板便选择了承包方案。

淮河建安公司按照原来约定与A公司签订合同之后,又与B建筑公司签订了转包合同。在合同刚开始执行阶段,一切进展都十分顺利,然而当工程进展到一半的时候,接受转包的B建筑公司因在施工过程中发生人身伤害事故,被法院查封部分资产致使工程不能如期完工。由于在规定的工期内没有完工,A公司要求作为第一承包人的淮河建安公司承担责任。

在此种情况下,淮河建安公司只好按照当初的合同约定支付违约金50万元。淮河建安公司支付给A公司违约金之后,便打算向接受转包的B公司追偿。此时接受转包的B公司却因资不抵债宣布破产,作为破产债权人淮河建安公司仅仅得到5万元的补偿。

为节省4万元的税款却使自己损失了45万元,淮河建安公司的老板后悔当初没有认真考虑税务专家的建议,一味贪图节税收益而忽略了其他方面风险的存在。

风险提示:建安公司如果想签署承包协议,就需要对转包企业的资质、能力等方面进行全面的考察。

三、合作建房的税收筹划

根据财政部、国家税务总局《关于营业税几个政策问题的通知》(财税字[1995]45号)规定,甲方以土地使用权,乙方以货币资金合股,成立合营企业合作建房。房屋建成后如果双方以风险共担、利润共享的分配方式,按照营业税"以无形资产投资入股,参与接受投资方的利润分配,共同承担风险行为不征营业税"的规定,将甲方向合营企业提供土地使用权视为投资入股,对其不征营业税,只对合营企业经营房屋取得的收入按经营不动产征税,双方分得的利润不征营业税。

假设现有建筑安装公司A与单位B达成合作建房协议:由A提供资金,B提供土地,房屋建成后双方均分。假设该房屋经评估总值为1 000万元,则A、B双方各分得500万元的房屋。合作双方在建房环节都发生了营业税应税行为。按规定,首先,对B向合营企业转让土地按"转让无形资产"征税,B应纳营业税 = 500 × 5% = 25(万元);对A按"经营不动产"税目征税,A应纳营业税 = 500 × 5% = 25(万元)。A、B双方合计共应缴纳50万元营业税。

而通过A、B双方共同向计划部门办理立项手续,向土地管理部门申请办理土地出让手续,房屋建成后双方按出资比例分配房产,并分别办理房屋权属登记,A、B双方均未发生转让土地使用权和经营不动产的行为,均不需要缴纳营业税。在建房环节双方免缴25万元的营业税。另外,税法对在何种条件下只对出资方按"转让无形资产——转让土地使用权"征收营业税,对出资方不征收营业税等均作了明确的规定。

案例：永成工贸有限责任公司有块土地，已征用了两年，但是由于近期资金短缺，一直荒在那里。昌达实业有限责任公司的生产形势比较好，目前产销两旺，2004年年初，为了提升企业形象，进一步拓展市场，希望建500平方米的办公用房。但是，国家对土地加强了控管，几经努力，昌达实业有限责任公司就是征不到土地。

2004年5月，双方在一家中介事务所的撮合下达成了一个合作建房协议。协议约定：永成工贸有限责任公司提供土地使用权，昌达实业有限责任公司提供资金。同时永成工贸有限责任公司、昌达实业有限责任公司两企业约定，2 000平方米的写字楼建成以后，双方均分。

2004年8月工程完工后，经有关部门评估，该建筑物价值2 000万元，永成工贸有限责任公司、昌达实业有限责任公司各分得1 000万元的房屋。

对于这个合作项目，永成工贸有限责任公司以转让部分土地使用权为代价，换取部分房屋的所有权，发生了转让土地使用权的行为；昌达实业有限责任公司则以转让部分房屋的所有权为代价，换取部分土地使用权，发生了经营不动产的行为。

因而合作建房的双方都发生了营业税的应税行为。对于永成工贸有限责任公司，应按"转让无形资产"税目中"转让土地使用权"子目征税；对于昌达实业有限责任公司，应按"经营不动产"税目征税。

永成工贸有限责任公司和昌达实业有限责任公司各方应缴纳的营业税为：

1 000×5%=50（万元）；

合计共缴纳100万元营业税。

应缴纳城建税及教育费附加合计：

100×（7%+3%）=10（万元）；

以上合计应缴纳税费110万元。

［筹划分析］

正当两个公司的负责人就有关事项商量妥当，准备让公司的财务人员去缴税的时候，有人说，可以合理地规避一些税收。两个公司的领导都在想：有没有办法让这笔营业税不缴呢？

当然，凭他们自己是没有办法解决这个问题的，于是他们请来了税务专家。税务专家从有关政策的角度为他们寻找到节约流转税的方法和途径。

专家认为,对永成工贸有限责任公司向合营企业提供的土地使用权,视为投资入股,对其不征营业税;只对合营企业经营房屋取得的收入按经营不动产征税;在建房环节双方企业免缴50万元的税款。

此外,对于工程设计项目也可以进行税收筹划,工程设计合同中包括境内和境外服务时,由于境外服务收入可免营业税,因此,应尽可能在合同中划分清楚境内外收入,否则税务机关有权划分境内外比例或全部视同境内劳务征税。总之,企业应充分了解税法,根据企业具体情况综合策划,在合法的前提下使企业总体税负降至最低。

[筹划结论]

永成工贸有限责任公司和昌达实业有限责任公司双方应采用投资入股的方式合作建房。永成工贸有限责任公司向合营企业提供的土地使用权,视为投资入股,对其不征营业税;只对合营企业经营房屋取得的收入按经营不动产征税;在建房环节双方企业免缴100万元的税款。

四、建筑材料运输业务的筹划

一般而言,生产和经营建筑材料的企业和个人其规模如果达到一般纳税人的标准,其适用税率为17%,而从事建筑安装和交通运输业务的企业和个人则是营业税和纳税义务人,适用税率为3%。因此对于建筑材料的涉税事项就存在税收筹划的问题。

案例:最近,江苏省某市长江建筑安装有限公司(以下简称建安公司)的税务顾问在看到该公司的一笔采购业务合同以后,指出该笔合同存在不足之处,如果做适当的变通,就可以实现购销双方共赢,采购企业可以从对方的利益让渡过程中获得好处。这是怎么一回事儿呢?

原来,建安公司最近获得一笔大宗工程建设业务,并于2007年1月5日向A企业采购一笔数量为100万吨的水泥,合同约定由A企业采用"一票制"将水泥运到施工现场才结算支付货款。A企业是水泥生产企业,系增值税一般纳税人。水泥以每吨280元的价格卖给建安公司,其中包含运输费用35元。

对于这样一笔简单的业务还有什么可以筹划的?其中的缘由公司人员

并不理解,要求专家道出原委。于是税务专家作出有关业务的分析和测算。

税务专家了解到,A企业是专门从事水泥产品生产的企业,自己没有运输工具,如果采用"一票制"经营产品,他们也需要请其他运输公司来承运。在这里,对于运输费用的处理一般有两个方案:其一,经营企业负责;其二,购买企业负责。

如果采用方案一,其运输费用就构成价外费用,应当并入产品的经营额计算缴纳增值税。经测算,A企业生产这批水泥可取得进项税额为1 800万元(不含运输发票可抵扣的进项税额)。如果按合同约定的运输方式,A企业应纳增值税为:

280×1 000 000×17% -(18 000 000+1 000 000×35×7%)

=2 715(万元)。

如果采用方案二(或者将A企业与运输公司的购买运输业务的合同改为以代垫运费的方式签订运输合同),每吨价格为35元(对原经营合同进行修改,将运输费用从经营价格中分离出来),水泥每吨价格从280元降为245元。

这样处理后,A公司应缴纳增值税为:

245×1 000 000×17% -18 000 000=2 365(万元);

筹划前后比较:

2 715-2 365=350(万元)。

对于A企业而言,通过业务流程的调整,企业的利润并未减少,却可节约税金支出350万元。

对于建安公司来说,无论是采用方案一,还是方案二,其总支出是一样的。所不同的是,对于方案一,建安公司接受的是一张票,也是由A企业开出的包括水泥产品价款和运输费用在内的货物发票;而对于方案二来说,建安公司接受的是两张票,即货物(水泥)发票和运输费用发票。

如果在交易谈判过程中,双方进行筹划采用方案二,A企业可以少缴纳增值税350万元,而A企业为了争取建安公司的配合,则在节税收益中分配一部分给建安公司,岂不是双赢。

[筹划点评]

税收筹划是一门综合性、运用性学科,需要会计、财务和税收等多专业知识作为基础,更需要与生产经营有关的其他学科知识来配合。在具体的筹划操作过程中,筹划人不仅要关心本企业的具体涉税经济事项的业务操作，还需要兼顾与本企业相应的经济业务有关的其他企业的涉税利益。有的时候，在本企业的涉税业务无法操作的情况下，通过其他企业的筹划配合，还可以获得意想不到的税收利益。所以要求筹划人应当拥有大筹划的思维方法，而不能被一些条条框框所限制。

五、建筑材料的税收筹划

《营业税暂行条例》规定，从事建筑、修缮、装饰和其他工程作业（即除安装以外的业务），无论怎样结算，营业额均包括工程所用原材料及其他物资和动力的价款。也就是说，无论是包工包料还是包工不包料工程，应计税营业额均要包括工程所使用的原料及其物资材料的支出。这就要求企业严格控制原材料的使用效率，尽可能降低工程材料、物资等的总价款，进而达到营业税的节税目的。

但是，事实上，税收政策比较复杂，有时对特定的行业或者一些特殊的行为，专门制定了有关政策和规定，如果在具体的操作环节只知其一不知其二，偷税受罚的灾难就会落到你的头上。

日前，江苏省南通市某工程公司收到了南通市国税局下发的税务处理决定书和处罚决定书，补税、罚款合计 103 239.3 元。在办税服务厅缴纳税款、罚款后，企业财务负责人不好意思地说："咱也想搞'税收筹划'，为企业节省点支出，但是只考虑了税法的普通规定，没有考虑特殊规定，到头来还得补税罚款。"这是怎么一回事儿呢？

原来，该工程公司是一家国有建筑企业，为小规模纳税人，附设了一家预制构件厂，构件厂主要加工制造混凝土预制构件，加工出的构件由工程公司用于市政道路施工。由于货款回收不太及时，有一定的时间差，税款需由企业先行垫付。为了节约企业当期税金支出，企业财务负责人研究了《增值税暂行条例实施细则》第十九条有关纳税义务发生时间的规定："采取赊销和分期收款方式经营货物，为按合同约定的收款日期的当天。"经过分析，财务负责人认为分期收款比较符合自己企业的实际情况，市政工程建设就是先付一部分资金，另外一部分资金在工程完工后再支付，所以企业根据该条款规定，对承接到手的工程签订了分期收款合同，按合同约定的收款日期确定纳税义务发生，并进行纳税申报。

近期,南通市国税局稽查局对该工程公司进行了纳税检查。经查,该企业2004~2005年两年内,存在发出预制构件1 215 934.5元(含税),未计提申报增值税行为。稽查人员对此提出了疑问。财务负责人陈述了自己的理由,并出示了签订的分期收款合同,认为合同约定的收款期未到,企业款项也没收到,尚未发生纳税义务,所以也不用申报缴纳增值税。但稽查人员认为,虽然《增值税暂行条例实施细则》有分期收款纳税义务发生时间的规定,但该细则第三十八条又规定了"本细则由财政部解释,或者由国家税务总局解释"。对于一些行业特殊问题应遵循财政部或国家税务总局的特殊规定,国税发[1993]154号下发的《增值税若干具体问题的规定》指出:"基本建设单位和从事建筑安装业务的企业附设的工厂,车间生产的水泥预制构件,其他构件或建筑材料,用于本单位或本企业的建筑工程的,应在移送使用时征收增值税。但对其在建筑现场制造的预制构件,凡直接用于本单位或本企业建筑工程的,不征收增值税。"所以,企业应在移送使用时征收增值税,而不是在分期收款时确认纳税义务发生。

据此,稽查人员根据《税收征管法》的规定,将该行为定性为偷税,并处以50%的罚款计32 191.2元,合计103 239.3元,并按规定加收滞纳金。

类似于上述工程公司自产建筑材料的企业应当注意,《增值税暂行条例实施细则》第十九条有关纳税义务发生时间的规定对自己未必适用,还需要注意移送环节纳税的问题。

第三节 建筑营业税要素筹划方略

建筑施工企业作为营业税纳税主体之一,其应纳税额是按营业额乘以税率计算缴纳的,而营业税率比较单纯,节税余地不大,但营业额极富弹性,有相当大的税收筹划空间。笔者认为结合我国当前税法有关规定和建筑施工企业现状,可从以下几个方面进行筹划。

一、利用计税依据进行筹划

税法规定,从事建筑、修缮、装饰工程作业,无论怎样结算,营业额均包括工程所用原材料及其他物资和动力的价款。从事安装工程作业,凡所安装的设备价值作为安装工程价值的,营业额包括设备的价款,根据此规定,纳税人可通过筹划取得节税效果。

1. 降低材料采购价格

根据上述规定,对于前者,无论是包工包料工程还是包工不包料工程,其营业额均应包括工程所用的原材料及其他物资和动力价款。但包工包料与包工不包料的最大区别在于是否将材料的供应纳入施工企业的施工过程中。一项工程虽然使用同样的材料,但由于材料的供应渠道不同,必然会使施工企业的计税依据不同。建设单位一般是直接从市场上购买,价格较高,会使施工企业的计税依据过高,而施工企业一般与材料供应商有长期合作关系,购进材料价格相对便宜,这样就直接降低了计入营业税依据的原材料价值,达到节税目的。这里有一个实例:

建设单位A建造一栋商业大楼,以包工不包料的形式出包给施工企业B,工程总承包价为3 000万元,另工程所用的主要材料由建设单位A供应,材料价款为2 100万元。价款结清后施工企业B应纳营业税额=(3 000+2 100)×3%=153(万元)。

若B企业对该工程进行纳税筹划,采取包工包料的方式,材料由施工企业B自行购买,B企业利用其业务优势以2 000万元买到所需的同样材料。这样总承包价为5 000万元,此时B企业应纳营业税额=5 000×3%=150(万元),从而少缴3万元。

2. 建设方提供设备

对后者,安装企业在从事安装工程作业时,应尽量不将设备价值作为安装工程产值,而由建设单位提供机器设备,安装企业只负责安装,取得的收入只是安装收入,从而达到节税目的。

比如,安装企业A承包制造企业B设备的安装工程,经双方协商,设备由安装企业A提供并负责安装,工程总价款为400万元(其中安装费60万元)。价款结清后,A企业应纳营业税额=400×3%=12(万元)。

若A企业对该安装工程进行纳税筹划,协商好设备由B企业自行采购提供,A企业只负责安装业务,收取安装费60万元,则A企业应纳营业税额=60×3%=1.8(万元),与筹划前相比,可节税10.2万元。

二、对混合经营行为进行筹划

税法规定，从事货物生产、批发或零售的企业、企业性单位及个体经营的混合经营行为，视为经营货物，应当缴纳增值税；其他单位和个人的混合经营行为，视为提供应税劳务，应当缴纳营业税。与增值税的混合销售一样，营业税的混合销售的业务处理也存在较大的涉税风险和筹划空间。

1. 取得资质并善定协议

同时税法又规定，纳税人以签订建设工程施工总包或分包合同（包括建筑、安装、装饰、修缮等工程总包和分包合同，下同）方式开展经营活动时，经营自产货物、提供增值税应税劳务并同时提供建筑业劳务（包括建筑、安装、装饰、修缮和其他工程作业，下同），同时符合以下条件的，对经营自产货物和提供增值税应税劳务取得的收入征收增值税，对提供建筑业劳务取得的收入（不包括按规定应征收的增值税的自产货物和增值税应税劳务收入）征收营业税：

（1）具备建设行政部门批准的建筑业施工（安装）资质；

（2）签订建设工程施工总包或分包合同中单独注明建筑业劳务价款。

凡不同时符合以上条件的，对纳税人取得的全部收入征收增值税，不征收营业税。

案例：具备建设行政部门批准的建筑业施工（安装）资质的A公司，2009年5月承建了建设单位B的办公大楼，双方签订承包合同注明：工程耗用铝合金门窗价值200万元（不含税）及玻璃幕墙价值300万元（不含税）均由A公司用其自产货物提供；提供建筑安装劳务取得收入100万元（不含税）。

A公司应纳增值税额 $=(200+300)\times17\%=85$（万元）；

A公司应纳营业税额 $=100\times3\%=3$（万元）；

合计纳税 $=85+3=88$（万元）。

上例中，若签订建设施工合同时没有单独注明建筑安装劳务的条款，则应就纳税人取得的全部收入缴纳增值税，即A公司应纳增值税 $=(200+300+100)\times17\%=102$（万元）。

通过上述案例可知具有建设行政部门批准的建筑业施工（安装）资质的建筑公司，如果在签订合同时注意单独注明建筑业劳务的价款，即可节税 =

102 - 88 = 14(万元)。

2. 进行正确的账务处理

《营业税暂行条例实施细则》第七条明确规定,纳税人的下列混合销售行为,应当分别核算应税劳务的营业额和货物的销售额,其应税劳务的营业额缴纳营业税,货物销售额不缴纳营业税;未分别核算的,由主管税务机关核定其应税劳务的营业额:(一)提供建筑业劳务的同时销售自产货物的行为;(二)财政部、国家税务总局规定的其他情形。由此可见,从事营业税混合销售的纳税人对账务处理存在一定的要求。

近日,笔者接到一个纳税人来电咨询。甲公司是一家经营装修、装饰材料的流通企业,本身没有建筑施工(安装)资质。乙公司请甲公司为其装修办公楼,采用包工包料的方式。在工程完工结算工程款时,甲公司打算提供给乙公司的发票为国税局印制的普通发票,发票注明为"装修工程款"。但是,甲公司觉得装修工程属于营业税应税劳务,开具普通经营发票不妥。于是,甲公司想将此项收入分成两部分处理,即对材料价款部分,视为装修企业自购材料的方式,开具商品经营普通发票结算,注明经营"材料"价款;对材料以外价款部分,开具地税建筑安装发票结算,注明装修劳务价款。这样,就可以根据国家税务总局《关于纳税人经营自产货物提供增值税劳务并同时提供建筑业劳务征收流转税问题的通知》(国税发[2002]117 号)分别缴纳增值税和营业税。但不知这样处理是否可行?

到底应该取得什么发票,如何纳税呢?甲公司的主管地税部门认为:由于甲公司没有取得施工资质,所以不满足国家税务总局《关于纳税人经营自产货物提供增值税劳务并同时提供建筑业劳务征收流转税问题的通知》(国税发[2002]117 号)文件的规定条件,不能分别缴纳增值税和营业税。因此,不管采用的是包工包料,还是装修企业自购材料,甲公司都必须以工程总收入按照营业税税率缴纳营业税。但主管国税部门却认为,由于甲公司没有建筑安装资质,不符合国税发[2002]117 号文件的条件。这种情况应该属于增值税混合经营行为,所以必须针对工程款全额开具增值税发票,缴纳增值税。

其实,甲公司这种情况确实是不适用国税发[2002]117 号文件的规定。该文件规定的是纳税人经营自产的特指货物,才按照文件规定分材料和劳务价款分别缴纳增值税和营业税纳税处理。而甲公司经营的是外购建材货物，非自产货物，因而，无论甲公司是否具有建筑安装资质，都不能按这一文件规定分材料和劳务价款进行税收处理。

从甲公司反映情况分析，甲公司既从事建筑材料经营业务，又从事建筑安装业务。从事一项装修业务，不可能出现既要缴纳增值税，同时又要缴纳营业税的结果。按照税法规定，经营建筑材料应该缴纳增值税，而从事装修业务属于营业税应税劳务，虽然不具备建筑安装行业规定的资质条件，但还是应该缴纳营业税。所以，对于主要从事建材经营的甲公司来说，从事装修业务属于一项兼营业务。根据《增值税暂行条例实施细则》第六条规定：纳税人兼营非应税劳务的，应分别核算货物或应税劳务和非应税劳务的经营额。否则，其非应税劳务应与货物或应税劳务一并征收增值税。《营业税暂行条例实施细则》第十八条规定：纳税人从事建筑、修缮、装饰工程作业，无论与对方如何结算，其营业额均应包括工程所用原材料及其他物资和动力的价款在内。如果不能分开核算，则装修业务与经营业务一并缴纳增值税。因此，只要甲公司分别核算建材经营和装修业务，就可以分别就建材经营缴纳增值税，就装修业务收入缴纳营业税。

此外，由于装修业务为营业税应税劳务，也就属于增值税中的非应税项目。根据《增值税暂行条例》第十条规定，用于非应税项目的购进货物的进项税额不得从销项税额中抵扣。所以，甲公司用于装修业务的外购建筑材料的进项税额，不得抵扣经营其他建材货物的销项税额，如果已经计入进项税额，应该作转出处理。

综上所述，甲公司为企业装修取得的工程结算收入，应与建材经营分别核算，只缴纳营业税。与对方单位乙公司结算工程价款时，应按规定全额开具建筑安装业发票结算。但装修工程所耗用的建筑材料进项税额不得抵扣，应全部转入装修工程成本。

三、利用承包合同进行筹划

税法规定：纳税人将建筑工程分包给其他单位的，以其取得的全部价款和价外费用扣除其支付给其他单位的分包款后的余额为营业额。也就是说，建筑业的总承包人将工程分包或转包给他人的，以工程的全部承包额减去付给分包人或转包人价款后的余额为营业额。工程承包公司承包建筑安装工程业务,如果工程承包公司与建筑单位签订建筑安装工程合同,无论其是否参与施工,均应按建筑业税目适用3%的税率征收营业税;若建筑工程承包公司不与建设单位签订承包安装工程合同,只是负责工程的组织协调业务,对工程承包公司的此项业务则应按服务业税目适用5%的税率征收营业税。税率的差异为建筑工程公司进行纳税筹划提供了操作空间。

案例:建设单位A有一工程需找一施工单位承建。在工程承包公司B的组织安排下,施工单位C承建了该项工程。A与C签订了承包合同,合同金额为425万元。此外,C还支付给B公司25万元的服务费用。此时工程承包公司B应纳营业税额=25×5%=1.25(万元)。

上例中,若B与A直接签订合同。合同金额为425万元,然后B再把工程转包给C,签订转包合同,合同金额为400万元。完工后,B向C支付价款400万元。这样承包公司B应纳营业税额=(425-400)×3%=0.75(万元),应纳印花税额=425×0.03%+400×0.03%=0.2475(万元),通过签订合同,B工程承包公司节税总额=1.25-0.75-0.2475=0.2525(万元)。

但是,需要提醒纳税人注意的是,这里只有工程承包公司B可以享受差额纳税的待遇,而其他不具备纳税人资格的承包者是不能享受此优惠的。下面我们举一个实例:

东安建筑安装承包公司是一家专营建筑工程管理的企业,由于其监理技术过硬,工程的服务质量好,深受许多建筑企业的欢迎,所以上海一些大型企业的建筑工程都愿意让该公司提供服务。最近该公司的营销人员小王又接到一笔大楼施工业务,工程总价款为8 000万元,按照以往的惯例,该公司又将工程分包给其协作单位乙施工企业,工程完工后,甲企业可以获得承建费用6 000万元,东安建筑安装承包公司可以获得工程服务费用2 000万元。

[筹划思路]

正当公司准备与乙单位签订服务合同的时候,东安建筑安装承包公司的税务顾问小方来了。当他了解到这个情况后提醒公司的李经理:作为东安建筑安装承包公司对这笔业务有两种操作方式,操作方式不同,其经营的成果也不同:

其一,按照东安建筑安装承包公司以往的做法,由乙施工企业与甲方签订承包合同,东安建筑安装承包公司与乙施工企业签订服务合同。

其二,由东安建筑安装承包公司与甲方签订总承包合同,然后再由东安建筑安装承包公司与乙施工企业签订施工分包合同。

对此,东安建筑安装承包公司的李经理不理解,他说:这样做与原来不是一回事吗?

小王告诉他,不一样,签订合同的对象变了,东安建筑安装承包公司的税收负担也变了。接着,小王对税收负担的变化情况作了如下分析(城建税7%,教育费附加3%):

对于方案一,东安建筑安装承包公司没有与建设单位签订承包建筑安装工程合同,只是负责工程的组织协调业务,公司应按"服务业"税目征收营业税。

则东安建筑安装承包公司应纳营业税为:

(8 000 - 6 000) ×5% =100(万元);

应缴城建税及教育费附加合计 100 ×(7% +3%) =10(万元)。

对于方案二,东安建筑安装承包公司承包建筑工程安装业务,即工程承包公司与建设单位签订承包合同的建筑工程业务,无论其是否参与施工,均应按"建筑业"税目征收营业税。

东安建筑安装承包公司应缴营业税:

2 000 ×3% =60(万元);

应缴城建税及教育费附加合计 60 ×(7% +3%) =6(万元)。

负责代扣代缴乙施工企业的营业税为:

(8 000 - 2 000) ×3% =180(万元);

应代扣代缴城建税及教育费附加合计 180 ×(7% +3%) =18(万元)。

东安建筑安装承包公司通过经营组织方式的改变,没有涉及其他事项,就达到税收筹划的目的,实现节税 44 万元(110 - 66)。

[**筹划点评**]

建筑安装工程在具体实施过程中比较复杂,因此,税法对建筑工程中的不同项目,不同操作方式相应规定了不同税收政策,对于工程承包公司的业务而言,与建设单位是否签订承包合同,将营业税划分成两个不同的税目。确定为"建筑业"税目的,适用的税率是 3%,确定为"服务业"税目的,则适用税率是 5%。这就为工程承包公司进行税收筹划提供了契机。

通过这个项目的税收筹划,我们可以发现,税收筹划不仅与会计核算过程相关，而且还与市场营销、企业的生产经营过程有关，只有做到综合运作，才能收到较好的筹划效果。

四、纳税义务发生时间筹划

税法规定：营业税的纳税义务发生时间为纳税人收讫营业收入款项或取得索取营业收入款项凭据的当天。施工企业适用的营业税纳税义务发生时间具体规定如下。

(1)实行合同完成一次性结算价款办法的工程项目，其营业税纳税义务发生时间为施工单位与发包单位进行工程合同价款结算的当天；

(2)实行旬末或月中预支、月终结算、竣工后清算办法的工程项目，其营业税纳税义务发生时间为施工单位于月份终了与发包单位进行已完工程价款结算的当天；

(3)实行按工程形象进度划分不同阶段结算价款办法的工程项目，其营业税纳税义务发生时间为月份终了与发包单位进行已完工工程价款结算的当天；

(4)实行其他结算方式的工程项目，其营业税纳税义务发生时间为与发包单位结算工程价款的当天。

根据以上规定，施工企业收到预付备料款和预收工程价款时不是施工企业营业税纳税义务发生时间，因此，施工企业在选择结算方式时，要在保证款项按期到账的前提下不将预收款的时间作为结算时间，且将结算时间尽量往后推迟，这就使得营业税纳税义务发生时间也向后延迟。因税款缴纳时限的暂时延缓，增加了施工企业的运营资金，使企业获取了资金的时间价值，从而为施工企业的经营活动提供了便利。

第四节　建筑业务税收筹划案例

建筑行业看似简单，但是，由于其在日常实务过程中的业务情况比较复杂，因而与税收有关的事项相应地也比较复杂。对建筑行业的涉税问题进行筹划的方法很多，这里我们从不同的角度，引用部分案例并对其作一些分析说明。

一、个人建房方法影响税收负担

2009年5月26日，某市地方税务局稽查接到群众举报，某企业的王某私自建房未申报纳税。根据举报人提供的线索，该局安排两个稽查人员到现场核实有关情况。

原来，王先生想买一套商品房，又嫌价格太贵，本单位几个同事也有相同的想法，几人一商量，决定合作建房。共有20位同事参加，每人出资10万元，大家一致推举王先生全权操办建房事宜。王先生与市郊某村委会达成协议，由该村提供已取得使用权的土地，建一幢6层高、每层4套的房屋，建成后一楼归村委会使用，二楼以上的20套住房归出资者每人一套。施工队由王先生雇请。

2009年1月初，他与建筑公司的刘某签订了一份施工合同，王先生与其他同事自备砖瓦、沙子、石子、水泥、钢材、黏土等建筑材料，他负责施工。合同约定每建1平方米支付施工费100元，这样他共建造2 400平方米，得到施工费240 000元。

根据调查的结果，税务机关通知村委会、王先生及其同事以及包工头刘某，分别缴纳有关税收。

对此，大家都想不通，个人合作建房中，大家都没赚一分钱，为何还要缴税？刘某也搞不明白，自己与王先生签的协议，明确收取施工费，地税部门却让他按工程总造价（含建筑材料）申报缴纳建筑业营业税和个人所得税。他认为材料是房主自备的，他只负责施工，即使缴税，也只应当缴纳施工部分的税款。地税部门的做法对吗？他应该怎样缴纳建筑业税款？

分析本案例的操作过程，尽管是个人合作建房，但综观整个建房过程，实际上构成了两次应税行为：第一次是王先生与村委会以房换地；第二次是王先生与其他出资者交易住房。

根据《营业税问题解答（之一）》第十七条："土地使用权和房屋所有权相互交换，双方都取得了拥有部分房屋的所有权。在这一合作过程中，甲方以转让部分土地使用权为代价，换取部分房屋的所有权，发生了转让土地使用权的行为；乙方则以转让部分房屋的所有权为代价，换取部分土地的使用权,发生了经营不动产的行为。因而合作建房的双方都发生了营业税的应税行为。甲方应按'转让无形资产'税目中的'转让土地使用权'子目缴税;乙方应按'经营不动产'税目缴税。由于双方没有进行货币结算,因此应当按照实施细则第十五条的规定分别核定双方各自的营业额。"转让无形资产、经营不动产适用的营业税税率均为5%,按《营业税暂行条例实施细则》第十五条第一款,税务机关应按其他住户的交易价格核定以房换地的交易营业额。一楼共4套住房,核定营业额为4×10=40(万元)。据此,王先生与村委会应分别缴纳营业税40×5% =2(万元)(不考虑城建税与教育费附加,下同)。转让土地使用权、转让房屋本来还要缴纳契税,但因其交易价格相等,根据《契税暂行条例细则》第十条第二款,免缴契税。

根据国家税务总局《关于个人从事房地产经营业务征收营业税问题的批复》(国税函[1996]718号):"个人以各购房户代表的身份与提供土地使用权的单位或个人签订联合建房协议,由个人出资并负责雇请施工队建房,房屋建成后,再由个人将分得的房屋经营给各购房户,这实际上是个人先通过合作建房的方式取得房屋,再将房屋经营给各购房户。因此对个人应按'经营不动产'税目征营业税,其营业额为个人向各购房户收取的全部价款和价外费用。"王先生将二楼以上的20套住房与出资的同事各分一套,还应缴纳营业税19×10×5% =0.95(万元)。同时,其他住户应缴纳契税。财政部、国家税务总局《关于调整房地产市场若干税收政策的通知》(财税[1999]210号)规定:"个人购买自用普通住宅,暂减半征收契税。"其他19户同事应分别缴纳契税100 000×4% ×50% =2 000(元)。

王先生与同事同样出资10万元,分得同样的住房,却要多缴纳29 500元(20 000 +9 500)税收,全因为其在建房过程中扮演的全权代表角色。如果与村委会之间以房换地协议为合作建房的全体同事共同签署,则这一环节的2万元营业税由大家共同缴纳。此外,根据《土地增值税暂行条例》规定,转让房地产还须缴纳土地增值税,但王先生与村委会之间、王先生与同事之间都没有增值额,因而不缴土地增值税。

二、合作改合资,税负大不同

如何在不增加投入的基础上盘活企业存量资产,成为目前国企改革的一个重要课题，而盘活企业闲置土地又是盘活存量资产的一个重要方面。为此，出租、出让、合作办企业以及合作开发房地产等方式就成了目前企业的主要选择。其中，合作开发房地产由于涉及的收入和税种较多，而且由于双方合作方式的不同，所承担的税负存在着很大差别，税收筹划空间也较大。下面引用一则实例来说明。

A 企业为一大型国有工商企业，有闲置土地 100 亩（已缴了出让金并办妥相关手续），总价值 8 000 万元。由于所在地段较好，企业一直想对其进行房地产开发，但苦于缺乏资金。B 企业为房地产开发公司，由于没有合适的土地而四处寻找开发项目。于是双方于 2007 年 5 月 8 日商定将该土地合作开发房地产。

具体的合作方案为：A 企业提供土地，B 企业提供 8 000 万元的建设资金和项目管理，不足部分由银行贷款解决，开发完成后直接对房产按账面价值各分一半，然后各自对外经营。

开发完成后的房产账面价值 54 000 万元（其中地价 8 000 万元，资本化利息 6 000 万元能明确分摊，并可提供金融机构证明）。A、B 两企业各分得 27 000 万元的房产，实现经营收入均为 42 000 万元，经营过程中发生的费用（管理、经营）A 企业为 3 200 万元，B 企业为 2 600 万元。

A 企业将分得的房产进行经营，属于自建后对外经营，根据《营业税暂行条例实施细则》第四条的规定，自建后对外经营应按建筑业税目缴纳营业税，再按经营不动产征收营业税。《营业税暂行条例实施细则》第十八条又规定："建筑企业从事建筑、修缮、装饰作业无论与对方如何结算，其营业额均应包括工程所用原材料及其他物资和动力价款在内。"这就是说建筑业的营业额不含土地价款，因此，A 企业自建行为应缴营业税：

(27 000 - 4 000) × 3% = 690（万元）；

城建税及教育费附加：

690 × 10% = 69（万元）。

根据财政部、国家税务总局《关于营业税若干政策问题的通知》（财税[2003]16 号）的规定，纳税人经营土地使用权及不动产的，以全部收入减去为取得该资产的成本后的差额为应纳税营业额，A 企业经营不动产的行为应缴营业税：

(42 000 - 27 000 - 690 - 69) × 5% = 712.05（万元）；

城建税及教育费附加：

712.05×10%=71.21（万元）；

印花税：

42 000×0.5‰=21（万元）。

《土地增值税暂行条例实施细则》规定，除取得土地使用权支付的金额和房地产开发成本外，房地产开发费用中的财务费用中的利息支出，能够按转让房地产项目计算分摊并提供金融机构证明的，允许据实扣除；其他房地产开发费用只能按取得土地使用权支付的金额和房地产开发成本之和的5%以内计算扣除（利息能明确分摊时适用），同时规定纳税人建造普通标准住宅出售，增值额未超过扣除项目金额20%的，免征土地增值税。依据上述规定，A企业的土地增值额为：

42 000－24 000－3 000－24 000×5%－759－783.24－21＝12 236.76（万元）；

增值额与扣除项目之比为：

（12 236.76÷29 763.24）×100%＝41.11%；

增值额超过了扣除项目金额的20%而未达到50%，适用30%的税率，因此A企业应缴土地增值税为：

12 236.76×30%＝3 671.03（万元）。

A企业在该项目中可实现税前利润：

42 000－27 000－759－783.24－21－3 671.03－3 200＝6 565.73（万元）；

净利润：

6 565.73×（1－33%）＝4 399.04（万元）。

总税负7 400.95万元。

B企业的税负和利润如下：

营业税为：

42 000×5%＝2 100（万元）；

城建税及教育费附加为：

2 100×10%＝210（万元）；

印花税为：

42 000×0.5‰＝21（万元）。

《土地增值税暂行条例实施细则》规定，房地产开发企业的扣除项目，为

按取得土地使用权支付的金额和开发土地和新建房及配套设施之和的20%,但印花税不能扣除,因此增值额为:

42 000 - 24 000 - 3 000 - 24 000 × 5% - 24 000 × 20% - 2 310 = 6 690(万元);

增值率为:(6 690 ÷ 35 310) × 100% = 18.95%。

增值额未超过扣除项目金额的20%,免征土地增值税。B企业可实现税前利润:

42 000 - 27 000 - 2 600 - 2 310 - 21 = 10 069(万元);

净利润:

10 069 × (1 - 33%) = 6 746.23(万元);

总税负为5 653.77万元。

如果A、B企业采用合资方式,即A企业用土地作为出资,与B企业的8 000万元一起注册成立一房地产项目公司M,A、B企业不进行实物分配,而是直接对项目公司实现的净利润进行分配。M公司在经营过程中共发生经营、管理等费用5 000万元,建设成本除增加土地过户的契税240万元(利润分配时从A企业的应得中核减,B企业提供管理不再提取管理费)外,其他条件均不变。这时M公司的税负为营业税:

84 000 × 5% = 4 200(万元);

城建税及教育费附加:

4 200 × 10% = 420(万元);

契税:

8 000 × 3% = 240(万元);

印花税:84 000 × 0.5‰ = 42(万元)。

根据《土地增值税暂行条例实施细则》规定,房地产开发企业的可扣除项目可加计按取得土地使用权支付的金额和房地产开发成本之和的20%,印花税不得扣除,因此M公司土地增值额为:

84 000 - 48 240 - 6 000 - 48 240 × 5% - 48 240 × 20% - 4 620 = 13 080(万元);

土地增值额未超过可扣除项目金额的20%:

(13 080 ÷ 70 920) × 100% = 18.44%,不需缴纳土地增值税。

M公司可实现税前利润:

84 000 - 54 240 - 4 620 - 42 - 5 000 = 20 098(万元);

税后利润:

20 098 ×(1 - 33%) = 13 465.66(万元);

总税负为 11 534.34 万元。

A 企业可分得净利润:

13 465.66 ÷ 2 - 240 ×(1 - 33%) = 6 572.03(万元);

B 企业可分得净利润 6 893.63 万元。

通过上述计算和分析可以看出,采用合资方式所承担的税负比合作方式合计承担的税负少 1 520.38 万元,净增加利润 2 320.36 万元。

三、选择承建主体税收负担不同

随着现代企业制度的推行,国有大中型企业和大的民营企业纷纷成立企业集团公司。由于管理方式上的惯性和对税法的了解不够,集团公司内部母子公司之间,尤其与全资子公司及持股比例较高的子公司之间在财产往来上依然是你我不分,有时分了却又分配不当,这就导致企业缴了不少本不该缴的税。下面笔者就分析一下这方面的两个典型案例。

1. 他建还是集资存在差异

A 企业是非银行类金融企业集团,下有 B 房地产公司。B 公司为 A 全资子公司。A 企业以物抵债方式收回一块价值 3 000 万元的土地并拟交给 B 企业开发。为了节约契税和过户等费用,A 与 B 约定,由 B 企业向 A 企业支付 3 000 万元,土地直接转到 B 企业名下,并决定将其中 40% 的土地开发成职工家属楼,按成本价经营给职工。B 企业完成开发后,以每平方米 2 200 元(不含应承担的营业税金及附加)的价格以集资房的名义经营给职工,契税依当地政府的规定按 1.5% 缴纳,共经营 23 000 平方米,总价款 5 060 万元。B 企业的行为构成了事实上的商品房经营,而售价又明显低于公允价格,按国家税务总局《关于房地产开发业务征收企业所得税问题的通知》(国税发[2006]31 号)规定,房地产企业视同经营或经营价格明显低于市场价的,税务部门应按相应顺序确认企业的经营收入,并按确认的经营收入征收相应的税款:

(1)按本企业近期或本年度最近月份同类开发产品市场经营价格确定。

(2)由主管税务机关参照同类开发产品市场公允价值确定。

(3)按成本利润率确定。其中,开发产品的成本利润率不得低于15%(含15%),具体由税务机关确定。

如果开发产品的成本利润率按最低的15%确认B企业的经营收入,则:

组成计税价格 = 计税营业成本或工程成本 ×(1 + 成本利润率)÷(1 - 营业税税率)

= 2 200 ×(1 + 15%)÷(1 - 5%)= 2 663.16(元)。

也就是说上述房产每平方米应承担的税负为营业税:

2 663.16 × 5% = 133.16(元);

城建税及教育费附加合计为:

133.16 × 10% = 13.32(元);

契税为:

2 663.16 × 1.5% = 39.95(元);

印花税为:

2 450.98 × 0.5‰ × 2 = 2.45(元)。

所得税(2 663.16 - 2 200 - 133.16 - 13.32 - 1.33)× 25% = 78.84(元)(假定所有成本均可税前扣除),每平方米需承担的总税负最低为267.72元,

合计承担的税负为:

23 000 × 267.721 = 615.76(万元)。

其实通过合理的税收筹划,该企业的职工家属楼完全可以不承担除印花税以外部分的税负。首先在土地过户的时候,将土地进行分割,即将职工住房用地部分的40%过户到A企业名下,60%过户到B企业名下。然后A企业向有关部门申请取得房改指标。成立集资建房管理办公室等类似机构,负责管理职工住房建设,建设资金由职工缴纳,不足部分由A企业给职工贷款,并按规定收取利息,房屋建成后再将土地价款3 000 × 40% = 1 200万元摊入房价。而且按财政部、国家税务总局《关于公有制单位职工首次购买住房免征契税的通知》(财税[2000]130号)规定,采取集资建房方式建成的普通住房或由单位购买的普通商品住房经当地县以上房改部门批准,按照国家房改政策出售给职工的,如属职工首次购买住房,均免征契税。该单位职工全部为首次购买住房,因此可申请免缴契税,每平方米只应缴纳印花

税 2 200 × 0.5‰ × 2 = 2.20（元），每平方米房产的总税负为 2.20 元，合计 5.06 万元。A 企业由于只是按原价出售了土地，按《关于营业税若干政策问题的通知》财税[2003]16 号文件关于纳税人出售不动产或土地使用权的以全部收入减去不动产或土地使用权的购置或受让原价后的余额为营业额的规定，由于该出售行为没有应纳税营业额，因此不需缴纳营业税，只就其收取的利息缴纳相应的营业税，因 A 企业收取的贷款利息都应缴纳营业税，因此此举并不增加 A 企业的税负。

两者相比较可知，通过上述税收筹划可为 A 企业职工每平方米房产节税 267.72 元，合计节税 246.30 万元，而这不会增加 A 企业或 B 企业的任何负担。

2. 自建还是他建税收负担有别

甲公司投资 35 000 万元，建设一大型办公、住宅综合楼，其中地价 4 000 万元，资本化利息 3 000 万元可明确分摊，并可提供金融机构证明。除综合楼中的五层留作自用外，其余部分全部对外经营，约合 7 000 万元，占总投资的 20%，地价、资本化利息均按此比例分摊。预计经营收入为 39 000 万元，发生各种房地产开发如管理、经营费用等 3 000 万元（不含已资本化利息）。

甲公司准备采用自建然后转经营的方式进行，并对经营和自用两部分进行分别核算。甲公司自建并留作自用的部分不征营业税，自建后对外经营的部分，根据《营业税暂行条例实施细则》第四条规定，视同提供应税劳务，应按建筑业缴纳营业税。建筑企业从事建筑、修缮、装饰作业无论与对方如何结算，根据《营业税暂行条例实施细则》第十八条规定，其营业额均应包括工程所用原材料及其他物资和动力价款在内。从中可以看出建筑业营业额不含土地价款，因此，这时甲公司按建筑业的税负营业税为：

$(35\,000 - 7\,000 - 4 \div 5 \times 4\,000) \times 3\% = 744$（万）；

城建税及教育费附加为：

$744 \times 10\% = 74.4$（万元）。

对外经营后获得营业收入 39 000 万元，经营过程中的税负按财税[2003]16 号关于纳税人经营土地使用权及不动产的，以全部收入减去为取得该资产的成本后的差额为应纳税营业额的规定。这样甲公司的营业税为：

$(39\,000 - 28\,000 - 744 - 74.4) \times 5\% = 509.08$（万元）；

城建税及教育费附加为：

509.08×10%＝50.91（万元）；

印花税：

39 000×0.5‰＝19.5（万元）。

土地增值税的可扣除项目按《土地增值税条例》规定，除取得土地使用权支付的金额和房地产开发成本外，房地产开发费用中的财务费用中的利息支出，能够按转让房地产项目计算分摊并提供金融机构证明的，允许据实扣除；其他房地产开发费用只能按取得土地使用权支付的金额和房地产开发成本之和的5%以内计算扣除（利息能明确分摊时适用）。同时规定，纳税人建造普通标准住宅出售，增值额未超过扣除项目金额20%的，免征土地增值税。甲公司的土地增值额为：

39 000－25 600－2 400－25 600×5%－818.4－559.99－19.5＝8 322.11（万元）；

由于增值额与可扣除项目之比为：

（8 322.11÷30 677.89）×100%＝27.13%；

超过了20%而未达到50%，因此土地增值税为：

8 322.11×30%＝2 496.63（万元）。

甲公司集团总税负为3 894.52万元（不考虑所得税等）。

如果甲公司从接受土地开始便将土地按比例进行分割，并分别转入甲公司集团和乙企业名下，并由乙房地产企业负责建设和对外经营，对外经营部分所需建设资金由乙企业建设自筹，不足部分向金融机构贷款，甲公司负责担保，自用和对外经营的建造成本各自独立核算，其他条件均不变的话，那么将大大减轻甲公司集团的税负，这时乙企业的税负为营业税：

39 000×5%＝1 950（万元）；

城建税及教育费附加：

1 950×10%＝195（万元）；

印花税：

39 000×0.5‰＝19.5（万元）。

土地增值税按《土地增值税法实施细则》规定，房地产开发企业的可扣除项目可加计按取得土地使用权支付的金额和房地产开发成本之和的20%，印花税不得扣除。因此乙企业土地增值额为：

(39 000 - 25 600 - 2 400 - 25 600 × 5% - 1 950 - 195 - 25 600 × 20%) = 2 455(万元)。

由于土地增值额未超过可扣除项目金额的 20% [(2 455 ÷ 36 350) × 100% = 6.75%],因此乙企业不需缴纳土地增值税,乙企业的总税负为 2 164.5 万元(不考虑所得税等),这也是甲公司集团在该项目上的总税负。

通过比较可以知道,甲公司集团将该项目先自建然后再部分对外经营,改为由全资房地产子公司开发并经营,可以减轻甲公司集团税负 1 730.02 万元(不考虑所得税因素),节税效果非常明显。

从上面两个例子可以看出,企业集团内部不同企业间由于法定经营范围和企业资质的不同,同一业务在不同企业间适用的税收政策存在较大的差异。因此某一业务在开始前对其进行全面分析和统筹规划,然后选择能够最大限度地享受税收优惠政策并同时能带来最大收益的企业来经营,从而实现企业集团利润的最大化,不仅十分必要,而且也是完全可能的。

但是,对于上述第二个案例(该案例引自《中国税务报》)存在操作性错误,而这种错误是目前许多人经常发生的,因此应当引起人们的高度重视:

其一,“对外经营后获得营业收入 39 000 万元,经营过程中的税负按财税[2003]16 号文件关于纳税人经营土地使用权及不动产的,以全部收入减去为取得该资产的成本后的差额为应纳税营业额的规定”的说法存在问题,因为财税[2003]16 号文件明确,单位和个人销售或转让其购置的不动产或受让的土地使用权,以全部收入减去不动产或土地使用权的购置或受让原价后的余额为营业额。单位和个人销售或转让抵债所得的不动产、土地使用权的,以全部收入减去抵债时该项不动产或土地使用权作价后的余额为营业额。甲公司转让自建不动产,其转让环节的营业税不能按差额征收。

其二,“由于土地增值额未超过可扣除项目金额的 20% [(2 455 ÷ 36 350) × 100% = 6.75%],因此乙企业不需缴纳土地增值税”的说法也是不妥的,因为税法规定:纳税人建造普通标准住宅出售,增值额未超过扣除项目金额 20% 的,免征土地增值税。而本例中未明确甲公司建设的是事先认定的“普通标准住宅”。

四、租赁改分包双方都划算

目前，不少单位和个体工商户为了顺应建筑市场发展的需求，拥有专门用于工程作业的铲车、推土车、吊车等工程作业车。这些单位和个人的经营方式，主要是将车辆租借给建筑单位使用，并由该车主自行驾驶，主要用于挖掘或运送土方，装卸、采掘等工程作业，一般按小时或天数收取租赁费用。对于这样的业务，税务部门对出租车辆单位和个人按租赁业收入，征收5%的营业税及相关税费。实际上，其中有许多业务纳税人可以按建筑业的分包工程缴纳3%营业税。

近日，上海振信财务咨询有限公司的税务专家在一建筑安装公司进行税务咨询时，就发现一个例子。某建筑安装公司承包一大型工程的建筑业务，工程结算收入12 000万元。由于该项工程需要推平一座小山丘，因而租赁了一个体户的推土车和铲车从事土方推平作业，建筑公司按每天每车定额支付租赁费，共支付租赁费500万元。租赁费支付凭据由该个体户提供，每次结算票据都是到当地地税部门开具，缴纳了5%的营业税及相关税费。为此，建筑安装公司缴纳了营业税及相关税费（城市维护建设税按7%，教育费附加按3%计算）396万元（12 000×3.3%）。

该个体户按租赁收入缴纳了营业税及相关税费27.5万元（500×5.5%）。

对此税收缴纳问题，我们与建筑安装公司的财务经理进行了分析：如果建筑安装公司与个体户改变租赁关系，变租赁关系为工程承包关系即双方签订500万元土方工程作业分包合同，则按照《营业税暂行条例》第五条规定，建筑业的总承包人将工程分包或者转包给他人的，以工程的全部承包额减去付给分包人或者转包人的价款后的余额为营业额。建筑安装公司只要缴纳除分包业务以外收入的营业税。按照《国家税务总局关于印发〈营业税税目注释（试行稿）〉的通知》（国税发[1993]149号）规定，平整土地、搭脚手架、爆破等工程作业属于建筑业税目中的其他工程作业。所以，该个体户承包土地平整业务应按建筑安装业缴纳3%的营业税。

双方纳税重新计算如下：

建筑安装公司需要缴纳营业税及相关税费为（12 000－500）×3.3%＝

379.5（万元）；

个体户需要缴纳营业税及相关税费为500×3.3%＝16.5（万元）。

双方分别少缴纳税款16.5万元（396－379.5）和11万元（27.5－16.5）。

需要注意的是，按照税法规定，建筑安装业务实行分包或者转包的，以总承包人为扣缴义务人。个体户分包工程的营业税应由建筑安装公司代扣代缴，个体户凭公司转交的扣缴税款凭据开具建筑安装业发票，开票时不再重复缴纳税收。

五、转让在建工程如何操作

在房地产行业的税收筹划中，有一种在建工程转让问题（即卖方公司股东转让股权还是卖方公司整个在建工程项目的选择）。目前许多此类筹划文章仅是考虑了交易中卖方的利益，而忽略了交易中买方的利益问题，这样使得筹划方案在实际运用时受阻。为了说明此类问题的实务操作，这里引用一则上海振信财务咨询有限公司提供的案例。

例如，吉祥房地产公司（由两个法人股东组成）注册资本为3 500万元，无其他所有者权益。该公司正在修建一幢住宅楼，原计划12层现已修建到第4层，“在建工程”金额为3 500万元。因公司贷款困难，2007年10月19日，公司股东会决定将其转让给如意房地产公司继续开发。这样就有两种方式可以选择：如意公司支付6 000万元购买整个在建工程项目或支付6 000万元购买吉祥公司的全部股权。假设如意公司开发完成后总售价为9 000万元，追加的开发成本为1 000万元（为简化分析，此处不考虑印花税、契税）。

税收筹划人员到现场考察了公司的实际情况以后，提出以下几种筹划方案（站在吉祥公司或吉祥公司法人股东的角度）。

方案一：直接转让

在直接转让方案的前提下，该项目的纳税情况是：

营业税及附加＝6 000×5.5%＝330（万元）；

土地增值税＝（6 000－3 500－3 500×20%－330）×30%＝441（万元）；

企业所得税＝（6 000－3 500－330－441）×33%＝570.57（万元）；

合计应纳各项税金 1 341.57 万元。

吉祥公司转让项目的现金流入为:

6 000 − 3 500 − 330 − 441 − 570.57 = 1 158.43(万元)。

方案二:转让股权

如果转让该公司的全部股权,使股权差价与项目差价相等。那么其纳税情况:

吉祥公司法人股东应纳企业所得税 = (6 000 − 3 500) × 33% = 825(万元)。

吉祥公司法人股东转让股权的现金流入为:

6 000 − 3 500 − 825 = 1 675(万元)。

方案二较方案一现金多流入 1 675 − 1 158.43 = 516.57(万元),可见,方案二对吉祥公司法人股东有利。

此种筹划方案是否可行呢? 如果我们考证一下如意公司收购后的效益,答案就很明显了。

市场交易必须考虑双方的利益,如果从购买方如意公司的角度进行分析,上述方案也有两种结果。

方案一:直接收购

如意公司如果采用直接收购的方法取得该项目,那么其纳税情况具体计算如下:

营业税及附加 = (9 000 − 6 000) × 5.5% = 165(万元);

土地增值税 = (9 000 − 7 000 − 7 000 × 20% − 165) × 30% = 130.5(万元);

企业所得税 = (9 000 − 7 000 − 165 − 130.5) × 33% = 562.49(万元);

合计应纳各项税金 857.99 万元。

受让项目的现金流入为 9 000 − 7 000 − 857.99 = 1 142.01(万元)。

方案二:收购股权

如意公司如果采用收购该公司的全部股权的方法取得该项目。那么其纳税情况具体计算如下:

营业税及附加 = 9 000 × 5.5% = 495(万元);

土地增值税 = (9 000 − 4 500 − 4 500 × 20% − 495) × 40% − 5 895 × 5% = 947.25(万元);

企业所得税 =（9 000 - 4 500 - 495 - 947.25）×33% = 1 009.06（万元）；

合计应纳税金 2 451.31 万元。

受让股权的现金流入为 9 000 - 7 000 - 2 451.31 = -451.31（万元）。

由于方案一较方案二现金多流入 1 142.02 -（-451.31）= 1 593.33（万元），所以，方案一对如意公司有利。

如上所述，我们可看出，转让股权对吉祥公司而言是最佳方案但它会导致如意公司现金流入为负数，故以 6 000 万元转让股权不可行。

交易是双方行为，只有符合双方公平交易的方案才具有可行性。税务咨询专家通过计算机工具，通过排序方法，得出两组数据，分别是转让股权与转让项目时吉祥公司与如意公司现金流入的平衡点。

方案三：当转让股权时转让价款为 4 727 万元时，吉祥公司的法人股东税负如下：

企业所得税 =（4 727 - 3 500）×33% = 404.91（万元）。

此时吉祥公司法人股东因转让股权的现金流入为 4 727 - 3 500 - 404.91 = 822.09（万元）。

如意公司的税负如下：

营业税及附加 = 9 000 ×5.5% = 495（万元）；

土地增值税 =（9 000 - 4 500 - 4 500 ×20% - 495）×40% - 5 895 × 5% = 947.25（万元）；

企业所得税 =（9 000 - 4 500 - 495 - 947.25）×33% = 1 009.06（万元）；

合计应纳税金 2 451.31 万元。

受让股权的现金流入为 9 000 - 5 727 - 2 451.31 = 821.69（万元）。

此时，交易双方现金流入相近，双方现金总流入为 822.09 + 821.69 = 1 643.78（万元）。双方总税负为 2 451.31 + 404.91 = 2 856.22（万元）。

方案四：当转让项目，转让收入为 5 980 万元时，吉祥公司的税负如下：

营业税及附加 = 5 980 ×5.5% = 328.9（万元）；

土地增值税 =（5 980 - 3 500 - 3 500 ×20% - 328.9）×30% = 435.33（万元）；

企业所得税 =（5 980 - 3 500 - 328.9 - 435.33）×33% = 566.20（万

元）;

合计应纳税金 1 330.43 万元。

转让项目的现金流入为 5 980 - 3 500 - 1 330.43 = 1 149.57（万元）。

如意公司的税负如下：

营业税及附加 = (9 000 - 5 980) × 5.5% = 166.1（万元）;

土地增值税 = (9 000 - 6 980 - 6 980 × 20% - 166.1) × 30% = 137.37（万元）;

企业所得税 = (9 000 - 6 980 - 166.1 - 137.37) × 33% = 566.45（万元）;

合计应纳税金 869.92（万元）。

受让项目的现金流入为 9 000 - 6 980 - 869.92 = 1 150.08（万元）。

此时，交易双方现金流入相近，双方现金总流入为 1 149.57 + 1 150.08 = 2 299.65（万元）；双方总税负为 1 330.43 + 869.92 = 2 200.35（万元）。

如果把吉祥公司与如意公司作为一个整体来考虑，转让项目较转让股权现金总流入增加为 2 299.65 - 1 643.78 = 655.87（万元），转让项目较转让股权总税负减少为 2 856.22 - 2 200.35 = 655.87（万元）。

很明显，双方应采取转让项目方式，总体税负最轻且双方现金流入最大，至于双方内部转让价格，可协商考虑解决。

笔者认为，在在建工程的转让中，首先，要通过计算，确认不同转让方式下双方现金净流入情况，要达到双方都有利益可得才可能达成交易。其次，应测算双方在不同方式下总的现金流入情况和总税负情况，选择对交易双方都有利的方式进行交易。最后双方在总税负一定的情况下进行利益合理分配，以便达到双方均赢的目的，尽量不要选择总税负大、双方现金流入少的方案。

第六章 动漫企业的税收问题分析

2009 年 7 月,财政部、国家税务总局联合发布了《关于扶持动漫产业发展有关税收政策问题的通知》(财税[2009]65 号,以下简称《通知》),在政策层面上对动漫产品和动漫企业给予支持,从而给部分企业利用税收政策发展自己的事业又带来一次机遇。但是,落实到一个具体的企业而言,还需要具体问题具体分析,往往在获得机会的同时,也迎来新的挑战。

第一节 动漫企业的税收优惠政策分析

为了扶持我国动漫产业的发展,《国家"十一五"时期文化发展规划纲要》、《国务院办公厅转发财政部等部门关于推动我国动漫产业发展若干意见的通知》(国办发[2006]32 号)、《文化部关于扶持我国动漫产业发展的若干意见》(文市发[2008]33 号)都提出了对动漫产业的倡导、扶持指导意见并对动漫产业的发展提出了方向。今后我国的动漫产业要走民族风格与时代特点相结合的原创之路,坚持走技术创新与市场开发相结合的产业发展道路,大幅度提高我国原创动漫产品的数量和质量,打造拥有自主知识产权的动漫形象和动漫品牌。

根据国务院办公厅《关于印发文化体制改革中经营性文化事业单位转制为企业和支持文化企业发展两个规定的通知》(国办发[2008]114 号)有关精神,财政部、海关总署、国家税务总局发布了财政部、海关总署、国家税务总局《关于支持文化企业发展若干税收政策问题的通知》(财税[2009]31号),为进一步推动文化体制改革,促进文化企业发展,就经营性文化事业单位转制为企业的税收政策问题,财政部、国家税务总局又发布了《关于文化体制改革中经营性文化事业单位转制为企业的若干税收优惠政策的通知》(财税[2009]34号)。上述两个文件中适用税收优惠的文化企业范围均包括动漫企业。

2009年7月,财政部、国家税务总局又发布了财政部、国家税务总局《关于扶持动漫产业发展有关税收政策问题的通知》(财税[2009]65号,以下简称《通知》),该文结合文化部、财政部、国家税务总局下发的《动漫企业认定管理办法(试行)》(文市发[2008]51号,以下简称《办法》)以及《关于实施〈动漫企业认定管理办法(试行)〉有关问题的通知》(文产发[2009]18号)专门对于扶持动漫产业发展的有关税收政策问题进行了明确。

一、享受税收优惠的动漫产品

动漫产品是一个新兴产品,但是,落实到操作环节,具体的哪些动漫产品才能享受税收的扶持优惠?在《办法》中进行了明确规定。可以享受税收优惠的动漫产品包括六类:

(1)漫画:单幅和多格漫画、插画、漫画图书、动画抓帧图书、漫画报刊、漫画原画等;

(2)动画:动画电影、动画电视剧、动画短片、动画音像制品、影视特效中的动画片段,科教、军事、气象、医疗等影视节目中的动画片段等;

(3)网络动漫(含手机动漫):以计算机互联网和移动通信网等信息网络为主要传播平台,以电脑、手机及各种手持电子设备为接收终端的动画、漫画作品,包括FLASH动画、网络表情、手机动漫等;

(4)动漫舞台剧(节)目:改编自动漫平面与影视等形式作品的舞台演出剧(节)目、采用动漫造型或含有动漫形象的舞台演出剧(节)目等;

(5)动漫软件:漫画平面设计软件、动画制作专用软件、动画后期音像视频制作工具软件等;

(6)动漫衍生产品:与动漫形象有关的服装、玩具、文具、电子游戏等。

二、可以享受税收优惠的动漫企业

按照《办法》认定的动漫企业,方可申请享受《通知》规定的有关优惠和扶持政策。具体的动漫企业包括漫画创作企业;动画创作、制作企业;网络动漫(含手机动漫)创作、制作企业;动漫舞台剧(节)目制作、演出企业;动漫软件开发企业;动漫衍生产品研发、设计企业。不包括漫画出版、发行,动画播出、放映,网络动漫传播,以及以动漫衍生产品生产、经营等为主营业务的企业。

三、税收优惠的具体内容

本次明确规定动漫企业可以享受税收的内容包括增值税、进口关税和进口环节增值税、营业税和企业所得税等多方面的内容。具体如下:

(一)增值税

财政部、国家税务总局《关于扶持动漫产业发展有关税收政策问题的通知》规定,在2010年12月31日前,对属于增值税一般纳税人的动漫企业经营其自主开发生产的动漫软件,按17%的税率征收增值税后,对其增值税实际税负超过3%的部分,实行即征即退政策。退税数额的计算公式为:应退税额=享受税收优惠的动漫软件当期已征税款-享受税收优惠的动漫软件当期不含税经营额×3%。动漫软件出口免征增值税。

增值税的政策优惠,最早见于财政部、国家税务总局、海关总署《关于鼓励软件产业发展有关税收政策问题的通知》(财税[2000]25号),该文就鼓励软件产业和集成电路产业发展的有关税收政策问题规定,自2000年6月24日起至2010年年底以前,对增值税一般纳税人经营其自行开发生产的软件产品,按17%的法定税率征收增值税后,对其增值税实际税负超过3%的部分实行即征即退。

除此之外,动漫企业可以执行的增值税优惠政策还有财税[2009]31号文件第三款规定,出口图书、报纸、期刊、音像制品、电子出版物、电影和电视完成片可按规定享受增值税出口退税政策。

（二）进口关税和进口环节增值税

《通知》规定，经国务院有关部门认定的动漫企业自主开发、生产动漫直接产品，确需进口的商品可享受免征进口关税和进口环节增值税的优惠政策。具体免税商品范围及管理办法由财政部会同有关部门另行制定。

该规定直接沿用了国办发[2006]32 号第三条第十一款的规定，但实际情况是 2009 年我国增值税改革全面转型，进口设备进口环节增值税可予以抵扣，如果仍然可以免征进口环节增值税，势必与现行政策相冲突。

可以对照的政策有财税[2009]31 号第七条的规定，为生产重点文化产品而进口国内不能生产的自用设备及配套件、备件等，按现行税收政策有关规定，免征进口关税。

（三）营业税

财政部、国家税务总局《关于扶持动漫产业发展有关税收政策问题的通知》规定，对动漫企业为开发动漫产品提供的动漫脚本编撰、形象设计、背景设计、动画设计、分镜、动画制作、摄制、描线、上色、画面合成、配音、配乐、音效合成、剪辑、字幕制作、压缩转码（面向网络动漫、手机动漫格式适配）劳务，在 2010 年 12 月 31 日前暂减按 3% 税率征收营业税。

国办发[2006]32 号规定，动漫企业自主开发、生产动漫产品涉及营业税应税劳务的（除广告业、娱乐业外），暂减按 3% 的税率征收营业税。这就是说，动漫企业提供营业税应税劳务可以享受文化体育业税目 3% 的低税率，而不是以前的服务业税目的 5% 税率。《通知》在这一政策基础上更加明确和具体。

此外，财税[2009]31 号规定，文化企业在境外演出从境外取得的收入免征营业税。

（四）企业所得税

财政部、国家税务总局《关于扶持动漫产业发展有关税收政策问题的通知》规定，经认定的动漫企业自主开发、生产动漫产品，可申请享受国家现行鼓励软件产业发展的所得税优惠政策。

财政部、国家税务总局《关于企业所得税若干优惠政策的通知》（财税

[2008]1 号)关于鼓励软件产业和集成电路产业发展的优惠政策规定:

(1)软件生产企业实行增值税即征即退政策所退还的税款,由企业用于研究开发软件产品和扩大再生产,不作为企业所得税应税收入,不予征收企业所得税。

(2)我国境内新办软件生产企业经认定后,自获利年度起,第一年和第二年免征企业所得税,第三年至第五年减半征收企业所得税。

(3)国家规划布局内的重点软件生产企业,如当年未享受免税优惠的,减按 10% 的税率征收企业所得税。

(4)软件生产企业的职工培训费用,可按实际发生额在计算应纳税所得额时扣除。

(5)企事业单位购进软件,凡符合固定资产或无形资产确认条件的,可以按照固定资产或无形资产进行核算,经主管税务机关核准,其折旧或摊销年限可以适当缩短,最短可为 2 年。

已经享受自获利年度起企业所得税“两免三减半”政策的企业,不再重复执行这一规定。

(6)有关企业税前列支事项的规定。

财税[2009]31 号在所得税方面对于文化企业的政策也适用于动漫企业,该文件第五款规定,在文化产业支撑技术等领域内,依据科技部、财政部、国家税务总局《关于印发〈高新技术企业认定管理办法〉的通知》(国科发[2008]172 号)和科技部、财政部、国家税务总局《关于印发〈高新技术企业认定管理工作指引〉的通知》(国科发[2008]362 号)的规定认定的高新技术企业,减按 15% 的税率征收企业所得税;文化企业开发新技术、新产品、新工艺发生的研究开发费用,允许按国家税法规定在计算应纳税所得额时加计扣除。第六款规定,对出版、发行企业库存呆滞出版物,纸质图书超过 5 年(包括出版当年,下同),音像制品、电子出版物和投影片(含缩微制品)超过 2 年,纸质期刊和挂历年画等超过 1 年的,可以作为财产损失在税前据实扣除(动漫企业有音像制品、电子出版物和投影片)。已作为财产损失税前扣除的呆滞出版物,以后年度处置的,其处置收入应纳入处置当年的应税收入。

国办发[2006]32 号还规定,企业出口动漫产品享受国家统一规定的出口退(免)税政策,境外已缴纳的所得税款可按规定予以抵扣。

四、动漫企业的认定

动漫企业认定管理的有关规定《通知》明确动漫企业和自主开发、生产动漫产品的认定标准和认定程序，按照文化部、财政部、国家税务总局《关于印发动漫企业认定管理办法（试行）》（文市发[2008]51号）的规定执行，并自2009年1月1日起执行。同时，《关于实施〈动漫企业认定管理办法（试行）〉有关问题的通知》（文产发[2009]18号）对于《办法》申请材料格式及部分提供材料事项作了说明。

（一）动漫企业认定组织机构

文化部、财政部、国家税务总局共同确定全国动漫企业认定管理工作方向，负责指导、管理和监督全国动漫企业及其动漫产品的认定工作，并定期公布通过认定的动漫企业名单。各省、自治区、直辖市文化行政部门与同级财政、税务部门组成本行政区域动漫企业认定管理机构。

（二）动漫企业应符合的标准

要成为被认定的动漫企业并非易事，而且，在每年5月至7月，省级认定机构还将对上一年度通过认定的动漫企业进行年审，对不再符合认定标准的动漫企业将取消动漫企业资格。2009年全国上报申请认定的动漫企业共有303家，最终，只有100家企业通过审核。

根据2008年12月出台的《动漫企业认定管理办法（试行）》规定，动漫企业包括漫画创作企业，动画创作、制作企业，网络动漫（含手机动漫）创作、制作企业，动漫舞台剧（节）目制作、演出企业，动漫软件开发企业，以及动漫衍生产品研发、设计企业。也就是说，认定的核心对象是动漫原创企业，从事动漫运营的企业并不在考虑之列。因此，国内赫赫有名的北京卡酷动画频道和湖南金鹰动画频道，由于并不直接进行动漫产品的开发，最终未能通过终审。

（三）动漫企业的标准

《认定办法》明确，企业申请认定为动漫企业的应同时符合以下八个标准：

一是在我国境内依法设立的企业；

二是动漫企业经营动漫产品的主营收入占企业当年总收入的60%以上；

三是自主开发生产的动漫产品收入占主营收入的50%以上；

四是具有大学专科以上学历的或通过国家动漫人才专业认证的、从事动漫产品开发或技术服务的专业人员占企业当年职工总数的30%以上，其中研发人员占企业当年职工总数的10%以上；

五是具有从事动漫产品开发或相应服务等业务所需的技术装备和工作场所；

六是动漫产品的研究开发经费占企业当年营业收入8%以上；

七是动漫产品内容积极健康，无法律法规禁止的内容；

八是企业产权明晰，管理规范，守法经营。

（四）重点动漫企业的标准

对于符合上述标准的动漫企业申请认定为重点动漫企业的，应在申报前开发生产出1部以上重点动漫产品，并符合以下标准之一：

（1）注册资本1 000万元人民币以上的；

（2）动漫企业年营业收入500万元人民币以上，且连续2年不亏损的；

（3）动漫企业的动漫产品版权出口和对外贸易年收入200万元人民币以上，且自主知识产权动漫产品出口收入占总收入30%以上的；

（4）经省级认定机构、全国性动漫行业协会、国家动漫产业基地等推荐的在资金、人员规模、艺术创意、技术应用、市场营销、品牌价值、社会影响等方面具有示范意义的动漫企业。

（五）重点动漫产品的标准

此外，申请认定为重点动漫产品的应符合以下标准之一：

（1）漫画产品经营年收入在100万元（报刊300万元）人民币以上或年经营10万册（报纸1 000万份、期刊100万册）以上的，动画产品经营年收入在1 000万元人民币以上的，网络动漫（含手机动漫）产品经营年收入在100万元人民币以上的，动漫舞台剧（节）目演出年收入在100万元人民币以上或年演出场次50场以上的；

(2)动漫产品版权出口年收入100万元人民币以上的;

(3)获得国际、国家级专业奖项的;

(4)经省级认定机构、全国性动漫行业协会、国家动漫产业基地等推荐的在思想内涵、艺术风格、技术应用、市场营销、社会影响等方面具有示范意义的动漫产品。

五、动漫企业认定需要准备的资料

企业自我评价及申请企业认为符合认定标准的,可于每年的5月1日~7月31日向省级认定机构提出认定申请并提交下列申请材料:

(1)动漫企业认定申请书;

(2)企业营业执照副本复印件、税务登记证复印件;

(3)法定代表人或者主要负责人的身份证明材料;

(4)企业职工人数、学历结构以及研发人员占企业职工的比例说明;

(5)营业场所产权证明或者租赁意向书;说明:营业场所为企业自有产权的,提供房产证复印件加盖企业公章;营业场所为企业租赁的,提供产权方房产证复印件加盖公章或房主签字,并提供房屋租赁合同加盖企业公章;

(6)开发、生产、创作、经营的动漫产品列表、经营合同及经营合同约定的款项银行入账证明;

(7)自主开发、生产和拥有自主知识产权的动漫产品的情况说明及有关证明材料(包括版权登记证书或专利证书等知识产权证书的复印件);说明:企业拥有的自主知识产权是指企业近3年内(至申报日前)获得的自主知识产权;

(8)由有关行政机关颁发的从事相关业务所涉及的行政许可证复印件;

(9)企业申请动漫企业资格,应提供具有资质的中介机构鉴证的企业财务年度报表(含资产负债表、损益表、现金流量表)等企业经营情况,以及企业年度研究开发费用情况表,并附研究开发活动说明材料,并加盖具有资质的中介机构的公章;

(10)认定机构要求出具的其他材料。

以上申请材料格式应当使用文产发[2009]18号规定的附件格式,经办人应当持有合法有效的企业委托证明。

动漫企业认定实行年审制度。不提出年审申请或年度认定不合格的企业,其动漫企业、重点动漫企业资格到期自动失效。

已取得"动漫企业证书"的动漫企业可向办公室提出申请认定为重点动漫企业,审核通过,由文化部会同财政部、国家税务总局联合公布通过认定的重点动漫企业名单,并颁发"重点动漫企业证书"。经认定的动漫企业、重点动漫企业,凭本年度有效的"动漫企业证书"、"重点动漫企业证书",以及本年度自主开发生产的动漫产品列表、"重点动漫产品文书",向主管税务机关申请享受《通知》规定的有关税收优惠政策。重点动漫产品、重点动漫企业优先享受国家及地方各项财政资金、信贷等方面的扶持政策。

第七章 邮电文化企业经营业务的涉税筹划

邮政、电信服务和文化交流,为人们提供了沟通和交流的通道。在我国,邮政、电信业务和文化事业原来属于国家经营的具有公益性质的服务业务。但是,随着市场经济建设的进一步深化,许多国有企业纷纷改制,成为市场经济的组成部分,同时也接受国家有关法律的规范。所以,从事邮政、电信业务和文化事业的企业同样也存在涉税风险和税收筹划的问题。在本章我们对相关业务进行重点讨论,涉及其他业务的,结合相应的内容进行介绍。

第一节 邮政业务的政策分析

随着市场经济的进一步推进,从事邮政服务的企业越来越多,所以关心邮政行业税收问题的人也越来越多。为了满足人们对邮政服务行业的涉税问题的需要,我们在这里对邮政服务行业的税收及其筹划问题作一个简要归纳和分析。

一、邮政服务行业税收政策

《营业税税目注释(试行稿)》对邮政服务的涉税问题进行了解释,将其明确为邮电通信业,指专门办理信息传递的业务。本税目的征收范围包括:

邮政、电信。其中邮政，是指传递实物信息的业务，包括传递函件或包件、邮汇、报刊发行、邮务物品经营、邮政储蓄及其他邮政业务。

传递函件或包件，是指传递函件或包件的业务以及与传递函件或包件相关的业务。传递函件，是指收寄信函、明信片、印刷品的业务。传递包件，是指收寄包裹的业务。传递函件或包件相关的业务，是指出租信箱、对进口函件或包件进行处理、保管逾期包裹、附带货载及其他与传递函件或包件相关的业务。邮汇，是指为汇款人传递汇款凭证并兑取的业务。报刊发行，是指邮政部门代出版单位收订、投递和经营各种报纸、杂志的业务。邮务物品经营，是指邮政部门在提供邮政劳务的同时附带经营与邮政业务相关的各种物品（如信封、信纸、汇款单、邮件包装用品等）的业务。邮政储蓄，是指邮电部门办理储蓄的业务。其他邮政业务，是指上列业务以外的各项邮政业务。

邮电通信业营业税的适用税率为3%。考虑到邮政企业的行业特殊性，对于邮政企业从事的一些特殊业务，相关政策也进行了明确。

1. 集邮商品的征税问题

国家税务总局《关于印发〈增值税若干具体问题的规定〉的通知》（国税发[1993]154号）明确，邮政部门经营集邮邮票、首日封，应当征收增值税。财政部、国家税务总局《关于增值税、营业税若干政策规定的通知》（财税字[1994]26号）就集邮商品征税问题明确，集邮商品，包括邮票、小型张、小本票、明信片、首日封、邮折、集邮簿、邮盘、邮票目录、护邮袋、贴片及其他集邮商品。集邮商品的生产、调拨征收增值税。邮政部门经营集邮商品，征收营业税；邮政部门以外的其他单位与个人经营集邮商品，征收增值税。

2. 报刊发行征税问题

财政部、国家税务总局《关于增值税、营业税若干政策规定的通知》（财税字[1994]26号）就报刊发行征税问题明确，邮政部门发行报刊，征收营业税；其他单位和个人发行报刊征收增值税。

3. 邮政汇兑资金取得的利息问题

国家税务总局《关于邮政汇兑资金利息收入征收营业税问题的批复》（国税函[1996]635号）根据《营业税税目注释》关于“存款行为，不征收营业税”的规定，对邮政部门将邮政汇兑资金存入人民银行（或其他金融机构）取得的利息收入，不征收营业税。根据财政部、国家税务总局《关于金融业征收营业税有关问题的通知》（财税字［1995］79号）中关于"对一般贷款业务，一律按利息收入全额征税"的规定，人民银行（或其他金融机构）向邮政部门发放贷款，不论用途如何，均属于一般贷款业务，对其取得的利息收入应一律按规定征收营业税。

4. 电话初装费的征税问题

《营业税问题解答（之一）》（国税函［1995］156号）对邮政部门收取的"电话初装费"的征税问题明确，根据《营业税税目注释》对"邮电通信业"税目的解释，为用户安装电话的业务属于该税目的征收范围。"电话初装费"是邮政部门为用户安装电话而收取的费用，应按"邮电通信业"税目。

5. 邮电礼仪活动的征税问题

《营业税问题解答（之一）》（国税函［1995］156号）对邮电局（所）经营的邮电礼仪活动的征税问题明确，邮电礼仪是指邮电局（所）根据客户的要求将写有祝词的电报，或者使用客户支付的价款购买的礼物传递给客户所指定的对象。对于这种业务应按"邮电通信业"税目征收营业税，其营业额为邮电部门向用户收取的全部价款和价外费用，包括所购礼物的价款在内。

6. 29届奥运会期间的邮政业务的征税问题

财政部、国家税务总局、海关总署《关于29届奥运会税收政策问题的通知》（财税［2003］10号）对第29届奥运会组委会取得的与国家邮政局合作发行纪念邮票收入，与中国人民银行合作发行纪念币收入，免征应缴纳的营业税。

7. 从事快递业务的征税问题

财政部、国家税务总局《关于营业税若干政策问题的通知》（财税［2003］16号）明确，单位和个人从事快递业务按"邮电通信业"税目征收营业税。

8. 邮政企业的税收优惠

国家税务总局《关于邮政企业免征房产税、土地使用税问题的函》（国税函［2001］379号）明确，根据房产税和土地使用税的有关规定，对邮政部门坐落在城市、县城、建制镇、工矿区范围内的房产、土地，应当依法征收房产税和土地使用税；对坐落在上述范围以外尚在县邮政局内核算的房产、土地，必须在单位财务账中划分清楚，从2001年1月1日起不再征收房产税和土地使用税。

财政部、国家税务总局《关于邮政普遍服务和特殊服务免征营业税的通知》（财税[2006]47号）明确，自2006年1月1日起，对国家邮政局及其所属邮政单位提供邮政普遍服务和特殊服务业务，如函件、包裹、汇票、机要通信、党报党刊发行取得的收入免征营业税。同时，对享受免税的党报党刊发行收入按邮政企业报刊发行收入的70%计算。

二、与邮政业务有关的疑难问题分析

在实践过程中，邮政业务的涉税政策比较明确，有关业务有要求相对也比较简单，实务过程中出现差错的情况不多。仅是在个别政策问题上人们容易混淆，从而产生涉税风险。下面我们引用一些案例来进行说明。

1. 公司的报刊发行业务问题

苏南某市邮政局2008年年底为解决部分富余下岗待岗人员的生活问题，成立了一家有限责任公司——长江邮政服务有限公司。由邮政局和下岗待岗人员共同出资组建，其中邮政局出资150万元，占注册资本200万元的75%，下岗待岗人员出资50万元，占注册资本200万元的25%。主要从事手机以外的其他物品的经营、通信设备安装、运输业务等。为扶持公司的发展，邮政局将本来由邮政局负责的业务，如报纸、杂志、集邮物品经营也交给他们做。在经营过程中，具体业务上由他们经营，而财务上则由邮政局派员进行核算。2009年实现经营收入508万元，取得了良好的经济效益。

2010年2月16日，当地主管国家税务局派了两名干部到长江邮政服务有限公司进行日常检查，税务人员在检查过程中发现，在该公司2008年度508万元的经营收入中，既有报纸发行收入，又有经营的邮票、首日封等集邮物品经营收入，还有其他业务收入。

税务人员认为，公司报刊发行收入、经营的邮票、首日封等集邮商品以及其他业务收入未分别核算，均应该交纳增值税，不应交纳营业税。不久，主管国税局的稽查局就下达了《税务行政处理决定书》，明确长江邮政服务有限公司应就2008年度全部经营额补交增值税73.81万元[508÷(1+17%)×17%]，接着，根据《税收征管法》第六十三条规定向长江邮政服务有限公司送达了《税务行政处罚告知书》，对该公司处以所偷税款0.5倍的罚款，合计36.91万元。

对此，邮政局和公司管理层领导都不理解，他们认为：其一，长江邮政服务有限公司主要是由邮政局出资组建的，财务上也是由邮政局人员负责进行核算的。报刊发行收入，按照税法规定，邮政部门的邮票、首日封等集邮商品收入，不是只缴纳营业税吗，怎么要邮政局缴纳增值税呢？其二，除了集邮商品以外，公司的其他业务收入中有运输收入120万元，不是应该按照3%的税率缴纳营业税吗，又怎么要缴增值税呢？而且税率不是13%，而是17%呢？其三，他们所经营的集邮用品都是经销的，即使要全部缴纳增值税，那么进项税额为什么不允许我们抵扣呢？其四，后退一步讲，即使以上的业务处理都存在错误，应该按照主管税务机关的规定补税和罚款，但是，实际上企业已经按实际经营额缴纳15.24万元的营业税，在计算补缴税款和罚款的时候，又为什么不让企业抵减增值税，减少罚款呢？

税务专家对上述问题进行了解答。专家认为长江邮政服务有限公司对税法中有关兼营业务的税务处理没有搞清楚。

首先，邮政业务，是指传递实物信息的业务，包括传递函件或包件、邮汇、报刊发行、邮务物品经营、邮政储蓄及其他邮政业务。从事邮政业务必须经过有权部门的批准，方可经营。从所反映的情况来看，尽管长江邮政服务有限公司主要是由邮政局出资组建，且财会业务仍由邮政局派人负责管理，但是该公司是一家独立核算的企业法人，属于一般业务的经营性企业，也不属于集邮企业（公司）。根据《中华人民共和国增值税暂行条例》第一条以及财政部、国家税务总局财税字[1994]26号通知对邮政企业特殊规定，邮政部门发行报刊，应当征收营业税；其他单位与个人发行报刊，征收增值税。同时，根据国家税务总局国税发[1995]76号通知规定，邮政部门、集邮公司经营集邮商品（集邮商品包括邮票、小型张、小本票、明信片、首日封、邮折、集邮簿、邮盘、集邮目录、护邮袋、贴片及其他集邮商品）征收营业税，其他单位与个人发行经营集邮商品，征收增值税。因此，税务人员认定公司报刊发行收入、经营集邮票商品交纳增值税，不交营业税是正确的。

其次，根据《中华人民共和国增值税暂行条例实施细则》第六条的规定：纳税人兼营非应税劳务的，应分别核算货物或应税劳务和非应税劳务的经营额。不分别核算或者不能准确核算的，其非应税劳务与货物或应税劳务一并征收增值税。由于长江邮政服务有限公司未能分别核算非应税劳务，因此，税务机关确定该公司全部征收增值税，并从高适用税率，是正确的。同时，根据《中华人民共和国增值税暂行条例实施细则》的规定：一般纳税人有下列之一者，应按经营额依照增值税税率计算应纳税额，不得抵扣进项税额。也不得使用增值税专用发票：(1)会计核算不健全，或者不能提供准确税务资料的；(2)符合一般纳税人条件，但不申请办理一般纳税人手续的。由于长江邮政服务有限公司符合一般纳税人条件，但未申请办理一般纳税人手续，因此税务机关不允许该公司抵扣进项税是正确的。

再次，企业提出公司已交纳 15.24 万元的营业税能否抵减增值税，少罚款。这是不行的，因为增值税、营业税是两个不同的税种，预算级次也不一样，分别由国家税务局、地方税务局负责征管。根据《中华人民共和国税收征收管理法》第五十三条的规定：国家税务局和地方税务局应当按照国家规定的税收征收管理范围和税款入库预算级次，将征收的税款缴入国库。《中华人民共和国税收征收管理法》第七十八条规定：税务机关发现纳税人多缴税款的，应当自发现之日起 10 日内办理退还手续；纳税人发现多缴税款，要求退还的，税务机关应当自接到纳税人退还申请之日起 30 日内查实并办理退还手续。根据这个规定，增值税和营业税不能互相替代，也不能互相抵冲。对于长江邮政服务有限公司误交到地方税务局的 15.24 万元营业税，可以根据《中华人民共和国税收征收管理法》第七十八条规定向当地主管地方税务机关申请退还给长江邮政服务有限公司。

2. 邮政代理金融业务应分清营业税征免范围

财政部、国家税务总局《关于邮政企业代办金融业务免征营业税的通知》(财税[2009]7 号)文件出台以后，部分邮政部门的财务人员来电咨询，代办金融业务涵盖哪些方面，此前多缴的税款如何处理？税务专家对相关问题进行了分析。

随着全国各地邮政储蓄银行相继成立运作，邮政部门邮政储蓄业务从中分离。改制前，因行业特点，邮政局的邮政储蓄等相关业务按“邮电通信业”税目税率缴纳营业税；改制后，邮政储蓄银行已成为金融企业，其金融业务应按金融业有关规定缴纳营业税。

财税[2009]7 号文件规定，对中国邮政集团公司及其所属邮政企业为中国邮政储蓄银行及其所属分行、支行代办金融业务取得的代理金融业务收人，自2008年1月1日至2010年12月31日免征营业税。对于本通知到达之日前已缴纳的应予免征的营业税，允许从纳税人以后应缴的营业税税款中抵减或予以退税。这里需要指出的是，邮政金融代理业务是邮政部门接受客户（法人或自然人）的委托，依托邮政及邮政金融网络优势，利用自身的经营职能和技术手段，按照委托代理协议代理委托人开展业务、提供各种金融服务的经营行为。邮政金融代理业务包括代理和代收代付两大类业务，代理业务主要包括代理保险、代理国债、代理彩票、代售IC卡、代售寻呼机等电信产品的业务。代收代付业务主要包括代发工资、代发养老金、代收电信资费、代收公益事业费、代缴税金等业务。

因而，邮政企业代办金融业务免缴营业税三年，其取得的代办金融业务收入免税范围仅限于为中国邮政储蓄银行及其所属分行、支行代办金融业务，除此范围之外的金融代办业务仍按“邮电通信业”税目税率缴纳营业税。

第二节　电信业务的筹划分析

随着信息技术的不断完善，电信服务走进千家万户。随着电信企业的增多，经营手段的变化，与电信业务有关的涉税问题也随之增加。于是我们在这里引用上海振信财务咨询有限公司提供的资料对电信的涉税问题作一个简要分析。

一、电信业务的政策界定

对于电信业务的税收政策界定，《营业税税目注释（试行稿）》进行了专门解释。电信业务属于邮电通信业。邮电通信业，是指专门办理信息传递的业务。本税目的征收范围包括：邮政、电信。其中的电信，是指用各种电传设备传输电信号来传递信息的业务，包括电报、电传、电话、电话机安装、电信物品经营及其他电信业务。

电报，是指用电信号传递文字的通信业务及相关的业务，包括传递电报、出租电报电路设备、代维修电报电路设备以及电报分送、译报、查阅去报报底或来报回单、抄录去报报底等。电传（即传真），是指通过电传设备传递原件的通信业务,包括传递资料、图表、相片、真迹等。电话,是指用电传设备传递语言的业务及相关的业务,包括有线电话、无线电话、寻呼电话、出租电话电路设备、代维修或出租广播电路、电视信道等业务。电话机安装,是指为用户安装或移动电话机的业务。电信物品经营,是指在提供电信劳务的同时附带经营专用和通用电信物品(如电报纸、电话号码簿、电报签收簿、电信器材、电话机等)的业务。其他电信业务,是指上列业务以外的电信业务。

二、电信业务涉税政策

在我国,由于电信业务正处于发展阶段,与电信业务有关的政策规范还处于不断完善的过程中,所以电信业务的涉税政策相对比较复杂。主要有以下几个方面。

1. 经营无线寻呼机、移动电话征税问题

财政部、国家税务总局《关于增值税、营业税若干政策规定的通知》(财税字[1994]26号)就经营无线寻呼机、移动电话征税问题明确,电信单位(电信局及电信局批准的其他从事电信业务的单位)自己经营无线寻呼机、移动电话,并为客户提供有关的电信劳务服务的,属于混合经营,征收营业税;对单纯经营无线寻呼机、移动电话,不提供有关的电信劳务服务的,征收增值税。

2. 168电话台的征税问题

《营业税问题解答(之一)》(国税函[1995]156号)对电信部门开办168台电话,利用电话开展有偿咨询,点歌等业务,对此项收费按什么税目征税问题明确,168台是具有特殊用途的电话台,其业务属于《营业税税目注释》所说的“用电传设备传递语言的业务”,应按“邮电通信业”税目征收营业税。

3. 电信业务适用税目问题

财政部、国家税务总局《关于营业税若干政策问题的通知》(财税[2003]16号)明确,电信单位(指电信企业和经电信行政管理部门批准从事电信业务的单位,下同)提供的电信业务(包括基础电信业务和增值电信业务,下同)按“邮电通信业”税目征收营业税。以上所称基础电信业务是指提供公共网络基础设施、公共数据传送和基本语音通信服务的业务，具体包括固定网国内长途及本地电话业务、移动通信业务、卫星通信业务、因特网及其他数据传送业务、网络元素出租出售业务、电信设备及电路的出租业务、网络接入及网络托管业务，国际通信基础设施国际电信业务、无线寻呼业务和转售的基础电信业务。以上所称增值电信业务是指利用公共网络基础设施提供的电信与信息服务的业务，具体包括固定电话网增值电信业务、移动电话网增值电信业务、卫星网增值电信业务、因特网增值电信业务、其他数据传送网络增值电信业务等服务。

4. 电信业务营业额问题

国家税务总局《关于营业税若干政策问题的通知》（财税[2003]16号）明确，单位和个人提供营业税应税劳务、转让无形资产和经营不动产发生退款，凡该项退款已征收过营业税的，允许退还已征税款，也可以从纳税人以后的营业额中减除。单位和个人在提供营业税应税劳务、转让无形资产、经营不动产时，如果将价款与折扣额在同一张发票上注明的，以折扣后的价款为营业额；如果将折扣额另开发票的，不论其在财务上如何处理，均不得从营业额中减除。电信单位经营的各种有价电话卡，由于其计费系统只能按有价电话卡面值出账并按有价电话卡面值确认收入，不能直接在经营发票上注明折扣折让额，以按面值确认的收入减去当期财务会计上体现的经营折扣折让后的余额为营业额。

该文件同时还明确，通信线路工程和输送管道工程所使用的电缆、光缆和构成管道工程主体的防腐管段、管件（弯头、三通、冷弯管、绝缘接头）、清管器、收发球筒、机泵、加热炉、金属容器等物品均属于设备，其价值不包括在工程的计税营业额中。其他建筑安装工程的计税营业额也不应包括设备价值，具体设备名单可由省级地方税务机关根据各自实际情况列举。邮政电信单位与其他单位合作，共同为用户提供邮政电信业务及其他服务并由邮政电信单位统一收取价款的，以全部收入减去支付给合作方价款后的余额为营业额。中国移动通信集团公司通过手机短信公益特服号“8858”为中国儿童少年基金会接受捐款业务，以全部收入减去支付给中国儿童少年基金会的价款后的余额为营业额。

5. 经营附带赠送行为的涉税问题

对中国电信集团公司和中国电信股份有限公司所属子公司（以下简称

中国电信子公司）开展的以业务经营附带赠送服务或实物形式的业务有关流转税政策问题，国家税务总局《关于中国电信集团公司和中国电信股份有限公司所属子公司业务经营附带赠送行为征收流转税问题的通知》（国税函[2007]414 号）明确，中国电信子公司开展以业务经营附带赠送电信服务业务（包括赠送用户一定的业务使用时长、流量或业务使用费额度，赠送有价卡预存款或者有价卡）的过程中，其附带赠送的电信服务是无偿提供电信业劳务的行为，不属于营业税征收范围，不征收营业税。

中国电信子公司开展的以业务经营附带赠送实物业务（包括赠送用户小灵通（手机）、电话机、SIM 卡、网络终端或有价物品等实物），属于电信单位提供电信业劳务的同时赠送实物的行为，按照现行流转税政策规定，不征收增值税，其进项税额不得予以抵扣；其附带赠送实物的行为是电信单位无偿赠与他人实物的行为，不属于营业税征收范围，不征收营业税。

三、电信业务的涉税难点分析

在电信经营活动中，企业往往会采用各种促销方式进行电信（服务）商品的推销。而不同的促销方式，对税收政策的影响也是不同的，这里既有涉税风险的规避问题，也有税收筹划业务问题。

1. 交话费获赠物品的经营确认

时下，中国移动公司某营业部为优惠手机用户，在为其办理缴费手续时，开展了按缴费一定额度返还客户部分价值物品（如小家电、床上用品等）的业务。对此，人们自然想到一个问题，企业赠送给手机用户的这些实物是否要缴纳营业税？

日前，某县国税局稽查局在对该县一家移动通信公司进行纳税检查时，发现该公司在 2005 年度内多次开展入网送礼、充值送礼和积分送礼活动。在用户入网时，只要一次性预缴 2 000 元话费，即可获赠手机一部，与话费在同一张发票上注明，在活动中该公司累计送出无线电话 350 部，每部购入成本 558 元；在用户预缴话费时，按缴费金额换算积分，并根据积分的高低，赠送给用户 1.8 升装食用植物油 10 872 瓶，每瓶购入成本 17.50 元，赠送某品牌大礼盒 6 400 套，购入成本每套 44 元。公司在财务处理上将所赠送的各类礼品成本总计 667 160 元直接作为费用列支。稽查人员经进一步核实，该公司在接受用户入网时出售同型号的手机经营价为680元，而食用植物油及礼盒均未发生过经营行为。

稽查人员遂依法对该企业向客户赠送食用植物油和某品牌大礼盒的业务作出了限期补缴增值税20 761.84元[(17.50×10 872+44×6 400)×(1+10%)×4%]，并处以少缴税款50%的罚款。

公司负责人和财务人员均表示出了种种疑问，认为公司开展入网送礼、充值送礼和积分送礼活动，仅仅是为了扩大公司业务的市场占有量，在向客户赠送礼品时，并未向客户收取任何费用，对公司来说未取得收入，不属经营行为，不应纳税。再说，向客户赠送手机和赠送食用植物油、大礼盒都是无偿赠送，又为何后两者要缴税？

稽查人员遂依据现行税收法律规定，向该公司负责人和财务人员作了详细的解释。财政部、国家税务总局《关于增值税、营业税若干政策规定的通知》(财税字[1994]26号)第三条规定，电信单位(电信局及电信局批准的其他从事电信业务的单位)自己经营无线寻呼机、移动电话，并为客户提供有关的电信劳务服务的，属于混合经营，征收营业税。因此，对该公司开展的入网送手机业务，属于营业税征税范围。而《增值税暂行条例实施细则》第四条第八款规定：单位或个体经营者将自产、委托加工或购买的货物无偿赠送他人的，视同经营货物；第十六条又规定，纳税人有价格明显偏低无正当理由或者视同经营货物行为而无经营额的情形者，按下列顺序确定经营额：(一)按纳税人当月同类货物的平均经营价格确定；(二)按纳税人最近时期同类货物的平均经营价格确定；(三)按组成计税价格即成本×(1+成本利润率)确定。同时，国家税务总局印发的《增值税若干具体问题的规定》(国税发[1993]154号)又明确，纳税人因经营价格明显偏低或无经营价格等原因，按规定需组成计税价格确定经营额的，其组价公式中的成本利润率为10%。因此，对该公司无偿向客户赠送食用植物油、大礼盒等业务，应按实际购入成本加上10%的成本利润组成计税价格后，征收增值税。

但是，2006年以后情况发生了变化。国家税务总局《关于中国移动有限公司内地子公司业务经营附带赠送行为征收流转税问题的通知》(国税函[2006]1278号)明确了上述行为的相关税收政策，使这一争议得到了较好的解决。

文件规定，中国移动有限公司内地子公司开展的以业务经营附带赠送实物业务(包括赠送用户 SIM 卡、手机或有价物品等实物),属于电信单位提供电信业劳务的同时并赠送实物的行为,按照现行流转税政策规定,不征收增值税,其进项税额不得予以抵扣。文件考虑了电信单位该项业务的实际情况,认为电信单位赠送物品的行为不属于无偿赠送,而是随同提供电信业务一并提供的附带赠送行为,其总体上还是一项营业税混合经营行为。《营业税暂行条例实施细则》第五条规定,一项经营行为如果既涉及应税劳务又涉及货物,为混合经营行为。从事货物生产、批发或零售的企业、企业性单位及个体经营者的混合经营行为,视为经营货物,不征收营业税;其他单位和个人的混合经营行为,视为提供应税劳务,应当征收营业税。显然,电信单位不属于"从事货物的生产、批发或零售的企业、企业性单位及个体经营者",而是"其他单位和个人",因此,此混合经营行为与增值税无关。

在是否征收营业税问题上,文件进一步明确,其附带赠送实物的行为是电信单位无偿赠与他人实物的行为,不属于营业税征收范围,不征收营业税。那么,既是营业税混合经营行为不征收增值税,为何又不征收营业税呢?因为营业税的计税依据,必须是纳税人有偿地取得货币、货物或其他经济利益。《营业税暂行条例实施细则》第四条规定,提供应税劳务、转让无形资产或经营不动产,是指有偿提供应税劳务、有偿转让无形资产或者有偿转让不动产所有权的行为(简称应税行为)。第十一条规定,负有营业税纳税义务的单位为发生应税行为并向对方收取货币、货物或其他经济利益的单位,包括独立核算的单位和不独立核算的单位。电信单位赠送手机及有价物品等这部分实物并未作价取得实际收益,即使这部分实物取得了部分收益,也已经并入电信业务混合收入中。因此,既然是无偿提供,没有取得实际收益,就不应征收营业税。同理,文件同时规定,中国移动有限公司内地子公司开展以业务经营附带赠送电信服务业务(包括赠送用户一定业务使用时长、流量或业务使用费额度、赠送有价卡预存款或有价卡)的过程中,其附带赠送的电信服务是无偿提供电信业劳务的行为,不属于营业税征收范围,不征收营业税。

我们是否还可以根据营业税相关法规规定,认为电信单位提供应税劳务价格明显偏低而核定征收营业税呢?《营业税暂行条例实施细则》第十五条规定,纳税人提供应税劳务、转让无形资产或经营不动产价格明显偏低而无正当理由的,主管税务机关有权按下列顺序核定其营业额:(一)按纳税人当月提供的同类应税劳务或者经营的同类不动产的平均价格核定;(二)按纳税人最近时期提供的同类应税劳务或者经营的同类不动产的平均价格核定;(三)按下列公式核定计税价格:计税价格 = 营业成本或工程成本 ×(1 + 成本利润率) ÷(1 - 营业税税率)。对照以上规定,纳税人开展的以业务经营附带赠送实物业务其价格是公允的、合理的,不是针对某一特定照顾对象给予的不合理价格,其应税劳务价格的确定是有正当理由的。而且纳税人当月或最近时期提供的此项劳务平均价格并无明显偏低差异,税务机关也就不能据此核定增收营业税。

2."短信互动"的营业税处理

目前许多电视节目都采用与观众互动的方式扩大收视率,主办方通过不断推出短信竞猜、有奖短信等活动,不仅为参赛者创造了超级观众及超级人气,也为主办方创造了超级的短信收入。一般来说,短信收入是由节目制作商(电台、电视台)、短信增值服务提供商(短信公司)和提供通道的运营商(电信企业)三方分成。其分成大概为,运营商先提 15%,剩下的 85% 由节目制作商与短信增值服务提供商按五五分成分配。这里对取得的短信收入,电信运营商即电信企业是按"邮电通信业"税目缴纳营业税的,那么,节目制作商和短信增值服务提供商应按何种税目缴纳营业税呢?

由于有关业务是由多方合作完成的,所以,应当对具体业务作适当的处理。在短信收入的构成中如何缴纳税收应作以下区分,这里引用上海振信财务咨询有限公司提供的有关资料对相应的业务作一个分析。

首先,电信单位取得的短信收入按"邮电通信业"税目缴纳营业税。电信单位(亦称电信运营商)是指电信企业和经电信行政管理部门批准从事电信业务的单位。电信业务,是指用各种电传设备传输电信讯号来传递信息的业务,分为基础电信业务和增值电信业务。基础电信业务是指提供公共网络基础设施、公共数据传递和基本语音通信服务的业务,增值电信业务是指利用公共网络基础设施提供的电信与信息服务的业务,如短信、彩铃。不同运营商(我国目前有 6 大运营商:电信、移动、联通、网通、卫通、铁通)的短信服务收费价格并不相同。在以短信投票参与节目模式中,电信运营商从中获得的是服务费分成。根据财政部、国家税务总局《关于营业税若干政策问题的通知》(财税[2003]16 号)规定,邮政电信单位与其他单位合作,共同为用户提供邮政电信业务及其他服务并由邮政电信单位统一收取价款的,以全部收入减去支付给合作方价款后的余额为营业额,并以此营业额作为营业税计税依据。假如湘江电信公司从商业短信活动中共取得6 000万元的短信收入,则电信运营商实际获得的收入为6 000 - 6 000 × 85% = 900(万元),相应地应缴纳营业税为900 × 3% = 27(万元)。

国家税务总局《关于合作经营电信业务征收营业税问题的批复》(国税函[2001]640号)规定,广东省移动通信总公司与深圳市润迅网络通信服务有限公司、深圳润迅移动技术服务有限公司三方合作经营通信业务如何缴纳营业税的问题,根据《营业税暂行条例》及其实施细则和国家税务总局《关于电信业务征收营业税问题的通知》(国税函[1999]685号)的规定,对向用户收取电信费用的单位,应按其向用户所收电信费用减去分给合作单位的电信费用后的余额,按"邮电通信业"税目缴纳营业税;对其他合作经营单位从合作方分得的电信费用,也按"邮电通信业"税目缴纳营业税。根据这个文件,对其他合作经营单位取得的分成收入属于电信运营商之间提供基础电信业务,也按"邮电通信业"税目缴纳营业税。这与电信运营商与电信增值业务提供商提供的互联网增值服务业务有所区分。短信业务也存在这种情形。

其次,短信增值服务提供商按服务业税目中的"其他服务业"缴纳营业税。

电信增值业务提供商短信增值服务提供商是指为节目的短信参与者提供相关资讯服务的公司,如新浪、网易、搜狐、263、腾讯、Tom、百度等。这些公司主要的盈利模式是向短信参与者收取增值服务费,属于互联网增值服务业务。这里我们以湖南卫视"超级女声"为例,短信增值服务的基本服务费为6元,定制后服务提供商会在一个月内发送15条"超女"花絮,每条1元。一旦投票者发送定制信息,就已被捆绑接收关于"超级女声"各类资讯与花絮的增值服务。对这种互联网增值服务业务,应按服务业税目缴纳营业税。根据营业税相关规定,服务业是指利用设备、工具、场所、信息或技能为社会提供服务的业务。这种服务业应属于服务业税目中的"其他服务业"。如果湘江电信公司按照短信总收入6 000万元的数据推算,短信增值服务提供商获得的收入为6 000 × 85% × 50% = 2 550(万元),则应按服务业缴纳营业税2 550 × 5% = 127.5(万元)。

再次,节目制作商按"服务业"税目缴纳营业税。

国家税务总局《关于非电信部门开办电话咨询业务适用税目问题的批复》（国税函[1996]700号）规定，国家税务总局《关于印发〈营业税问题解答（之一）〉的通知》（国税函发[1995]156号）规定，电信部门开办168电话台，利用电话开展有偿咨询等业务，按“邮电通信业”税目缴纳营业税（这里所说的电信部门指的是国家电信管理部门直属的电信单位）；非电信部门直属的信息台，其向用户提供电话信息服务的业务取得的收入，应按“服务业”税目缴纳营业税。所以，作为非电信部门直属的短信服务节目制作商，如电台、电视台等通过举办有奖问答、有奖竞猜及有偿点歌等所取得的短信分成收入应按“服务业”税目缴纳营业税。与湘江电信公司合作的节目制作商获得的收入为6 000×85%×50%=2 550（万元），则应按“服务业”税目缴纳营业税为2 550×5%=127.5（万元）。

3. 经营出租车GPS的涉税处理

目前部分企业经营出租车车载GPS的安装和相应的电信服务。如某企业所提供的车载GPS主要功能是车辆的定位和通信，安装一台GPS收款2 500元，后期服务费用为每月50元。公司有自建大功率天线，在无线电委员会租有固定频道，每年向无线电委员会交租金20万元。该公司此项经营业务被地税局认定为“邮电通信业”，就全部收入缴纳营业税。但是，当地国税局查账后，提出该公司安装车载GPS的经营收入要全部缴纳增值税。

按营业税法的解释，“邮电通信业”是指专门办理信息传递的业务。“电信”是指用各种电传设备传输电信号来传递信息的业务，包括电报、电话、电信物品的经营及其他电信业务。“电信物品的经营”是指在提供电信劳力的同时经营专用和通用电信物品的业务。该企业完全符合以上解释规定，应按“邮电通信业”缴纳营业税。但国税局认定该公司要缴纳增值税，并下达处理决定书要限期就安装GPS的收入全部缴纳增值税，以前缴的营业税到地税局办理退税。也许该企业的财务人员会问，有很多同行都缴纳的是营业税，为什么他们要缴纳增值税？这是因为国家税务总局《关于印发〈营业税税目注释（试行稿）〉的通知》（国税发[1993]149号）就电信业税目解释为：电信，是指用各种电传设备传输电信号来传递信息的业务，包括电报、电传、电话、电话机安装、电信物品经营及其他电信业务。文件规定，电信物品经营，是指在提供电信劳务的同时附带经营专用和通用电信物品（如电报纸、电话号码簿、电报签收簿、电信器材、电话机等）的业务。从该公司经营车载 GPS 的安装和相应的业务服务分析，应该属于电信业务中的电信物品安装或经营范围。

关于电信物品的初装和经营是征增值税还是营业税问题，税法有相应的规定。国家税务总局关于印发《营业税问题解答（之一）的通知》（国税函发[1995]156 号）规定，根据对"邮电通信业"税目的解释，为用户安装电话的业务属于该税目的征收范围。"电话初装费"是邮政部门为用户安装电话而收取的费用，应按"邮电通信业"税目缴税。财政部、国家税务总局《关于增值税营业税若干政策规定的通知》（财税字[1994]26 号）关于经营无线寻呼机、移动电话等电信物品征税问题规定：电信单位（电信局及电信局批准的其他从事电信业务的单位）自己经营无线寻呼机、移动电话，并为客户提供有关的电信劳务服务的，属于混合经营，缴纳营业税；对单纯经营无线寻呼机、移动电话，不提供有关的电信劳务服务的，缴纳增值税。

需要注意的是，税法规定经营电信产品并为客户提供电信劳务服务按营业税缴税的单位，是专指电信企业和经电信行政管理部门批准从事电信业务的单位，只经营电信产品不提供电信劳务的电信单位以及未经批准从事电信业务的其他单位经营电信业务、经营（或安装）电信产品的，不能按"邮电通信业"税目缴纳营业税。财政部、国家税务总局《关于营业税若干政策问题的通知》（财税[2003]16 号）也有规定：电信单位（指电信企业和经电信行政管理部门批准从事电信业务的单位）提供的电信业务（包括基础电信业务和增值电信业务）按"邮电通信业"税目缴纳营业税。

4. 话费（促销）优惠的费用问题

部分电信公司为消费大户提供的话费优惠，是目前电信企业进行促销的一种形式。对此应当如何缴税？依据《关于中国移动（香港）有限公司内地子公司缴纳企业所得税有关问题的通知》（国税函[2003]1252 号）规定：（一）对已有用户或使用者的赠送支出，可作为商业折扣，直接按所赠送服务的正常价格抵减营业收入。（二）对单位使用者的特定人员（如业务联系人、单位领导等）的赠送支出，应作为企业交际应酬费，并按税法实施细则的有关规定处理。其中，属于服务赠送的，应按所赠送服务的市场价格计算营业收入，并就相应数额作为交际应酬费；属于外购实物赠送的，可按取得该实物的实际成本作为交际应酬费。（三）对用于宣传推广目的随机给予不确定客户（包括实际用户和潜在用户）的赠送支出，可作为企业成本费用扣除。

财政部、国家税务总局《关于电信企业有关企业所得税问题的通知》(财税[2004]215号)第一条的规定:“电信企业在发展业务过程中,采取积分计划等多种营销方式,对达到一定消费规模的用户提供一定额度的业务使用时长、流量或业务使用费优惠折扣,应作为商业折扣允许在税前扣除。”因此,电信公司给消费大户提供的话费优惠折扣,应作为商业折扣允许在税前扣除。部分企业采用预存话费赠送手机的支出也可以按手机的实际成本作为营业费用在税前扣除。

此外,国家税务总局《关于从事通信业务的外商投资企业缴纳企业所得税有关问题的通知》(国税函[2007]610号)明确,通信企业对客户采取积分回馈计划,对具备一定消费条件的客户给予积分,并根据积分回馈实物或服务。凡客户兑现积分的,通信企业所发生的实物或服务费用,可作为当期成本费用列支。客户没有兑现积分的,不得作为成本费用列支。

5. 促销过程中应当注意的问题

某稽查局在对某电信公司检查发现该单位从事小灵通业务时,为发展业务采取捆绑经营的形式对用户出售小灵通。具体业务操作流程是:电信公司作为受托方与小灵通供货商签订委托代销协议,小灵通客户在购买时先与小灵通供货商签订购销协议,后与电信单位签订开通小灵通业务用户协议。协议书中电信单位向客户承诺仅向客户收取小灵通的购机款,即开通该项业务,客户交纳的购机款折抵为话费继续使用。

同时规定客户要在一年期内使用完,每月话费不足规定标准的按标准冲减,超过部分按实际话费冲减,折抵的话费使用完后按实际收取。该项业务具体的会计核算为:向客户收取小灵通的购机款记入往来账,每月按照客户实际使用的情况,折抵为话费冲减往来,并与小灵通供货商结算货款。

针对上述情况,检查人员认为该电信公司账务处理有误,应该将小灵通客户折抵的话费记入通信业务收入申报缴纳营业税,然后按照收入与费用相配比的原则,结转相应的通信业务成本(即购入小灵通的实际成本),申报缴纳企业所得税。而公司认为该项业务属于代购代销,是为了发展业务不得已而为之,属于避税行为,不应采取上述方式处理纳税。

代购行为发生营业税纳税义务,代销行为则发生增值税和营业税纳税义务。需要特别提出的是,尽管在代购、代销行为中,代理手续费的约定属于有关当事主体“意思自治”的范畴。当事人可以约定无偿、低价或高价代理，但是对于手续费收入明显偏低且无正当理由（不限关联企业）以及关联企业间作价不合理的情形，根据《中华人民共和国税收征管理法》（以下简称《征管法》）第三十六条的规定，税务机关有权进行纳税调整。

从税法对代购代销业务的征税规定上看，该公司小灵通捆绑经营业务采取上述经营形式明显存在避税行为，而该避税行为能避哪些环节的税，是否合法呢？从经营形式上看，其符合代购货物的条件，不应对经营小灵通的行为征收营业税（根据［1994］财税字 26 号文件第三条的规定，电信单位自己经营无线寻呼机、移动电话，并为客户提供有关的电信劳务服务的，属于混合经营，征收营业税）。从经营的动机上看，该公司为发展该项业务未向客户加价收取任何费用，也未向供货商另外收取手续费，故不应对代经营小灵通的行为征收营业税。

但对其将小灵通的购机款折抵为客户的话费直接冲减购机成本是否也可避税呢？

首先，从该公司的经营上看，小灵通捆绑经营只是一种营销策略，其最终目的是为客户提供通信需求，客户购机后发生的通话费，证明其提供了应税劳务行为；其次该公司与客户的协议明显约定用户每月应使用多少话费，未用完也应按标准收取，差额可以视同代购收取的手续费征税；再次从客户购买小灵通的目的和动机上看，是为了满足通信需求，应税劳务双方目的是一致的。

因此，应该将小灵通用户购机折抵的通话费记入通信业务收入申报缴纳营业税；与供货商的货款结算不管以何种形式的返还都应视同手续费收入，计入应税收入申报缴纳营业税；如与供货商的货款结算明显不合理的，可根据《征管法》第三十六条的规定，调整其应纳税收入；然后按收入与费用相配比的原则，结转相应的通信业务成本计算缴纳企业所得税。

综上所述，该公司假借代购代销行为的名义进行避税，其最终目的是为了达到少缴营业税和企业所得税。根据《征管法》第六十三条之规定，纳税人在账簿上多列支出或者不列、少列收入是偷税，应进行相应处罚。但对税务部门根据《征管法》第三十六条的规定调整的应纳税收入而计算的税金，因不构成偷税行为要件，且税法未有明确规定要作处罚，是否进行相应处罚值得商榷。

一般情况下,如经税务部门通知其调整而未调整的可以根据《征管法》第六十四条进行相应处罚。

第三节 文化企业的涉税分析

文化单位是指从事新闻出版、广播影视和文化艺术的企事业单位。文化体育业是一个广义的概念,在税收上,文化体育业营业税的适用税率为3%。在我国,文化企业的发展是受到税收的支持的。

一、税收优惠的要点

(1)对第29届奥运会组委会取得的电视转播权经营分成收入免税。财政部、国家税务总局、海关总署《关于29届奥运会税收政策问题的通知》(财税[2003]10号)对第29届奥运会组委会取得的电视转播权经营分成收入、国际奥委会全球赞助计划分成收入(实物和资金),免征应缴纳的营业税。对组委会取得的来源于广播、因特网、电视等媒体收入,免征应缴纳的营业税。

(2)广播电视村村通税收政策。财政部、国家税务总局《关于广播电视村村通税收政策的通知》(财税[2007]17号)明确,2007年1月1日至2009年12月31日对广播电视村村通的税收政策明确对经营有线电视网络的单位从农村居民用户取得的有线电视收视费收入和安装费收入,3年内免征营业税。对经营有线电视网络的事业单位从农村居民用户取得的有线电视收视费收入和安装费收入,3年内不计征企业所得税;对经营有线电视网络的企业从农村居民用户取得的有线电视收视费收入和安装费收入,扣除相关成本费用后的所得,3年内免征企业所得税。上述单位对于其取得的上述免税收入应当和应税收入分别核算;未分开核算的,不得享受本通知规定的税收优惠政策。

(3)西部大开发税收优惠政策问题。财政部、国家税务总局、海关总署《关于西部大开发税收优惠政策问题的通知》(财税[2001]202号)对在西部地区新办交通、电力、水利、邮政、广播电视企业,上述项目业务收入占企业总收入70%以上的,可以享受企业所得税如下优惠政策:内资企业自开始生产经营之日起,第一年至第二年免征企业所得税,第三年至第五年减半征收企业所得税;外商投资企业经营期在10年以上的,自获利年度起,第一年至第二年免征企业所得税,第三年至第五年减半征收企业所得税。

(4)农村放映电影收入优惠。为了丰富山区农民文化生活,财政部、海关总署、国家税务总局《关于支持文化企业发展若干税收政策问题的通知》(财税[2009]31号)规定,广播电影电视行政主管部门(包括中央、省、地市及县级)按照各自职能权限批准从事电影制片、发行、放映的电影集团公司(含成员企业)、电影制片厂及其他电影企业,取得的经营电影拷贝收入、转让电影版权收入、电影发行收入,以及在农村取得的电影放映收入,免征增值税和营业税。税收优惠政策执行期限为2009年1月1日~2013年12月31日。

另外,还需要提醒纳税人注意的是,财政部、国家税务总局在《关于国家电影事业发展专项资金营业税政策问题的通知》(财税[2010]16号)中明确,国家电影事业发展专项资金管理委员会收取的国家电影事业发展专项资金,2008年12月31日前,按照财政部、国家税务总局《关于调整行政事业性收费(基金)营业税政策的通知》(财税字[1997]5号)规定不征收营业税;自2009年1月1日起,按照财政部、国家税务总局《关于个人金融商品买卖等营业税若干免税政策的通知》(财税[2009]111号)规定执行相关营业税政策。电影放映单位放映电影,应以其取得的全部电影票房收入为营业额计算缴纳营业税,其从电影票房收入中提取并上缴的国家电影事业发展专项资金不得从其计税营业额中扣除。

(5)支持文化企业发展一揽子优惠。财政部、海关总署、国家税务总局《关于支持文化企业发展若干税收政策问题的通知》(财税[2009]31号)就文化企业的税收政策问题明确如下要点:一、广播电影电视行政主管部门(包括中央、省、地市及县级)按照各自职能权限批准从事电影制片、发行、放映的电影集团公司(含成员企业)、电影制片厂及其他电影企业取得的经营电影拷贝收入、转让电影版权收入、电影发行收入以及在农村取得的电影放映收入免征增值税和营业税。二、2010年年底前,广播电视运营服务企业按规定收取的有线数字电视基本收视维护费,经省级人民政府同意并报财政部、国家税务总局批准,免征营业税,期限不超过3年。三、出口图书、报纸、期刊、音像制品、电子出版物、电影和电视完成片按规定享受增值税出口退税政策。四、文化企业在境外演出从境外取得的收入免征营业税。五、在文化产业支撑技术等领域内，依据《关于印发〈高新技术企业认定管理办法〉的通知》（国科发[2008]172 号）和《关于印发〈高新技术企业认定管理工作指引〉的通知》（国科发[2008]362 号）的规定认定的高新技术企业，减按 15%的税率征收企业所得税；文化企业开发新技术、新产品、新工艺发生的研究开发费用，允许按国家税法规定在计算应纳税所得额时加计扣除。文化产业支撑技术等领域的具体范围由科技部、财政部、国家税务总局和中宣部另行发文明确。六、出版、发行企业库存呆滞出版物，纸质图书超过五年（包括出版当年，下同）、音像制品、电子出版物和投影片（含缩微制品）超过两年、纸质期刊和挂历年画等超过一年的，可以作为财产损失在税前据实扣除。已作为财产损失税前扣除的呆滞出版物，以后年度处置的，其处置收入应纳入处置当年的应税收入。七、为生产重点文化产品而进口国内不能生产的自用设备及配套件、备件等，按现行税收政策有关规定，免征进口关税。

二、文化企业的具体范围

财政部、海关总署、国家税务总局《关于支持文化企业发展若干税收政策问题的通知》（财税[2009]31 号）适用于所有文化企业。文化企业是指从事新闻出版、广播影视和文化艺术的企业。其具体范围如下：

文艺表演团体；文化、艺术、演出经纪企业；从事新闻出版、广播影视和文化艺术展览的企业；从事演出活动的剧场（院）、音乐厅等专业演出场所；经国家文化行政主管部门许可设立的文物商店；从事动画、漫画创作、出版和生产以及动画片制作、发行的企业；从事广播电视（含付费和数字广播电视）节目制作、发行的企业，从事广播影视节目及电影出口贸易的企业；从事电影（含数字电影）制作、洗印、发行、放映的企业；从事付费广播电视频道经营、节目集成播出推广以及接入服务推广的企业；从事广播电影电视有线、无线、卫星传输的企业；从事移动电视、手机电视、网络电视、视频点播等视听节目业务的企业；从事与文化艺术、广播影视、出版物相关的知识产权自主开发和转让的企业；从事著作权代理、贸易的企业；经国家行政主管部门许可从事网络图书、网络报纸、网络期刊、网络音像制品、网络电子出版物、网络游戏软件、网络美术作品、网络视听产品开发和运营的企业；以互联网为手段的出版物经营企业；从事出版物、影视、剧目作品、音乐、美术作品及其他文化资源数字化加工的企业；图书、报纸、期刊、音像制品、电子出版物出版企业；出版物物流配送企业，经国家行政主管部门许可设立的全国或区域出版物发行连锁经营企业、出版物进出口贸易企业、建立在县及县以下以零售为主的出版物发行企业；经新闻出版行政主管部门许可设立的只读类光盘复制企业、可录类光盘生产企业；采用数字化印刷技术、电脑直接制版技术（CTP）、高速全自动多色印刷机、高速书刊装订联动线等高新技术和装备的图书、报纸、期刊、音像制品、电子出版物印刷企业。

三、享受税收优惠应当注意的问题

财政部、海关总署、国家税务总局《关于支持文化企业发展若干税收政策问题的通知》（财税[2009]31 号）是在原有政策的基础上的进一步完善，与原政策相比，新政策有六点变化：

1. 延长了优惠期限

财政部、海关总署、国家税务总局《关于文化体制改革中经营性文化事业单位转制后企业的若干税收政策问题的通知》（财税[2005]1 号）、财政部、海关总署、国家税务总局《关于文化体制改革试点中支持文化产业发展若干税收政策问题的通知》（财税[2005]2 号）、财政部、国家税务总局《关于宣传文化增值税和营业税优惠政策的通知》（财税[2006]153 号）规定的优惠期限均截止到 2008 年 12 月 31 日。财税[2009]31 号、财税[2009]34 号文件明确，对 2008 年 12 月 31 日前新办文化企业，其企业所得税优惠政策可以按照财税[2005]2 号文件规定执行到期；除条款中有明确期限规定者外，税收优惠政策执行期限为 2009 年 1 月 1 日至 2013 年 12 月 31 日。

2. 取消了增值税先征后退政策

新政策取消了财税[2006]153 号文件党报、党刊等有关出版物、新疆维吾尔自治区新华书店和乌鲁木齐市新华书店经营的出版物、少数民族文字印刷制作业务实行增值税先征后退政策。但财税[2009]34 号文件明确，党报、党刊将其发行、印刷业务及相应的经营性资产剥离组建的文化企业，自注册之日起所取得的党报、党刊发行收入和印刷收入免征增值税。

3. 取消了新华书店有关税收优惠

全国县（含县级市、区、旗，下同）及县以下新华书店和农村供销社在本地经营的出版物不再免征增值税。新华书店组建的发行集团或原新华书店改制而成的连锁经营企业，其县及县以下网点在本地经营的出版物，不再免征增值税。

4. 增加了数字电视收视维护费税收优惠

新政策规定，2010 年年底前，广播电视运营服务企业按规定收取的有线数字电视基本收视维护费，经省级人民政府同意并报财政部、国家税务总局批准，免征营业税，期限不超过 3 年。

5. 增加了文化高新技术企业所得税优惠

新政策规定，在文化产业支撑技术等领域内，依据《关于印发〈高新技术企业认定管理办法〉的通知》（国科发［2008］172 号）和《关于印发〈高新技术企业认定管理工作指引〉的通知》（国科发［2008］362 号）的规定认定的高新技术企业，减按 15% 的税率征收企业所得税；文化企业开发新技术、新产品、新工艺发生的研究开发费用，允许按国家税法规定在计算应纳税所得额时加计扣除。

6. 增加了呆滞出版物所得税扣除优惠

新政策规定，出版、发行企业库存呆滞出版物，纸质图书超过 5 年（包括出版当年，下同）、音像制品、电子出版物和投影片（含缩微制品）超过 2 年、纸质期刊和挂历年画等超过 1 年的，可以作为财产损失在税前据实扣除。已作为财产损失税前扣除的呆滞出版物，以后年度处置的，其处置收入应纳入处置当年的应税收入。需要注意的是，企业在处理库存呆滞出版物时，应注意把握是正常损失，还是非正常损失。增值税方面，如果是非正常损失，应及时做进项税额转出处理；所得税方面，如果确认为非正常损失，则要按照财产损失申报相关规定，在规定日期之前向税务机关进行报批。

应注意的事项。纳税人应将享受税收优惠政策的出版物在财务上实行单独核算，不进行单独核算的不得享受优惠政策。违规出版物和多次出现违规的出版社、报社和期刊社不得享受优惠政策。同时，纳税人还应根据相关政策规定和当地税务机关的具体要求，收集整理有关资料，并及时向税务机关报送，避免造成该享受的优惠不能享受。

四、电视网络业务的涉税分析

目前电视网络服务走进千家万户。许多企业看到其中的商机，纷纷投资成立相关企业经营电视网络业务。如某企业新近成立了一家有线电视网络服务公司，主要从事有线电视的安装、收视及维护。为扩大经营范围，经工商部门批准，该公司还从事广告播映及与当地电信部门开展了联合点歌业务。在分别向当地国税和地税部门办理了税务登记后，在具体纳税申报时，该公司所从事的电视节目播映、广告播映等业务，其相关的涉税业务应当如何处理?

有线电视网络经营者是指依据《广播电视管理条例》，由国家或省级广播电视行政部门批准从事广播电视传送业务且拥有有线电视分配网和有线电视用户资源的有线电视网络传输公司或单位。如各地的电视信息网络股份有限公司、广播电视网络有限公司、广播电视事业局、有线电视台等。由于这些单位主要以播放电视节目为主，包括有线电视台、站转播节目和自办节目。具体的涉税政策尤其是营业税上涉及不同的税目，因此不能一概而论均按文化体育业中的“播映业”缴纳营业税，纳税人在涉税申报中应予以区分。

1. 有线电视台收取的有线电视安装费(或称建设费)适用建筑业税目中“安装”税目

根据《营业税暂行条例》及其实施细则的规定及国家税务总局《关于营业税若干征税问题的通知》(国税发[1994]159号)、国家税务总局《关于有线电视台有关收费征收营业税问题的批复》(国税函[1998]748号)、国家税务总局《关于有线电视初装费、收视费征收营业税问题的批复》(国税函[1999]675号)中关于有线电视安装费缴税问题规定，有线电视安装费，是指有线电视台为用户安装有线电视接收装置，一次性向用户收取的安装费，也称之为“初装费”。对有线电视台收取的有线电视安装费(或称建设费)，应按“建筑业”税目依3%的税率缴纳营业税。

2. 有线电视台的收视维护费等适用文化体育业税目中的“播映业”税目

根据《营业税暂行条例》及其实施细则的规定及国税函[1998]748号、国家税务总局《关于广播电视系统、交通、工商、公安等部门的有关收费项目征收营业税的批复》(国税函[1998]766号)、国税函[1999]675号、国家税务总局《关于广播电视有线数字付费频道业务征收营业税问题的通知》(国税函[2004]141号)规定,有线电视台收取的收视费、收视维护费(或称月租费)、“点歌台”栏目等的收费,应按“文化体育业”中的“播映业”税目依3%的税率缴纳营业税。另外有的有线电视台在专用频道播出股票同步行情信息、并向证券公司收取费用,对有线电视台从证券公司取得的这部分播映收入以及有线电视台直接及向有线电视用户收取的加密费收入、广播电视有线数字付费频道业务,也应按“文化体育业”缴纳营业税。

3. 有线电视台收取广告费适用服务业税目中的“广告业”

根据《营业税暂行条例》及其实施细则的规定及国税函[1998]748号、国税函[1998]766号规定,有线电视台收取电视直销购物公司借助电视台“电视购物”栏目开展商品直销业务等广告费,应按“服务业——广告业”税目依5%的税率缴纳营业税。

4. 有线数字电视收入免缴营业税

财政部、国家税务总局《关于免征青岛市有线数字电视收入营业税的通知》(财税[2004]186号)规定,为支持电视数字化工作的发展,经国务院批准,自2005年1月1日至2007年12月31日,对青岛有线电视网络中心根据《青岛市物价局关于有线数字电视收视费收费标准的通知》(青价费[2003]239号)规定标准收取的有线数字电视收视费免征营业税。其他地市在推进有线电视数字化整体转换时,可以参照财政部、国家税务总局《关于免征青岛市有线数字电视收入营业税的通知》的精神,通过省级(副省级)人民政府向财政部、国家税务总局申请减免有线数字电视收入的营业税,均可申请免缴营业税。

5. 有偿转播电视节目收视费收入计税营业额问题

国家税务总局《关于电视收视费征收营业税问题的通知》(国税发[2001]22号)、国家税务总局《关于付费电视业务取得的收入征收营业税问题的批复》(国税函[2003]384号)、国税函[2004]141号文件规定,各地电视转播台(或其他单位)向当地用户有偿转播由中央电视台或其他电视台播放的电视节目、付费电视业务、广播电视有线数字付费频道业务,应由直接向用户收取收视费的电视转播台(或其他单位)按其向用户收取的收视费全额,向所在地主管税务机关缴纳营业税。播映电视节目的中央电视台或其他电视台从各地电视转播台(或其他单位)各合作单位分得的收视费收入,不再缴纳营业税。

第八章

软件集成电路企业的税收筹划

软件与集成电路产业是信息产业的核心，其技术水平和规模是国家综合实力的重要标志之一，为了对软件和集成电路产业进行政策扶持，2000 年我国出台《鼓励软件和集成电路产业发展的若干政策》（国发[2000]18 号）。该文件出台以来，中国软件产业取得了长足发展，中国软件产业的收入年均增长 30%，2007 年达到 5 800 亿元左右。但是总体规模与发达国家相比还有差距，美国的市场规模差不多是我们的 5.4 倍，单软件出口外包这一项，我们与印度比较也有 5.2 倍的差距。为了进一步鼓励软件与集成电路产业的发展，财政部、国家税务总局发布了《关于企业所得税若干优惠政策的通知》（财税[2008]1 号）。纳税人通过对新政策的解读，可以找到企业发展的思路。

第一节　软件企业的条件及税收优惠

财政部、国家税务总局《关于鼓励软件产业和集成电路产业发展有关税收政策问题的通知》（财税[2000]25 号）等相关文件对鼓励软件产业发展问题明确了如下政策：

一、软件开发企业必须同时具备以下条件

（1）取得省级信息产业主管部门颁发的软件企业认定证书。

（2）以计算机软件开发生产、系统集成、应用服务和其他相应技术服务为主营业务，单纯从事软件贸易的企业不得享受。

（3）具有一种以上由本企业开发或由本企业拥有知识产权的软件产品，或者提供通过资质等级认证的计算机信息系统集成等服务。

（4）具有从事软件开发和相应技术服务等业务所需的技术装备和经营场所。

（5）从事软件产品开发和技术服务的技术人员占企业职工总数的比例不低于50%。

（6）软件技术及产品的研究开发经费占企业软件收入的8%以上。

（7）年软件经营收入占企业年总收入的比例达到35%以上，其中，自产软件收入占软件经营收入的50%以上。

二、软件企业的税收优惠

财政部、国家税务总局《关于鼓励软件产业和集成电路产业发展有关税收政策问题的通知》（财税［2000］25号）、《关于企业所得税若干优惠政策的通知》（财税［2008］1号）等文件对软件产业的税收优惠明确以下几点：

其一，增值税实际税负超过3%的部分实行即征即退。自2000年6月24日起至2010年年底以前，对增值税一般纳税人经营其自行开发生产的软件产品，按17%的法定税率征收增值税后，对其增值税实际税负超过3%的部分实行即征即退政策。增值税一般纳税人将进口的软件进行转换等本地化改造后对外经营，其经营的软件可按照自行开发生的软件产品的有关规定享受即征即退的税收优惠政策。这里的本地化改造是指对进口软件重新设计、改进、转换等工作，单纯对进口软件进行汉字化处理后再经营的不包括在内。另外，企业自营出口或委托、经营给出口企业出口的软件产品，不适用增值税即征即退办法。

其二，软件生产企业取得增值税退还的税款不作为所得税应税收入。软件生产企业实行增值税即征即退政策所退还的税款，由企业用于研究开发软件产品和扩大再生产，不作为企业所得税应税收入，不予征收企业所得税。

其三，所得税享受"两免三减半"政策。我国境内新办软件生产企业经认定后,自获利年度起,第一年和第二年免征企业所得税,第三年至第五年减半征收企业所得税。

其四,国家规划布局内的重点软件生产企业,如当年未享受免税优惠的,减按10%的税率征收企业所得税。

其五,软件生产企业的职工培训费用,可按实际发生额在计算应纳税所得额时扣除。

其六,对经认定的软件生产企业进口所需的自用设备,以及按照合同随设备进口的技术(含软件)及配套件、备件,不需出具确认书、不占用投资总额,除国务院国发[1997]37号文件规定的《外商投资项目不予免税的进口商品目录》和《国内投资项目不予免税的进口商品目录》所列商品外,免征关税和进口环节增值税。

其七,企事业单位购进软件,凡符合固定资产或无形资产确认条件的,可以按照固定资产或无形资产进行核算,经主管税务机关核准,其折旧或摊销年限可以适当缩短,最短可为2年(这一规定与过去相比,放宽了企业加速折旧或缩短摊销年限的审批条件。因为按财税[2000]25号的规定,投资额在3 000万美元以上的外商投资企业,需报国家税务总局批准才能对购进软件加速折旧或缩短摊销年限)。

集成电路设计企业视同软件企业,享受上述软件企业的有关企业所得税政策。

此外,再投资退税政策因为可以有效减轻税负,已经成为投资者非常看重的优惠政策。随着新《企业所得税法》的实施,2008年以前主要适用于外国投资者的再投资退税政策已基本被取消。目前,仅有软件、集成电路产业保留了再投资退税优惠政策。因此,这一政策形成的税收优惠洼地,有可能吸引更多资金投向软件、集成电路产业,对促进产业的发展壮大将产生不可估量的作用。

第二节　软件业务的管理要求

国家对软件生产企业有税收优惠和鼓励,但是,纳税人在日常生产和经营过程中应当注意合理利用。这里需要提醒纳税人的是,享受软件企业税收优惠首先要取得软件企业的资格;其次是注意有关项目的会计核算。下面我们列举几个实例分别进行说明。

一、软件产品应当单独核算

某公司为一般纳税人。2007年刚成立就研发出某型计算机,该计算机不仅内含机载办公软件(即嵌入式软件),而且配套经营若干财务软件光盘。根据初步市场调查,产品前景看好。就在公司人员摩拳擦掌,准备把产品推向市场时,当地主管税务机关的税务人员到该企业进行巡查时,发现该企业在内部控制制度上存在操作不完善的问题。税务人员小王向该企业负责人提出建议,软件产品要尽量单独核算,这样可减轻税收负担。

该企业的负责人不理解地问:我们不是软件企业吗?软件企业享受税收优惠是国家规定的,还需要搞得那么复杂吗?小王耐心地告诉他:软件产品有税收优惠,而对硬件产品无优惠。根据《关于鼓励软件产业和集成电路产业发展有关税收政策问题的通知》(财税[2000]25号)规定:"增值税一般纳税人经营其自行开发生产的软件产品,按17%的法定税率征收增值税后,对其增值税实际税负超过3%的部分实行即征即退政策。"但是,根据《关于贯彻落实〈中共中央国务院关于加强技术创新,发展高科技,实现产业化的决定〉有关税收问题的通知》(财税[1999]273号)第一条第三项规定,随同机器设备一并经营的软件产品,要分别核算经营额。该文件同时明确,如果未分别核算或核算不清,按照计算机网络或计算机硬件以及机器设备等的适用税率征收增值税,不予退税。因此,分别核算可以使得配套经营的财务软件享受退税政策。

不仅如此,根据《关于增值税若干政策的通知》(财税[2005]165号)第十一条第一款规定,嵌入式软件不能享受增值税退税优惠。《关于嵌入式软件增值税政策问题的通知》(财税[2006]174号)对嵌入式软件的定义是"在生产过程中已经嵌入在计算机硬件、机器设备中并随同一并经营,构成计算机硬件、机器设备的组成部分并且不能准确单独核算软件成本的软件产品"。该公司的内置办公软件无疑已经是硬件组成部分,如果不分别核算,就铁定是嵌入式软件,别想退税优惠。但财税[2006]174号文件第三条规定,嵌入硬件的软件产品,只要分别核算其成本,可按照其占总成本的比例,享受有关增值税即征即退政策。未分别核算或核算不清的,不予退税。

通过对上述文件的分析可以发现,嵌入式软件的政策曾经有所变化,但是通过分别核算可以享受优惠,因为内置办公软件虽无法单独核算经营额,却能单独核算生产成本。

小王粗略对比计算了一下,每台计算机经营价为 5 000 元,配套财务软件约占 1 000 元,所耗用的原材料约占 3 000 元,进项税额 510 元,内置软件生产成本约占计算机总成本的 15%。若不分别核算,则全部按 17% 税率纳税,应纳税(5 000 + 1 000) × 17% - 510 = 510(元)。如果分别核算,则软件部分 1 000 元享受退税优惠,软件产品是智力产品,所耗用的原材料、进项税额可以忽略不计,实际税负超过 3% 部分即征即退近似于按 3% 纳税,只需纳税1 000 × 3% = 30(元);硬件部分 5 000 元应纳税 5 000 × 17% - 510 = 340(元),税负为 340 ÷ 5 000 = 6.8%,但内置办公软件可按成本比例享受退税,可退税 340 × 15% × [(6.8% - 3%) ÷ 6.8%] ≈ 28.5(元)。实际纳税 30 + 340 - 28.6 = 341.4(元)。节税 510 - 341.4 = 168.6(元),节税率达 168.6 ÷ 510 ≈ 33.06%。

对于嵌入式软件产品的会计核算,特别是分别核算税法反复要求。最近,财政部、国家税务总局《关于嵌入式软件增值税政策的通知》(财税[2008]92 号)规定:增值税一般纳税人随同计算机网络、计算机硬件和机器设备等一并经营其自行开发生产的嵌入式软件,如果能够按照财政部、国家税务总局《关于贯彻落实〈中共中央国务院关于加强技术创新,发展高科技,实现产业化的决定〉有关税收问题的通知》(财税字[1999]273 号)第一条第三款的规定,分别核算嵌入式软件与计算机硬件、机器设备等的经营额,可以享受软件产品增值税优惠政策。凡不能分别核算经营额的,仍按照财政部、国家税务总局《关于增值税若干政策的通知》(财税[2005]165 号)第十一条第一款规定不予退税。

财税[2008]92 号文件还规定了纳税人嵌入式软件经营额计算公式 = (嵌入式软件与计算机硬件、机器设备经营额合计) - [计算机硬件、机器设备成本 × (1 + 成本利润率)];税务机关依据下列公式计算办理退税,嵌入式软件的即征即退税额公式 = 嵌入式软件经营额 × 17% - 嵌入式软件经营额 × 3%。成本利润率是指,纳税人一并经营的计算机硬件与机器设备的成本利润率,实际成本利润率高于 10% 的,按实际成本利润率确定,低于 10%

的按10%确定。

二、外购软件的资产确认

财政部、国家税务总局联合下发了《关于企业所得税若干优惠政策的通知》(财税[2008]1号)规定:企事业单位购进软件,凡符合固定资产或无形资产确认条件的,可以按照固定资产或无形资产进行核算,经主管税务机关核准,其折旧或摊销年限可以适当缩短,最短可为2年。外购软件确认为无形资产或固定资产,产生的税收负担是不相同的。因为,在企业的不同经营环境(盈利或亏损)下,不同的确认方法,产生的现金净流量是不相同的。

软件确认为无形资产或固定资产,其依据主要是财政部《关于促进企业技术进步有关财务税收问题的通知》(财工字[1996]41号)第四条第四款的规定:企业购入的计算机应用软件,随同计算机一起购入的,计入固定资产价值;单独购入的,作为无形资产管理。《国家税务总局企业所得税税前扣除办法》(国税发[2000]84号)第三十条规定:纳税人购买计算机硬件所附带的软件,未单独计价的,应并入计算机硬件作为固定资产管理;单独计价的软件,应作为无形资产管理。通过对上述文件的分析可知:外购计算机附带的软件,主要是依据软件单独计价与否来划分为无形资产或固定资产。

将软件确定为无形资产还是固定资产在增值税处理上存在差别。《增值税暂行条例》第十条规定,下列项目的进项税额不得从销项税额中抵扣:其一,购进固定资产;其二,用于非应税项目的购进货物或者应税劳务;其三,用于免税项目的购进货物或者应税劳务;其四,用于集体福利或者个人消费的购进货物或者应税劳务;其五,非正常损失的购进货物;其六,非正常损失的在产品、产成品所耗用的购进货物或者应税劳务。另外,《增值税暂行条例实施细则》第十九条明确条例第十条所称固定资产是指:一是使用期限超过一年的机器、机械、运输工具以及其他与生产、经营有关的设备、工具、器具;二是单位价值在2 000元以上,并且使用年限超过两年的不属于生产、经营主要设备的物品。综合分析增值税有关规定,没有发现对无形资产中所含增值税不能抵扣的规定。

上述政策差别就为纳税人提供了操作的空间。

长江企业集团是一家大型民营制造企业,2008年预计应纳税所得额为

5 000万元。为了对全国各地的生产厂商进行有效监控,2008 年年初公司拟上一套软件系统和相关的硬件。软件系统报价 1 100 万元,相关的硬件报价为 500 万元,合计为 1 600 万元。在进行纳税筹划前,公司将软件和硬件合在一起确认为固定资产,这一事项对公司的纳税影响为:公司企业所得税前增加折旧金额为(1 100 + 500) ÷ 2 = 800(万元)(为了方便计算,假设该项固定资产在 2008 年和 2009 年各摊销一半)。因此影响企业所得税金额为 800 × 25% = 200(万元)。两年共影响企业所得税金额为 200 × 2 = 400(万元)。长江企业集团因外购该软件系统的现金净流量为 -1 600 + 400 = -1 200(万元)。

[筹划方案]

税务专家对该公司的生产和经营情况进行了综合分析,发现可以将该管理软件和硬件单独计价,从而将软件确认为无形资产。于是,便建议公司改变操作方法。

建议企业在采购软件时取得增值税专用发票,从而取得增值税进项为 160 万元,该进项可以在税前抵扣;软件价款扣除增值税后所余的部分 940 万元(1 100 - 160)再确认为无形资产分两年摊销,年摊销金额为 470 万元。另外硬件分两年摊销,年摊销金额为 250 万元。长江企业集团年影响企业所得税金额为(470 + 250) × 25% = 180(万元);两年影响企业所得税金额为 180 × 2 = 360(万元)。长江企业集团因外购该软件系统的现金净流量为 -1 600 + 160 + 360 = -1 080(万元)。

[筹划结论]

通过合理筹划,长江企业集团减少现金流出:-1 080 - (-1 200) = 120(万元),这就是税收筹划的节税额。

[筹划点评]

当软件作为无形资产时,其相应的增值税进项可以税前抵扣,节约了 160(万元)的增值税;而相应减少的无形资产部分在企业所得税前少抵扣企业所得税税款金额为 160 × 25% = 40(万元);综合增值税和营业税对企业现金净流量影响为 160 - 40 = 120(万元)。在本方案的操作过程中,有三个问题值得注意:

其一,该方案只能在增值税一般纳税人中进行。如果企业不是增值税一般纳税人,上述纳税筹划方案没有增值税进项可以抵扣,无纳税筹划的空间。

其二，软件中的增值税是否可以分离，要看企业采购过程中的具体操作方法。根据政策规定，软件产品如果是随机器、设备等固定资产一并购入，并构成固定资产原值的，不得抵扣进项税额；如果不是随机器、设备等固定资产一并购入的，不作为固定资产核算，且不属于《增值税暂行条例》第十条第二至第六项规定的项目，则可以抵扣软件产品的进项税额。

其三，购进设备及软件的摊销时间应当根据企业的具体情况具体掌握。如果企业处于亏损期，预计亏损在5年内不能弥补时，将软件作为无形资产确认后，剩余的无形资产和固定资产尽可能按2年以上的期限(如5年)进行摊销，将折旧或摊销金额后延。

三、注意软件企业认定的条件

享受软件企业的税收优惠存在前置条件。某电脑软件开发公司申请国家重点软件企业，曾经提出过认定申请，但由于种种原因没有通过。听说2008年国家出台了优惠政策来大力支持软件企业发展。于是，公司在认为已达到了认定标准的前提下，又向国税部门递交了申请书。但经过最后审核，仍被告知申请没有通过。

为推动企业技术进步，促进高新技术产业发展，2006年国家的确出台了推动软件产业发展的税收优惠政策。国家发改委、信息产业部、商务部、国家税务总局不久前联合发布的《国家规划布局内重点软件企业认定管理办法》(发改高技[2005]2669号)中规定，从2006年1月1日起，经认定的年度国家规划布局内重点软件企业，当年未享受免税优惠的，可减按10%的税率征收企业所得税。但是，企业必须符合下列条件之一：软件年营业收入超过1亿元人民币且当年不亏损；年出口额超过100万美元，且软件出口额占本企业年营业收入50%以上；在年度重点支持软件领域内经营收入列前五位。

经过审核，该企业在2005年营业收入总额为1.85亿元，当年缴纳国税收入1 696.78万元，不存在亏损状况，似乎符合认定条件。但经调查了解得知，原来该企业曾在2004年提出认定申请，但由于当时虚报主营业收入额，造成材料内容不真实，因此申请被税务机关退回。在新出台的《办法》中明确规定：企业申报国家规划布局内重点软件企业，提供虚假材料或内容、数据失实的，终止其认定申请；已获得认定的，撤销其国家规划布局内重点软件企业资格，同时追回已减免税收款项，认定机构3年内不再受理其认定申请。因此，企业在未满3年的时间内提出认定申请，国税部门都不予审批。

第三节　嵌入式软件的核算及筹划

计算机软件产品是指记载有计算机程序及其有关文档的存储介质（包括软盘、硬盘、光盘等）。嵌入式系统是以应用为中心，以计算机技术为基础，并且软硬件可裁剪，适用于应用系统对功能、可靠性、成本、体积、功耗有严格要求的专用计算机系统。它一般由嵌入式微处理器、外围硬件设备、嵌入式操作系统以及用户的应用程序等四个部分组成，用于实现对其他设备的控制、监视或管理等功能。“嵌入式软件”指纳税人在生产过程中已经嵌入在计算机硬件、机器设备中并随同一并经营，构成计算机硬件、机器设备的组成部分并且不能准确单独核算软件成本的软件产品。其市场价值体现是通过嵌入式系统实现的。换句话说，嵌入式软件是指嵌入在硬件中的操作系统和开发工具软件，如我们常见的移动电话、掌上电脑、数码相机、机顶盒、MP3等都是用嵌入式软件技术对传统产品进行智能化改造的结果。

一、嵌入式软件经营额的计算方法

为了鼓励软件产业的发展，财政部和国家税务总局《关于鼓励软件产业和集成电路产业发展有关税收政策问题的通知》（财税［2000］25号）规定：“增值税一般纳税人经营其自行开发生产的软件产品，按17%的法定税率征收增值税后，对其增值税实际税负超过3%的部分实行即征即退政策。”按照该规定，嵌入式软件可以享受即征即退的政策。

为了强化对软件产品的涉税管理，2005年11月财政部、国家税务总局发布了《关于增值税若干政策的通知》（财税［2005］165号）第十一条第一款规定：“嵌入式软件不属于财政部、国家税务总局《关于鼓励软件产业和集成电路产业发展有关税收政策问题的通知》（财税［2000］25号）规定的享受增值税优惠政策的软件产品。”由此嵌入式软件企业不能享受退税政策，软件增值税由3%飙升至17%。

考虑到嵌入式软件产品经营的具体情况,2006 年 12 月,财政部、国家税务总局发布的《关于嵌入式软件增值税政策问题的通知》(财税[2006]174 号)明确,"《财政部、国家税务总局关于增值税若干政策的通知》(财税[2005]165 号)第十一条第一款规定的'嵌入式软件'是指纳税人在生产过程中已经嵌入在计算机硬件、机器设备中并随同一并经营,构成计算机硬件、机器设备的组成部分并且不能准确单独核算软件成本的软件产品。增值税一般纳税人随同计算机网络、计算机硬件、机器设备等一并经营软件产品,应当按照财政部、国家税务总局《关于贯彻落实〈中共中央国务院关于加强技术创新、发展高科技、实现产业化的决定〉有关税收问题的通知》(财税[1999]273 号)的规定分别核算成本。增值税一般纳税人经营其自行开发生产的用于计算机硬件、机器设备等嵌入的软件产品,仍可按照财政部、国家税务总局《关于鼓励软件产业和集成电路产业发展有关税收政策问题的通知》(财税[2000]25 号)有关规定,凡是分别核算其成本的,按照其占总成本的比例,享受有关增值税即征即退政策",同时明确该文件"自财税[2005]165 号文件发布之日起执行",此文件发布标志着嵌入式软件的增值税退税政策放宽。

2008 年 7 月,财政部、国家税务总局联合下发的《关于嵌入式软件增值税政策的通知》(财税[2008]92 号)对嵌入式软件经营增值税退税政策再次予以明确。该文件规定,增值税一般纳税人随同计算机网络、计算机硬件和机器设备等一并经营其自行开发生产的嵌入式软件,分别核算嵌入式软件与计算机硬件、机器设备等的经营额,可以享受软件产品增值税优惠政策。凡不能分别核算经营额的,仍按照财政部、国家税务总局《关于增值税若干政策的通知》(财税[2005]165 号)第十一条第一款规定,不予退税。

其中嵌入式软件经营额 = 嵌入式软件与计算机硬件、机器设备经营额合计 - [计算机硬件、机器设备成本 × (1 + 成本利润率)]。成本是指,经营自产(或外购)的计算机硬件与机器设备的实际生产(或采购)成本。成本利润率是指,纳税人一并经营的计算机硬件与机器设备的成本利润率,实际成本利润率高于 10% 的,按实际成本利润率确定,低于 10% 的,按 10% 确定。

税务机关按照下列公式计算嵌入式软件的即征即退税额,并办理退税。即征即退额 = 嵌入式软件经营额 × 17% - 嵌入式软件经营额 × 3%。根据财税[2008]92 号规定,嵌入式软件生产企业在掌握此条政策中应重点注意:

软件、硬件收入须分别核算,企业进行会计处理时,必须分别核算嵌入式软件与计算机硬件、机器设备的经营额。未分别核算或核算不清的,不能享受软件退税政策。

严格按照公式计算确定即征即退软件经营额,嵌入式软件经营额应根据嵌入式软件与计算机硬件、机器设备经营额合计 - [计算机硬件、机器设备成本 × (1 + 成本利润率)]来确定,实际成本利润率高于10%的,按实际成本利润率确定,低于10%的,按10%确定。

二、嵌入式软件产品涉税筹划实例分析

依据财政部、国家税务总局《关于增值税若干政策的通知》(财税[2005]165号)第十一条第一款和第三款的规定,关于计算机软件产品征收增值税有关问题:嵌入式软件不属于财政部、国家税务总局《关于鼓励软件产业和集成电路产业发展有关税收政策问题的通知》(财税[2000]25号)规定的享受增值税优惠政策的软件产品。纳税人受托开发软件产品,著作权属于受托方的征收增值税,著作权属于委托方或属于双方共同拥有的不征收增值税。现在软件企业开发嵌入式软件因无法享受增值税即征即退的政策,软件企业的税负将明显加重。如何有效降低嵌入式软件的税负呢?

[案例之一]长江软件开发公司2006年预计实现嵌入式软件经营金额为23 400万元(含税),为生产软件而购入的材料金额为2 340万元(含税)。该企业的经营成本可以在企业所得税前列支的金额为6 000万元,期间费用可列支的金额为4 000万元。长江软件开发公司应当如何计算并缴纳增值税呢?(为简化问题分析,此例忽略了城建税、教育费附加等因素)

财政部、国家税务总局《关于增值税若干政策的通知》(财税[2005]165号)第十一条关于计算机软件产品征收增值税有关问题明确规定,嵌入式软件不属于财政部、国家税务总局《关于鼓励软件产业和集成电路产业发展有关税收政策问题的通知》(财税[2000]25号)规定的享受增值税优惠政策的软件产品。因此,长江软件开发公司2006年度经营嵌入式软件应当计算缴纳的增值税额为:

$$(23\,400 \div 1.17 - 2\,340 \div 1.17) \times 0.17 = 3\,060(万元)。$$

企业经营软件的增值税税收负担水平达13.08%。可见,税收负担是比

较高的。有没有办法使该企业的税收负担水平下降呢?

[政策分析]

为了扶持高新技术的发展,我国先后颁发了许多与软件产品有关的税收优惠政策,财政部、国家税务总局《关于贯彻落实〈中共中央国务院关于加强技术创新,发展高科技,实现产业化的决定〉有关税收问题的通知》(财税字[1999]273号)规定,一般纳税人经营其自行开发生产的计算机软件产品,可按法定17%的税率征收后,对实际税负超过6%的部分实行即征即退。

财政部、国家税务总局《关于鼓励软件产业和集成电路产业发展有关税收政策问题的通知》(财税[2000]25号)明确,自2000年6月24日起至2010年年底以前,对增值税一般纳税人经营其自行开发生产的软件产品,按17%的法定税率征收增值税后,对其增值税实际税负超过3%的部分实行即征即退政策。

但是,由于"嵌入式软件"产品的特殊性,税法曾对其进行了专门的规定。财政部、国家税务总局《关于增值税若干政策的通知》(财税[2005]165号)第十一条第一款关于计算机软件产品征收增值税有关问题明确规定:嵌入式软件不属于财政部、国家税务总局《关于鼓励软件产业和集成电路产业发展有关税收政策问题的通知》(财税[2000]25号)规定的享受增值税优惠政策的软件产品。从而使生产嵌入式软件的企业的增值税的税收负担大大上升。

政策的改变,对有关企业产生极大的影响,不利于软件衍生产品的推广。考虑到实际情况,2006年年底国家又出台文件,对嵌入式软件比照执行有关税收优惠在管理上提出要求。财政部、国家税务总局《关于嵌入式软件增值税政策问题的通知》(财税[2006]174号)第三条规定,增值税一般纳税人经营其自行开发生产的用于计算机硬件、机器设备等嵌入的软件产品,仍可按照财政部、国家税务总局《关于鼓励软件产业和集成电路产业发展有关税收政策问题的通知》(财税[2000]25号)有关规定,凡是分别核算其成本的,按照其占总成本的比例,享受有关增值税即征即退政策。未分别核算或核算不清的,不予退税。其实这个规定原已有之,财政部、国家税务总局《关于贯彻落实〈中共中央国务院关于加强技术创新,发展高科技,实现产业化的决定〉有关税收问题的通知》(财税字[1999]273号)第一条第三款规定,对随同计算机网络、计算机硬件、机器设备等一并经营的软件产品，应当分别核算经营额。如果未分别核算或核算不清，按照计算机网络或计算机硬件以及机器设备等的适用税率征收增值税，不予退税。

[筹划分析]

如果我们对现行政策文件进行综合分析，我们就可以得出有关操作思路。财政部、国家税务总局《关于增值税若干政策的通知》(财税[2005]165号)第十一条在第一款明确嵌入式软件不属于财政部、国家税务总局《关于鼓励软件产业和集成电路产业发展有关税收政策问题的通知》(财税[2000]25号)规定的享受增值税优惠政策的软件产品的同时，还在其第三款规定：纳税人受托开发软件产品，著作权属于受托方的征收增值税，著作权属于委托方或属于双方共同拥有的不征收增值税。

我们对以上文件进行分析就可以发现，作为嵌入式软件开发和经营企业是否应当征收增值税，关键是看有关企业对所开发的软件是不是拥有著作权，或者能不能分别核算。

由此，对于长江软件开发公司我们可以给出如下筹划思路：

一是参与软件开发，从而取得软件的著作权。企业自行开发生产嵌入的软件产品一般拥有著作权，但是，如果受托开发则不然。因此，如果企业受托开发嵌入式软件，应当争取参与软件的开发活动，并且通过合同约定在法律形式上保留部分软件产品的著作权，从而达到缴纳营业税不缴增值税的目的。

二是进行分别核算，单独核算软件的成本。由于"嵌入式软件"不能作为独立的产品存在而经营，需要嵌入计算机硬件、机器设备中并随同一并经营。所以在研发和生产过程中，企业就需要将软件开发所产生的成本和费用，如人工工资和其他费用等与其他计算机硬件、机器设备生产和制造的材料等成本费用进行分别核算。

[筹划结论]

如果企业通过以上筹划并得到主管税务机关的认可，依据财政部、国家税务总局《关于鼓励软件产业和集成电路产业发展有关税收政策问题的通知》(财税[2000]25号)文件的规定：对增值税一般纳税人经营其自行开发生产的软件产品，按17%的法定税率征收增值税后，对其增值税实际税负超过3%的部分实行即征即退政策。长江软件开发公司则需要缴纳增值税：

$$23\ 400 \div 1.17 \times 0.03 = 600(\text{万元});$$

2006 年企业可以从税务机关获得增值税退还金额为：

$$3\ 060 - 600 = 2\ 460(\text{万元})。$$

通过筹划，长江软件开发公司的增值税的税收负担由 13.08% 下降为 3%。

[筹划点评]

作为受托开发“嵌入式软件”企业参与软件技术或程序的研发是可行的，因为作为著作权是可以量化成货币的形式来进行操作。软件的著作权属于双方所有后，双方之间的利益分配可以重新调整。受托企业介入委托企业的有关业务，而委托企业也可以通过渗透受托企业的有关业务获得利益补偿，或者通过有关开发商品的价格让步的手段得到补偿。

作为受托企业取得“嵌入式软件”的部分著作权以后，不仅在转让软件过程中可以依据财政部、国家税务总局《关于增值税若干政策的通知》(财税[2005]165 号)不征增值税，如果符合财政部、国家税务总局《关于贯彻落实〈中共中央国务院关于加强技术创新，发展高科技，实现产业化的决定〉有关税收问题的通知》(财税[1999]273 号)所规定的技术转让规定，还可以免征营业税。

同时，依据财政部、国家税务总局《关于企业所得税若干优惠政策的通知》(财税[1994]1 号)第一条第五款规定，企业事业单位进行技术转让，以及在技术转让过程中发生的与技术转让有关的技术咨询、技术服务、技术培训的所得，年净收入在 30 万元以下的，暂免征收所得税。

在这里需要提醒纳税人注意的是，在实务过程中，由于落实财税[2006]174 号文件，对“嵌入式软件”的开发成本和费用进行分别核算，“凡是分别核算其成本的，按照其占总成本的比例，享受有关增值税即征即退政策。未分别核算或核算不清的，不予退税”。难度比较大，是否能够确认分别核算，往往是由税务机关说了算，纳税人存在一定的操作风险。因此，如果没有绝对的把握，纳税人还是采用取得著作权的筹划方式比较好。

[案例之二]浦江软件开发有限公司 2007 年预计实现嵌入式软件经营金额为 11 700 万元(含税)，软件材料购入金额为 1 170 万元(含税)。该企业的经营成本在企业所得税前可扣除金额为 3 000 万元，期间费用可扣除金额为 2 000 万元。假设企业适用的企业所得税税率为 33%。

对于浦江软件开发有限公司来说，其2007年的税后净利润根据不同的政策就会有不同的结果（为简化问题分析，此例忽略了城建税、教育费附加等因素）。

如果依据财税[2000]25号文件的规定，浦江软件开发有限公司2007年的增值税退还金额为：

(11 700 ÷ 1.17 − 1 170 ÷ 1.17) × 0.17 − 11 700 ÷ 1.17 × 0.03 = 1 230（万元）。

那么，浦江软件开发有限公司税后净利润为：

(11 700 ÷ 1.17 − 3 000 − 2 000) × (1 − 33%) + 1 230 = 4 580（万元）。

但是，如果依据财税[2005]165号文件的规定，浦江软件开发有限公司经营嵌入式软件增值税应纳金额为：

(11 700 ÷ 1.17 − 1 170 ÷ 1.17) × 0.17 = 1 530（万元）。

那么，浦江软件开发有限公司公司税后净利润则为：

(11 700 ÷ 1.17 − 3 000 − 2 000) × (1 − 33%) = 3 350（万元）。

通过以上分析我们可以发现，由于政策的变化，浦江软件开发有限公司的税后净利润将下降1 230万元(4 580 − 3 350)，其利润下降幅度为27%。该企业处于濒临亏损的状态。为了寻找解决问题的办法，该公司请教了咨询专家。

[筹划建议]

咨询专家对浦江软件开发有限公司的产品结构进行了解以后认为，目前我国的税收政策主要是对软件产品给予扶持和优惠，而对其他配套产品或者配件没有优惠。因此，可以通过业务合同的方式绕过政策障碍，从而达到筹划目的。于是提出两个筹划方案：

方案一：通过业务合同掌握部分软件的著作权；

方案二：改变原料的采购渠道，向小规模纳税人购买软件。

[筹划操作]

咨询专家指出，两个操作方案的操作思路不同，其操作难度也不一样。纳税人可以根据具体情况作出具体选择。

方案一：通过业务合同掌握部分软件的著作权。实现方案一需要一定技术性，同时也需要业务合作方的支持和配合。在具体操作过程中可以分两步走：

第一步:浦江软件开发有限公司保留部分软件产品的著作权。软件企业受托开发嵌入式软件时,在形式上保留部分软件产品的著作权,达到缴营业税不缴增值税的目的。依据财税[2005]165 号文件第十一条第三款,此步骤中形式上保留著作权的方法是在签订合同时明确著作权属于双方所有。

第二步:浦江软件开发有限公司进行技术转让。依据财政部、国家税务总局《关于贯彻落实〈中共中央国务院关于加强技术创新,发展高科技,实现产业化的决定〉有关税收问题的通知》(财税[1999]273 号)第二条第一款规定,对单位从事技术转让、技术开发业务和与之相关的技术咨询、技术服务业务取得的收入,免征营业税。

[**筹划结果**]

浦江软件开发有限公司 2007 年应纳的流转税金额为 0 元。浦江软件开发有限公司的税后净利润为:(11 700 - 3 000 - 2 000 - 170 - 30) × (1 - 33%) + 30 = 4 385(万元)。

经过税收筹划,浦江软件开发有限公司 2007 年企业税后净利润增加 1 035万元(4 385 - 3 350)。

方案二:改变原料的采购渠道,向小规模纳税人购买软件。浦江软件开发有限公司外购软件产品时选择小规模纳税人的方法。

如果浦江软件开发有限公司选择小规模纳税人(征收率为 6%)购进货物,站在交易双方角度,其正常定价应为:1 000 × (1 + 6%) = 1 060(万元);

可有效降低成本金额 170 - 60 = 110(万元)。

税后净收益还可提高 110 × (1 - 33%) = 73.7(万元),此时浦江软件开发有限公司 2007 年税后净利润为 4 385 + 73.7 = 4 459(万元)。

[**筹划结果**]

在小规模纳税人购买软件条件下,浦江软件开发有限公司因依据财税[2005]165 号文件规定,其税后净利润将下降 4 580 - 4 459 = 121(万元),利润下降幅度为 3%。

[**筹划点评**]

由于嵌入式软件是一种复合性产品,涉及的政策也比较复杂,所以,在实务中存在很高的技术要求。

通过业务合同使有关业务流程进行了重大调整:著作权属于双方所有后,双方之间的利益分配也需要有一个重新调整。也就是说,虽然此处对软件开发方有些利益,但是对受托开发软件的单位在将来转让所得方面会受到损失。解决受托方的后顾之忧,配合开发方完成交易的方法是:和软件受让方达成协议,再次转让软件时所得全部无条件归软件受让方所有,以免因软件受让方对再次转让时的利益无保证而影响合同的签订。

为了保证对方的利益,在签署合同时,由于浦江软件开发有限公司和委托方商定不转让全部著作权,则浦江软件开发有限公司在合同中需要单独列明:浦江软件开发有限公司无权单独转让该著作权,须经过委托方同意才行,否则浦江软件开发有限公司将赔偿委托方的所有直接与间接损失。通过该操作,浦江软件开发有限公司的客户可使用该嵌入式软件的终身使用权,而浦江软件开发有限公司在形式上保留了部分嵌入式软件的著作权,从而使筹划方案能够顺利完成。

另外,依据财税[1999]273 号文件规定:“技术转让是指转让者将其拥有的专利和非专利技术的所有权或使用权有偿转让他人的行为。技术转让收入免征营业税的规定。”在新的操作方案中,浦江软件开发有限公司的经营收入为 11 700 万元,浦江软件开发有限公司的进项 170 万元作为成本计入经营成本中。

此外,依据财政部、国家税务总局《关于企业所得税若干优惠政策的通知》(财税[1994]1 号)第一条第五款规定,企业事业单位进行技术转让,以及在技术转让过程中发生的与技术转让有关的技术咨询、技术服务、技术培训的所得,年净收入在 30 万元以下的,暂免征收所得税。

由此可见,通过业务合同操作能够使浦江软件开发有限公司获得更多的税收利益。但是,合作方是否理解和配合是操作过程中的一个难点。而通过小规模纳税人购买软件,虽然操作简单,但是也存在市场供给的问题。

三、软件企业的税收筹划

软件企业是高新技术企业,其税收优惠比其他高新技术企业的优惠更多,所以,其税收筹划的机会也更多。纳税人应当及时、充分地利用有关政策,从而创造更多的投资回报。这里笔者引用上海振信财务咨询有限公司提供的案例,以图抛砖引玉的效果。

对上述国家出台的鼓励政策,许多新办软件企业希望充分利用国家的税收政策扶持,从而达到企业快速发展的目的。但因为许多企业对政策运用不够灵活,导致了有税收优惠而无法享受的情况发生。这里引用上海振信财务咨询有限公司提供的一个案例。

黄浦软件开发有限公司是2008年6月1日开办的企业,主营范围为计算机硬软件的开发、生产、经营,其自主研发的多彩图像采集控制软件,获得省信息产业厅软件产品登记证。该企业于2008年进入获利年度,当年应纳税所得额为40万元,按25%的税率缴纳企业所得税。

但是,由于种种原因,预测该公司2009~2013年弥补以前年度亏损前的应纳税所得额为-600万元、-400万元、-200万元、0万元和1 200万元。2011年1月(2010年上报资料的认定),企业被批准成为软件企业,同年因企业符合《高新技术企业认定管理办法》(国科发[2008]172号)文件的规定,经企业申请被国家有关部门评为高新技术行业。同时根据《中华人民共和国企业所得税法》第二十八条的规定:"国家需要重点扶持的高新技术企业,减按15%的税率征收企业所得税。"企业适用15%的税率。根据以上情况,公司预计2014—2018年的应纳税所得额为6 000万元/年。折现率为10%。我们对黄浦软件开发公司的纳税情况分析如下:

2008年,黄浦软件开发公司是新办企业,但无税收优惠,公司应纳企业所得税为10万元。

2009年度企业应纳税所得额为-600万元,企业所得税为0万元。

2010年度企业被同时认定为软件企业和高新技术企业。

据《关于企业所得税若干优惠政策的通知》第一条第二款规定,黄浦软件开发公司的获利年度为2008年,2008年进入了"两免三减半"的税收优惠时期,2008年与2009年为两免时期,2010~2012年为减半年度。同时根据税法规定,享受高新技术企业优惠的企业所得税税率为15%。黄浦软件开发公司2011~2018年适用企业所得税税率为15%。该企业各年度应纳税情况如下:

2010年度企业应纳税所得额为-200万元,企业所得税为0万元。

2011年度企业应纳税所得额为-200万元,企业所得税为0万元。

2012年度企业应纳税所得额为0万元,企业所得税为0万元。

2013年度企业应纳税所得额为0万元,企业所得税为0万元。

2014~2018年度每年企业应纳税所得额为6 000万元,企业所得税为

900 万元。

黄浦软件开发公司 2008～2018 年企业所得税流出的现值（基准点 2008 年 1 月 1 日）为 1 934 万元。

通过以上测算我们可以发现，黄浦软件开发公司自 2008～2012 年应该享受“两免三减半”期间未享受一分钱的税收优惠。

分析产生上述情况的原因：对于一般企业而言，要享受有关税收优惠是有前置条件的，而软件企业的认定有较严格的条件和要求。作为企业不可能在成立的初期就能申请到软件企业的资格，而未进行纳税筹划的企业往往在获得资质认定之前，就已经取得收入。现行税法规定，企业享受税收优惠的时间为开始获利年度，但企业因未认定资质而不能享受税收优惠。

[**筹划分析**]

如果对黄浦软件开发公司的生产和经营情况作出规划，我们可以控制该企业的盈利情况。对于处于初期试生产阶段的企业而言，不可能出现多大的经营额，如果想控制企业的利润是完全可能的。

我们对纳税筹划前的经营活动作出一些假设：2009 年 3 月发生的自有房屋装修款 50 万元，未达到房产原值的 50%；2013 年的 12 月一笔赊销经营收入 140 万元，相应的成本为 80 万元。

2014 年 1 月 1 日企业购入一台研究开发设备，单位价值在 6 000 万元，根据《中华人民共和国企业所得税法》第三十二条的规定：“企业的固定资产由于技术进步等原因，确需加速折旧的，可以缩短折旧年限或者采取加速折旧的方法。”《中华人民共和国企业所得税法实施条例》第九十八条规定：“采取缩短折旧年限方法的，最低折旧年限不得低于条例第六十条规定折旧年限的 60%；采取加速折旧方法的，可以采取双倍余额递减法或者年数总和法。”企业按允许其采取双倍余额递减法（5 年）实行加速折旧，2014～2018 年的折旧额依次为 2 400 万元、1 440 万元、864 万元、648 万元、648 万元。

方案一：对发生的费用和收入进行调整。

1. 房屋装修提前到 2008 年进行，经过调整后的 2008 年亏损金额为 －10万元；

2. 2009～2012 年的应纳税所得额为 －550 万元、－400 万元、－200 万元、0 万元；

3. 2013 年的 12 月一笔赊销经营收入 140 万元，相应的成本为 80 万元，相应的应纳税所得额为60万元(可以合同中约定的收款时间为次年1月,相应地2013年的企业所得税税前所得为1 140万元),弥补以前年度亏损后应纳税所得额为-20万元;

4. 2014年的应纳税所得额为6 040万元;

5. 2015~2018年的应纳税所得额为6 000万元/年。

通过上述费用与收入的纳税调整后,黄浦软件开发公司的获利年度向后推延到2014年度。黄浦软件开发公司2014~2015年免企业所得税;2016~2018年年应纳企业所得税为450万元/年。

黄浦软件开发公司2008~2018年企业所得税流出的现值(基准点2008年1月1日)为522万元。

方案二:在方案一的基础上,黄浦软件开发公司对设备折旧方法由余额递减法改为平均年限法,年均折旧1 200万元(为简化分析,不考虑残值,按年均摊)。

通过调整后,黄浦软件开发公司2014年的应纳税所得额为7 240万元(6 040+2 400-1 200),2015~2018年的应纳税所得额依次为6 240万元、5 664万元、5 448万元和5 448万元。

黄浦软件开发公司2014~2015年免企业所得税;2016~2018年应纳企业所得税依次为424万元、408万元和408万元。

黄浦软件开发公司2008~2018年企业所得税流出的现值(基准点2008年1月1日)为480万元。

[筹划结论]

比较上述两个方案,我们可以发现以下结论:方案一比没有进行纳税筹划时节税1 412万元(1 934-522);而方案二比方案一又节税42万元(522-480)。

[筹划点评]

通过以上分析,我们可以发现软件企业和高新技术企业进行税收筹划的关键是尽量推迟获利年度。其方法有三:一是加大前期费用;二是推迟确认收入;三是进行业务分拆。其目的是等到企业获得资质认证后才进入获利年度,从而充分享受“两免三减半”的税收优惠。

对软件企业和高新技术企业进行筹划的另一个重要手段就是正确选择折旧方法。固定资产折旧政策运用中,常见的规律是,在免税和减税期内应尽量减少折旧;在正常纳税期内应尽量增加折旧获得资金的时间价值。纳税筹划人员理解这一点后就不会在免减税期运用《中华人民共和国企业所得税法实施条例》第九十八条的加速折旧法而要用年限平均法来有效减轻税负了。

第四节 集成电路企业的涉税筹划

为了鼓励发展我国的软件产业和集成电路产业,财政部、国家税务总局联合颁发了《关于企业所得税若干优惠政策的通知》(财税[2008]1号),对软件产业和集成电路产业的税收政策进行了进一步明确,主要体现在增值税和企业所得税两个方面。

一、集成电路企业认定条件和税收优惠

近日,财政部、国家税务总局下发了《关于企业所得税若干优惠政策的通知》(财税[2008]1号),根据《企业所得税法》第三十六条的规定,将有关企业所得税优惠政策问题予以明确,其中包括鼓励软件产业和集成电路产业发展的若干优惠政策。该政策成为企业所得税法实施后的第一个行业优惠政策,引起了纳税人的广泛关注。现根据《鼓励软件产业和集成电路产业发展的若干政策》(国发[2000]18号)、《关于鼓励软件产业和集成电路产业发展有关税收政策问题的通知》(财税[2000]25号)、《国家鼓励的集成电路企业认定管理办法(试行)》(发改高技[2005]2136号)等文件对问题进行分析。

通常所说的集成电路企业仅指生产企业,但集成电路业还包括设计企业。国务院规定,集成电路设计业视同软件产业,适用软件产业有关政策。生产企业与设计企业在税收优惠与认定要求等方面都大有区别。

二、集成电路生产企业能享受的优惠及企业认定

进口优惠:

引进集成电路技术和成套生产设备,单项进口的集成电路专用设备与

仪器，除《外商投资项目不予免税的进口商品目录》和《国内投资项目不予免税的进口商品目录》所列商品外，免征关税和进口环节增值税。

加速折旧：

集成电路生产企业的生产性设备，经主管税务机关核准，其折旧年限可以适当缩短，最短可为3年。

再投资优惠：

2010年年底之前，对集成电路生产企业、封装企业的投资者，以其税后利润直接投资于本企业增加注册资本，或作为资本投资开办其他集成电路生产企业、封装企业，经营期不少于5年的，按40%的比例退还其再投资部分已缴纳的企业所得税税款；国内外经济组织作为投资者，以其境内取得的税后利润，作为资本投资于西部地区开办集成电路生产企业、封装企业，经营期不少于5年的，按80%的比例退还其再投资部分已缴纳的企业所得税税款。

如果生产线宽小于0.8微米（含），还能享受企业所得税自获利年度起“两免三减半”的优惠。进口自用生产性原材料、消耗品，免征关税和进口环节增值税。

如果投资额超过80亿元人民币或集成电路线宽小于0.25微米，可以减按15%的税率缴纳企业所得税，经营期在15年以上的，自获利年度起享受“五免五减半”的优惠。

集成电路生产企业认定条件：

(1)依法成立的从事集成电路芯片制造、封装、测试以及6英寸（含）以上硅单晶材料生产的法人单位；

(2)具有与集成电路产品生产相适应的生产经营场所、软硬件设施和人员等基本条件，其生产过程符合集成电路产品生产的基本流程、管理规范，具有保证产品生产的手段与能力；

(3)自产（含代工）集成电路产品经营收入占企业当年总收入的60%以上（新建企业除外）；

(4)企业主管税务机关认定企业无恶意欠税或偷税骗税等违法行为。

应提交的材料包括：

《集成电路企业认定申报表》；企业营业执照副本复印件；企业法人身份证明复印件；企业上年度资产负债表和损益表或其他有效财务报表；企业自

产或接受委托加工集成电路产品经营收入的证明材料(经营合同、发票等);企业主管税务机关出具的企业无恶意欠税或偷税骗税的证明。

企业提供的相关资料必须真实有效,如果提供虚假材料及内容,中止认定申请;已认定的也要撤销其认定资格,并追回已减免税收款项,3 年内不再受理其认定申请。中国半导体行业协会负责受理认定申请,提出认定意见及相关资料,国家发改委等 4 部门联合发文予以确定或否定。

国家对认定的集成电路企业实行年度审查制度。企业要按规定的时限向中国半导体行业协会提交年度审查报告,逾期未报即视为自动放弃认定资格;年审不合格的集成电路企业,其认定资格自下一年度起取消。企业发生调整、分立、合并、重组等变更情况时,须在 30 日内办理变更认定或重新申报手续。未经国家发改委等 4 部门批准同意变更认定的,取消企业的认定资格,停止享受有关优惠政策。

合法经营是享受优惠的前提。企业若有偷税等违法行为,一经发现即取消认定资格,停止享受有关优惠政策。

三、集成电路设计企业能享受的优惠及企业认定

关税:

集成电路设计企业设计的集成电路,如在境内确实无法生产,可在国外生产芯片,其加工合同(包括规格、数量)经行业主管部门认定后,进口时按优惠暂定税率征收关税。

增值税:

2010 年年底以前,增值税一般纳税人按 17% 的法定税率征收增值税后,对其增值税实际税负超过 3% 的部分实行即征即退政策。

企业所得税:

增值税所退税款不作为企业所得税应税收入;自开始获利年度起“两免三减半”,职工培训费用可按实际发生额税前扣除。

集成电路设计企业必须同时具备以下条件:

(1)取得信息产业部委托认定机构认定的证书、证明文件。

(2)以集成电路设计为主营业务。

(3)具有与集成电路设计开发相适应的生产经营场所、软硬件设施和人

员等基本条件，其生产过程和集成电路设计的管理规范，具有保证设计产品质量的手段和能力。

(4)自主设计集成电路产品的收入及接受委托设计产品的收入占企业年总收入的比例达到30%以上。

认定程序为：

集成电路设计企业向认定机构提出认定申请(包括企业和产品)，认定机构将认定意见报信息产业部，由信息产业部审核后发文批准并抄送国家税务总局。

应当提交的材料包括：

集成电路设计企业认定申请表；企业营业执照副本及复印件；其他需要出具的有关资料。享受进口芯片关税优惠的还需提供：产品知识产权的相关材料；在国内无法加工的情况说明；境外委托加工合同副本。

此外，在要求申请材料真实有效、年度审查制度、违法经营即取消资格等方面，设计企业与生产企业基本相同。

根据国家税务总局《关于做好已取消和下放管理的企业所得税审批项目后续管理工作的通知》(国税发[2004]82号)规定，凡符合认定标准的集成电路设计企业，税务部门不再参与认定和年审。企业可依据信息产业等有关部门的认定材料申请享受有关税收优惠政策。

软件、集成电路企业的上述优惠政策，在《关于鼓励软件产业和集成电路产业发展有关税收政策问题的通知》(财税[2000]25号)、《关于进一步鼓励软件产业和集成电路产业发展税收政策的通知》(财税[2002]70号)等文件中都有规定。财税1号文件主要是明确在新《企业所得税法》实施后，上述优惠政策可以继续执行。

第九章

旅游娱乐业经营业务筹划

目前人们越来越注意生活质量，吃喝玩乐已经不再是少数人的奢侈消费，而是大众化的生活内容。也正因为如此，包括餐饮、旅游、娱乐等休闲消费多方面内容的旅游娱乐消费已经构成人们日常生活的一部分。与此相适应，餐饮、旅游、娱乐经营业务也十分火暴。而与此相伴的税收问题自然也就成了人们关心的话题。

为了鼓励企业开发旅游事业，国家还出台了部分税收优惠政策，比如在西部地区投资开发旅游景点，企业还可以享受企业所得税优惠政策。财政部、国家税务总局《关于将西部地区旅游景点和景区经营纳入西部大开发税收优惠政策范围的通知》（财税[2007]65号）规定，从2007年1月1日起，设在西部地区的企业在西部大开发地区的旅游景点和景区从事下列经营活动，即经营门票（包括景点和景区的大小门票、通票、月票、年票和门禁以内文艺、体育及其他综合艺术表演活动场所的门票）的经营活动；在景点和景区门禁以内区域提供导游服务的经营活动；在景点和景区门禁以内区域提供游客运输服务（包括利用各种车辆、游船、索道、滑道及其他交通工具向游客提供的服务）的经营活动，取得的收入达到全部经营收入70%以上的，按照财政部、国家税务总局、海关总署《关于西部大开发税收优惠政策问题的通知》（财税[2001]202号）第二条第一款的规定享受税收优惠政策：对设在西部地区国家鼓励类产业的内资企业和外商投资企业，在2001～2010年期间，减按15%的税率征收企业所得税。当然，需要注意的是，上述文件所称旅游景点和景区，是指经县级以上（含县级）人民政府旅游主管部门认定的景点和景区。

但是,餐饮、旅游、娱乐等行业的经营涉及的税收政策却比较复杂,经营业务属于营业税的不同应税项目。对于餐饮、旅游服务的营业税适用5%的税率,而练歌房、茶饮等娱乐性服务业务是营业税的“娱乐业”(音乐茶座)税目,税率为20%;而旅游活动中可能涉及的文艺、茶艺表演等消闲节目类业务则是营业税的“文化体育业——文化业(表演)”税目,税率为3%。在上述经营项目中还可能涉及货物经营需要按17%或者3%缴纳增值税等。在这里我们以餐饮、旅游业中的涉税问题为起点,对量贩式KTV综合酒店经营以及产权式酒店经营等相关涉税筹划业务作一个简要分析,涉及其他服务业务的涉税事项的,将在相应的章节中做重点讨论。

第一节　餐饮服务业涉税案例分析

投资人投资餐饮业,自然就需要对该行业的涉税情况作一个了解和分析。由于餐饮企业主要的服务对象是个人消费者,而目前消费者的法律意识还不是很强,在消费过程中向餐饮企业索取发票还没有成为人们的习惯做法。在这样的情况下,当地税务机关对餐饮企业的经营额很难控制,所以,通过隐瞒经营逃避纳税成了多数餐饮企业常见问题。也正因为如此,餐饮企业成了目前主管税务机关检查的重点。2009年10月到12月,某市地税局针对逃避纳税现象较普遍的餐饮业、洗浴业和娱乐业税收展开了专项调查和处理。到12月末,已检查餐饮娱乐企业226家,初步查补税款达962万元。餐饮企业的涉税风险可见一斑。

一、典型案例

餐饮企业逃避纳税的情况比较普遍,手法也比较简单,我们在这里先引用上海振信财务咨询有限公司提供的一则案例,读者通过该案例的介绍可以从中发现一些具体普遍性的问题。

（一）案情

久久红餐饮有限公司成立于2005年7月，在深圳某繁华地段租赁了一幢5 000平方米的店面做营业用房，有员工400人左右。主要从事以海鲜为主的特色餐饮活动。

该公司2006年营业收入20 354 315.59元，其中免税收入9 411 416.93元，申报纳税收入10 942 898.66元，缴纳营业税547 144.94元，城建税38 300.15元，教育费附加16 414.36元，印花税655元，代扣代缴个人所得税7 697.66元。2007年申报收入28 051 410.73元，缴纳营业税1 402 520.03元，消费税4 419.8元，城建税98 068.98元，教育费附加43 799.85元，印花税200元，代扣代缴个人所得税12 567.85元。2008年申报收入19 677 233元，缴纳营业税983 864.35元，消费税1 853.2元，城建税65 439.13元，教育费附加29 515.94元，车船使用税400元，印花税215元，代扣代缴个人所得税4 702.5元。因计算错误该公司少缴纳营业税47.8元，多缴纳城建税172 410.24元，多缴纳教育费附加1 536.08元。

2009年5月18日。该公司的主管税务机关接到一封举报信，反映久久红餐饮有限公司存在以下涉税问题：1. 2006年1月～2007年6月，该单位以设内外账等手段隐匿收入，逃避纳税；2. 将应税收入计入“营业外收入”，不缴纳税款；3. 未按规定代扣代缴个人所得税；4. 未按规定缴纳印花税。

于是主管税务机关地方税务局成立检查组对其进行了专案检查。检查组于2009年5月31日开始对该单位2006年1月～2008年12月缴纳地方税情况进行检查。检查过程中检查组采取了询问法和顺查法等检查方法对该单位的账簿、凭证、报表、合同等进行了检查，重点检查收入情况。经查未发现该单位存在印花税缴纳问题。

（二）稽查方法

检查组根据税务机关举报检查工作的要求，对该单位有关地方税缴纳情况进行了全面检查，重点检查了举报问题。检查组做了充分的查前准备工作，首先分析举报材料，举报内容比较详细，反映了该公司偷税和应缴未缴税款的情况。从举报内容内在的逻辑关系可以分析出，该公司设置账外账偷逃税款的嫌疑很大。然后通过大系统查阅了该单位的纳税信息，在互联网检索了经营信息，初步掌握其基本经营状况及纳税情况。由此制定了突击检查的方案，争取调取账外资料。

检查组于2009年5月31日下午，根据举报检查的规定突击检查了该单位。检查组按照事先布置的方案，履行法律手续后，迅速清点账簿资料。由于该公司毫无准备，检查人员发现了该单位部分账外现金账和部分收入日报。就在清点资料时，该公司法人来到财务室，非常客气地邀请检查人员到她的办公室谈话。但是调账手续还没有履行完，检查人员委婉但很明确地拒绝了她。一名检查人员与其寒暄，一名检查人员清点资料。经过4个小时的艰苦协调，检查组调取了该公司2006—2008年的账簿资料，掌握了比较有力的证据。

在检查过程中，检查组与该公司开展了艰苦的“战斗”：一方面该公司抵触情绪很大，不愿意说出实际收入和经营情况；另一方面该公司财务更换频繁，财务核算混乱，核算上的问题法人说不清楚，现在的财务人员也不了解。为了争取最大限度的配合，从而取得事实依据，保证证据充分、确凿，检查组成员通过细致的宣传教育做通对方的工作。经过8个月的奋战，检查组终于赢得了该单位的配合，落实了偷税和应缴未缴营业税金及附加，未按规定代扣代缴个人所得税的违法事实。

（三）主要违法事实

经检查人员检查确定，该单位存在以下违法事实：

1. 营业税金及附加

（1）2006年6～12月，该单位将部分现金收入计入账外账，隐匿餐饮收入3 943 012.5元，未申报缴纳营业税金及附加。2007年1月、3月、4月、5月，该单位部分收入未入账，隐匿餐饮收入2 054 051.61元，未申报缴纳营业税金及附加。以上共计隐匿收入5 997 064.11元。

（2）2006～2008年，该单位以进店费、促销费等名义收取供货商服务费共计855 180.08元，计入“其他业务收入”、“营业外收入”和“其他应付款”，未缴纳营业税金及附加。

（3）2006～2008年该公司收取场地租金319 764.09元，计入“其他业务收入”、“营业外收入”和“其他应付款”，未缴纳营业税金及附加。

（4）2006年、2007年该单位取得餐饮—汉斯啤酒收入532 344元，计入

“应付账款”,其中 173 246 元未缴纳营业税金及附加。

以上四项收入共计 7 345 254. 28 元。

2. 个人所得税

(1)2006 ~2008 年,该公司就发放给员工的工资薪金少代扣代缴个人所得税 3 475. 29 元。

(2)2006 年、2007 年该公司支付股东红利 340 000 元,未代扣代缴个人所得税 68 000 元。

共计少代扣代缴个人所得税 71 475. 29 元。

(四)问题定性及处理意见

1. 营业税

根据《中华人民共和国营业税暂行条例》第一条、第二条、第四条和第九条,该单位应分别按服务业、租赁业税目,5% 税率补缴营业税367 310. 51元。

2. 城建税

根据《中华人民共和国城市维护建设税暂行条例》第二条、第三条、第四条第三款、第五条的规定,2006 ~2008 年,该单位应缴纳城建税 33 071. 13 元,已缴纳城建税 201 808. 26 元。

3. 教育费附加

根据京政发[1994]18 号文件《北京市人民政府转发国务院关于教育费附加征收问题的通知》第一条的规定,该单位应补缴教育费附加9 483. 24元。

4. 个人所得税

根据《中华人民共和国个人所得税法》第一条、第二条第一款第一项、第七项、第三条第一款第一项、第五项、第六条第一款第一项、第六项,京财税[1999]469 号文件、京财税[2003]1692 号文件、国税发[2003]47 号国家税务总局《关于贯彻〈中华人民共和国税收征收管理法〉及其实施细则若干具体问题的通知》第二条第三款的规定,责成该单位限期补扣、补收相应税款,并向所属征管局申报缴纳。检查组于 2009 年 1 月 16 日将《限期责令改正通知书》—稽税稽限改[2007]1 号送达该单位。该单位已于 2009 年 1 月 22 日将补扣、补收的个人所得税 71 475. 29 元向所属征管局申报缴纳。

5. 滞纳金

根据《中华人民共和国税收征收管理法》第三十二条的规定，对该单位未按规定缴纳的税款从滞纳之日起按日加收万分之五的滞纳金计102 747.23元。

6. 罚款

根据《中华人民共和国税收征收管理法》第六十三条第一款的规定，该单位隐匿收入5 997 064.11元，未按规定缴纳营业税金及附加，是偷税，应补缴税款，并处以不缴税款50%的罚款计151 425.87元。

根据《中华人民共和国税收征收管理法》第六十九条的规定，对该单位处以未按规定代扣代缴个人所得税款50%的罚款计35 737.65元。

上述罚款共计：185 664.26元。此外，企业所得税问题，转交国税局处理。

二、餐饮企业逃避纳税特点分析

上述案件的检查和处理仅是目前税务机关查处的逃避纳税案例中的一个，但是，人们已经可以从中发现餐饮企业在涉税处理上的一些特点。由于我国目前餐饮企业的投资人多以个人为主，规模往往较小，而且餐饮企业的业务流程相对简单。其经营一般直接面对个人消费者，即使是企业消费，由于企业的业务招待费用不能全额在税前扣除，所以，部分企业的消费也不索要发票，从而给这些企业提供了机会，目前餐饮企业逃避纳税义务的手段和方法主要有以下三个方面。

（一）利用发票做偷税文章

按照国家《发票管理办法》和《税收征收管理法》等法规规定，经营者应如实给消费者开具发票，并且应向税务机关申报实际营业收入依法纳税。可是一些餐饮业经营者有意在发票开具上留心眼、耍花招，隐匿实际收入，从而达到其偷税的目的。具体表现有：

1. 想方设法搪塞、拖延不给发票

以种种托词和拖延办法达到不给消费者发票偷税的目的。许多消费者可能都有切身体会，当你在餐饮娱乐场所消费后向其索要发票时，对方常常以“发票用完了，还没去买”、“先开个三联收据，下次来再换发票”等借口进行搪塞。

2. 串用、重复使用发票或使用假发票

串用发票是两个或更多的餐饮娱乐企业有意勾结，共同使用一本发票，当消费者索要发票时，他们之间相互串换使用，以达到少缴税或偷税目的；重复使用发票是有意收集用过的发票然后再给消费者；使用假发票是更为严重的涉税违法。

3. 以赠送饮料等小礼品“替代”发票

近一时期，由于税务机关加大了检查力度和实施发票刮奖等鼓励措施，使得越来越多的消费者主动索要发票。对此，一些违法企业开始变换手法，当消费者索要发票时，他们则以赠送饮料、洗浴票等小礼品来“替代”发票，从而达到隐匿营业收入偷税的目的。

深圳市地方税务局第五稽查局在龙岗区公安机关和区地税局协助下，集中力量，仅用十多天时间就查处了布吉一家餐饮企业，查补税款156.04万元，教育费附加4.44万元，罚款78.02万元，合计金额238.5万元。该局已将案件移送公安机关，并将对有关当事人进一步追究刑事责任。而该案的当事人就是在发票上做的文章。

2008年10月下旬，市地税局第五稽查局接到有关部门转办的案件，结合收到的有关布吉某餐饮企业发票违章的举报线索，立即抽调稽查业务骨干成立专案组，调取了企业历年的账证资料。对于餐饮行业现金收入不入账、账证资料不齐全的问题，该局稽查人员通过多种渠道深入了解案情，掌握到该企业偷税的有力证据。经查实，该餐饮企业2006年1月至2008年9月期间，利用少使用餐饮发票少申报收入等手段，合计少缴税款及附加160.48万元。税务机关根据征管法对该企业作出补缴税款及附加160.48万元、罚款78.02万元、加收相应滞纳金的处理。此外，该餐饮企业主要负责人和财务人员已被龙岗公安机关刑事拘留，司法机关将进一步追究其他相关责任人的法律责任。

（二）账面和税控机上做手脚

我国《税收征收管理法》明确规定，纳税人、扣缴义务人按照有关法律、行政法规和国务院财政、税务主管部门的规定设置账簿,根据合法、有效凭证记账,进行核算。纳税人必须依照法律、行政法规规定如实办理纳税申报。可是,不少餐饮娱乐企业不按有关法规设账、使用税控设备或不如实申报,以达到偷税目的,常见手段有:

1. 私设 A、B 两套账,只报一套来偷税

一些企业为了偷税,有意设置两套账(又称"A、B 账")。如某市的地税机关检查中发现的某啤酒城采用的就是此手法,该企业在 A 账中的收入是开具发票的营业收入 542 万元,B 账中则是不开发票的营业收入 1 625 万元,到税务机关只申报 A 账记载的营业收入,隐瞒 B 账上的营业收入,形成偷税。

2. 不按规定使用税控机等设备偷税

检查中发现,在部分安装了税控收款机的企业中,不是按照规定正常使用,而是顾客索要发票的营业收入在税控机中有记载,未索要发票的收入税控机中无记载,而且不计入账面,从而偷税。

(三)其他手段逃避纳税

部分餐饮企业还利用餐饮消费的便利,通过其他各种手段逃避纳税,从目前的情况来看主要有以下三种情况:

1. 张冠李戴

几年来,由于税务机关对餐饮业使用假发票行为进行连续不断的打击,现在已很少发现餐饮业主使用假餐饮业发票。取而代之,他们开始在其他方面打起主意,目前使用较多的是用其他行业发票到消费单位结账,如使用广告业发票、汽车维修发票、商业零售发票等。这些都是通过关系获取的正规发票,被餐饮业主违法利用之后,其违法行为就披上了"合法"的外衣。在检查中,啤酒城利用上述外单位发票共计十份,合计金额 6. 1 万元。

2. 投其所需

目前有不少单位的业务招待费超标准,在计算企业所得税时超标准部分不允许税前列支。餐饮业主迎合单位不想多缴纳税款的心理,采用偷梁换柱的形式,利用其他行业发票将餐饮支出开列成其他支出项目入账,如将业务招待费变换成广告宣传费、汽车维修费及购买办公用品等等。这样餐

饮业主和消费单位与其关系较好、消费金额较大、相对稳定的客户共同勾结,增加了涉税违法行为的隐蔽性。

3. 债务转移

餐饮业主利用的其他行业发票一般来源于其自身消费所获取,但也有利用"三角债务"关系逃避使用餐饮业发票的行为。在检查中我们发现:啤酒城的某消费单位在一汽车维修公司维修汽车,维修公司又欠该酒店消费款,餐饮业主便从中协调,消费单位的维修款直接汇给了该酒店。由于维修公司实行定期定额管理方式,核定征收税款,未建账,所以餐饮业主减少了应收账款、账面营业收入也未增加,同时还"节约"了发票,一举数得。这种"三角关系"具有一定的复杂性,大大增加了对违法行为的查处难度。此外,餐饮娱乐收入抵顶房屋、土地等租赁支出的情况也时有发生。一些餐饮娱乐企业往往不足额缴纳经营用房等房产税,而是利用餐饮娱乐收入抵顶房屋、土地、设备等租赁支出,不计入营业收入,不申报纳税。

第二节　旅游娱乐业常见涉税风险

随着人们物质文化生活水平的不断提高,旅游娱乐行业在我国也出现了长足的发展。在此情况下,旅游娱乐行业的涉税管理也被人们提上了议事日程。由于旅游娱乐行业的自身特点,在这些企业中所体现出来的涉税问题也有其行业特点。以旅游企业为例,从事旅游业务的企业的一般业务流程是,公司收取旅游者的报团费后,还要替旅游者支付住宿费、餐费、交通费、旅游景点门票费、保险费、其他当地旅游团的接团费及其他代付费用。那么,在申报缴纳营业税时,应当如何申报纳税?

财政部、国家税务总局《关于营业税若干政策问题的通知》(财税[2003]16号)第三条就营业额问题明确,旅游企业组织旅游团在中国境内旅游的,以收取的全部旅游费减去替旅游者支付给其他单位的房费、餐费、交通、门票或支付给其他接团旅游企业的旅游费后的余额为营业额。根据新《营业税暂行条例》第五条第二款规定,自2009年1月1日起,纳税人从事旅游业务的,以其取得的全部价款和价外费用扣除替旅游者支付给其他单位或者个人的住宿费、餐费、交通费、旅游景点门票和支付给其他接团旅游企业的旅游费后的余额为营业额。同时,根据新《营业税暂行条例》第六条规定,纳税人按照条例第五条规定扣除有关项目,取得的凭证不符合法律、行政法规或者国务院税务主管部门有关规定的,该项目不得扣除。

一、旅游企业典型偷税案例

在实际操作过程中,相关问题的处理相对比较复杂,从而出现了许多涉税问题,给有关企业增加许多涉税风险。为了帮助了解旅游娱乐行业的涉税业务及其筹划的思路,下面我们引用一些案例来做说明。

2009 年 8 月 16 日,有群众举报反映春江风景旅游有限公司在经营过程中存在隐瞒收入偷逃税收的问题,地税稽查局将其列为专案稽查的对象。

春江风景旅游有限公司是一家从事旅游开发的企业,公司性质为有限责任公司。成立于 2004 年 6 月份,注册资本为 1 000 万元。2007 年度报表反映收入为 2 534 003. 70 元,已申报缴纳地方税费 147 653. 71 元,企业所得税申报利润亏损 136 618. 47 元。2008 年度报表反映收入为 4 365 659 元,已申报缴纳地方税费 187 870. 81 元,企业所得税申报应纳税所得额为 324 784. 17元,弥补上年亏损 136 618. 47 元后,应纳税所得额为 188 165. 70 元。该企业经营地不在房产税征收范围之内。

(一)税务检查过程

春江风景旅游有限公司是当地一家较有影响的旅游公司,对该公司税收检查的结果,对其他旅游公司具有一定的教育意义,地税稽查局领导高度重视此案,立即成立专案组,并召开案情分析会,研究检查预案,大家认为,从举报人分析,为春江公司内部人员,如举报情况真实,企业存在两套账的可能性就非常大,但举报人只掌握了 2007 年、2008 年大概的经营收入情况,具体如何做账却没明确线索,因此,检查应以调账和实地突击检查相结合的方法展开。

3 月 22 日,依照法律程序,稽查人员到达春江公司,出示税务检查证和税务检查通知书后,对公司的各项财务账簿及售票记录进行了检查,当场查获两本现金日记账及一本记录每天售票零散数据的笔记。于是,稽查人员对该公司的售票员及出纳、会计进行了询问,由于上述人员都是该公司法定代表人的老乡，均百般抵赖，解释说这些数据都是为了招揽生意，给旅行社看的，是一些虚幻的东西。对稽查人员依法要求企业提供的售票日报单存根，企业以各种理由推托，一会儿说不知放在哪里，一会儿又说当废纸卖掉了，检查一时限入僵局。稽查人员当即又进行了案情分析，寻找案件突破口，从所查获的笔记来看，上面的一些数据虽没有明确的说明，但总的与收入有关，而企业相关人员刻意推诿，里面肯定有问题。于是，稽查人员决定从外围调查着手。经多方工作后，稽查人员再次依法对售票员进行了询问，售票员承认该笔记本是她每天经手的散客的人数及上交的现金，公司将团队用的副券作为散客游览凭证，但这部分收入有没有申报纳税她就不知道了。至此，案件有了一点进展，但售票员每日上报的散客收入，会计到底有没有全部记入财务账、申报纳税呢？稽查人员依法将企业2007年、2008年的账簿、凭证调回局里进行检查，并与该笔记本上的数据进行比对，发现该笔记本上的数据与2008年的两本现金日记账的收入是有对应关系的。同时，稽查人员还发现两本现金日记账的扉页上分别有一个“内”和一个“外”字，实际上企业是将每笔散客收入分成两部分，分别在“内、外”现金日记账上登记。登记在“外”字现金日记账上的收入已经申报纳税了，而登记在“内”字现金日记账上的收入没有申报纳税，检查已有收获。

但是，企业除隐匿散客收入偷税外，是否还有隐匿其他收入偷税呢？隐匿的收入其账外账及证据又在哪里呢？稽查人员决定寻找案件新的突破口。他们得知该企业原会计对企业情况比较了解，但他已于2008年年初辞职回外地老家了，于是，稽查人员通过劳动部门找到原会计的外地地址，并在当地税务部门配合下找到此人，经过稽查人员大量的思想工作，原会计终于打消顾虑告诉稽查人员：该企业2007年度、2008年度的确存在内外两套账，而且两套账的凭证都是齐全的，案件终于得到实质性的突破。在强有力的外调证据下，春江风景旅游有限公司自知再也隐瞒不下去了，不得不向地税稽查局交代了其2007年、2008年29本账外账及凭证，其中：2007年14本、2008年15本。至此，案情已彻底明了。

经查实春江风景旅游有限公司有以下违法事实：

(1)2007年将旅游售票收入871 541.80元、房产租金收入28 234元，合计899 775.80元记入账外账。其中，9～11月旅游售票收入228 921元已于2008年1月转财务账申报纳税，余额670 854.80元未申报缴纳地方税费；

(2)2008 年将旅游售票收入 1 465 114. 20 元、租金收入 58 689. 42 元,合计 1 523 803. 62 元记入账外账,未申报缴纳地方税费;

(3)该单位 2007 年、2008 年账外账中发放的职工工资并计当月工薪收入后,分别应代扣代缴个人所得税 9 256. 05 元和 17 436 元,已代扣代缴个人所得税 1 296. 25 元和 2 023. 75 元,分别未代扣代缴个人所得税 7 959. 80 元和 15 412. 25 元。

(二)案件处理

上述税务违法事实,经当事人签证无异议。

根据《中华人民共和国营业税暂行条例》以及《中华人民共和国城市维护建设税暂行条例》相关规定,追缴所偷营业税 67 578. 22 元;追缴所偷城市维护建设税 2 445. 12 元;根据《中华人民共和国企业所得税暂行条例》和新企业所得税法及《中华人民共和国个人所得税法》的规定,追缴 2007 年所偷企业所得税 162 334. 00 元;追缴 2008 年企业所得税 290 818. 41 元;同时责成该单位补扣应扣未扣的个人所得税 23 372. 05 元。

另外,根据《中华人民共和国税收征收管理法》第三十二条的规定,从税款滞纳之日起,按日加收滞纳税款万分之五的滞纳金;根据《中华人民共和国税收征收管理法》第六十三第一款规定,对偷税行为处以所偷营业税、城市维护建设税及 2007 年度企业所得税 50% 的罚款;根据《中华人民共和国税收征收管理法》第六十九条的规定,对应扣未扣的个人所得税处以 50% 的罚款。

二、旅行社税收管理中存在的问题

以上企业的偷税问题是该企业有意违反国家税收法律法规,利用账外账等偷逃税款的典型案件。上述引用案例说明一个问题,目前部分旅游企业涉税问题较多。2009 年 11 月 15 日某市地税局对当地各旅行社及相关旅游景点的税收管理情况进行一次专项检查也证明了上述观点。通过检查,查补营业税等各税 313. 1 万元,罚款 158 万元,同时发现旅行社在税收管理、现行税收政策、相关行业和票据使用等方面存在许多问题,归纳起来主要有以下几种情况:

1. 设立账外小金库，这是目前旅游业最突出的问题

某省某市旅行社 A，组织旅游团赴 B 国旅游，并一次性在国内收取有关费用，包括往返机票、食宿费用等 100 万元，到 B 国以后改由 B 国的 C 旅行社接待，按协议该付给 C 旅行社 50 万元。但是该旅行社主管领导人考虑，将组织本社职工家属付 B 国旅游，为从公费中给予一定的补贴又可以合理地入账，所以与 C 旅行社协商，将应交的旅费 50 万元扩大到 80 万元，将增加的 30 万元暂存于 C 旅行社账上，日后本社职工家属组团来旅游时仍然由 C 旅行社接待，这 30 万元作为其旅费的一部分（扣除 C 旅行社因增加 30 万元收入在 B 国多交的税款）。根据营业税条例，A 旅行社按（100 - 80）×5% 申报税，实际上偷漏了国家税款营业税 1.5 万元（30 ×5%），还有所得税等税费，侵害了国家财政利益。税务机关在审查过程中，经过多方查证，确认其存在转移收入偷漏有关税款的行为，因此责令其补缴营业税 1.5 万元，限其追回账外款项，并补交所得税。

新营业税条例规定，对于旅游企业组织旅游团到中华人民和国境外旅游，在境外改由其他旅游企业接团，以全程旅费减去付给该接团企业的旅费后的余额为营业额，在境内的也比照执行。该旅行社利用故意加大境外旅费的方式截留国家资金，设立账外小金库，严重侵害财政利益和国家利益。对于这种行为及做法，税务机关应该充分了解国际市场行情，并同有关国家税务当局加强情报交流，充分维护国家权益。

2. 收入不实，计税营业额不实也是目前部分旅游企业的普遍问题

旅行社的营业收入包括综合服务收入、组团外联收入、零星服务收入、劳务收入、票务收入、地游及加项收入、其他收入等。一部分旅行社在接团时组团方或游客不需要发票，这时，财务制度管理不规范的旅行社，特别是挂靠的个体旅行社，从不需要发票的旅游团或游客手中取得收入时不开具发票，也不计账，从而少计收入，税务部门也无据可查，从而偷逃国家税款。

计税营业额不实，多列扣除项目支出，偷逃国家税款。一方面，表现为旅行社普遍在账面上设有业务招待费，其发生的业务招待费，比如：餐费、住宿费等支出全部通过“营业成本”中的代收代付费用列支，增加了扣除项目金额；另一方面，在交通费中有许多交通费是本单位职工的，也列入了扣除项目，减少了计税营业额，从而达到偷逃国家税款的目的。

3. 旅游景点协助旅行社进行偷税

旅行社购买门票,旅游景点一般都给予一定比例的回扣或折让,而这部分回扣或折让在检查的67家旅行社中只有一家据实记账,其余的都未在账面反映,一方面虚增了旅行社的营业成本,少缴了营业税;另一方面这部分账外利润偷逃了企业所得税。

三、规避涉税风险的操作建议

旅游企业,是指经旅游行政主管部门批准成立,并取得旅行社业务经营许可证,从事旅游业务的各类旅行社(公司)。旅游业务,是指《营业税税目注释(试行稿)》"服务业——旅游业"税目规定的征税范围的业务,即为旅游者安排食宿、交通工具和提供导游等旅游服务的业务。财政部、国家税务总局《关于营业税若干政策问题的通知》(财税[2003]16号)规定,单位和个人在旅游景点经营索道取得的收入,按"服务业"税目"旅游业"项目征收营业税;国家税务总局《关于风景名胜区景点经营收入征收营业税问题的批复》(国税函[2008]254号)规定,对单位和个人在旅游景区经营旅游游船、观光电梯、观光电车、景区环保客运车所取得的收入,应按"服务业——旅游业"征收营业税。单位和个人在旅游景区兼有不同税目应税行为并采取"一票制"收费方式的,应当分别核算不同税目的营业额;未分别核算或核算不清的,从高适用税率。在实务过程中旅游企业应当抓住三个环节:

1. 营业税差额扣除要分清项目

《营业税暂行条例》及其实施细则、财税[2003]16号文件等规定,旅游企业提供旅游业劳务,按照营业额和适用税率计算应纳营业税税额。旅游业务营业额为旅游全部收费减去准予扣除项目金额。其计算公式为:营业额=全部旅游费-准予扣除项目金额。即旅行社营业税的计税依据是旅行社组织旅游团在中国境内旅游的,以收取的旅游费减去替旅游者支付给其他单位的房费、餐费、交通、门票和其他代付费用的余额为应纳税营业额;旅游企业组织旅游者在境内或出境旅游,改由其他旅游单位或个人接团的,以全程旅游费减去该接团单位或个人的旅游费后的余额为营业额。其中,不少省份根据现行政策制定了旅游业营业税征收管理办法,对有关政策作了进一步明确。

准予扣除项目金额是指收取的旅游费中，替旅游者支付给其他单位的房费、餐费、交通、门票和其他接团旅游企业的旅游费。其中，房费、餐费是指在旅游过程中替旅游者实际支付给其他单位的住宿、餐饮费用，门票是指在旅游过程中替旅游者实际支付给其他单位的游览、文化、娱乐场所的费用，交通费是指替旅游者在旅游过程中实际支付的各种客票费、机场建设费、订票费、行李托运费等。对旅游企业替旅游者支付的航空机票费用，应以机票打折后实际支付金额作为准予扣除项目。实际支付机票费用金额与机票票面金额不符的，须保留相关证明备查。旅游企业与航空公司签订包机合同的，应以本单位实际支付的包机费用作为扣除项目金额。接团费是指按旅游合同或协议支付给接团旅游企业的费用。

需要注意的是，旅游企业利用本单位自有的交通工具、食宿服务设施，为旅客提供吃、住、行服务所发生的费用，不得作为扣除项目金额。旅游企业为管理和组织经营活动所发生的自身应负担的费用，如本单位司机工资补贴、导游工资补贴、职工差旅费、交际应酬费、旅游管理费、租车费、修车费、过路过桥费、燃料费、装卸运输费、保险费、广告宣传费、陪同费等，以旅行社名义缴纳的行程责任保险、旅行社购买发给旅游者的旅行包（帽）、矿泉水及全陪导游个人的吃、住、行等费用，不得作为扣除项目金额。

厦门市某私营旅游公司咨询，为了拓展旅游业务，2010 年在海上旅游区新开设了游船、客运观光、歌舞厅以及网络游戏等项目。以前纳税我们只按旅游税目缴纳营业税，可前不久听税管员辅导时讲，现在经营的项目不同要分别纳税。那么，该公司在实际操作中应怎样缴税呢？依照《营业税暂行条例实施细则》第三条规定："纳税人兼有不同税目应税行为的，应当分别核算不同税目的营业额、转让额、经营额（以下简称营业额）；未分别核算营业额的，从高适用税率。"旅游公司经营的项目属于此条规定的征税原则，为此就必须分别按其取得的收入依不同税目税率缴纳营业税。其中属于娱乐业的，以其经营娱乐业向顾客收取的各项费用（包括门票收费、台位费、点歌费、烟酒和饮料收费及经营娱乐业务的其他各项收费）申报纳税。另外，《国家税务总局关于风景名胜区景点经营收入征收营业税问题的批复》（国税函[2008]254 号）又明确，对单位和个人在旅游景区经营旅游游船、观光电梯、观光电车、景区环保客运车所取得的收入应按"服务业——旅游业"征收营业税；单位和个人在旅游景区兼有不同税目应税行为并采取“一票制”收费方式的，应当分别核算不同税目的营业额；未分别核算或核算不清的，从高适用税率。

2. 注意所得税前扣除项目要规范

财政部、国家税务总局《关于企业资产评估增值有关所得税处理问题的通知》（财税字[1997]77 号）规定，企业进行股份制改造发生的资产评估增值，应相应调整账户，所发生的固定资产评估增值可以计提折旧，但在计算应纳税所得额时不得扣除。但财政部、国家税务总局《关于中国国旅集团有限公司重组上市资产评估增值有关企业所得税政策问题的通知》（财税[2008]82 号）明确，中国国旅集团有限公司在整体改制上市过程中发生的资产评估增值 42 612.36 万元，直接转计中国国旅集团有限公司的资本公积，作为国有资本，不征收企业所得税。对上述经过评估的资产，中国国旅股份有限公司及其所属子公司可按评估后的资产价值计提折旧或摊销，并在企业所得税税前扣除。

国家税务总局《关于旅行社费用税前扣除问题的批复》（国税函[2004]329 号）规定，目前，有的旅行社为方便游客、优化服务；采取了收取异地游客的旅游费用中包含为异地游客购买返程机车船票款，并为异地游客提供返程机车船票的方法。凡旅行社与游客签订的合同或者协议包括此内容条款的，旅行社为游客购买返程机车船票的实际支出，允许在所得税前扣除。鉴于旅行社为异地游客购买的返程机车船票等因游客使用后无法收回，根据《企业所得税税前扣除办法》（国税发[2000]84 号）规定，旅行社提供的为异地游客购买的返程机车船票复印件可以作为税前扣除的适当凭据。主管税务机关可根据管理需要，要求纳税人附送证明其支出实际发生的其他有关资料。

国税函[2004]329 号文件规定，凡属于个人（集体）旅游等消费性质的机车船票，均不得在其受雇或投资的企业作为企业费用在税前扣除。为防止游客用返程机车船票在所在单位报销，出现同一笔费用在税前重复扣除问题，税务机关应加强纳税检查。发现重复报销、虚列支出的，按《税收征管法》有关规定进行处理。

某旅游公司在 2008 年度租用了本市长途汽车运输有限公司的豪华客车为游客出游服务。双方在年初签订租赁合同时便明确了年租金 120 万元，但租金的支付范围只是车辆和驾驶员费用,并不包含客车所耗用的燃油费和过路桥费用,运输公司也开具了运费发票给旅游公司入账。一年来,该旅游公司自己直接购买和支付汽油、过路桥费共计60万元并取得票据,也进行了账务处理。2009年8月6日,该旅游公司的财务人员向税务专家咨询这样的问题:在计算缴纳营业税时,汽油和过路桥费能否在税前扣除?若所得税是核定征收,这些费用是否可以在税前扣除?

根据《关于执行营业税暂行条例实施细则中确定旅行社应纳税营业额的通知》(财法字[1994]53号)、《营业税暂行条例实施细则》第二十四条和财政部、国家税务总局《关于营业税若干政策问题的通知》(财税[2003]16号)第三条"关于营业额问题"中第十七款的规定:旅游企业组织旅游团在境内旅游的,以收取的全部旅游费减去替旅游者支付给其他单位的房费、餐费、交通、门票或支付给其他接团旅游企业的旅游费后的余额为营业额。需要注意的是,这里的交通费应是指旅游企业直接支付的市区交通费用或是城市之间的火车票、飞机票等,但不包括企业直接购买支付的汽油费和过路桥费等类型的项目。也就是说,该旅游公司自己直接购买支付的汽油、过路桥费等交通费用只能计算成本费用,但不能在计算营业额时扣除。

至于企业所得税前扣除问题,国家税务总局《关于印发〈企业所得税核定征收办法〉(试行)的通知》(国税发[2008]30号)明确,核定征收方式包括定额征收和核定应税所得率征收两种办法,以及其他合理的办法。从企业所得税核定征收方式的分类可知:该旅游公司的企业所得税要是实行定额征收方式,则自己直接购买支付的汽油、过路桥费等交通费用便不能在计算企业所得税前扣除;要是实行核定应税所得率方式,则自己直接购买支付的汽油、过路桥费等交通费用可在计算企业所得税前扣除。

税务专家还提醒旅游公司,在向运输公司租用车辆(含驾驶员)、支付租金120万元时,应取得对方开具的服务业统一发票,且开具的项目应是"租金",而不是财务人员所说的"运费"。要是将"运费"代替"租金",混淆了租用与雇用的本质差别,便存在不按规定开具或取得发票的涉税风险。

此外,该旅行社日前为了方便异地游客,推出了一项代购返程火车票业务。旅行社在合同中注明,在向异地游客收取的旅游团费中,包含了为其购买返程火车票的价款,并会在游程结束时将车票交给游客。对这笔代购火车票发生的支出,旅行社想知道在计算所得税时是否允许税前扣除。

税务专家告诉该公司这笔支出可以扣除。根据国家税务总局《关于旅行社费用税前扣除问题的批复》(国税函[2004]329 号)第一条的规定:“有的旅行社为方便游客、优化服务,采取了收取异地游客的旅游费用中包含为异地游客购买返程机车船票款,并为异地游客提供返程机车船票的方法。凡旅行社与游客签订的合同或者协议包括此内容条款的,旅行社为游客购买返程机车船票的实际支出,允许在所得税前扣除。”由于该旅行社在合同中已经注明有为异地游客购买返程火车票的相关条款,因此其实际发生的购票支出可以按规定在所得税前进行扣除。

3. 注意以合法凭证作为准予扣除项目的依据

财税[2003]16 号文件规定,营业额减除项目支付款项发生在境内的,该减除项目支付款项凭证必须是发票或合法有效凭证;支付给境外的,该减除项目支付款项凭证必须是外汇付汇凭证、外方公司的签收单据或出具的公证证明。

国家税务总局《关于进一步加强普通发票管理工作的通知》(国税发[2008]80 号)规定,在日常检查中发现纳税人使用不符合规定发票特别是没有填开付款方全称的发票,不得允许纳税人用于税前扣除、抵扣税款、出口退税和财务报销。对应开不开发票、虚开发票、制售假发票、非法代开发票,以及非法取得发票等违法行为,应严格按照《发票管理办法》的规定处罚;有偷逃骗税行为的,依照《税收征管法》的有关规定处罚;情节严重触犯刑律的,移送司法机关依法处理。

也就是说,根据现行政策规定,所有单位和从事生产、经营的个人在购买商品、接受服务支付款项时,应当向收款方取得发票;未按规定取得发票,使用不合法的报销凭证,税务机关不但要按违反发票管理规定进行处罚,而且不允许旅游企业进行税前扣除。

第三节　酒店经营的筹划方法

随着市场经济的发展,我国第三产业规模比重不断扩大,许多城市的宾馆酒店也随之增多。由于宾馆酒店经营项目较多,既有住宿、饮食业务,还有租赁、代理、娱乐业务,以及其他服务业务,因而在适用税收政策方面也有些差别,这也就给税收筹划带来了一定的空间。

一、量贩式 KTV 经营的涉税筹划

2009 年 1 月,华润公司利用自己的商场附房开设了一个量贩式 KTV 娱乐场,经营了两年,收到意想不到的效果:不仅其 KTV 娱乐场的生意火暴,还带动了商场经营量大增。2008 年 3 月,公司决定要给相关人员进行奖励。正当公司决策层要为 KTV 娱乐场和商场的营销策划人庆功的时候,当地主管国税机关和地税机关先后到该企业进行了检查。最后对量贩式 KTV 娱乐场的经营项目作出了处理决定,国税部门决定要求其补缴增值税 60 万元,而地税机关则要求其补缴营业税 50 万元。

当该公司的财务总监接到税务机关的处理决定时,一下子蒙了:怎么会这样!仔细看两个税务机关的处理决定,国税部门的意见是:该 KTV 娱乐场以经营货物为主,且没有分别核算,应当就其经营收入征收增值税。而地方税务机关的意见则是该 KTV 娱乐场进行的娱乐项目以及餐饮和其他服务项目划分不清,应当就营业收入全额按娱乐业的适用税率征收营业税。

这个事情惊动了公司的所有决策者,他们不知道量贩式 KTV 经营中哪些业务应当按娱乐业项目征税?如何确定娱乐业营业额及适用税率?KTV 内设超市收入如何缴税?于是就请来税务专家对有关问题进行咨询。税务专家结合国家现行有关娱乐业税收政策法规和有关资料,对有关问题逐一进行了分析。

(一)量贩式 KTV 经营的一般情况

量贩式 KTV 是近些年流行的一种娱乐方式。它以其相对通透的环境,完全隔离的单间,现代的视听设备,超市自选式食品服务,并不高昂的价格在我国迅速风靡。这里的“量贩”是指一种经营方式,其中“量”是指商品的数量,“贩”是低价经营,是一种以量定价的经营形式。这种经营方式在日本和台湾等地的娱乐业十分风行。它源于 1963 年法国的一家超大型类似超级市场的大卖场,后来日本把这种购物经营业态叫做量贩,日语中“量贩”的意思是指“大量批发的超市”,由此引申的量贩式经营,指的就是透明、自助和平价的消费方式。量贩式 KTV 不把高消费阶层作为顾客目标,而是直接面

向广大的工薪阶层，这也是它受到广大消费者青睐的主要原因。在量贩式KTV里供应的酒水、小吃等由顾客自己在单独设立的超市中购买，房间按时计费，消费者自主权较大，因此，价格比原有的歌厅消费标准低廉。目前，量贩式KTV已在北京、上海、武汉、成都、郑州等城市扎根，当地的不少大型百货公司都通过这种经营方式运作获得成功，营销量实现了规模扩张。时下，量贩式KTV极为火暴，营业大厅内经常看到等位的顾客，有的还需要提前一周预订，一旦遇到节假日，情况更是如此。

（二）量贩式KTV经营所涉及的部分税收问题

量贩式KTV经营包括娱乐服务、门票收费、烟酒和饮料收费等收费项目，其中既有营业税项目，又有增值税的应税经营收入，所以，纳税人应当根据具体的经营情况对有关涉税事项进行确认。

1. 量贩式KTV娱乐业务营业额的确认

根据《营业税税目注释（试行稿）》规定，娱乐业是指为娱乐活动提供场所和服务的业务。征收范围包括：经营歌厅、舞厅、卡拉OK歌舞厅、音乐茶座、台球、高尔夫球、保龄球场、游艺场等娱乐场所，以及娱乐场所为顾客进行娱乐活动提供服务的业务。财政部、国家税务总局《关于明确调整营业税税率的娱乐业范围的通知》（财税[2001]145号）规定，自2001年5月1日起酒吧应按“娱乐业”税目征收营业税。财政部、国家税务总局《关于营业税若干政策问题的通知》（财税[2003]16号）规定，单位和个人开办网吧取得的收入，也是按“娱乐业”税目征收营业税。具体如下：

（1）歌舞厅收费方式的处理。《中华人民共和国营业税暂行条例实施细则》（财法字[1993]40号）第二十三条规定，“娱乐业的营业额为经营娱乐业向顾客收取的各项费用，包括门票收费、台位费、点歌费、烟酒和饮料收费及经营娱乐业的其他各项收费。”量贩式KTV属于“娱乐业”税目，并适用歌舞厅20%的营业税税率，同时按规定娱乐业的营业额为经营娱乐业向顾客收取的各项费用，包括门票费、台座（位）费、点歌费、茶点费、伴舞费、包厢费、服务费等，应当全额并入营业额按娱乐业税目征收营业税。歌舞厅等娱乐场所邀请外来团体进行表演，对表演团体分得的收入，也不能从营业额中扣除。例如，某歌厅2月取得门票收入5万元，出售饮料、烟、酒收入10万元，收取献花费2万元，收取卡拉OK点歌费20万元，则该歌厅本月娱乐业应纳税营业额为 37 万元(5 +10 +2 +20)。

(2)价外费用的处理。某些 KTV 娱乐场所除向顾客收取各项正常费用外,还加收特种消费行为费用,或按营业额的一定比例加收,或按人头计算加收。对这些价外费用,无论如何计收,也不论财务上如何核算,均应并入营业额中按娱乐业税目征收营业税。

(3)奖金、奖品的处理。部分量贩式 KTV 为了吸引客户采用一些奖励活动,但是,娱乐活动中给予顾客的奖励(包括奖品和奖金)价值应计入营业收入全额征税。对于退还现金的,也应全额征税,不能按退还后的实收款项征税。

(4)会员制问题的处理。部分量贩式 KTV 还采用俱乐部的形式拓展业务,这些以娱乐为主兼有社交性质的俱乐部,对入会会员收取入会资格保证金(退会时可退还)和入会费,在收讫会费和保证金时,应全额并入营业收入,按娱乐业征收营业税。会员退会时,其应退的保证金允许从当期营业收入中扣除。

(5)我国娱乐业执行 5% ~20% 的幅度税率,具体适用税率由各省、自治区、直辖市人民政府根据当地实际情况,在税法规定的幅度内决定。财政部、国家税务总局《关于调整部分娱乐业营业税税率的通知》(财税[2001]73 号)规定,从 2001 年 5 月 1 日起,夜总会、歌厅、舞厅、射击、狩猎、跑马、游戏、高尔夫球、保龄球、台球等娱乐行为的营业税统一按 20% 的税率执行。财政部、国家税务总局《关于明确调整营业税税率的娱乐业范围的通知》(财税[2001]145 号)则明确按 20% 税率征收营业税的娱乐业范围包括:歌厅、舞厅、卡拉 OK 歌舞厅(包括夜总会、练歌房、恋歌房)、音乐茶座(包括酒吧)、台球、高尔夫球、保龄球、游艺(如射击、狩猎、跑马、游戏机、蹦极、卡丁车、热气球、动力伞、射箭、飞镖等)。此外,财政部、国家税务总局《关于调减台球保龄球营业税税率的通知》(财税[2004]97 号)规定,自 2004 年 7 月 1 日起,对台球、保龄球减按 5% 的税率征收营业税,税目仍属于娱乐业。

2. 兼营不同税目营业额的处理

根据《中华人民共和国增值税暂行条例实施细则》(财法字[1993]38 号)规定,"纳税人兼营非应税劳务的,应分别核算货物或应税劳务和非应税劳务的经营额。不分别核算或者不能准确核算的,其非应税劳务应与货物或应税劳务一并征收增值税。"《中华人民共和国营业税暂行条例实施细则》

（财法字［1993］40号）第六条规定，"纳税人兼营应税劳务与货物或非应税劳务的，应分别核算应税劳务的营业额和货物或者非应税劳务的经营额。不分别核算或者不能准确核算的，其应税劳务与货物或者非应税劳务一并征收增值税，不征收营业税。"因此，纳税人兼营税率不同的应税业务，应分别核算营业收入，根据各自适用税率分别计算应纳税额。不能分别核算的，一律按最高的税率计征营业税。

针对近年来出现的量贩式KTV内设超市收入如何征税问题，国家尚没有统一的政策规定。但根据上述政策，一般认为应该与KTV收入一并按娱乐业征收营业税。即量贩式KTV适用歌舞厅20%的营业税税率，收取的烟酒、饮料、包间费等应一并按照娱乐业高税率计征营业税。同时，个别省级税务机关对此也进行了明确。如内蒙古自治区地税局《关于对量贩式KTV超市征收营业税批复》（内地税字［2004］105号）规定，在量贩式KTV内设立的超市，经营时间与KTV的营业时间相同，在KTV为顾客进行娱乐活动提供服务的同时，以向顾客经营饮料、烟酒、食品等为主。按照《营业税暂行条例》中娱乐业的营业额为经营娱乐业向顾客收取的各项费用，包括门票收费、台位费、点歌费、烟酒和饮料收费及经营娱乐业的其他各项收费的规定，量贩式KTV内设立的超市，无论办理何种税务登记，均应暂按娱乐业征收营业税。湖南省地税局编印的《营业税知识读本》也明确，无论娱乐场所是否将饮食服务和其他服务的收入分开核算，其收入都应作为娱乐业收入征税。因此，这里需要提醒从事量贩式KTV经营的投资人在企业开业初期就要做好与当地主管税务机关的沟通，以便明确有关政策，降低涉税风险。

3. 对于娱乐业的营业税会计处理

经营娱乐业的纳税人在计算应缴营业税时，借记"营业税金及附加"，贷记"应交税费——应交营业税"，或借记"经营成本——经营税金"，贷记"应交税费——应交营业税"；缴纳营业税时，借记"应交税费——应交营业税（或应付账款——应交营业税）"，贷记"银行存款（或现金）"。从事量贩式KTV经营的纳税人也可以比照上述方法进行会计核算。

（三）量贩式KTV的筹划思路

目前对量贩式KTV经营所涉及的部分税收政策比较明确，《中华人民共和国增值税暂行条例实施细则》第五条规定，从事货物的生产、批发或零售的企业、企业性单位及个体经营者，包括以从事货物的生产、批发或零售为主，并兼营非应税劳务的企业、企业性单位及个体经营者在内。财政部、国家税务总局《关于增值税、营业税若干政策规定的通知》（财税[1994]26号）规定，“以从事货物的生产、批发或零售为主，并兼营应税劳务”，是指纳税人的年货物经营额与非增值税应税劳务营业额的合计数中，年货物经营额超过50%，非增值税应税劳务营业额不到50%。如果量贩式KTV由一家大型商品零售企业兼营，并且商品零售企业年货物经营额超过50%，那么KTV取得的混合经营收入（包括商品经营收入和娱乐业收入）都应当征收增值税，不征收营业税。

《中华人民共和国营业税暂行条例实施细则》第六条规定，纳税人兼营应税劳务与货物或非应税劳务的，应分别核算应税劳务的营业额和货物或者非应税劳务的经营额。不分别核算或者不能准确核算的，其应税劳务与货物或者非应税劳务一并征收增值税，不征收营业税。根据上述规定，以娱乐业为主兼营商业（向娱乐场所以外的顾客经营商品）的纳税人，如果不分别核算商品经营收入和娱乐业收入，那么该纳税人的全部收入都应当征收增值税，不征收营业税。但是，事实上又不尽然，有些行政规章性文件又对娱乐业的经营事项做了特殊性规定，而且，营业税属于地方税种，各地对其有规范的权力。所以，对于量贩式KTV的部分经营事项的涉税问题还存在争议。为了规避较高的营业税税率，目前一些量贩式KTV经营者经常采用如下两种经营方式：

一是将量贩式KTV变为两个纳税人的歌厅加超市。顾客所需要的酒水、饮料、小吃、水果可以在歌厅内单独设立的超市中购买，企业把这些收入与KTV经营收入分割开来单独核算。其中，超市部分一般适用小规模纳税人4%的增值税税率，KTV部分适用20%的营业税税率，使企业税负明显降低。

如果一个属于增值税小规模纳税人（适用4%税率）的量贩式KTV，月总收入为40万元，其中超市收入28万元，KTV收入12万元。如果依据KTV收入缴纳营业税，同时超市经营额缴纳增值税，那么应缴营业税2.4万元，增值税1.08万元，税负为8.70%。按照营业税的有关规定，如果依据总收入缴纳营业税，那么应缴营业税8万元，税负为20%，两者相差11.3个百分点。

二是将量贩式 KTV 分为两个纳税人的歌厅和自助餐。KTV 公司与餐饮公司合作,分别开具发票;顾客在 KTV 消费时的所有餐饮服务由餐饮公司提供,KTV 公司只收取包房费,按娱乐业 20% 的税率缴纳营业税;客人在包房内点的所有烟酒饮料等均属于餐饮公司收入按照饮食业 5% 的税率缴纳营业税。这样的话,KTV 的流转税负也可以降低。

对这两种经营行为,税务部门和筹划专家均有各自的观点,特别是对第二种业态中的混业行为分歧更大。有业内人士认为,第二种方式按税法规定确实可以享受 5% 营业税税率,但实际上 KTV 和餐饮业确实有着不可分割的消费连带关系,不易区分;其次,KTV 价格和餐饮价格的合理划分也是一个问题,即双方如何合理区分合作价格,除免费餐饮外,对包房内消费的其他酒水如何计算,对于那些存在明显的避税嫌疑的操作事项,税务机关是不予支持的。显然,其中存在较大的涉税风险。

(四)量贩式 KTV 筹划注意事项

尽管有些项目的筹划存在争议,但是因为娱乐业营业税适用税率高达 20%,所以将娱乐业收入中包含的商品经营收入和饮食业收入从娱乐业收入中分离出来,仍然是常见的税收筹划思路。对于量贩式 KTV 经营,在筹划营业税和增值税时,应当注意以下几点:

1. 注意兼营与混合经营的区别

新的企业所得税法颁布以后,人们对分支机构的设立往往会首先考虑分公司。但是,作为混合经营行为的特点是,同一纳税人在同一时间向同一对象,既提供商品经营,又提供营业税劳务。娱乐公司(或者以娱乐业为主兼营商业的纳税人,下同)向娱乐场所的顾客经营商品,是典型的混合经营业务,而不是兼营业务,娱乐公司混合经营业务中所含的商品经营收入,无论是否独立核算,都应当并入娱乐业计税依据征收营业税。量贩式 KTV 要想把商业零售业务从娱乐业中分离出来,应当注意超市必须构成独立纳税人,即超市必须是独立法人或者个人独资、合伙企业和个体工商户,而不能是娱乐公司的分公司或者分支机构,也不能是经营娱乐业为主的纳税人的兼营业务。

2. 注意餐饮收入的操作方式

餐饮服务与货物经营是存在区别的。根据国家税务总局《关于印发〈营业税税目注释〉（试行稿）的通知》（国税发[1993]149号）规定，娱乐场所为顾客进行娱乐活动提供的饮食服务及其他各种服务，均属于娱乐业税目征收范围。因此，娱乐场所提供的餐饮服务仍然属于娱乐业征税范围，不能按"服务业——饮食业"征税。因此，如果餐饮公司属于独立纳税人，那么餐饮公司收取的餐饮收入不属于娱乐业收入，应当独立征税。需要注意的是，餐饮公司未提供就餐场所经营食物的行为，属于兼营经营货物，应当征收增值税，而不是征收营业税。

3. 筹划操作不能过度

量贩式KTV经营是综合性业务经营，所以存在筹划的可能。但是，由于娱乐业的特殊性，这就给其带来了筹划风险。比如，在量贩式KTV经营中如果盲目提高商品经营收入并减少娱乐业收入，就会造成娱乐业收入明显偏低且无正当理由，主管税务机关有权核定娱乐业收入，并补征娱乐业营业税。而且，目前对于量贩式KTV经营的征税问题各地差异很大，并且，将商品经营收入从娱乐业收入中分离出来，则属于"不具有合理商业目的的安排"，一旦有关操作事项被主管当局确认为"不合理"，对其设立的超市从娱乐场所取得的收入强制征收娱乐业营业税，并不是没有可能。因此，相应的事项应当引起投资人的注意。

二、酒店产权式经营的涉税筹划案例

为了盘活存量资产，目前个人（业主）以房屋等产权与他人合作从事生产经营的现象越来越多。但是，许多人对个人（业主）因产权投入取得的收入如何纳税不清楚。国家税务总局《关于酒店产权式经营业主税收问题的批复》（国税函[2006]478号）规定，酒店产权式经营业主（以下简称业主）在约定的时间内提供房产使用权与酒店进行合作经营，如房产产权并未归属新的经济实体，业主按照约定取得的固定收入和分红收入均应视为租金收入，应按照"财产租赁所得"项目缴纳个人所得税。

例如，王某以其名下的一栋大楼与张某合作办酒店（有限责任公司），张某出资50万元，并担任董事长兼总经理。双方合同规定，王某不参与经营，其入股的大楼产权仍归属其本人，其投资收益按酒店年纳税营业额的10%提成，半年结算提成一次。2008年7月结算上半年纳税营业额有60万元，王某提成 6 万元，当即缴纳营业税及附加 3 600 元，没有支付修缮费。

在这里，王某以拥有的大楼产权与他人合作经营，即为产权式经营，取得的分成收入虽然明确是半年一次，仍应划分成每月收入按每月一次计算缴纳个人所得税，即：

每月取得的收入 $=60\ 000 \div 6 = 10\ 000$（元）；

每月应缴纳营业税及附加 $=3\ 600 \div 6 = 600$（元）；

每月应纳税所得额 $=(10\ 000 - 600) \times (1 - 20\%) = 7\ 520$（元）；

每月应纳税额 $=7\ 520 \times 10\% = 752$（元）；

王某半年合计共需缴纳个人所得税 $=752 \times 6 = 4\ 512$（元）。

其实，以个人资产与他人合作经营存在税收筹划问题，这里我们引用上海振信财务咨询有限公司提供的一个实务操作案例来作一个简要说明。

[案例分析]

外地来上海经商的王鸣夫妇，在上海经营已经有三年多，事业上小有成就。由于两人老家都在外地，每年双方家里来沪上学求医的亲戚朋友都不少，甚至一些外地来的生意上的重要客户，也需要他们安排住宿。另外，有些节假日，为了放松一下，他们全家也常到酒店享受服务，这些项目构成了他们的日常支出，每年有 1.5 万元左右，时间合计一个月左右。

考虑到将投资与消费结合起来，他们对酒店产权式经营模式产生了兴趣，于是他们买下离家不远的一家酒店的一个套房，并与酒店方签署产权式经营合作协议。

在签署协议时，王鸣感到其中存在税收上的利益差异，于是他请来税收专家为其进行指导。税务专家了解他的操作思想以后，又与酒店方进行了交流，在此基础上提出了两个方案：

方案一：经营与消费相分离。王鸣夫妇将套房完全交给酒店经营，酒店支付租金 2 万元和业绩分红（根据酒店近年来的经营情况测算，王鸣夫妇可得业绩分红在 1 万元左右）；

方案二：经营与消费相结合。王鸣夫妇每年在酒店自己的房间居住或者安排自己的客户在其中居住满一个月，并享受酒店的相应服务，酒店向其支付租金 1 万元和相应的业绩分红。

[税收计算]

根据方案一，王鸣夫妇单纯地出租住房，当年不在房间居住，每年取得租金和业绩分红3万元,业绩分红按国家税务总局《关于酒店产权式经营业主税收问题的批复》(国税函[2006]478号)规定也需视为租金收入,在此方案条件下,王鸣夫妇需要负担税收为:

营业税及附加 = 30 000 × 5% × (1 + 10%) = 1 650(元);

个人所得税 = [(30 000 ÷ 12) - 800] × 12 × 20% = 4 080(元);

房产税 = 30 000 × 12% = 3 600(元);

王鸣夫妇需要缴纳的税收合计 = 1 650 + 4 080 + 3 600 = 9 330(元);

扣除需要缴纳的各项税收之后,王鸣夫妇实际得到的收入为20 670元(30 000 - 9 330)。

根据方案二,王鸣夫妇将自己的亲戚朋友和重要客户安排在该套房住宿,时间刚好在一个月左右,如此操作将节约支出1.5万元。在这个条件下王鸣夫妇需要负担的各项税收为:

营业税及附加 = 20 000 × 5% × (1 + 10%) = 1 100(元);

个人所得税为 = [(20 000 ÷ 12) - 800] × 12 × 20% = 2 080(元);

房产税 = 20 000 × 12% = 2 400(元);

扣除需要缴纳的各种税收之后,王鸣夫妇实际得到的收入为:15 000 + 20 000 - 1 100 - 2 080 - 2 400 = 29 420(元)。

[筹划结论]

王鸣夫妇客观上存在一笔硬性支出,如果通过筹划,将硬性支出与相关的投资活动结合起来,即将自己的亲戚朋友和重要客户安排在该套房住宿,结果是将支出隐含在收入中(收入与支出冲抵),可以享受到税收上的好处。因为,王鸣夫妇住自己的房屋不存在税收上的问题,享受的酒店服务显然包括有原定的2万元租金变成1万元租金的部分,但在形式上这种服务无法用货币量化,仍表现为住自己的房,没有可以计算出来的所得额。所以,与方案一比较,王鸣夫妇可以增加收入8 750元(29 420 - 20 670)。

[筹划分析]

酒店产权式经营对很多人来说可能还是个新名词,一般是指酒店将每间客房分割成独立产权出售给投资者,投资者将客房委托酒店经营,取得投资回报,也可获得酒店赠送的一定期限的免费入住权。产权式酒店业主同时兼具消费者和投资者两重属性。作为消费者,客户享受旅游度假的服务,享受餐饮、娱乐、健身等配套优惠;而作为投资者,业主主要取得固定租金收入和经营利润分红收入。

为了规范酒店产权式经营，国家税务总局下发了《关于酒店产权式经营业主税收问题的批复》（国税函[2006]478号）。该文件指出，酒店产权式经营业主在约定的时间内提供房产使用权与酒店进行合作经营，如房产产权并未归属新的经济实体，业主按照约定取得的固定收入和分红收入均应视为租金收入。根据有关税收法律、行政法规的规定，应按照“服务业——租赁业”征收营业税，按照财产租赁所得项目征收个人所得税，从而彻底明确酒店产权式经营业主分红收入的税收问题。

产权式酒店具有多种类型，国际通用的产权式酒店大致有三种类型：

一是时权酒店，即有约定期的使用酒店客房的权利；

二是住宅型酒店，即投资者购买后可以先委托酒店经营，到一定期限转为自己长期居住的客居住宅；

三是投资型酒店，即作为投资行为，逐年取得约定的回报，并期待着增值回收投资。

当然，如果将资产从酒店向外扩展，个人产权式合作经营的形式还有很多，如投资入股参与利润分配、财产出租收取固定分红等。作为产权式经营的投资人应当注意与各种经济方式相关的税收政策因素，否则就可能存在涉税风险。

其一，以土地使用权换取房屋的所有权。这种形式在城乡结合部的农村地区非常普遍。拥有土地使用权的个人（甲方）同意让他人（乙方）在其土地上建房屋并使用若干年，使用期满后，房屋的产权归甲方。在这个过程中，乙方是以建筑房屋为代价换得若干年的土地使用权，甲方是以出租土地使用权为代价换取房屋的所有权（即实物所得）。这种实物所得是因为出租了土地使用权而来的，因此，甲取得的房屋所有权应当按“财产租赁所得”项目缴纳个人所得税。计税价格以房屋的建造成本为依据，如果房屋建造成本严重不实，应进行评估定价。

其二，以土建房屋换取房屋装修。个人甲由于资金不足，将土建的房屋出租，承租者乙负责房屋的装修，规定承租期若干年，若干年后装修好的房屋归甲。在这一过程中，乙方以装修投资为代价换取若干年的房屋使用权，甲方以土建的房屋换取装修（可居住），甲方发生了出租财产所得，其租金收入就是装修成本，应当按“财产租赁所得”项目缴纳个人所得税，装修成本不实的也可由认定的评估机构评估定价。

其三，个人以建筑物、土地使用权、机器设备或车船投资入股，但收取固定回报。

例如，王某以一座建筑物与出资金的赵某合资办有限责任公司，规定王某不参与经营，不管公司经营状况如何，每年固定领取现金6万元。

对于这种合作形式，王某实际上是出租建筑物收取租金，因为如果是投资，就必须“共担风险，共负盈亏”而不存在固定回报；既然是固定回报，就不存在“共担风险，共负盈亏”。赵某实际上是承租王某的房屋从事生产经营。所以，王某每年取得的6万元收入应当按照财产租赁所得缴纳个人所得税。

［注意事项］

产权式经营说起来简单，但是，如果将其操作原理进行举一反三进行运用，就涉及许多税收政策问题，因此，从规避纳税风险的角度讲，纳税人在操作过程中应当注意如下问题：

一是注意应缴纳额的正确计算。财产租赁所得是以每次取得的收入为征税额计算缴纳个人所得税的，对于产权式经营方式下的财产租赁收入，往往是几个月或一年、几年一次性收取所有收入。对此，应当按照合作双方的有效合同，分析确定以合同期平均并按月计算缴纳个人所得税。计税公式如下：应纳税所得额 = 每次 ÷ 月收入额 − 租金收入缴纳的营业税等税费 − 修缮费（有发票且限800元）− 800；或 =［每次 ÷ 月收入额 − 营业税等税费 − 修缮费（有发票且限800元）］×（1 − 20%）；应纳税额 = 应纳税所得额 × 税率。

二是理清产权关系，明确纳税义务。国税函［2006］478号文件虽然是只针对酒店而言的，但其实质对所有个人产权式经营所得都具有管征效力，重要前提是必须将属于个人的财产（土地只有使用权而没有所有权）投入经营并取得所得。

三是不管投资主体的性质，都存在涉税义务。合作对方可以是单位，也可以是个人；而合作的实体可以是有限责任公司，也可以是独资合伙企业或个体户。所不同的只是税种不同而已。如果是个人，从2001年1月起，房屋类租赁的“财产租赁所得”应税项目个人所得税税率减为10%。

四是无论计提租赁费用的方式如何，都需要按最终确认的金额计税。租赁经营的收入是按事先约定的方式取得，可以是固定数额，也可以是固定提成率等。

由于我国强化房地产行业的调控，国家税务总局《关于加强住房营业税征收管理有关问题的通知》（国税发［2006］74号）规定从2006年6月1日起，个人将购买不足5年的住房对外经营全额征收营业税，为了节约营业税支出，一部分房产投资者不得不把短线投资变成5年以上的长线投资。在具体的经营过程中，房产所有人除了将房产出租取得租金收入和房产投资形成经济实体取得分红两条途径外，不妨试试产权式经营，这里筹划机会还是很大的。

三、酒店经营涉税筹划注意事项

就一般情况而言，多数规模酒店的业务经营都存在综合性的特点，纳税人对酒店的纳税筹划需要结合具体的经营特点展开有针对性的筹划。从宾馆酒店主要涉税情况看，要注意以下六点。

（1）企业应该按照经营项目分别核算，避免低税率经营项目收入适用高税率征税。《营业税暂行条例》第三条规定，纳税人兼有不同税目应税行为的，应当分别核算不同税目的营业额、转让额、经营额；未分别核算营业额的，从高适用税率。如宾馆酒店既有按照5%税率缴纳营业税的住宿、饮食业务，又有按照20%缴税的歌厅、舞厅、音乐茶座，及高尔夫等娱乐业务，按照税法规定，分别核算其经营收入，则可以按照各自的税率缴税，否则，一律按照20%的高税率缴税。

（2）分别核算增值税应税业务和营业税应税业务，避免重复征税或混合征税造成多缴税款。虽然宾馆酒店以营业税业务为主，但也会发生一些如货物经营等增值税应税业务。《营业税暂行条例实施细则》第六条规定，纳税人兼营应税劳务与货物或非应税劳务的，应分别核算应税劳务的营业额和货物或者非应税劳务的经营额。不分别核算或者不能准确核算的，其应税劳务与货物或者非应税劳务一并缴纳增值税，不缴纳营业税。

（3）尽可能将房屋出租租金收入转变为住宿房费收入，避免多缴房产税。许多宾馆酒店有将自己的客房租给某些单位长期使用的业务。企业将住房提供给租赁者后，不再提供管理服务，只按期收取租金。按照税法规定，对这部分租金收入既要缴纳营业税，又要缴纳12%的房产税。如某酒店当期客房部收取客房收入80万元。其中外单位办公租用房收入30万元。根据上述业务，按照一般处理，酒店客房收入应纳税如下：营业税 = 80 × 5.5% = 4.4（万元）；房产税 = 30 × 12% = 3.6（万元）。如果将租金收入转变为住宿费收入，就不需要缴纳3.6万元房产税。转换的关键点就是：企业还是要为住房者提供住宿管理服务，除房费外，不单独结算水电费等其他费用。

（4）不要误将饮食业中经营的货物缴纳增值税，避免多缴增值税。国家税务总局《关于饮食娱乐场所内设吧台经营烟酒征收营业税问题的批复》（国税函[1999]587号）文件规定：饮食店、餐馆、酒店、宾馆、饭店等单位发生属于营业税"饮食业"应税行为的同时经营货物给顾客的，不论顾客是否在现场消费，其货物部分的收入均并入营业税应税收入缴纳营业税。因此饮食、娱乐场所内设吧台向顾客提供烟酒取得的收入，应当缴纳营业税，不缴纳增值税。

（5）经营电信业务取得的收入可以按差额缴纳营业税，避免全额多缴税收。国家税务总局《关于外商投资的宾馆、商务楼等经营电信业务征收营业税问题的批复》（国税函发[1998]737号）规定，自1998年1月1日起，对外商投资的宾馆、饭店、商务楼等经营电信业务取得的收入，根据国家税务总局《关于经营公用电话征收营业税问题的通知》（国税发[1997]161号）第三条规定，按"服务业"税目中的"代理服务"项目缴纳营业税。其营业额为向用户收取的全部价款和价外费用减去支付给邮电部门的管理费和电话费的余额。由于内外资企业营业税政策的一致性，以及代理业营业税政策按实际收入纳税的规定，内资企业宾馆酒店经营电信业务，同样可以按差额缴纳营业税。

（6）注意特殊资产的处理。宾馆、酒店等企业以外购等方式取得的字画等美术作品，用于装饰环境或投资收藏，或两者兼具，企业应当根据会计制度、税法及有关法律的规定进行账务处理。对此，税法和会计制度对固定资产的界定基本一致。宾馆、酒店等企业用于环境布置的美术作品，主要是将作品展览供顾客观赏，提高经营场所的文化氛围。因此，用于环境布置的美术作品与生产经营有关，应首先考虑作固定资产处理，税法规定可以提取折旧，折旧年限不得短于5年。

对具有著作权的美术作品，依法取得作品原件所有权并不等于取得作品的著作权,依法取得美术作品原件所有权的企业可以展览作品。《著作权法》第十八条规定:"美术等作品原件所有权的转移,不视为作品原件著作权的转移,但美术作品原件的展览权由原件所有人享有。"美术作品原件用于环境布置,会计上可作为固定资产处理并计提折旧。如果作品不用于环境布置供顾客观赏,根据《企业所得税暂行条例实施细则》第三十一条规定,房屋、建筑物以外未使用、不需用以及封存的固定资产不得提取折旧。《企业会计制度》第三十五条也规定,房屋、建筑物以外的未使用、不需用的固定资产不计提折旧;企业执行《小企业会计制度》、《会计准则——固定资产》,对未使用固定资产计提的折旧不得在所得税前扣除。

对著作财产权和作品原件所有权的合法受让人,如果协议未区分所有权和著作财产权价值的,如何区分作品原件所有权和著作财产权的价值?会计制度和税法均未明确。笔者认为,在著作财产权受保护期内,很难区分作品原件所有权和著作财产权价值的孰重孰轻,应按总价的1/2分别计入无形资产和固定资产。再则,无形资产摊销完毕后,作品原件可能依然存在,固定资产的原值一般不因清理而改变,便于企业的资产管理。

第十章

服务外包企业的财税筹划

服务外包作为现代高端服务业的重要组成部分,是当前世界经济全球化背景下国际服务贸易的一种重要形式,也是我国国民经济发展中亟待着力发掘其潜力的新兴产业。如果把制造业的国际转移看做第一次经济全球化,那么,服务业外包就是第二次经济全球化。联合国贸发会议研究表明,我国正成为全球跨国公司海外研发活动的首选地,同时有条件成为跨国公司服务外包的主要承接地。2006 年,商务部将服务外包产业列为我国未来重点发展的一项产业。近年来,我国先后出台了大量促进服务外包产业发展的扶持政策,尤其是 2009 年年初,国务院发布了促进服务外包产业发展的综合性政策,从财政、税收、劳动工时、人才培训、金融、电信、知识产权保护、海关监管等多个方面对服务外包企业给予政策支持。

2006 年,国家商务部成立了服务贸易司,专门负责推动软件和服务外包产业的发展。随后,商务部启动了“千百十工程”,承诺每年投入不少于 1 亿元资金,在 3 ~ 5 年的时间内在全国建设 10 个具有一定国际竞争力的服务外包基地城市,推动 100 家世界著名跨国公司将其服务外包业务转移到中国,培育 1 000 家取得国际资质的大中型服务外包企业,创造有利条件,全方位承接国际(离岸)服务外包业务。中国著名研究机构 CCID 的研究数据显示:中国服务外包业务的预计年复合增长率将保持在 40%。

2006 年和 2007 年,财政部、国家税务总局、商务部、科技部先后联合下发通知,明确苏州工业园区若干税收优惠措施:一是对园区内从事软件研发及服务、信息技术外包服务以及技术性业务流程外包服务等技术先进型服务企业，经认定比照为高新技术企业，减按 15% 的税率征收企业所得税；二是对其实际发生的合理的工资支出可以在企业所得税税前扣除；三是从事离岸服务外包业务取得的收入，免征营业税；四是当年提取并实际使用的职工教育经费，在不超过当年企业工资总额 8% 以内的部分，可以据实在企业所得税税前扣除等。

2009 年 1 月 15 日，国务院办公厅下发《关于促进服务外包产业发展问题的复函》，批复商务部会同有关部委共同制定的促进服务外包发展的政策措施，同意将北京、天津、上海、重庆等 20 个城市确定为我国服务外包示范城市，实行一系列鼓励和支持措施，深入开展承接国际服务外包业务，把促进服务外包产业发展作为推进我国产业结构调整、转变外贸发展方式、增加高校毕业生就业机会的重要途径。按照商务部等有关部门的规划，要力争 5 年内（2009 ~ 2013 年）在我国建成一批产业聚集并具有一定国际竞争力的服务外包基地；促进 200 家著名跨国公司将服务外包业务转移到我国；培育 2 000 家取得国际资质的大中型服务外包企业；培训 120 万承接服务外包所需实用人才；新增 100 万名大学毕业生就业。到 2013 年，实现承接国际服务外包业务 300 亿美元。

我国正处在全面建设小康社会的关键时期，发展服务外包是转变对外贸易增长方式、提高对外贸易质量和效益的重要途径；是优化外商投资结构，提高利用外资水平的重要方式；同时还是扩大大学生就业、提升劳务输出水平的重要渠道。发展服务外包，有利于我国区域经济的协调发展。在上一轮以制造业为主的国际产业转移中，沿海远远领先于中西部。在新一轮以服务外包为重点的国际产业转移中，东北和中西部地区有望分享更大的份额。当前，发展服务外包产业对于增加内需，扩大就业，促进产业结构调整和经济转型，更是具有现实意义。

第一节　服务外包企业的税收优惠

为了鼓励纳税人创办服务外包企业，税收制定了许多优惠政策。但是，一些服务企业对其承接服务外包业务时可以享受哪些税收优惠政策并不十分清楚。笔者对服务外包企业可享受的税收优惠作了梳理。

减免营业税

服务外包企业涉及营业税优惠有三个方面：

一是离岸服务外包收入免营业税。国办函[2009]9号文件和财税[2009]63号文件规定，对经认定的技术先进型服务企业离岸服务外包业务收入免征营业税。

二是其他业务收入免营业税，如租金收入。财政部、国家税务总局《关于调整住房租赁市场税收政策的通知》（财税[2000]125号）规定，对服务外包企业按政府规定价格出租的公有住房和廉租住房，向职工出租的单位自有住房免征营业税。

三是经营不动产方面。财政部、国家税务总局《关于营业税若干政策问题的通知》（财税[2003]16号）规定，服务外包企业经营或转让其购置的不动产或受让的土地使用权，以全部收入减去不动产或土地使用权的购置或受让原价后的余额为营业额。服务外包企业经营或转让抵债所得的不动产、土地使用权的，以全部收入减去抵债时该项不动产或土地使用权作价后的余额为营业额。

根据财政部、国家税务总局《关于调整住房租赁市场税收政策的通知》（财税[2000]125号）服务外包企业按照政府规定价格向职工出租的单位自有住房，免征营业税。

减征企业所得税

在江苏苏州工业园区税收试点的基础上，国家沿用了技术先进型服务企业这一概念，制定了规范统一的先进型服务业务的具体适用范围，如分为信息技术外包服务（ITO）、技术性业务流程外包服务（BPO）和技术性知识流程外包服务（KPO），将达到认定条件的服务外包企业纳入技术先进型服务企业范畴，并获得了与高新技术企业的同等优惠待遇。国务院办公厅《关于促进服务外包产业发展问题的复函》（国办函[2009]9号）和财政部、国家发展和改革委员会、国家税务总局、科学技术部、商务部《关于技术先进型服务企业有关税收政策问题的通知》（财税[2009]63号）规定，对经认定的技术先进型服务企业，减按15%的税率征收企业所得税。因此，经国家认定的服务外包基地城市和示范园区内的外包企业被认定为技术先进型服务企业，自2009年1月1日起五个年度内享受15%的所得税优惠税率，未纳入北京、天津、上海等20个中国服务外包示范城市就只能按25%缴纳企业所得税。

根据《中华人民共和国企业所得税法》和《中华人民共和国企业所得税法实施条例》，对服务外包企业从事国家非限制和禁止行业，并且年度应纳税所得额不超过30万元，从业人数不超过80人，资产总额不超过1 000万元，减按20%的优惠税率征收企业所得税。

职工教育费列支比例大幅提高。《企业所得税法实施条例》第四十二条规定，除国务院财政、税务主管部门另有规定外，企业发生的职工教育经费支出，不超过工资、薪金总额2.5%的部分，准予扣除；超过部分，准予在以后纳税年度结转扣除。根据国办函[2009]9号文件和财税[2009]63号文件规定，经认定的技术先进型服务企业，其发生的职工教育经费按不超过企业工资总额8%的比例据实在企业所得税税前扣除超过部分，准予在以后纳税年度结转扣除。例如，某服务企业年企业工资总额为1 000万元，按一般规定可以据实列支职工教育经费25万元，认定为技术先进型服务企业后，职工教育经费列支提高到80万元，这对于企业加大教育培训的投入无疑有着更加积极的推动作用。

减免城镇土地使用税和房产税

根据《城镇土地使用税暂行条例》和《房产税暂行条例》的相关规定，对缴纳城镇土地使用税确有困难的服务外包企业，由省、自治区、直辖市税务机关审核后，可减征或免征城镇土地使用税。而服务外包企业缴纳房产税确有困难的，可由省、自治区、直辖市人民政府确定，定期减征或者免征房产税。

(1)服务外包企业还享受其他税收优惠

除享受上述税收优惠之外，符合一定条件的服务外包企业还可以根据现行税法的规定，在生产、研发、重组、技术转让等环节享受城镇土地使用税、房产税、企业所得税、营业税等其他方面的税收优惠。

企业加大研发投入可享受优惠政策。根据《企业所得税法》第三十条及其实施条例第九十五条的规定，企业为开发新技术、新产品、新工艺发生的研究开发费用，未形成无形资产计入当期损益的，在按照规定据实扣除的基础上，按照研究开发费用的50%加计扣除；形成无形资产的，按照无形资产成本的150%摊销。同时根据国家税务总局《关于印发企业研究开发费用税前扣除管理办法(试行)》的通知(国税发[2008]116号)第四条规定，服务外包企业在一个纳税年度实际发生的下列技术开发费项目，包括新产品设计费、新工艺规程制定费以及与研发活动直接相关的技术图书资料费、资料翻译费；从事研发活动直接消耗的材料、燃料和动力费用；在职直接从事研发活动人员的工资、薪金、奖金、津贴、补贴；专门用于研发活动的仪器、设备的折旧费或租赁费；专门用于研发活动的软件、专利权、非专利技术等无形资产的摊销费用；专门用于中间试验和产品试制的模具、工艺装备开发及制造费；勘探开发技术的现场试验费；研发成果的论证、评审、验收费用，在按规定实行 100% 扣除基础上，允许再按当年实际发生额的 50% 在企业所得税税前加计扣除。企业年度实际发生的技术开发费当年不足抵扣的部分，可在以后年度企业所得税应纳税所得额中结转抵扣，抵扣的期限最长不得超过 5 年。

技术转让免征营业税。根据《企业所得税法》有关规定，对服务外包企业从事技术转让、技术开发业务和与之相关的技术咨询、技术服务业务取得的收入，免征营业税。对服务外包企业的技术转让所得，在一个纳税年度内不超过 500 万元的部分，免征企业所得税；超过 500 万元的部分，减半征收企业所得税。国家税务总局《关于技术转让所得减免企业所得税有关问题的通知》(国税函[2009]212 号)还规定了技术转让所得计算公式，技术转让所得 = 技术转让收入 - 技术转让成本 - 相关税费。例如某服务外包企业转让技术所有权收入 1 550 万元，技术账面净值 600 万元，各项税金及其附加、合同签订费用等 100 万元，该企业应纳税企业所得税额 = (1 550 - 600 - 100 - 500) ×15% ×50% = 26.25(万元)。

部分企业可享受软件企业优惠。对从事信息技术外包服务(ITO)中的软件研发及开发服务的服务外包企业认定为软件生产企业的，可执行软件业优惠政策，财政部、国家税务总局《关于企业所得税若干优惠政策的通知》(财税[2008]1 号)规定，我国境内经认定的新办软件生产企业，自获利年度起，第一年和第二年免征企业所得税，第三年至第五年减半征收企业所得税。对国家规划布局内的重点软件生产企业，如当年未享受免税优惠的，减按 10% 的税率征收企业所得税。软件生产企业实行增值税即征即退政策所退还的税款，由企业用于研究开发软件产品和扩大再生产，不作为企业所得税应税收入，不予征收企业所得税。

(2)鼓励服务外包企业进行产权重组方面税收优惠政策

服务外包企业在合并、分立、兼并过程中发生的土地使用权、不动产所有权的转移行为，不征收营业税。由于转让企业产权是整体转让企业资产、债权、债务及劳动力的行为，其转让价格不仅仅是由资产价值决定的，与企业经营不动产、转让无形资产的行为完全不同，国家税务总局《关于转让企业产权不征营业税问题的批复》（国税函[2002]165号）规定，转让企业产权的行为不属于营业税征收范围，不应征收营业税。根据财政部、国家税务总局《关于股权转让有关营业税问题的通知》（财税[2002]191号）的规定，对服务外包企业以不动产或者无形资产投资入股，参与接受投资方的利润分配、共同承担投资风险的行为，不征收营业税。服务外包企业股权转让不缴纳营业税。

（3）支持服务外包企业筹资融资方面税收优惠政策

根据国家税务总局《关于中小企业信用担保、再担保机构免征营业税的通知》（国税发[2001]37号）规定，对为服务外包企业筹资而建立的纳入全国试点范围的非营利性中小企业信用担保、再担保机构按地市级以上人民政府规定的标准取得的信用担保或再担保业务收入（不包括信用评级、咨询、培训等收入），自主管税务机关办理免税手续之日起，3年内免征营业税。

第二节　服务外包企业的涉税筹划

为增强本国出口产品竞争力，各国普遍对出口产品商品实行零税政策。我国通过建立出口商品退税制度，也就是对商品出口实行增值税和消费税退税，有力地刺激了商品出口贸易的迅猛发展，其效果有目共睹。根据我国现行货物和劳务税政策，对服务征收的税种主要是营业税，但是，营业税对服务出口没有建立有效的鼓励机制，在一定程度上造成服务外包收入包含了货物和劳务税。这就要求有关企业在具体的过程中适当地进行税收筹划，从而有效地享受税收优惠。

一、正确处理业务流程

我国目前在流转税环节，对货物和劳务的征税是以增值税和营业税为基础的，两个税种在征收的方法上存在明显差异，如果企业操作不当就可能一是不能享受相应的税收优惠；二是造成重复征税。因此，作为服务外包企业应当注意有关业务流程的设计和筹划，以便尽可能多地享受税收优惠。

（一）离岸服务外包业务的涉税分析

通常，跨国公司会将其非核心服务环节外包，如将IT外包服务、金融外包服务、业务流程外包服务、第三方外包服务（含呼叫中心、物流、网络运营、电信运营、人力资源、资讯服务、财务、后勤管理、咨询服务）等方面，外化为一个投资项目或专业服务公司后再外包出去。这些业务类型既有智力投入较高的内容，如研发设计外包、软件开发外包；也有劳动力密集型业务，如呼叫中心等。

在现行税收政策条件下，企业提供的离岸劳务服务外包业务，属于营业税征收范围；而对于货物经营业务则属于增值税征收范围。由于服务外包在一定程度上属经营方式范畴，涉及行业和税收政策诸多，在确定经营模式和交易方式的过程中，应当考虑税收优惠政策的具体运用。例如，我国鼓励发展和支持出口的服务内容包括文化产业经营出口、软件及相关信息服务出口、动漫产业等，而对远程服务现行税收政策也有征税规定。因此，对金融保险、数据分析、信息服务、企业和市场研究、设计服务、网页和动漫设计、远程服务、网络管理等企业而言，都将涉及离岸外包服务适用税收政策问题。

（二）关于境内服务外包业务

国内贸易与出口的情况不同，对出口实行零税政策是国际惯例，而对于国内生产经营行为一般应适用国内统一税收政策，符合特定税收优惠条件的，可执行免征政策。随着经济分工的发展，境内服务外包现象在诸多行业普遍出现。

根据现行政策规定，境内服务外包业务属于营业税征收范围的，目前有相当的项目需要按照营业额全额计征营业税。为有效延长服务外包产业链条，促进企业联合承接服务外包，培养服务外包人才，培育服务外包领域中小企业，避免税收对正常经济行为的干扰，我国目前已经对部分属于营业税征收范围的境内服务外包行为，实行分包和转包经营的，其服务总承包方在计算营业税计税依据时，允许扣除转包、分包服务费用。如财政部、国家税务总局在《关于营业税若干政策问题的通知》（财税［2003］16 号）中规定：

其一，劳务公司接受用工单位的委托，为其安排劳动力，凡用工单位将其应支付给劳动力的工资和为劳动力上交的社会保险（包括养老保险金、医疗保险、失业保险、工伤保险等，下同）以及住房公积金统一交给劳务公司代为发放或办理的，以劳务公司从用工单位收取的全部价款减去代收转付给劳动力的工资和为劳动力办理社会保险及住房公积金后的余额为营业额。

其二，邮政电信单位与其他单位合作，共同为用户提供邮政电信业务及其他服务并由邮政电信单位统一收取价款的，以全部收入减去支付给合作方价款后的余额为营业额。

其三，经地方税务机关批准使用运输企业发票，按“交通运输业”税目征收营业税的单位将承担的运输业务分给其他运输企业并由其统一收取价款的，以其取得的全部收入减去支付给其他运输企业的运费后的余额为营业额。

其四，旅游企业组织旅游团在中国境内旅游的，以收取的全部旅游费减去替旅游者支付给其他单位的房费、餐费、交通、门票或支付给其他接团旅游企业的旅游费后的余额为营业额。

其五，从事广告代理业务的，以其全部收入减去支付给其他广告公司或广告发布者（包括媒体、载体）的广告发布费后的余额为营业额。

其六，从事物业管理的单位，以与物业管理有关的全部收入减去代业主支付的水、电、燃气以及代承租者支付的水、电、燃气、房屋租金的价款后的余额为营业额。

二、进行高新技术企业认定

根据《高新技术企业认定管理办法》及其附件《国家重点支持的高新技术领域》（国科发［2008］172 号）的有关规定，要求“高新技术产品（服务）收入占企业当年总收入的 60% 以上”，这已经明确同时包含高新产品收入和高新服务收入两方面。同时，文件明确规定国家重点支持的高新技术领域包括以下八大类：一、电子信息技术（包括软件业）；二、生物与新医药技术；三、航空航天技术；四、新材料技术；五、高技术服务业；六、新能源及节能技术；

七、资源与环境技术；八、高新技术改造传统产业。而且在第五大类"高技术服务业"的具体说明中明确其中含"业务流程外包（BPO），即依托行业，利用其自有技术，为行业内企业提供有一定规模的、高度知识和技术密集型的服务；面向行业、产业以及政府的特定业务，基于自主知识产权的服务平台，为客户提供高度知识和技术密集型的业务整体解决方案等"。以及"技术咨询服务"：信息化系统咨询服务、方案设计、集成性规划等内容。这也使得外包服务业的企业认定上有法可依。

三、争取软件企业资格认定

对于是否适用软件企业认定而享受相应的优惠政策方面则更加困难。因为软件企业认定办法中最主要的条款强调的是"软件产品享受收入的比例应达到35%，其中自行开发软件产品应占50%"。这从离岸外包服务企业的业务性质判断来看，问题更加突出。因为鉴于目前我国在软件产品研发能力方面的薄弱，相当大一部分离岸外包服务强调的是技术服务性业务方面的外包，而仅有少部分是属于软件产品开发业务的外包。因此在税收实践中，我们发现虽有小部分企业能取得信息产业局的软件产品著作权及软件产品证书的认定，但要取得软件企业的认定证书就困难得多，因为这不仅需要相应的技术研发能力，更为紧要的是软件收入占企业年收入的比值不得低于规定比例。因此，大部分外包企业也就无法实际享受相应的软件企业所得税优惠政策。

四、争取技术先进型服务企业的认定

就一般情况而言，税收优惠体现政府的产业导向，因此特定的税收优惠只给具有相应条件的纳税人，技术先进型服务企业的税收优惠也不例外。作为服务型企业可以争取技术先进型服务企业的认定。

（一）技术先进型服务企业认定条件

文件规定，享受税收优惠政策的技术先进型服务企业必须同时符合以下条件：

(1)从事本通知第二条规定范围内的一种或多种技术先进型服务业务的企业。

(2)企业的注册地及生产经营地在服务外包示范城市(含所辖区/县/县级市等全部行政区划)内。

(3)企业具有法人资格,近两年在进出口业务管理、财务管理、税收管理、外汇管理、海关管理等方面无违法行为,企业应采用先进技术或具备较强的研发能力。

(4)具有大专以上学历的员工占企业职工总数的50%以上。

(5)企业从事本通知第二条规定范围内的技术先进型服务业务收入总和占本企业当年总收入的70%以上。

(6)企业应获得有关国际资质认证(包括开发能力和成熟度模型、开发能力和成熟度模型集成、IT服务管理、信息安全管理、服务提供商环境安全、ISO质量体系认证、人力资源能力认证等)并与境外客户签订服务外包合同,且其向境外客户提供的国际(离岸)外包服务业务收入不低于企业当年总收入的50%。

上述六个条件都是硬性规定,第一条是对业务范围的规定;第二条是注册地域的限制;第三条是企业法律性质的界定,这就把不具有法人资格的个体工商户和合伙企业等排除在外;第四条和第五条是对人员结构和主营业务收入的规定,是硬指标,企业必须达到;第六条是对公司收入总额和离岸收入比例的规定。可见,对于技术先进型服务企业的认定条件还是比较严格的。

(二)技术先进型服务企业的认定管理

(1)服务外包示范城市所在省(直辖市、计划单列市)科技主管部门会同本级商务、财政、税务和发展改革部门根据本通知规定制定具体管理办法,并报科技部、商务部、财政部、国家税务总局和国家发展改革委备案。

(2)符合条件的技术先进型服务企业应按照本通知及相关管理办法的规定,向所在地(市)级科技、商务、财政、税务和发展改革部门对申报材料联合进行初步审查后,报送省(直辖市、计划单列市)科技主管部门。省(直辖市、计划单列市)科技、商务、财政、税务和发展改革部门联合评审并予以认定。认定企业名单应及时报科技部、商务部、财政部、国家税务总局和国家发展改革委备案。

(3)经认定的技术先进型服务企业,持相关认定文件向当地主管税务机关办理享受本通知规定的税收优惠政策事宜。享受税收优惠的技术先进型服务企业条件发生变化的,应当自发生变化之日起15日内向主管税务机关报告;在符合享受税收优惠政策过程中,发现企业不具备技术先进型服务企业资格的,应暂停企业享受税收优惠,并提请认定机构复核。

(4)服务外包示范城市地(市)级科技、商务、财政、税务和发展改革部门及所在省(直辖市、计划单列市)科技、商务、财政、税务和发展改革部门对经认定并享受税收优惠政策的技术先进型服务企业应做好跟踪管理,对变更经营范围、合并、分立、转业、迁移的企业,如不符合认定条件的,应及时取消其享受税收优惠政策的资格。

第十一章

教育代理医疗服务业的涉税筹划

其他服务业在这里是一个大概念,因为日常服务涉及方方面面,但是,税收政策万变不离其宗,将其一一分类分析也没有必要,所以,在这里我们对其作一个概括性介绍。

第一节　教育服务业务的涉税问题

2009 年 1 月 1 日实施的《中华人民共和国营业税暂行条例》第八条规定,学校和其他教育机构提供的教育劳务,学生勤工俭学提供的劳务免税。而《中华人民共和国营业税暂行条例实施细则》第二十六条明确营业税暂行条例所称学校及其他教育机构,是指普通学校以及经地、市级以上人民政府或者同级政府的教育行政部门批准成立、国家承认其学员学历的各类学校。

随着市场经济建设的日益成熟,许多原本是政府包揽的事业也进行市场化操作,教育服务就是其中的一个方面。因此教育的涉税问题人们也越来越关心起来。事实上,目前教育收费项目较多,除正常收取的书本费、学费、住宿费、伙食费、考试报名费外,还有诸如桌椅费、营养费、补课费、跨区择校费、赞助费等。但就某项收费是应税收入,还是非税收入,不能一概而论,要看收费性质、收费标准和用途等。

一、教育服务的涉税政策

为了规范教育市场，便于纳税人处理教育活动中的涉税问题，财政部、国家税务总局《关于教育税收政策的通知》（财税[2004]39号）、《关于加强教育劳务营业税征收管理有关问题的通知》（财税[2006]3号）对教育活动过程中的税收政策进行了明确。

（一）教育劳务税收征免的具体规定

（1）对从事学历教育的学校提供教育劳务取得的收入、对学生勤工俭学提供劳务取得的收入、对学校从事技术开发、技术转让业务和与之相关的技术咨询、技术服务业务取得的收入，对托儿所、幼儿园提供养育服务取得的收入，免征营业税。这里提供教育劳务取得的收入是指对列入规定招生计划的在籍学生提供学历教育劳务取得的收入，具体包括：经有关部门审核批准，按规定标准收取的学费、住宿费、课本费、作业本费、伙食费、考试报名费收入。超过规定收费标准的收费以及学校以各种名义收取的赞助费、择校费等超过规定范围的收入，不属于免征营业税的教育劳务收入，一律按规定征税。

对于托儿所、幼儿园提供养育服务取得的收入免税问题：①对公办托儿所、幼儿园予以免征营业税的养育服务收入是指，在经省级财政部门和价格主管部门审核报省级人民政府批准的收费标准以内收取的教育费、保育费；对民办托儿所、幼儿园予以免征营业税的养育服务收入是指，在报经当地有关部门备案并公示的收费标准范围内收取的教育费、保育费。超过规定收费标准的收费，以开办实验班、特色班和兴趣班等为由另外收取的费用以及与幼儿入园挂钩的赞助费、支教费等超过规定范围的收入，不属于免征营业税的养育服务收入。②“托儿所、幼儿园”是指经县级以上教育部门审批成立、取得办园许可证的实施0～6岁学前教育的机构，包括公办和民办的托儿所、幼儿园、学前班、幼儿班、保育院、幼儿院。③“提供养育服务”是指上述托儿所、幼儿园对其学员提供的保育和教育服务。

（2）对政府举办的高等、中等和初等学校（不含下属单位）举办进修班、培训班取得的收入，收入全部归学校所有的，免征营业税和企业所得税。对政府举办的职业学校设立的主要为在校学生提供实习场所并由学校出资自办、由学校负责经营管理、经营收入归学校所有的企业，对其从事营业税暂行条例"服务业"税目规定的服务项目（广告业、桑拿、按摩、氧吧等除外）取得的收入，免征营业税和企业所得税。

对政府举办的高等、中等和初等学校（不含下属单位）举办进修班、培训班取得的收入，收入全部归学校所有的免税问题：①"政府举办的高等、中等和初等学校（不含下属单位）"是指"从事学历教育的学校（不含下属单位）"。②"收入全部归学校所有"是指：举办进修班、培训班取得的收入进入学校统一账户，并作为预算外资金全额上缴财政专户管理，同时由学校对有关票据进行统一管理、开具。据此可以免征营业税。进入学校下属部门自行开设账户的进修班、培训班收入，不属于收入全部归学校所有的收入，不予免征营业税。

财税[2006]3号文件还规定各类学校均应单独核算免税项目的营业额。未单独核算的，一律照章征收营业税。同时规定各类学校（包括全部收入为免税收入的学校）均应按照《税收征管法》的有关规定办理税务登记，按期进行纳税申报并按规定使用发票；享受税收优惠政策的，应按规定向主管税务机关办理减免税手续，否则不予减免。

（3）对特殊教育学校举办的企业可以比照福利企业标准，享受国家对福利企业实行的增值税和企业所得税优惠政策。

（4）对高等学校、各类职业学校服务于各业的技术转让、技术培训、技术咨询、技术服务、技术承包所取得的技术性服务收入，暂免征收企业所得税。

（5）对学校经批准收取并纳入财政预算管理的或财政预算外资金专户管理的收费不征收企业所得税；对学校取得的财政拨款，从主管部门和上级单位取得的用于事业发展的专项补助收入，不征收企业所得税。

（6）教育部门拥有的房产、土地等税收征免规定。

①对国家拨付事业经费和企业办的各类学校、托儿所、幼儿园自用的房产、土地，免征房产税、城镇土地使用税；但房产、土地用于出租取得的租金收入不能享受减免税照顾。对财产所有人将财产赠给学校所立的书据，免征印花税。

②对学校、幼儿园经批准征用的耕地，免征耕地占用税。享受免税的学校用地的具体范围是：全日制大、中、小学校（包括部门、企业办的学校）的教

学用房、实验室、操场、图书馆、办公室及师生员工食堂宿舍用地。学校从事非农业生产经营占用的耕地，不予免税。职工夜校、学习班、培训中心、函授学校等不在免税之列。

③国家机关、事业单位、社会团体、军事单位承受土地房屋权属用于教学、科研的，免征契税。用于教学的，是指教室（教学楼）以及其他直接用于教学的土地、房屋。用于科研的，是指科学实验的场所以及其他直接用于科研的土地、房屋。对县级以上人民政府教育行政主管部门或劳动行政主管部门审批并颁发办学许可证，由企业事业组织、社会团体及其他社会和公民个人利用非国家财政性教育经费面向社会举办的学校及教育机构，其承受的土地、房屋权属用于教学的，免征契税。

④对境外捐赠人无偿捐赠的直接用于各类职业学校、高中、初中、小学、幼儿园教育的教学仪器、图书、资料和一般学习用品，免征进口关税和进口环节增值税。上述捐赠用品不包括国家明令不予减免进口税的20种商品。

⑤对教育部承认学历的大专以上全日制高等院校以及财政部会同国务院有关部门批准的其他学校，不以营利为目的，在合理数量范围内的进口国内不能生产的科学研究和教学用品，直接用于科学研究或教学的，免征进口关税和进口环节增值税、消费税（不包括国家明令不予减免进口税的20种商品）。科学研究和教学用品的范围等有关具体规定，按照国务院批准的《科学研究和教学用品免征进口税收暂行规定》执行。

（二）民办学校从事学历教育有哪些税收优惠

根据财政部、国家税务总局《关于教育税收政策的通知》（财税[2004]39号）和财政部、国家税务总局《关于加强教育劳务营业税征收管理有关问题的通知》（财税[2006]3号）规定，民办学校从事学历教育有以下税收优惠。

1. 营业税

对从事学历教育的学校提供教育劳务取得的收入，免征营业税，但是要按规定向主管税务机关申请办理减免税手续。超过规定收费标准的收费以及学校以各种名义收取的赞助费、择校费等超过范围的收入，不属于免征营业税的教育劳务收入，一律按规定征税。

2. 地方税

对国家拨付事业经费和企业办的各类学校自用的房产、土地，免征房产税、城镇土地使用税；对财产所有人将财产赠给学校所立的书据，免征印花税。

3. 企业所得税

根据规定，对学校经批准收取并纳入财政预算管理的或财政预算外资金专户管理的收费不征收企业所得税，对学校取得的财政拨款，从主管部门和上级单位取得的用于事业发展的专项补助收入，不征收企业所得税。

企业可依据文件列举的各项政策，对照本学校实际情况，按税法规定程序报送减免税申请并享受各项税收优惠。

（三）高校劳务收入有何税收优惠

根据财政部、国家税务总局《关于教育税收政策的通知》（财税[2004]39号）文件精神，可以免征营业税的教育税收政策有以下几点：

（1）从事学历教育的学校提供教育劳务取得的收入，免缴营业税。

（2）学生勤工俭学提供劳务取得的收入，免缴营业税。

（3）学校从事技术开发、技术转让业务和与之相关的技术咨询、技术服务业务取得的收入，免缴营业税。

（4）托儿所、幼儿园提供养育服务取得的收入，免缴营业税。

（5）政府举办的高等、中等和初等学校（不含下属单位）举办进修班、培训班取得的收入，收入全部归该学校所有的，免缴营业税和企业所得税。

（6）政府举办的职业学校设立的主要为在校学生提供实习场所、并由学校出资自办、由学校负责经营管理、经营收入归学校所有的企业，对其从事营业税暂行条例《服务业》税目规定的服务项目（广告业、桑拿、按摩、氧吧等除外）取得的收入，免缴营业税和企业所得税。

（四）高校学生公寓租金免营业税

财政部、国家税务总局《关于经营高校学生公寓及高校后勤社会化改革有关税收政策的通知》（财税[2006]100号）对高校后勤实体的税收政策予以明确。具体包括：一是为高校学生提供住宿服务并按高教系统收费标准收取租金的学生公寓，免征房产税。二是对从原高校后勤管理部门剥离出来而成立的进行独立核算并有法人资格的高校后勤经济实体自用的房产、土地免征房产税和城镇土地使用税。三是对与高校学生签订的学生公寓租赁合同，免征印花税。四是对高校后勤实体经营学生公寓和教师公寓及为高校教学提供后勤服务取得的租金和服务性收入，免征营业税。但对利用学生公寓或教师公寓等高校后勤服务设施向社会人员提供服务取得的租金和其他各种服务性收入，按现行规定计征营业税。五是对社会性投资建立的为高校学生提供住宿服务并按高教系统统一收费标准收取租金的学生公寓取得的租金收入，免征营业税；但对利用学生公寓向社会人员提供住宿服务取得的租金收入，按现行规定计征营业税。六是对设置在校园内的实行社会化管理和独立核算的食堂，向师生提供餐饮服务取得的收入，免征营业税；向社会提供餐饮服务取得的收入，按现行规定计征营业税。七是对高校后勤实体为高校师生食堂提供的粮食、食用植物油、蔬菜、肉、禽、蛋、调味品和食堂餐具，免征增值税；对高校后勤实体为高校师生食堂提供的其他商品，一律按现行规定计征增值税。八是对高校后勤实体向其他高校提供快餐的外销收入，免征增值税；对高校后勤实体向其他社会人员提供快餐的外销收入，按现行规定计征增值税。

上述税收优惠政策的执行期为2006年1月1日~2008年12月31日。享受优惠政策的纳税人，应对享受优惠政策的经营活动进行单独核算，分别进行纳税申报。不进行单独核算和纳税申报的，不得享受上述政策。同时，对利用学生公寓向社会人员提供住宿服务或将学生公寓挪作他用的，应按规定缴纳相关税款，已享受免税优惠免征的税款应予以补缴。

2009年年底，财政部和国家税务总局又联合下发《关于经营高校学生公寓和食堂有关税收政策的通知》（财税[2009]155号），对高校学生公寓和食堂有关税收政策明确自2009年1月1日至2010年12月31日：一是对高校学生公寓免征房产税。二是对与高校学生签订的高校学生公寓租赁合同，免征印花税。三是对按照国家规定的收费标准向学生收取的高校学生公寓住宿费收入，免征营业税。四是对高校学生食堂为高校师生提供餐饮服务取得的收入，免征营业税。本通知所述"高校学生公寓"，是指为高校学生提供住宿服务，按照国家规定的收费标准收取住宿费的学生公寓。

"高校学生食堂"，是指依照《学校食堂与学生集体用餐卫生管理规定》（中华人民共和国教育部令14号）管理的高校学生食堂。

2009年1月1日至文到之日的已征房产税、印花税、营业税税款分别在纳税人以后的应纳房产税、印花税、营业税税额中抵减或者予以退税。财政部、国家税务总局《关于经营高校学生公寓及高校后勤社会化改革有关税收政策的通知》(财税[2006]100号)相应废止。

二、与教育有关的具体业务问题分析

随着教育资源不断被挖掘,教育服务的税收问题也就越来越突出。但是,在传统的观念上,教育又是与税收的距离很远的,所以,在日常涉税事项的处理过程中,人们往往对教育经营过程中的具体涉税事项的政策理解不到位,有时甚至出现涉税风险。这里我们结合日常咨询业务就教育经营过程中的部分涉税业务作一个简要介绍。

1. 学校取得择校费的涉税问题

江南一家重点中学由于其教育质量较好,所以,想到该校就读的学生特别多。2009年度秋学期该校新学期开学后,按照政府的有关规定收取择校费300多万元。其中一些属于外地学生的转学费,一些属于中考未达到该校分数线的学生交纳的择校费,还有一些是企业、社会、校友提供的赞助费。对于该校来说,这些择校费是否缴纳营业税,如何缴纳?

上海振信财务咨询有限公司的税务专家做出如下答复:《营业税暂行条例》规定,学校取得的上述赞助费、择校费收入,应按照"文化体育业"税目,按3%的税率缴纳营业税。因此,上述重点中学应缴纳营业税为9万元(300×3%)。

财政部、国家税务总局《关于加强教育劳务营业税征收管理有关问题的通知》(财税[2006]3号)规定,从事学历教育的学校提供教育劳务,超过规定收费标准而收取的费用,以及学校以各种名义收取的赞助费、择校费等,一律按规定纳税。政府举办的高等、中等和初等学校(不含下属单位)举办的进修班、培训班取得的收入,未进入学校统一账户,未作为预算外资金全额上缴财政专户管理,而是进入学校下属部门,不免征营业税。托儿所、幼儿园超过规定收费标准的收费,以开办实验班、特色班和兴趣班等为由另外收取的费用,以及与幼儿入园挂钩的赞助费、支教费等超过规定范围的收入,不属于免征营业税的育养服务收入。要注意的是,学校应单独核算免税项目的营业额,未单独核算的,一律照章征收营业税。

财税[2006]3号文件明确,各类学校(包括全部收入为免税收入的学校）均应按照《税收征管法》的有关规定办理税务登记，按期进行纳税申报并按规定使用发票。比如，某学校某学期取得收入2 100万元，其中免税收入2 000万元，应税收入100万元，由于该校没有将应税收入与免税收入单独核算，则应全额缴纳营业税，即按2 100万元的收入额计算，应缴营业税63万元（2 100×3%）。

税务专家对教育劳务免征营业税的情形也作了解释。政策规定，托儿所、幼儿园提供的育养服务，学校和其他教育机构提供的教育劳务，学生勤工俭学提供的劳务免征营业税。但在申报纳税时，应注意以下几方面：

一要进行减免税申报。政策规定学校取得的免税收入，包括提供教育劳务取得的收入、学生勤工俭学提供劳务取得的收入、校办企业按规定的服务项目（广告业、桑拿、按摩、氧吧等除外）取得的收入等，但在减税、免税期间应当按照规定办理纳税（免税）申报。

二要分清减免项目。国家税务总局《关于印发税收减免管理办法（试行）的通知》（国税发［2005］129号）规定，减免税分为报批类减免税和备案类减免税。报批类减免税是指应由税务机关审批的减免税项目，应提交相应资料，提出申请，经具有审批权限的税务机关审批确认后执行。备案类减免税是指取消审批手续的减免税项目和不需税务机关审批的减免税项目，享受备案类减免税，应提请备案，经税务机关登记备案后，自登记备案之日起执行。学校的减免税，一般属于备案类减免税项目，向税务机关备案后，可以自行计算减免。

三要报送相关资料。纳税人申请报批减免税的，应当在政策规定的减免税期限内，向主管税务机关提出书面申请，并报送以下资料：减免税申请报告，列明减免税理由、依据、范围、期限、数量、金额等；财务会计报表、纳税申报表；有关部门出具的证明材料；税务机关要求提供的其他资料。

2. 有偿转让教育资源要缴营业税

某市一家新兴民营房地产开发公司2009年8月向市教委捐资1 500万元，用于本市一所重点中学图书实验楼建设。捐资协议明确，市教委同意将该公司所开发小区纳入这所重点中学招生范围。市教委是否应缴纳营业税？

上海振信财务咨询有限公司的税务专家做出如下答复：根据自2009年1月1日起施行的《营业税暂行条例》第一条的规定，在我国境内提供条例规定的劳务、转让无形资产或者经营不动产的单位和个人，为营业税的纳税人。营业税细则第九条明确，条例第一条所称单位，是指企业、行政单位、事业单位、军事单位、社会团体及其他单位。将国有、集体、私有、股份制和其他企业统称为企业。《营业税暂行条例实施细则》第十条规定，负有营业税纳税义务的单位为发生应税行为并收取货币、货物或者其他经济利益的单位。

同时，根据国家税务总局《关于印发营业税问题解答(之一)的通知》(国税函发[1995]156号)规定，凡有偿提供应税劳务、有偿转让无形资产或者有偿转让不动产所有权的单位和个人，均应依照税法规定缴纳营业税，而所谓"有偿"是指取得货币、货物或其他经济利益。

根据以上规定，对学校取得的各种名目的赞助收入是否征税，要看学校是否发生向赞助方提供应税劳务、转让无形资产或转让不动产所有权的行为。学校如果没有向赞助方提供应税劳务、转让无形资产或转让不动产所有权，此项赞助收入属无偿取得，不缴纳营业税；反之，学校如果向赞助方提供应税劳务、转让无形资产或转让不动产所有权，此项赞助收入属有偿取得，应缴纳营业税。这里需要附带说明的是，不仅对学校取得的赞助收入应按这一原则确定应否缴纳营业税，对于其他单位和个人取得的赞助收入也应按这一原则确定是否缴纳营业税。

所以，市教委获得捐资是以有偿提供教育劳务为前提的，属于营业税征税项目，包括交通运输业、建筑业、金融保险业、邮电通信业、文化体育业、娱乐业、服务业(代理业、旅店业、饮食业、旅游业、仓储业、租赁业、广告业及其他服务业)、转让无形资产、经营不动产中的"文化体育业"应税项目，应按3%的适用税率缴纳营业税。

3. 民办学校课酬按"其他文化业"缴营业税

茅山职业专科学院是一家民办学校，业务范围是依法进行管理课程培训。该学院与某企业(是一家培训公司)签订委托培训协议，该企业如需向客户讲授管理类课程，由该学院派老师，该企业给茅山职业专科学院支付课酬，茅山职业专科学院给其开具发票。这里的问题是对从该企业得到的课酬，茅山职业专科学院应按哪种税目缴纳营业税？税率是多少？

上海振信财务咨询有限公司的税务专家做出如下答复：《营业税暂行条例》第一条规定，在中华人民共和国境内提供条例规定的劳务、转让无形资产或者经营不动产的单位和个人，为营业税的纳税人，应当依照条例缴纳营业税。根据国家税务总局《关于印发〈营业税税目注释(试行稿)〉的通知》(国税发[1993]149号)第五条有关“文化体育业”中“其他文化业”的规定，“其他文化业”是指经营表演、播映活动以外的文化活动的业务。因此，民办学校给某公司提供授课所取得的课酬收入，应按“其他文化业”税目缴纳营业税，税率为3%。

4.“合作开展考试”业务收入应缴营业税

问：我是一家省级教育机构的财务人员，目前取得了一笔与海外教育考试机构合作开展的考试业务收入。这笔收入是否需要缴纳营业税？

上海振信财务咨询有限公司的税务专家做出如下答复：上述合作开展的考试业务收入需要缴纳营业税。根据国家税务总局《关于教育部考试中心及其直属单位与其他单位合作开展考试有关营业税问题的通知》(国税函[2009]752号)规定，教育部考试中心及其直属单位与行业主管部门(或协会)、海外教育考试机构和各省级教育机构(以下简称合作单位)合作开展考试的业务，实质是从事代理业务，按照现行营业税政策规定，教育部考试中心及其直属单位，应以其全部收入减去支付给合作单位合作费的余额为营业额，按照“服务业——代理业”税目依5%的税率计算缴纳营业税。

三、学校涉税事项处理应当注意的问题

在日常教育活动中，不仅从事经营活动的学校或者其他教育机构存在涉税问题，其他非经营性学校也可能存在涉税事项。所以，在这里笔者需要提醒学校注意以下涉税事项的正确处理。

1. 赞助收入的涉税处理

学校取得赞助收入的涉税处理，《营业税问题解答(之一)》(国税函[1995]156号)就学校取得的赞助收入是否征税问题明确，根据《营业税暂行条例》及其实施细则规定，凡有偿提供应税劳务、有偿转让无形资产或者有偿转让不动产所有权的单位和个人，均应依照税法规定缴纳营业税，而所谓“有偿”是指取得货币、货物或其他经济利益。根据以上规定，对学校取得的各种名目的赞助收入是否征税，要看学校是否发生向赞助方提供应税劳

务、转让无形资产或转让不动产所有权的行为。学校如果没有向赞助方提供应税劳务、转让无形资产或转让不动产所有权,此项赞助收入系属有偿取得,应征收营业税。这里需要附带说明的是,不仅对学校取得的赞助收入应按这一原则确定应否征收营业税,对于其他单位和个人取得的赞助收入也应按这一原则确定是否征收营业税。

当然,就我国目前对教育活动还是十分支持的,所以,制定了许多免税政策。这样,就可能存在经营机构从事免税教育活动。在这样的情况下,有关机构应当做好相应涉税事项确认,并完成必要的报批程序。

一是必须符合文件规定的减免税范围。

二是必须经有关部门审核批准(一般指财政、物价部门),且不能超过规定的收费标准。

三是免税项目必须单独核算。

四是必须按规定办理申报并履行减免税报批手续。否则一律照章征收相关税费。

另外,对教育劳务应按"文化体育业——文化业"税目以3%税率征收营业税,同时按营业税税额随征城市维护建设税、教育费附加,开征地方教育附加费的地方要一并随征地方教育附加费。

2. 学校收费票据使用应当规范

学校收费必须给每个学生出具票据,否则收费行为就是违规的。很多学校既有免税收费项目又有应税收费项目,在收取这些费用时,应区分不同的项目出具不同的票据。这里应注意两点:一是正确使用票据,二是财务上对应税项目和免税项目要分别核算。

财税[2006]3号规定,"提供教育劳务取得的收入是指对列入规定招生计划的在籍学生提供学历教育劳务取得的收入,具体包括:经有关部门审核批准,按规定标准收取的学费、住宿费、课本费、作业本费、伙食费、考试报名费收入。超过规定收费标准的收费以及学校以各种名义收取的赞助费、择校费等超过规定范围的收入,不属于免征营业税的教育劳务收入,一律按规定征税。"

文件以列举的方式明确了对超过标准的上述6项收费以及除6项之外的其他各种形式的收费,如补课费、跨区费、择校费、新入学学生的军训、饭卡、体检、保险、住宿和洗澡等费用,都不属于免税收费,即使是符合条件的从事学历教育的学校收取的上述费用，仍然需要缴纳营业税。

《中华人民共和国营业税暂行条例》规定，“纳税人兼营免税、减税项目的，应当单独核算免税、减税项目的营业额；未单独核算营业额的，不得免税、减税。”

因此，学校在收取各项费用时，应将免征营业税的收费与其他的各项收费分别核算，如果不分别核算的，免征营业税的6项收费将不能免予征税。

在收费票据的使用方面，财政部关于印发《行政事业性收费和政府性基金票据管理规定》的通知（财综字[1998]104号）规定，“收费票据包括行政事业性收费票据和政府性基金票据，分为通用票据和专用票据两类。通用票据是指满足一般收费特点，具有通用性质的票据，适用于普通行政事业性收费。专用票据是指为适应特殊需要，具有特定式样的专用性票据，适用于特定的行政事业性收费和政府性基金。专用票据分为定额专用票据和非定额专用票据两种。未按规定使用收费票据等违反收费票据管理规定的行为，由财政部门或其委托的票据管理机构依法予以没收，并可处以警告或罚款。对非经营性活动中的违法行为，处以1 000元以下罚款；对经营性活动中的违法行为，有违法所得的，处以违法金额3倍以下不超过30 000元的罚款，没有违法所得的，处以10 000元以下罚款。构成犯罪的，移交司法机关依法追究有关责任人员的刑事责任。”

按规定标准收取的学费、住宿费、课本费、作业本费、伙食费、考试报名费收入等6项收费属于免征营业税的收入，应开具财政部门印制的《行政事业收费专用收据》。

学校收取应税项目时，应使用税务发票。《中华人民共和国发票管理办法》规定，“所有单位和从事生产、经营活动的个人在购买商品、接受服务以及从事其他经营活动支付款项时，应当向收款方取得发票。取得发票时，不得要求变更品名和金额。不符合规定的发票，不得作为财务报销凭证，任何单位和个人有权拒收。对于未按照规定取得发票等违反发票管理法规的行为，由税务机关责令限期改正，没收非法所得，可以并处1万元以下的罚款。”

超过规定标准收取的学费、住宿费、课本费、作业本费、伙食费、考试报名费以及学校收取的补课费、跨区费、择校费、新入学学生的军训、饭卡、体检、保险、住宿和洗澡等费用，属于营业税应税项目，学校在收取时应该出具税务发票。

第二节　代理(管理)业务的涉税筹划

在市场经济条件下,服务业十分广泛,企业取得的服务性收入应当缴纳营业税。服务业,是指利用设备、工具、场所、信息或技能为社会提供服务的业务。本税目的征收范围包括:代理业、旅店业、饮食业、旅游业、仓储业、租赁业、广告业和其他服务业。本节重点介绍代理业务的涉税问题。

一、代理业务的政策分析

代理业,是指代委托人办理受托事项的业务,包括代购代销货物、代办进出口、介绍服务、其他代理服务。代购代销货物,是指受托购买货物或经营货物,按实购或实销额进行结算并收取手续费的业务。代办进出口,是指受托办理商品或劳务进出口的业务。介绍服务,是指中介人介绍双方商谈交易或其他事项的业务。其他代理服务,是指受托办理上列事项以外的其他事项的业务。金融经纪业、邮政部门的报刊发行业务,不按本税目征税。

但是,在实务过程中,人们对于部分业务的性质究竟如何确认,代理业务的计税额如何确定等问题无法把握。这里我们对相关问题作一个归纳和分析。

1. 代订餐饮卡收费的劳务定性

近一段时间以来,有些服务公司开展了一项新业务,主要是上门为一些机关团体和企事业单位联系中餐消费地点,并为他们代购餐饮消费卡,而这些公司则可以向这些机关团体和企事业单位以及餐饮企业收取一定的服务费。由于各机关团体和企事业单位都是按月将餐饮消费卡所需的资金以及应付给服务公司的服务费一起汇入服务公司的银行账户中,服务公司为他们买好餐饮消费卡,交给他们自己去消费。对于这样的业务应当如何处理?根据国家税务总局《关于代理业营业额问题的通知》(国税发[2003]69 号)的规定,服务性单位接受机关团体企事业单位的委托,将记载有金额的就餐卡提供给委托方的职工,持卡者到服务性单位指定的餐饮企业消费。服务性单位负责将委托方预付的餐费转付给餐饮企业，并向委托方和餐饮企业收取服务费。对此，服务性单位应就其向委托方和餐饮企业实际收取的中介服务费(不包括其代委托方转付的就餐费用)，按“服务业”税目“代理业”项目征收营业税。

2. 代理收费的营业税处理

目前，代理业务很多，根据现行税收法律的规定，代理业务所取得的收入应当按规定缴纳营业税。但是，有些代理业务除了帮助他人代办劳务性事项以外，还会代理收费。比如 A 信息咨询公司从事代理客户公司办 ICP 备案的业务，在收取的款项中，除小部分为手续费外，大部分是代收后代付给省通信行业协会的 ICP 备案费。那么，这部分的代收代付备案费能否扣减应税营业额，即只按手续费缴纳营业税？

根据国家税务总局《关于印发〈营业税税目注释(试行稿)〉的通知》(国税发[1993]149 号)规定：代理业，是指代委托人办理受托事项的业务，包括代购代销货物，代办进出口，介绍服务，其他代理服务。营业税中的“代理业——其他代理服务”是指受托方按照协议或委托方的要求，以委托方的名义从事经营活动，只向委托方收取手续费的业务。代理服务应符合以下两个基本条件：(1)以委托方的名义从事经营活动，这是指受托方在从事所代理的工作时不垫付资金，不承担代理业务的经济风险与法律责任，一切由委托方承担。(2)受托方只向委托方收取手续费，受托方只以收取的手续费作为自己的收入。如果属于这种代理服务，按照国家税务总局《关于营业税若干问题的通知》(国税发[1995]76 号)规定，代理业的营业额为纳税人从事代理业务向委托方实际收取的报酬。即代理单位仅就从委托方实际收取的手续费缴纳营业税。

从 A 公司的情况分析，该企业属于信息咨询公司，虽然接受代理服务，但是如果实际以自己单位名义收取的费用包含了代收的 ICP 备案费用，根据《营业税暂行条例》第五条规定：纳税人的营业额为纳税人提供应税劳务，转让无形资产或者经营不动产向对方收取的全部价款和价外费用。《营业税暂行条例实施细则》第十四条规定：条例第五条所称价外费用，包括向对方收取的手续费、基金、集资费、代收款项、代垫款项及其他各种性质的价外收费。凡价外费用，无论会计制度规定如何核算，均应并入营业额计算应纳税额。因此，在没有税法规定可以减除代收费用的情况下，你单位还是应该按照收取的全额收入缴纳营业税。

3. 代理报关业务的经营额确定

目前出口环节的技术要求越来越高，因此就派生出一项新业务——代理报关业务。国家税务总局《关于加强代理报关业务营业税征收管理有关问题的通知》（国税函[2006]1310号）明确，自2007年1月1日起，对代理报关业务营业税征收管理按以下政策进行操作：

其一，代理报关业务营业税政策代理报关业务，是指接受进出口货物收、发货人的委托，代为办理报关相关手续的业务，应按照"服务业——代理业"税目征收营业税。纳税人从事代理报关业务，以其向委托人收取的全部价款和价外费用扣除以下项目金额后的余额为计税营业额申报缴纳营业税：（一）支付给海关的税金、签证费、滞报费、滞纳金、查验费、打单费、电子报关平台费、仓储费；（二）支付给检验检疫单位的三检费、熏蒸费、消毒费、电子保险平台费；（三）支付给预录入单位的预录费；（四）国家税务总局规定的其他费用。

其二，代理报关业务的营业税征收管理。纳税人从事代理报关业务，应按其从事代理报关业务取得的全部价款和价外费用向委托人开具发票。纳税人从事代理报关业务，应凭其取得的开具给本纳税人的发票或其他合法有效凭证作为差额征收营业税的扣除凭证。

4. 广告代理计税依据分析

目前网络公司越来越多，为了扩大赢利能力，许多网络公司就利用自己的网络为他人发布广告。于是，网络公司给单位开的服务费是否可以抵减收入就成了许多人关心的问题。根据财政部、国家税务总局《关于营业税若干政策问题的通知》（财税[2003]16号）明确规定，从事广告代理业的，以其全部收入减去支付其他广告公司或广告发布者（包括媒体、载体）的广告发布费后的余额为营业额。根据此规定，广告代理业以其全部收入减去支付其他广告公司或广告发布者（包括媒体、载体）的广告发布费后的余额为营业额，实行差额纳税。你单位支付的如属于其他广告公司或广告发布者（包括媒体、载体）的广告发布费，可以差额纳税；如属于进行广告制作支出，则不属于广告代理业差额征税范围，不能差额纳税。

5. 收取垃圾清理费的处理

日常生活离不开垃圾清理服务，垃圾清理服务收入是否征税？这里引用上海振信财务咨询有限公司提供的一则案例:清园垃圾清理服务队是某社区的一个垃圾清理服务队,根据市政府的规定,并经物价部门的批准后,该垃圾清理服务队在负责对整个社区的垃圾进行清理后,按照社区居民人头数,每人每月收取 0.3 元的垃圾清理费。2009 年度,我们共收取垃圾清理费 23.66 万元。

最近,该市地税局开发区分局在对下属社区进行检查时,要求清园垃圾清理服务队就 23.66 万元的垃圾清理费收入缴纳 5% 的营业税。这里的问题是:清园垃圾清理服务队收取的垃圾清理费收入要不要缴纳营业税呢?

对此,上海振信财务咨询有限公司的税务专家给出了解答。根据国家税务总局《关于垃圾处置费征收营业税问题的批复》(国税函[2005]1128 号)的规定,单位和个人提供的垃圾处置劳务不属于营业税应税劳务,对其处置垃圾取得的垃圾处置费,不征收营业税。因此,该市地税局开发区分局要求清园垃圾清理服务队就垃圾清理费缴纳营业税的决定是错误的。

二、物业管理公司的营业税筹划

我国税法规定,物业服务属于营业税中"服务业"的征税范围《营业税税目注释》(国税发[1993]149 号)规定:"服务业,是指利用设备、工具、场所、信息或技能为社会提供服务的业务。"而物业管理涉及的内容比较多,因此,我们引用部分资料对物业公司的涉税问题作一简要分析。

一般说来,物业服务企业是通过专门的机构和人员对已竣工验收投入使用的各类物业以经营的方式进行维护、修缮,并为物业使用人提供全方位的综合服务的服务性行业。这里的各类物业的所有权一般不属于物业服务企业,产权使用人一般是其他的单位、企业、私人或业主群。这里的综合服务工作主要包括安保、卫生保洁和维修等服务。于是我们可以换一种方式理解物业服务企业,它是接受物业所有人或使用人的委托,为委托人安排劳动力来提供物业综合服务,委托人支付一定报酬(物业管理费)给物业服务企业,此报酬中含委托人应支付给已安排劳动力的人工费用。按财政部、国家税务总局《关于营业税若干政策问题的通知》(财税[2003]16 号)规定:"劳务公司接受用工单位的委托,为其安排劳动力,凡用工单位将其应支付给劳动力的工资和为劳动力上交的社会保险(包括养老保险金、医疗保险、失业保险、工伤保险等，下同）以及住房公积金统一交给劳务公司代为发放或办理的，以劳务公司从用工单位收取的全部价款减去代收转付给劳动力的工资和为劳动力办理社会保险及住房公积金后的余额为营业额。”如果物业服务企业将其主营业务变更为“劳务派遣服务”（或新成立一家劳务子公司），即接受用工单位的委托，为其安排安保、卫生保洁和维修劳动力并收取服务收入，同时代为转付劳动力工资、社保以及住房公积金，那么物业服务公司就转变为劳务公司，根据财政部、国家税务总局《关于营业税若干政策问题的通知》（财税[2003]16 号）的规定，公司取得的收入就可以按扣除相关支出后的差额缴纳营业税。

物业服务企业经营成本中最大的一块是人工（劳动力）成本。据统计，规范操作的物业服务企业的人工支出占物业管理费的比例为 40% ~60%。假设某中型物业服务企业支付安保、卫生保洁和维修人员的工资等占 50%，其年物业管理费收入为 600 万元。通过上述税务筹划该企业可少负担营业税及附加 16.5 万元（600 ×50% ×5.5%）。实施上述方案，物业服务公司转变为劳务公司按代理业征税的前提是，必须解除与相关劳动人员的劳动关系。劳务公司全额向接受劳务的单位或个人开具服务业发票，相关劳务人员个人提供劳务，并向地税机关申请开具服务业发票，作为劳务公司的抵扣成本，这时一般不会超过个人劳务营业税起征点（例如广东全省 2008 年 1 月 1 日起统一为按每月 5 000 元标准执行）。相关劳动人员负担的个人所得税一般也不会增加。另外需注意，在实际操作中物业服务公司新成立关联劳务公司可能更为现实，通过关联劳务公司统一派遣劳动力给服务单位或楼盘，而物业服务公司提供劳动力管理业务；关联劳务公司注册资本按规定不得低于 50 万元。

还有一点需要注意的是，物业服务收入中的物业大修收入是指企业接受业主管理委员会或者物业产权人、使用人的委托，对房屋共用部位、共用设施设备进行大修取得的收入。该项收入应按建筑业税目中的修缮业务，按 3% 而不是按服务业税率 5% 进行纳税，在对该项目收入进行核算时，应分别设置明细账和分别核算以计算缴纳营业税。

此外，物业公司还可以作为其他企业筹划税收的工具。因为关于物业管理企业代收费用是否计征营业税的问题，国家税务总局《关于物业管理企业的代收费用有关营业税问题的通知》（国税发[1998]217 号）根据《中华人民共和国营业税暂行条例》及其实施细则的有关规定精神明确,物业管理企业代有关部门收取水费。电费、燃(煤)气费、维修基金、房租的行为,属于营业税“服务业”税目中的“代理”业务,因此,对物业管理企业代有关部门收取的水费、电费、燃(煤)气费、维修基金、房租不计征营业税,对其从事此项代理业务取得的手续费收入应当征收营业税。这里的维修基金,是指物业管理企业根据财政部《物业管理企业财务管理规定》(财基字[1998]7号)的规定,接受业主管理委员会或物业产权人、使用人委托代管的房屋共用部位维修基金和共用设施设备维修基金。

对于物业公司代收维修基金所取得的手续费部分省(市)明确应当纳入计税范围,如深圳市《关于转发国家税务总局〈关于物业管理企业的代收费用有关营业税问题的通知〉》(深地税发[1998]593号)就明确,我市各物业管理公司按规定收取的“公用设施专用基金”和“房屋本体维护基金”,不属于物业管理公司的收入,因此,对物业管理公司收取的公用设施专用基金和房屋本体维护基金,不计征营业税,对其从事此项代理业务取得的手续费收入应当征收营业税。

三、托管经营的涉税分析

企业托管是指企业的所有者通过契约形式,将企业法人的财产交由具有较强经营管理能力并能够承担相应经营风险的法人去有偿经营,明晰企业所有者、经营者、生产者责权利关系,保证企业财产保值增值并创造可观的社会效益和经济效益的一种经营活动。目前,不少城市的污水处理厂为盘活资产,走出困境,对污水处理厂实行托管经营,使生活污水处理厂经营权被外地企业收购。如合肥市王小郢的20多年经营权被德国柏林水务公司购得,淮南第一生活污水处理厂经营权被北京首创公司购得。该报道中还具体援引了该省某污水处理厂以4.8亿元将23年经营权转让给另一家企业经营,而这家企业没有指派任何人员入驻被收购的污水处理厂,人还是原来的人,技术还是原来的技术。

人们通过调查了解到有的污水处理厂在操作方式上,通过支付托管费的方式由另一家资产管理公司经营管理,每年由污水处理厂根据污水处理量支付该公司一定数额的托管费,还有的则是通过全部资产买断行为收购污水处理厂。根据企业托管经营企业所有权和经营权是否分离，取得托管收入应根据以下三种情形确定是否缴税及如何缴纳营业税。

1. 企业所有权与经营权分离，取得托管收入应按服务业中“租赁业”缴纳营业税

财政部、国家税务总局《关于营业税若干政策问题的通知》（财税［2003］16号）规定：双方签订承包、租赁合同，将企业或企业部分资产出包、租赁，出包，出租者向承包、承租方收取的承包费、租赁费按“服务业”税目缴纳营业税。出包方收取的承包费凡同时符合以下三个条件的，属于企业内部分配行为不缴纳营业税：

一是承包方以出包方名义对外经营，由出包方承担相关法律责任；

二是承包方的经营收入全部纳入出包方的财务会计核算；

三是出包方与承包方的利益分配是以出包方的利润为基础。

《征管法实施细则》第四十九条规定：承包人或者承租人有独立的生产经营权，在财务上独立核算，并定期向发包人或者出租人上缴承包费或者租金的，承包人或者承租人应当就其生产、经营收入和所得纳税，并接受税务管理。发包人或者出租人应当自发包或者出租之日起30日内将承包人或者承租人的有关情况向主管税务机关报告。发包人或者出租人不报告的，发包人或者出租人与承包人或者承租人承担纳税连带责任。

根据《营业税暂行条例》的规定：租赁业，是指在约定的时间内将场地、房屋、物品、设备或设施等转让他人使用的业务。

上述第一种买断经营权情形，由于所有权和经营权分离，属于企业承包（承租）经营，且承包（承租）者在经济上是独立核算、自负盈亏的，不属于企业内部分配行为。根据国家税务总局《关于有偿转让资产使用权的行为征收营业税问题的批复》（国税函发［1996］636号）规定，该污水处理厂取得承租企业上交的托管费，应由原污水处理厂，按“租赁业”税目缴纳营业税。

但在纳税义务时间的确定上，根据《营业税暂行条例》第九条的规定：“营业税的纳税义务发生时间，为纳税人收讫营业收入款项或者取得索取营业收入款项凭据的当天。”财政部、国家税务总局《关于营业税若干政策问题的通知》（财税［2003］16号）中“关于纳税义务发生时间问题”规定：单位和个人提供应税劳务、转让专利权、非专利技术、商标权、著作权和商誉时，向

对方收取的预收性质价款(包括预收款、预付款、预存费用、预收定金等,下同),其营业纳税义务发生时间以按照财务会计制度的规定,该预收性质的价款被确认为收入的时间为准。因此原污水处理厂所收取4.8亿元的经营权转让费应按23年的时限进行分期纳税。

这里补充说明的是在所得税的处理上,根据国家税务总局《关于企业所得税若干业务问题的通知》(国税发[1997]191号)的规定,纳税人超过一年以上租赁期,一次性收取的租赁费,出租方应按合同约定的租赁期分期计算收入,承租方应相应分期摊销租赁费。

2. 所有权与经营权不分离,受托经营管理者收取的托管费,应按服务业中的"代理业"缴纳营业税

此种情形,原污水处理厂仍是一个独立的纳税主体,资产管理公司受托经营管理并根据污水处理量取一定数额的托管费。根据国家税务总局《关于企业托管收入征收营业税问题的批复》(国税函[1999]492号)规定,对资产管理公司从污水处理厂取得的托管经营收入应当征收营业税。根据国家税务总局《关于印发〈营业税税目注释(试行稿)〉的通知》(国税发[1993]149号)规定:代理业,是指代委托人办理受托事项的业务,包括代购代销货物、代办进出口、介绍服务及其他代理服务。其中"其他代理服务",是指受托办理除代购代销货物、代办进出口、介绍服务以外的其他事项的业务。因此,资产管理公司所收取的托管费应按服务业中的"代理业"税目缴纳营业税。

3. 所有权与经营权全部买断,则属转让产权行为,其取得的收入缴纳营业税、增值税

上种情形属于企业整体产权转让行为。根据国家税务总局《关于转让企业产权不征营业税问题的批复》(国税函[2002]165号)的规定,转让企业产权是整体转让企业资产、债权、债务及劳动力的行为,其转让价格不仅仅是由资产价值决定的,与企业经营不动产、转让无形资产的行为完全不同。因此,转让企业产权的行为不属于营业税缴税范围,不应缴纳营业税。国家税务总局《关于转让企业全部产权不征收增值税问题的批复》(国税函[2002]420号)规定,根据《增值税暂行条例》及其实施细则的规定,增值税的征收范围为经营货物或者提供加工、修理修配劳务以及进口货物。转让

企业全部产权是整体转让企业资产、债权、债务及劳动力的行为，因此，转让企业全部产权涉及的应税货物的转让，不属于增值税的征税范围，不缴纳增值税。但根据财政部、国家税务总局《关于企业资产评估增值有关所得税处理问题的通知》(财税字[1997]77 号)规定：纳税人在产权转让过程中，发生的产权转让净收益或净损失，计入应纳税所得额，依法缴纳企业所得税。国有资产产权转让净收益凡按国家有关规定全额上缴财政的，不计入应纳税所得额。

另外，要予以指出的是，如果企业只转让企业的建筑物和其他土地附着物的，应按“经营不动产”税目缴纳营业税。

第三节　医疗美容业务的涉税筹划

对于医疗机构的税收问题，2009 年 1 月 1 日实施的《中华人民共和国营业税暂行条例》第八条规定，托儿所、幼儿园、养老院、残疾人福利机构提供的育养服务，婚姻介绍，殡葬服务；医院、诊所和其他医疗机构提供的医疗服务免税。而《中华人民共和国营业税暂行条例实施细则》第二十六条则进一步明确，营业税暂行条例所称的医院、诊所及其他医疗机构提供的医疗服务，是指对患者进行诊断、治疗和防疫、接生、计划生育方面的服务，以及与这些服务有关的提供药品、医疗用具、病房住宿和伙食的业务。

由于医疗事业目前存在体制改革问题，所以，相关的涉税事项应当如何处理，还需要根据相关医疗机构的具体情况，结合现行税收政策来作具体分析。

一、医疗机构的税收待遇

2009 年以前，我国根据医疗机构的性质分别制定了不同的税收政策。为了贯彻落实《国务院办公厅转发国务院体改办等部门关于城镇医药卫生体制改革指导意见的通知》(国办发[2000]16 号)，促进我国医疗卫生事业的发展，财政部、国家税务总局《关于医疗卫生机构有关税收政策的通知》(财税字[2000]42 号)将医疗卫生机构有关税收政策明确如下：

（一）关于非营利性医疗机构的税收政策

(1)对非营利性医疗机构按照国家规定的价格取得的医疗服务收入，免征各项税收。

不按照国家规定价格取得的医疗服务收入不得享受这项政策。

医疗服务是指医疗服务机构对患者进行检查、诊断、治疗、康复和提供预防保健、接生、计划生育方面的服务，以及与这些服务有关的提供药品、医用材料器具、救护车、病房住宿和伙食的业务(下同)。

(2)对非营利性医疗机构从事非医疗服务取得的收入，如租赁收入、财产转让收入、培训收入、对外投资收入等应按规定征收各项税收。非营利性医疗机构将取得的非医疗服务收入，直接用于改善医疗卫生服务条件的部分，经税务部门审核批准可抵扣其应纳税所得额，就其余额征收企业所得税。

(3)对非营利性医疗机构自产自用的制剂，免征增值税。

(4)非营利性医疗机构的药房分离为独立的药品零售企业，应按规定征收各项税收。

(5)对非营利性医疗机构自用的房产、土地、车船，免征房产税、城镇土地使用税和车船使用税。

（二）关于营利性医疗机构的税收政策

(1)对营利性医疗机构取得的收入，按规定征收各项税收。

但为了支持营利性医疗机构的发展，对营利性医疗机构取得的收入，直接用于改善医疗卫生条件的，自其取得执业登记之日起，3 年内给予下列优惠：对其取得的医疗服务收入免征营业税；对其自产自用的制剂免征增值税；对营利性医疗机构自用的房产、土地、车船免征房产税、城镇土地使用税和车船使用税。3 年免税期满后恢复征税。

(2)对营利性医疗机构的药房分离为独立的药品零售企业，应按规定征收各项税收。

（三）关于疾病控制机构和妇幼保健机构等卫生机构的税收政策

(1)对疾病控制机构和妇幼保健机构等卫生机构按照国家规定的价格

取得的卫生服务收入(含疫苗接种和调拨、经营收入),免征各项税收。

不按照国家规定的价格取得的卫生服务收入不得享受这项政策。对疾病控制机构和妇幼保健等卫生机构取得的其他经营收入如直接用于改善本卫生机构卫生服务条件的,经税务部门审核批准可抵扣其应纳税所得额,就其余额征收企业所得税。

(2)对疾病控制机构和妇幼保健机构等卫生机构自用的房产、土地、车船,免征房产税、城镇土地使用税和车船使用税。

医疗机构需要书面向卫生行政主管部门申明其性质,按《医疗机构管理条例》进行设置审批和登记注册,并由接受其登记注册的卫生行政部门核定,在执业登记中注明"非营利性医疗机构"和"营利性医疗机构"。

上述医疗机构具体包括:各级各类医院、门诊部(所),社区卫生服务中心(站)、急救中心(站)、城乡卫生院、护理院(所)、疗养院、临床检验中心等。上述疾病控制、妇幼保健等卫生机构具体包括:各级政府及有关部门举办的卫生防疫站(疾病控制中心)、各种专科疾病防治站(所),各级政府举办的妇幼保健所(站)、母婴保健机构、儿童保健机构等,各级政府举办的血站(血液中心)。

(四)目前医疗机构的税收政策

对于医疗机构的税收问题,2009 年 1 月 1 日实施的《中华人民共和国营业税暂行条例》第八条规定,托儿所、幼儿园、养老院、残疾人福利机构提供的育养服务,医院、诊所和其他医疗机构提供的医疗服务免税。而《中华人民共和国营业税暂行条例实施细则》第二十六条则进一步明确,营业税暂行条例所称的医院、诊所及其他医疗机构提供的医疗服务,是指对患者进行诊断、治疗和防疫、接生、计划生育方面的服务,以及与这些服务有关的提供药品、医疗用具、病房住宿和伙食的业务。

但是在实务中,为降低成本,有条件的医疗机构也相继办起了制剂室,药品产量也不断增加,对于医疗机构外销的药品的税收政策应当如何掌握?根据财政部、国家税务总局《关于医疗卫生机构有关税收政策的通知》(财税[2000]42 号)规定,医疗机构自产自用的制剂免征增值税。但执行这一政策需要注意 3 点。

享受制剂免征增值税政策的医疗机构是指各级各类医院、门诊部(所)、社区卫生服务中心(站)、急救中心(站)、城乡卫生院、护理院(所)、疗养院、临床检验中心等单位,除此之外,其他单位生产的制剂不享受免征增值税优惠政策。

免征增值税的范围仅限于医疗机构自产自用的制剂,经营给其他医疗机构或药品零售企业的制剂不享受免征增值税优惠政策。

上述医疗机构经营(使用)制剂的明细账应按使用和购买单位设置,详细核算自用和外销情况,不详细核算的,其自用部分也应依法缴纳增值税。

例如,某县医院制剂室2010年上半年共生产500毫升10%葡萄糖注射液35 000瓶、500毫升0.9%氯化钠注射液30 000瓶,其中内部使用葡萄糖注射液20 000瓶、氯化钠注射液18 000瓶,经营给乡镇卫生院和医药零售商店葡萄糖注射液15 000瓶、氯化钠注射液12 000瓶,价税合计价格均为2元/瓶。

则该县医院2009年上半年对外经营制剂应缴纳的增值税为(15 000 + 12 000)×2 ÷(1 +3%)×3% ≈1 572.816(元)。

二、居家养老服务的税收优惠

随着我国人口老龄化进程的加快,家庭养老功能日益弱化,老年人养老服务已经成为重大的社会问题。但目前我国居家养老服务供给不足、比重偏低、质量不高,不能满足老年人日益增长的服务需求。为全面推进居家养老服务工作,提高老年人生命生活质量,全国老龄委办公室、发展改革委、教育部、民政部、劳动保障部、财政部、建设部、卫生部、人口计生委、税务总局《关于全面推进居家养老服务工作的意见》(全国老龄办发[2008]4号)中明确要贯彻落实支持居家养老服务的优惠政策。贯彻落实国家现行关于养老服务机构的税收优惠政策,对养老院类的养老服务机构提供的养老服务免征营业税,对各类非营利性养老服务机构免征自用房产、土地的房产税、城镇土地使用税等。可见,对政府部门和企事业单位、社会团体以及个人等社会力量投资兴办的福利性、非营利性的老年服务机构,国家规定了相关的税收优惠政策。但是,需要注意的是:财政部、国家税务总局《关于对老年服务机构有关税收政策问题的通知》(财税[2000]97号)第三条规定所称老年服务机构,是指专门为老年人提供生活照料、文化、护理、健身等多方面服务的福利性、非营利性的机构，主要包括：老年社会福利院、敬老院（养老院）、老年服务中心、老年公寓（含老年护理院、康复中心、托老所）等。

许多人看到养老服务的市场前景，于是将医院也改成疗养院。2009年2月初，某医院根据新城区建设的规划需要及自身发展的业务需求，决定征用某乡镇的一块耕地作为医院分部进行运作，并办理了契税的免税手续。后由于政府规划需要，决定将此医院改为职工疗养院，但该院的财务人员听说因为改变用途还要补缴相应的契税，于是产生了疑问。不知是不是这样？

上海振信财务咨询有限公司的税务专家做出如下答复：对于免征或减征耕地占用税后，纳税人改变原占地用途的，根据财政部、国家税务总局《关于耕地占用税减免税补征税款等问题的批复》（财税[2009]19号）规定，此种情形不再属于免税或减税情形的，应按办理减免税时依据的适用税额对享受减免税的纳税人补征耕地占用税。该医院原来的免税用地，因改变用途，不属于免税范围，应从改变时起补缴耕地占用税。

三、医疗机构有关个人所得税问题

对于医疗机构有关征免个人所得税问题，财政部、国家税务总局《关于医疗机构有关个人所得税政策问题的通知》（财税[2003]109号）和财政部、国家税务总局《关于生育津贴和生育医疗费有关个人所得税政策的通知》（财税[2008]8号）明确如下：

（1）财政部、国家税务总局《关于医疗卫生机构有关税收政策的通知》（财税[2000]42号）规定的对非营利的医疗机构按照国家规定的价格取得的医疗服务收入免征各项税收，仅指机构自身的各项税收，不包括个人从医疗机构取得所得应纳的个人所得税。按照《中华人民共和国个人所得税法》（以下简称《个人所得税法》）的规定，个人取得应税所得，应依法缴纳个人所得税。

（2）个人因在医疗机构（包括营利性医疗机构和非营利性医疗机构）任职而取得的所得，依据《个人所得税法》的规定，应按照“工资、薪金所得”应税项目计征个人所得税。

对于非典型肺炎疫情发生期间，在医疗机构任职的个人取得的特殊临时性工作补助等所得按照财政部、国家税务总局《关于非典型肺炎疫情发生期间个人取得的特殊临时性工作补助等所得免征个人所得税问题的通知》（财税[2003]101号）的规定执行。

（3）医生或其他个人承包、承租经营医疗机构，经营成果归承包人所有的，依据个人所得税法规定，承包人取得的所得，应按照"对企事业单位的承包经营、承租经营所得"应税项目计征个人所得税。

（4）个人投资或个人合伙投资开设医院（诊所）而取得的收入，应依据个人所得税法规定，按照"个体工商户的生产、经营所得"应税项目计征个人所得税。

对残疾人、转业军人、随军家属和下岗职工等投资开设医院（诊所）而取得的收入，仍按现行相关政策执行。

（5）生育津贴和生育医疗费有关的个人所得税问题，自2008年3月7日起，生育妇女按照县级以上人民政府根据国家有关规定制定的生育保险办法，取得的生育津贴、生育医疗费或其他属于生育保险性质的津贴、补贴，免征个人所得税。

四、关于农村巡回医疗车免征车辆购置税问题

为促进我国农村医疗卫生事业发展，财政部、国家税务总局在《关于农村巡回医疗车免征车辆购置税的通知》（财税[2007]35号）中明确，对利用国债资金购置的1771辆农村巡回医疗车免征车辆购置税。车主在办理车辆购置税纳税申报手续时，须向所在地主管税务机关提供车辆内、外观彩色5寸照片1套。主管税务机关依据本通知所附的免税车辆计划及车辆内、外观彩色照片（下载地址为国家税务总局FTP服务器，路径为"local/流转税司/消费税处/农村巡回医疗车免税图册"）为车主办理免税手续。

免税车辆因转让、改变用途等原因不再属于免税范围的，应按照《中华人民共和国车辆购置税暂行条例》（国务院令294号）第十五条的规定补缴车辆购置税。

对本次下达的免税指标中已征税的车辆，主管税务机关应按照《车辆购置税征收管理办法》（国家税务总局令15号）第二十六条规定，为车主办理退税手续。

五、医疗美容手术的涉税问题

随着生活质量的提高,人们对自己的仪态要求也越来越高,在经济条件允许的前提下,自然就提出了美容问题。一些医疗机构(包括营利性和非营利性)为拓展业务内容,相继开办了美容(整容)科室,在满足人们审美需求的同时还可以增加医院的经济效益,并享受着医疗服务收入免税的优惠。实际上,这些美容性手术及其相关服务并不属于免税的医疗服务范围。

医疗服务是指医疗服务机构对患者进行检查、诊断、治疗、康复的服务。由于医疗美容手术可以分为功能性和美容性两类,医疗机构(包括营利性和非营利性)开展的功能性美容手术(主要包括上睑下垂、眼睑外翻、疤痕挛缩、耳鼻缺损畸形、唇裂、面裂、面瘫、多指并指等),属于医疗劳务,其收入免缴营业税。但对医院(诊所及其他医疗机构)开展的美容性手术和其他美容服务(包括基础护理、保养护理、治疗护理等不同形式的服务)则不免税。财政部、国家税务总局《关于医疗卫生机构有关税收政策的通知》(财税[2000]42号)规定:对营利性及非营利性医疗机构从事非医疗服务取得的收入,如租赁收入、财产转让收入、培训收入、对外投资收入等应按规定征收各项税收。所以美容手术(整容手术)业务不属于医院、诊所和其他医疗机构提供的医疗服务的免税范围。因此,医疗机构从事“医疗美容”业务,无论以何种形式收取费用,均应按“服务业——其他服务业”税目全额缴纳营业税。同时医疗机构应对其取得的医疗美容服务收入与其他非医疗服务收入或免税的医疗服务收入分别核算。

六、美容机构对外经营化妆品的涉税处理

时下美容院越来越多,所经营的项目也越来越复杂。肖小姐是一家中型美容院的财务人员,最近她找到上海振信财务咨询有限公司。她此次来访的目的是想了解一下,自己公司要不要在国税局缴增值税,应该如何缴?

通过沟通,税务咨询专家还了解到,肖小姐所在公司的业务主要包括两部分:一方面为顾客提供美容服务,当然在提供美容服务的同时也会附带经营一些护肤品,另一个方面还单独对外经营护肤品。

税务咨询专家告诉肖小姐，根据《增值税暂行条例实施细则》的规定，一项经营行为如果既涉及货物又涉及应缴营业税的交通运输业、建筑业、金融保险业、邮电通信业、文化体育业、娱乐业、服务业税目征收范围的劳务，为混合经营行为。因此，美容院在提供美容服务的同时附带经营护肤品的行为，属于混合经营行为。对于从事货物的生产、批发或零售的企业、企业性单位及个体经营者（包括以从事货物的生产、批发或零售为主，并兼营非应税劳务的企业、企业性单位及个体经营者在内）发生的混合经营行为，视为经营货物，应当征收增值税；其他单位和个人的混合经营行为，视为经营非应税劳务，不征收增值税。因此，美容院的这项业务是否征收增值税，要看美容院主要从事的业务是经营货物还是非应税劳务即美容服务。

肖小姐还是不解："那如何能准确地判断我们公司主要从事的业务是经营货物还是美容服务呢？"

税务咨询专家答复说，根据财政部、国家税务总局《关于增值税、营业税若干政策规定的通知》（财税[1994]26号）规定，《增值税暂行条例实施细则》第五条的规定所说的"以从事货物的生产、批发或零售为主，并兼营非应税劳务"，是指纳税人的年货物经营额与非增值税应税劳务营业额的合计数中，年货物经营额超过50%，非增值税应税劳务营业额不到50%。对美容院来说，在年度护肤品的经营额与美容服务的营业额合计中，护肤品的经营额超过50%，美容服务的营业额不到50%，则美容院主要从事的业务是经营货物，就要对混合经营的行为缴纳增值税。反之，则是以美容服务业务为主，不需要就混合经营行为缴纳增值税，只需缴纳营业税。

"哦，我明白了。我们公司要不要缴增值税要看我们主要从事的是什么业务。对吗？"

"您的理解不全面。"税务咨询专家停顿了一下，接着说："美容院为顾客提供美容服务的同时也附带经营一些护肤品的行为，是否要缴增值税要看美容院主要从事的是什么业务。但是，美容院单独对外经营护肤品的行为属于兼营行为，这项业务是肯定要缴增值税的。根据《增值税暂行条例实施细则》第六条的规定，纳税人兼营非应税劳务的，应分别核算货物或应税劳务和非应税劳务的经营额。不分别核算或者不能准确核算的，其非应税劳务应与货物或应税劳务一并征收增值税。因此，美容院单独对外经营护肤品的经营额，应该和美容服务的营业额分开核算，单独缴增值税。"

“哦,原来是这样啊。那我们在实际经营中,应该如何区分混合经营行为与兼营行为啊?”肖小姐接着问。

税务咨询专家告诉肖小姐,我们可以从以下几个方面来理解增值税的混合经营行为。

首先,混合经营行为是指企业的同一项经营行为既涉及增值税应税货物又涉及营业税的应税劳务;其次,提供应税劳务的目的是直接为了经营这批货物而做出的;再次,经营货物和提供营业税应税劳务这二者间是紧密相连的从属关系;最后,混合经营是面向同一货物或劳务购买人的,增值税应税货物和营业税应税劳务是合并定价的。

而兼营行为则是指纳税人既经营增值税的应税货物或提供增值税应税劳务,同时还从事营业税的应税劳务,并且这两项经营活动间并无直接的联系和从属关系。

第四节　商业广告企业的涉税分析

商业广告,是指以盈利为目的的广告,通常是商品生产者、经营者和消费者之间沟通信息的重要手段,或企业占领市场、推销产品、提供劳务的重要形式,主要目的是扩大经济效益。广告业务目前已经渗透到经济领域的各个方面,所以有关广告的涉税问题也引起了我们的关注。

一、广告概述

广告是面向大众的一种传播,所以成功的广告是让大众都接受的一种广告文化。广告的效果从某种程度上决定了它究竟是不是成功。脑白金的广告是成功的,因为它的礼品观念定位在打工阶层,市场的销售份额也说明了这一点。

1. 广告的特点

广告不同于一般大众传播和宣传活动,主要表现在:一是广告是一种传播工具,是将某一项商品的信息,由这项商品的生产或经营机构(广告主)传送给一群用户和消费者;二是做广告需要付费;三是广告进行的传播活动是带有说服性的；四是广告是有目的、有计划，是连续的；五是广告不仅对广告主有利，而且对目标对象也有好处，它可使用户和消费者得到有用的信息。

2. 广告的要素

广告的要素有：广告主，广告公司，广告媒体，广告信息，广告思想和技巧，广告受众及广告费用。

3. 广告的主要形式

通过报刊、广播、电视、电影、路牌、橱窗、印刷品、霓虹灯等媒介或者形式，在中华人民共和国境内刊播、设置、张贴广告。具体包括：

(1)利用报纸、期刊、图书、名录等刊登广告；

(2)利用广播、电视、电影、录像、幻灯等播映广告；

(3)利用街道、广场、机场、车站、码头等的建筑物或空间设置路牌、霓虹灯、电子显示牌、橱窗、灯箱、墙壁等广告；

(4)利用影剧院、体育场(馆)、文化馆、展览馆、宾馆、饭店、游乐场、商场等场所内外设置、张贴广告；

(5)利用车、船、飞机等交通工具设置、绘制、张贴广告；

(6)通过邮局邮寄各类广告宣传品；

(7)利用馈赠实物进行广告宣传；

(8)利用网络 Email、Banner 等进行广告宣传，数据库营销的一种；

(9)呼叫中心，数据库营销的一种；

(10)利用短信(sms)、彩信进行广告宣传，数据库营销的一种；

(11)利用其他媒介和形式刊播、设置、张贴广告；

(12)现在还有人用口头广告；

(13)通过手机短信和彩信服务传播广告，还有诸如邮箱发布广告，近期也在泛滥。

4. 选择广告媒体的要素

(1)市场方面的因素

①要考虑消费者的属性：

人总依其个人品位来选择适合的媒体，不同教育或职业的消费者，对媒体的接触习惯都不相同。一般来说，教育程度较高者，偏重于印刷媒体；教育程度较低者，偏重于电波媒体，因此要配合消费者的性别、年龄、教育程度、职业及地域性等来决定应用何种媒体。

②要考虑商品的特性：

各种商品的特性不一样，应该按商品特性来考虑媒体。例如消费者（生活）用品广告和工业用品广告的媒体策略完全不同，前者是全体的消费大众，后者是特定的工厂、老板或董事，很显然，千万元的别墅广告和普通中下公寓广告的媒体使用应当有所不同。

③要考虑商品的销售范围：

商品市场究竟是全国性的销售，还是限于地方区域性市场的销售，这关系到广告接触者的范围大小，由此才可决定选择何种较经济有效的媒体，以免使用不适当的广告媒体而毫无传播效果。

（2）媒体方面因素

①要考虑媒体量的价值：

如报纸的发行量、杂志的发行量、电视的收视率、电台的收听率，才能了解效果。

②要考虑媒体的价值：

即考虑媒体的接触层次，应仔细分析其类型，以期与产品消费者的类型符合。同时需考虑媒体的特性、优缺点，节目或编辑内容，是否与广告效果有关。

③要考虑媒体的经济价值：

要慎重考虑各媒体的成本费用，不仅要考虑"绝对成本"，即媒体的实际支付费用，同时亦应考虑"相对成本"，如用印刷媒体的每天读者数，或电波媒体的每分钟每千人的视听成本。

（3）广告主方面的因素

①要考虑广告主销售方法的特征：

销售方式究竟以推销员为主还是以零售商为主，这要看用什么样的销售策略？销售策略不同选择媒体的标准也不同。

②要考虑广告主的促销战略：

如计划一个赠送样品的广告活动，就要用能配合赠送活动的媒体。

③要考虑广告主活动的基本目的及广告预算的分配额和广告主的经济能力。

此外对于同行竞争者使用广告媒体的情况与战略也应列入媒体考虑范围，以达"知己知彼"之效。

5. 中国广告市场的发展

中国经济的稳定健康发展、国内消费的强劲拉动均为广告市场的发展创造了良好的环境。2007 年中国总体广告市场规模达到 1 741 亿元,市场规模为美国的 8.4%,为日本的 38.7%,较 2001 年差距缩小了 100%。2007 年,中国广告市场规模在全球排名第五,但由于人口基数庞大,每年的人均广告费用仅为 18 美元,低于世界平均水平的 70.4 美元/年;美国、日本的人均广告费用分别高达 921 美元/年和 485 美元/年。

作为一个发展中的市场,中国的市场空间依然巨大,因此金融危机对于中国市场来说只是暂时的,相比那些消费品市场趋于饱和和理性消费的国家,中国的消费市场还有很大的成长空间,因此,短暂的危机可能会让一些企业面临冬天的煎熬,但是也同时会成为另外一些企业的机会,全球经济动荡将是中国广告市场进行优化内部结构,创建新的营销理论以及提升广告传播方法和规范媒介市场的机会,相信在经过这一轮危机之后,中国广告市场会更加成熟。

据 CTR 市场研究最新的年度广告监测报告显示,2008 年中国广告市场受北京奥运会的良好预期拉动,呈现活跃态势,总投放同比增长 15%,达到 4 413亿元人民币。

二、广告行业涉税管理现状分析

广告业属于营业税服务业税目中的子税目,同时,根据财政部、国家税务总局《关于印发〈文化事业建设费征收管理暂行办法〉的通知》的规定,从事广告业和娱乐业经营的纳税人在缴纳营业税的同时还要缴纳文化事业建设费。在这样的情况下,从事广告业务的企业税费负担就不轻。于是部分纳税人就动起了逃避纳税的脑筋,主要存在如下几方面的问题:

一是隐匿收入。如广告公司取得收入时,只对正规核算单位开具正式发票,对其他消费者不开具正式发票;广告公司取得收入时,开具发票存在“大头小尾”(指用票单位和个人在填开发票时,不按规定一次复写,少记销售或营业收入,使发票联金额大于存根联金额,进而偷逃税收的行为)隐匿收入;有的直接收取现金或客户以实物支付广告费的不开或少开发票。

二是混淆收入项目。由于按营业税服务业税目中的其他服务业子税目计缴营业税的纳税人不需要缴纳文化事业建设费，少数广告公司便在计缴营业税时寻求机会“错”用税目，以达到少缴文化事业建设费的目的。如一些广告公司还故意混淆不同业务类型，计税时套用低税率税目或错套税目，造成纳税申报不实。比如，断章取义，将广告业务必经的设计、制作、发布等各环节有意脱离，按环节分别计算收入，套用低税率的税目申报纳税，以达到少缴税款的目的；或故意错套税目以不缴税费。

三是虚列成本。未按规定取得发票，或使用不规范发票或收据入账，随意虚增、虚列成本。有的广告企业因给客户支付回扣而接受不规范发票，造成收入成本不实，进行虚假纳税申报情况严重。

四是广告代理业违规抵扣应税收入问题较为突出。如税务部门在对某广告公司检查时发现，该广告公司主要从事户外广告经营业务，在与市政管理部门签订合同后，取得了三条路段上的广告经营业务承揽权，需支付对方3 174.3万元的占地费和管理费。根据规定，占地费和管理费不属于广告发布费的范畴，不应从其计税营业额中扣除，但该公司却将支出的占地费和管理费，甚至将支出的广告制作费1 261万元直接冲减了当期广告代理收入，造成巨额营业税金及附加等相关税费的流失。

五是有的广告制作业单位支付外聘劳务报酬不按规定代扣代缴个人所得税。由于广告制作的专业技术性较强，无论平面排版还是影视广告制作，都需要由相应的专业技术人员来完成，制作周期也相对较长，广告公司一般都聘有建立长期合作关系的外部劳务人员。税务人员在对某广告公司实施检查时就发现，某公司以62万元为外聘人员购买一部轿车作为广告制作劳务报酬；在某大型广告制作过程中，6个月内为导演、演员等10余个外聘人员发放劳务报酬共计89.5万元。上述劳务报酬均未按规定代扣代缴个人所得税。

除了上述涉税问题以外，广告企业目前还存在一些政策上的困惑。

一是广告业务的划分问题。目前部分广告经营企业既有广告制作，也有兼营建筑安装、装饰、装潢业务，如广告经营企业在未确定广告主或具体广告内容的情况下，竞标取得广告使用权，并进行承制具有广告性质的公共电话亭、公共汽车停靠亭，对此类业务征税按建筑安装业税目，还是按广告业税目，没有明确的说法。

二是邮政广告的纳税主体确认问题。邮政部门商函专送业务，是邮政部门邮政函件业务之一，主要是代理由广告主委托设计印刷的固定格式宣传单方式，经工商行政管理部门审批后，按批号随邮件或报纸投递（没有固定接收户），其业务收入既像广告发布者的业务收入，又像邮政业务收入，如何界定，需要研究。

三是电子广告的征税问题。手机短信广告、网络广告是广告主以付费的方式，委托信息台、网站为代理商，以手机用户、网民电子邮箱为接收终端，通过相关工作台站及网络发布和传输商品或劳务信息，其合法性尚存争议，税目、计税依据如何划分和确定，税收政策也未明确。

此外，文体表演者或组织者以演出为媒介进行广告宣传，向赞助商或捐助商收费从而取得的收入，是按文化体育业税目，还是按"服务业——广告业"税目征税，也尚无定论。

三、广告企业的征税问题

对于广告企业的征税问题，包括征税对象的确认，营业额的确定等事项，目前主要有以下几个文件对其进行了规范：

一是广告业务的内容。国家税务总局《关于印发〈营业税税目注释〉（试行稿）的通知》（国税发[1993]149号）明确，广告业，是指利用图书、报纸、杂志、广播、电视、电影、幻灯、路牌、招贴、橱窗、霓虹灯、灯箱等形式为介绍商品、经营服务项目、文体节目或通告、声明等事项进行宣传和提供相关服务的业务。

二是有线电视台从事广告等业务的征税问题。关于有线电视台有关收费是否征收营业税问题，国家税务总局《关于有线电视台有关收费征收营业税问题的批复》（国税函[1998]748号）就陕西省地方税务局《关于有线电视台有关收费是否征收营业税的请示》批复明确：有线电视台向用户提供服务而收取的有线电视安装费（或称建设费）、收视维护费、广告费等，是其提供应税劳务取得的收入，属于营业税的征税范围。根据《中华人民共和国营业税暂行条例》及其实施细则的规定，对有线电视台向用户收取有线电视安装费、收视维护费、广告费等应按营业税的有关税目税率征收营业税。

三是境外广告企业在境内招揽业务的涉税处理。财政部、国家税务总局《关于香港商报和经济导报广告收入营业税问题的通知》（财税[2007]2

号）现将香港商报和经济导报社在各省、自治区、直辖市、计划单列市的办事处承揽广告业务后，凡属广告的设计、制作、印刷和发布均在香港完成的，对其在各省、自治区、直辖市、计划单列市的办事处承揽广告业务取得的广告收入，不征收营业税。

四是广告收入的计税依据确定。对于广告收入的征税问题，国家税务总局《关于营业税若干征税问题的通知》（国税发[1994]159 号）关于广告代理业的营业税问题明确，广告代理业的营业额为代理者向委托方收取的全部价款和价外费用减去付给广告发布者的广告发布费后的余额。

五是广告代理业务营业税计税依据的确定。财政部、国家税务总局《关于营业税若干政策问题的通知》（财税[2003]16 号）第十八条明确，从事广告代理业务的，以其全部收入减去支付给其他广告公司或广告发布者（包括媒体、载体）的广告发布费后的余额为营业额。

六是广告收入的所得税处理。国家税务总局《关于确认企业所得税收入若干问题的通知》（国税函[2008]875 号）关于宣传媒介的收费。应在相关的广告或商业行为出现于公众面前时确认收入。广告的制作费，应根据制作广告的完工进度确认收入。

四、接受广告服务的费用处理

目前多数企业推销产品都利用了广告服务，所以，几乎所有的企业都存在对广告费用的所得税处理问题。《企业所得税法实施条例》规定，企业每一纳税年度可扣除的广告费用支出限制在销售（营业）收入的 15% 以内，但超过部分可以无限期向以后纳税年度结转。

广告费和业务宣传费扣除的计算基数均为申报表主表销售（营业）收入。销售（营业）收入按照会计制度核算的主营业务收入、其他业务收入，以及根据税收规定应确认为当期收入的视同销售收入三部分组成。

但是，对于部分特殊行业的广告费和业务宣传费支出税前扣除问题，财政部、国家税务总局《关于部分行业广告费和业务宣传费税前扣除政策的通知》（财税[2009]72 号）明确，自 2008 年 1 月 1 日起至 2010 年 12 月 31 日止：

其一，对化妆品制造、医药制造和饮料制造（不含酒类制造，下同）企业发生的广告费和业务宣传费支出，不超过当年销售（营业）收入30%的部分，准予扣除；超过部分，准予在以后纳税年度结转扣除。

其二，对采取特许经营模式的饮料制造企业，饮料品牌使用方发生的不超过当年销售（营业）收入30%的广告费和业务宣传费支出可以在本企业扣除，也可以将其中的部分或全部归集至饮料品牌持有方或管理方，由饮料品牌持有方或管理方作为销售费用据实在企业所得税前扣除。饮料品牌持有方或管理方在计算本企业广告费和业务宣传费支出企业所得税税前扣除限额时，可将饮料品牌使用方归集至本企业的广告费和业务宣传费剔除。饮料品牌持有方或管理方应当将上述广告费和业务宣传费单独核算，并将品牌使用方当年销售（营业）收入数据资料以及广告费和业务宣传费支出的证明材料专案保存以备检查。

前款所称饮料企业特许经营模式指由饮料品牌持有方或管理方授权品牌使用方在指定地区生产及销售其产成品，并将可以由双方共同为该品牌产品承担的广告费及业务宣传费用统一归集至品牌持有方或管理方承担的营业模式。

其三，烟草企业的烟草广告费和业务宣传费支出，一律不得在计算应纳税所得额时扣除。

在上述规定的前提下，还有一个问题需要明确，即粮食类白酒广告宣传费的税前列支问题。财政部、国家税务总局曾在《关于粮食类白酒广告宣传费不予在税前扣除问题的通知》（财税字［1998］45号）中明确，根据《中华人民共和国企业所得税暂行条例》及其实施细则的规定，纳税人发生的与生产、经营有关的各项费用，在计算应纳税所得额时准予扣除。考虑到我国粮食类白酒的生产现状和广告宣传费列支的具体情况，根据国务院领导指示精神，为加强粮食类白酒的税收管理，合理引导酒类消费，保证人民群众的健康和安全，有效解决我国白酒生产耗粮较大的问题，经研究，决定对粮食类白酒（含薯类白酒）的广告宣传费一律不得在税前扣除。凡已扣除的部分，在计算缴纳企业所得税时应作纳税调整处理。

新的企业所得税法实施以后，国家税务总局在《关于做好2008年度企业所得税汇算清缴工作的通知》（国税函［2009］55号）第三条就有关企业所得税政策和征管问题明确，对新税法实施以前财政部、国家税务总局发布的企业所得税有关管理性、程序性文件，凡不违背新税法规定原则，在没有制定新的规定前，可以继续参照执行；对新税法实施以前财政部、国家税务总局发布的企业所得税有关的政策性文件，应以新税法以及新税法实施后发布的相关规章、规范性文件为准。

为了理顺有关法律关系，新税法实施后，财政部和国家税务总局先后废止了部分文件，但是，财政部、国家税务总局《关于粮食类白酒广告宣传费不予在税前扣除问题的通知》（财税字[1998]45 号）却不在废止文件之列，也就是说，目前该文件仍然有效。这就出现以下问题，现行所得税政策没有禁止白酒企业在税前列支广告费用，而财税字[1998]45 号文件的规定仍然有效，那么，白酒生产企业在具体实务过程中应当如何操作？有关部门应当尽快明确。

第五节　其他业务的涉税分析

服务业是一个十分宽泛的行业，而且，随着社会分工的进一步深化，这个行业还在进一步拓展发展空间。也正因为如此，这个行业的涉税问题也十分复杂。规避服务行业的涉税风险，其基本要求就是加强有关政策的学习和研究，针对具体的业务情况作出正确的处理。事实上，不同的行业其涉税情况是不同的，仅以经营（营业）收入的确定为例，确认有关企业的经营收入的方法的计税依据税法会随时调节。

一、目前部分服务行业（企业）收入的确定

为了便于读者对货物经营额的理解，我们在这里将其他部分行业的营业额确定的最新规定在这里作一个简要介绍。

（一）单位和个人提供营业税应税劳务、转让无形资产和经营不动产发生退款，凡该项退款已征收过营业税的，允许退还已征税款，也可以从纳税人以后的营业额中减除。

（二）单位和个人在提供营业税应税劳务、转让无形资产、经营不动产时，如果将价款与折扣额在同一张发票上注明的，以折扣后的价款为营业额；如果将折扣额另开发票的，不论其在财务上如何处理，均不得从营业额

中减除。

电信单位经营的各种有价电话卡，由于其计费系统只能按有价电话卡面值出账并按有价电话卡面值确认收入，不能直接在经营发票上注明折扣折让额，以按面值确认的收入减去当期财务会计上体现的经营折扣折让后的余额为营业额。

（三）单位和个人提供应税劳务、转让无形资产和经营不动产时，因受让方违约而从受让方取得的赔偿金收入，应并入营业额中征收营业税。

（四）单位和个人因财务会计核算办法改变将已缴纳过营业税的预收性质的价款逐期转为营业收入时，允许从营业额中减除。

（五）保险企业已征收过营业税的应收未收保费，凡在财务会计制度规定的核算期限内未收回的，允许从营业额中减除。在会计核算期限以后收回的已冲减的应收未收保费，再并入当期营业额中。

（六）保险企业开展无赔偿奖励业务的，以向投保人实际收取的保费为营业额。

（七）中华人民共和国境内的保险人将其承保的以境内标的物为保险标的的保险业务向境外再保险人办理分保的，以全部保费收入减去分保保费后的余额为营业额。

境外再保险人应就其分保收入承担营业税纳税义务，并由境内保险人扣缴境外再保险人应缴纳的营业税税款。

（八）金融企业（包括银行和非银行金融机构，下同）从事票、债券买卖业务以股票、债券的卖出价减去买入价后的余额为营业额。买入价依照财务会计制度规定，以股票、债券的购入价减去股票、债券持有期间取得的股票、债券红利收入的余额确定。

（九）金融企业买卖金融商品（包括股票、债券、外汇及其他金融商品，下同），可在同一会计年度末，将不同纳税期出现的正差和负差按同一会计年度汇总的方式计算并缴纳营业税，如果汇总计算应缴的营业税税额小于本年已缴纳的营业税税额，可以向税务机关申请办理退税，但不得将一个会计年度内汇总后仍为负差的部分结转下一会计年度。

（十）金融企业从事受托收款业务，如代收电话费、水电煤气费、信息费、学杂费、寻呼费、社保统筹费、交通违章罚款、税款等，以全部收入减去支付给委托方价款后的余额为营业额。

（十一）经中国人民银行、外经贸部和国家经贸委批准经营融资租赁业务的单位从事融资租赁业务的，以其向承租者收取的全部价款和价外费用（包括残值）减除出租方承担的出租货物的实际成本后的余额为营业额。

以上所称出租货物的实际成本，包括由出租方承担的货物的购入价、关税、增值税、消费税、运杂费、安装费、保险费和贷款的利息（包括外汇借款和人民币借款利息）。

（十二）劳务公司接受用工单位的委托，为其安排劳动力，凡用工单位将其应支付给劳动力的工资和为劳动力上交的社会保险（包括养老保险金、医疗保险、失业保险、工伤保险等，下同）以及住房公积金统一交给劳务公司代为发放或办理的，以劳务公司从用工单位收取的全部价款减去代收转付给劳动力的工资和为劳动力办理社会保险及住房公积金后的余额为营业额。

（十三）通信线路工程和输送管道工程所使用的电缆、光缆和构成管道工程主体的防腐管段、管件（弯头、三通、冷弯管、绝缘接头）、清管器、收发球筒、机泵、加热炉、金属容器等物品均属于设备，其价值不包括在工程的计税营业额中。

其他建筑安装工程的计税营业额也不应包括设备价值，具体设备名单可由省级地方税务机关根据各自实际情况列举。

（十四）邮政电信单位与其他单位合作，共同为用户提供邮政电信业务及其他服务并由邮政电信单位统一收取价款的，以全部收入减去支付给合作方价款后的余额为营业额。

（十五）中国移动通信集团公司通过手机短信公益特服号“8858”为中国儿童少年基金会接受捐款业务，以全部收入减去支付给中国儿童少年基金会的价款后的余额为营业额。

（十六）经地方税务机关批准使用运输企业发票，按“交通运输业”税目征收营业税的单位将承担的运输业务分给其他运输企业并由其统一收取价款的，以其取得的全部收入减去支付给其他运输企业的运费后的余额为营业额。

（十七）旅游企业组织旅游团在中国境内旅游的，以收取的全部旅游费减去替旅游者支付给其他单位的房费、餐费、交通、门票或支付给其他接团旅游企业的旅游费后的余额为营业额。

（十八）从事广告代理业务的，以其全部收入减去支付给其他广告公司或广告发布者(包括媒体、载体)的广告发布费后的余额为营业额。

(十九)从事物业管理的单位,以与物业管理有关的全部收入减去代业主支付的水、电、燃气以及代承租者支付的水、电、燃气、房屋租金的价款后的余额为营业额。

(二十)单位和个人经营或转让其购置的不动产或受让的土地使用权,以全部收入减去不动产或土地使用权的购置或受让原价后的余额为营业额。

单位和个人经营或转让抵债所得的不动产、土地使用权的,以全部收入减去抵债时该项不动产或土地使用权作价后的余额为营业额。

(二十一)劳务分包可按差额纳税。对勘察设计单位将承担的勘察设计劳务分包或转包给其他勘察设计单位或个人并由其统一收取价款的,以其取得的勘察设计总包收入减去支付给其他勘察设计单位或个人的勘察设计费后的余额为营业税计税营业额。

二、营业税政策的变化对经营额的影响

由于通过实践证明增值税是一种比较科学的税种,所以我国将进一步推行增值税。未来发展的方向是缩小营业税的征收范围,进一步扩大增值税的征收和管理。最近,国家税务总局颁发的文件也充分体现出这个指导思想,这里我们列举几个文件作说明。

(一)林木经营和管护

对于林木经营和管护的涉税问题,国家税务总局在《关于林木经营和管护征收流转税问题的通知》(国税函[2008]212 号)中明确,纳税人经营林木以及经营林木的同时提供林木管护劳务的行为,属于增值税征收范围,应征收增值税。纳税人单独提供林木管护劳务行为属于营业税征收范围,其取得的收入中,属于提供农业机耕、排灌、病虫害防治、植保劳务取得的收入,免征营业税;属于其他收入的,应照章征收营业税。

(二)水利工程水费征收流转税问题

对于水利工程水费征收流转税问题,国家税务总局《关于水利工程水费

征收流转税问题的批复》(国税函[2007]461 号)明确,财政部、国家计委《关于将部分行政事业性收费转为经营服务性收费(价格)的通知》(财综[2001]94 号)规定,水利工程水费由行政事业性收费转为经营服务性收费。因此,水利工程单位向用户收取的水利工程水费,属于其向用户提供天然水供应服务取得的收入,按照现行流转税政策规定,不征收增值税,应按“服务业”税目征收营业税。

(三)保险追偿款不缴营业税

对于保险企业而言,保险追偿款的问题经常出现,对于这项收入是否缴纳营业税？许多人不了解。其实取得保险追偿款不用缴税。因为,按照金融企业会计制度的规定,保险业务收入包括保费收入、分保费收入和追偿款收入。而追偿款,是指发生保险事故后,保险公司按照保险合同的约定向被保险人支付赔款,并从被保险人处取得对保险标的价款进行追偿的权利而追回的价款。根据财政部、国家税务总局《关于营业税若干政策问题的通知》(财税[2003]16 号)规定:“保险企业取得的追偿款不征收营业税。”因此,保险企业在计算营业税应纳税额时应将追偿款收入剔除。

(四)服务企业取得违约金应缴营业税

赵先生是某市一家广告代理公司的会计,该公司全权代理某报社的广告业务。日前,由于报社未能履行合同,该公司按规定向其收取一定金额的违约金。后来,该公司收到主管税务部门下发的《限期改正通知书》,要求该公司就取得的违约金收入缴纳营业税。赵先生问,其公司收取的这笔违约金收入是否应缴纳营业税？根据《营业税暂行条例》第五条的规定,纳税人的营业额为纳税人提供应税劳务、转让无形资产或者经营不动产向对方收取的全部价款和价外费用。另据财政部、国家税务总局《关于营业税若干政策问题的通知》(财税[2003]16 号)规定,单位和个人提供应税劳务、转让无形资产和经营不动产时,因受让方违约而从受让方取得的赔偿金收入,应并入营业额中缴纳营业税。据此,赵先生所在公司向某报社收取的违约金应按“服务业”税目缴纳营业税。

三、部分特殊业务的涉税处理

对于服务行业而言，只要有需求，就会有服务的提供，只是服务提供的数量决定其是否会形成一个行业，从而带来税收政策的规范问题。部分服务行业虽然在社会中所占的比重不大，但是，同样也存在涉税问题需要处理，我们在这里引用上海振信财务咨询有限公司提供的一些资料对这些涉税问题作一个分析和介绍。

（一）经营性公墓的涉税处理

根据1992年8月25日民政部发布的《公墓管理暂行办法》规定，公墓是为城乡居民提供安葬骨灰和遗体的公共设施。公墓分为公益性公墓和经营性公墓。公益性公墓是为农村村民提供遗体或骨灰安葬服务的公共墓地。经营性公墓是为城镇居民提供骨灰或遗体安葬实行有偿服务的公共墓地，属于第三产业。公益性公墓由村民委员会建立。经营性公墓由殡葬事业单位建立。《办法》第十二条规定，经营性公墓，由建墓单位持批准文件，向当地工商行政管理部门领取营业执照，方可正式营业。

为支持殡葬事业的发展，原来的税收政策对该行业采取了免征营业税的政策。原《营业税暂行条例》第六条第（一）项规定，殡葬服务免征营业税。但是，其中没有明确经营性公墓使用权是否属于殡葬服务的范围。随着全国各地陆续兴办了一些经营性公墓，为了统一政策，2001年，财政部、国家税务总局《关于经营性公墓营业税问题的通知》（财税[2001]117号）文件对此进行了明确规定，根据《营业税暂行条例》第六条的规定，对经营性公墓提供的殡葬服务包括转让墓地使用权收入免征营业税。该政策将转让墓地使用权纳入殡葬服务范围，给予了免征营业税优惠。2009年，新《营业税暂行条例》仍然将殡葬服务纳入免税范围。但是，2010年5月，财政部、国家税务总局《关于公布若干废止和失效的营业税规范性文件的通知》（财税[2009]61）明确，原财政部、国家税务总局《关于经营性公墓营业税问题的通知》（财税[2001]117号）予以作废。那么，目前经营性公墓应如何缴纳营业税呢？

民政部《公墓管理暂行办法》规定，公墓墓区土地所有权依法归国家或集体所有，丧主不得自行转让或买卖。经营性公墓的墓穴管理费一次性收取最长不得超过20年。凡在经营性公墓内安葬骨灰或遗体的，丧主应按规定缴纳墓穴租用费、建筑工料费、安葬费和护墓管理费。据此分析，经营性公墓除了提供常规性的殡葬服务外，其公墓主要收取的费用包括墓穴管理费、墓穴租用费、建筑工料费、安葬费和护墓管理费，并没有收取转让墓地使用权收入。根据《公墓管理暂行办法》的规定，经营性公墓的土地使用权是不得转让的，因而，对经营性公墓的收入不能按转让土地使用权征税。但经营性公墓的地面建筑附着物部分，属于营业税法上认定的不动产，如果经营，可以按经营不动产征税。

由于殡葬服务是免税的，所以，经营性公墓如何缴营业税，需要对公墓收费的项目和性质进行认定，哪些费用属于殡葬服务费用免税，哪些费用不属于殡葬服务费用不免税，这就需要有相应的税收政策进行明确。有些省、市税务机关对此就曾经制定相应政策，如《上海市地方税务局关于对殡葬服务收入确定营业税免税范围的通知》(沪地税一[2000]62号)规定，对殡葬服务收入的免税范围具体明确如下：(一)殡仪馆服务收入免税范围包括接尸送尸费，扛尸费，防腐费，消毒包扎费，化妆费，更衣费，礼厅出租费(包括殡殓费，床围费，围花费，电子荧幕费，空调费，背景装饰费，特色镜框费，纸、绢花圈出租、盆景出租费，礼厅加班费，彩匾费，高档尸床费)，尸体火化费，纳骨费，认尸费，骨灰寄存费，观遗体进炉费，等灰加急费，入殓服务费。(二)公墓、骨灰堂服务收入免税范围公墓费(包括地价，石料费，配套费，管理费，落葬费，配套设施维修费)，壁葬费，塔葬费，树葬费，海葬费，公墓护墓(树)费，骨灰堂(阁)位置管理费。对上述列举范围以外的收入，均应按规定征收营业税、增值税。

(二)公证机构改革的涉税处理

依照司法部《公证机构执业管理办法》(司法部令101号)规定，江南公证处由原行政机关所属公证处，改制为合伙制公证机构。2006年3月1日实施的《公证法》对公证机构的性质作出了明确的规定，“公证机构是依法设立，不以营利为目的，依法独立行使公证职能、承担民事责任的证明机构。”公证机构按规定收取公证费。既然公证机构定性为依法设立，不以营利为目的，试问江南公证所收取的公证费是否属于免征营业税的范围，在所得税的征收上应缴纳企业所得税还是个人所得税，有无相关税收优惠政策。

上海振信财务咨询有限公司的咨询专家对此进行了解答：首先应予以明确你单位所收取的公证费应依法缴纳营业税及相关税收。由于你单位系合伙制机构，应依法向地税部门办理税务登记，接受税务管理，缴纳个人所得税。目前，国家规定只有事业法人或合作制公证机构享受自开业之日起，第一年至第二年免征企业所得税的优惠政策。具体而言，由于公证机构在体制上目前存在行政事业、合伙制及合作制三种体制，因此涉税政策征免上，主要包括营业税、企业所得税及个人所得税问题，其相关具体税收操作如下。

1. 公证费营业税政策征免有区分

作为从事法律服务中介的公证行业属于国家税务总局《关于司法公证机构改制后有关所得税问题的通知》（国税函[2001]739 号）规定中的咨询业。根据《营业税暂行条例》及实施细则和国家税务总局《关于印发〈营业税税目注释（试行稿）〉的通知》（国税发[1993]149 号）规定：公证收费属于服务业税目中的其他服务业，适用税率5%。

根据财政部、国家税务总局《关于下发不征收营业税的收费（基金）项目名单（第二批）的通知》（财税字[1997]117 号）规定：公证费属于不征收营业税的行政事业性收费。财政部、国家计委《关于将部分行政事业性收费转为经营服务性收费（价格）的通知》（财综[2001]94 号）同时规定：行政事业性收费转为经营服务性收费后，公证机构为行政机关的，其收取的公证费仍按行政事业性收费进行管理，即不征营业税。但根据财政部、国家税务总局《关于调整行政事业性收费（基金）营业税政策》（财税字[1997]5 号）及财税字[1997]117 号规定：行政机关所属的公证处所收取的公证费不征营业税须具备两个条件：(1)凡经中央及省级财政部门批准纳入预算管理或财政专户管理的行政事业性收费、基金，无论是行政单位收取的，还是由事业单位收取的，均不征收营业税；(2)对于已列入不征收营业税项目名单的收费、基金，在暂未纳入财政预算管理和财政专户管理之前，应照章征收营业税。因此，行政体制公证处所收取的纳入财政预算管理和财政专户管理公证费不征营业税。但是已改制为事业法人、合伙制或合作制的公证机构所收取的公证费，由于未纳入财政预算管理和财政专户管理，应照章征收营业税。

2. 事业法人单位或合作性质的公证机构应缴纳企业所得税

国家税务总局《关于司法公证机构改制后有关所得税问题的通知》（国

税函[2001]739号)规定:按照国办函[2000]53号规定,由原行政体制改为事业单位或者合作性质的公证机构,可视为新办从事咨询业的经营单位,依法缴纳企业所得税,并享受财政部、国家税务总局《关于企业所得税若干优惠政策的通知》([1994]财税字1号)规定的企业所得税优惠政策,即对新办的独立核算的从事咨询业(包括科技、法律、会计、审计、税务等咨询业),信息业,技术服务业的企业或经营单位,自开业之日起,第一年至第二年免征所得税。新设立的公证机构缴纳所得税问题,依照上述原则处理。

3. 合伙制性质的公证机构应依法缴纳个人所得税

国家税务总局《关于司法公证机构改制后有关所得税问题的通知》(国税函[2001]739号)规定:合伙制性质的公证处,按照国务院《关于个人独资企业和合伙企业征收所得税问题的通知》(国发[2000]16号)和财政部、国家税务总局《关于印发〈关于个人独资企业和合伙企业投资者征收个人所得税的规定〉的通知》(财税[2000]91号)执行。在正确计算应纳税所得额的基础上,按照个体工商业户的生产经营所得适用5%～45%的超额累进税率。

另外,还需要指出的是,新设立的公证机构以及根据国家事业单位登记管理局《事业单位登记管理暂行条例实施细则》(中央编办发[2005]15号)规定由原行政体制转制的公证机构,领取《事业单位法人证书》或者行业主管部门批准其设立以后,应按规定办理税务登记,其收费项目应进行纳税申报,依法纳税,使用税务发票。对不征税的收费、基金项目,应使用省级以上财政部门统一印制或监制的收费、基金票据。

取得拍卖收入怎样缴税

拍卖行为是一种特殊性质的涉税行为。就拍卖标的而言,有拍卖房屋、土地使用权等不动产行为,有拍卖文物艺术品类以及各类财产物资等动产行为,还有一些单位或个人的自主拍卖行为,如公安部门拍卖机动车牌照,交通部门拍卖公交线路运营权,电信部门拍卖手机、电话等的"吉祥号码"等。常见的企业整体转让拍卖亦可按以上分类拆分为不动产拍卖和动产拍卖两部分。

拍卖取得的涉税收入主要分为标的物拍卖价款和佣金收入两部分。对取得的涉税拍卖收入应如何计算纳税,国家对此有明确的税收政策规定。国家税务总局《关于人民法院强制执行被执行人财产有关税收问题的复函》

(国税函[2005]869 号)第二条规定,无论拍卖、变卖财产的行为是纳税人的自主行为,还是人民法院实施的强制执行活动,对拍卖、变卖财产的全部收入,纳税人均应依法申报缴纳税款。可以说,这是对拍卖行为中涉税征收的基本规定。具体来说,可以分为以下情况进行涉税处理:

拍卖行取得拍卖收入的税务处理

1. 增值税。国家税务总局《关于拍卖行取得的拍卖收入征收增值税、营业税有关问题的通知》(国税发[1999]40 号)第一条规定,对拍卖行受托拍卖增值税应税货物,向买方收取的全部价款和价外费用,应当按照 4% 的征收率征收增值税。拍卖货物属免税货物范围的,经拍卖行所在地县级主管税务机关批准,可以免征增值税。另外,财政部、国家税务总局《关于罚没物品征免增值税问题的通知》(财税字[1995]69 号)第一条规定,执罚部门和单位查处的属于一般商业部门经营的商品,具备拍卖条件的,由执罚部门或单位商同级财政部门同意后,公开拍卖。其拍卖收入作为罚没收入由执罚部门和单位如数上缴财政,不予征税。对经营单位购入拍卖物品再经营的应照章征收增值税。因此,对于应税货物,买受人支付的佣金已连同拍卖价款计缴增值税;若是代执法部门拍卖罚没动产,须向国税部门申请或减免增值税并获批复后,仅对买受人支付的佣金计缴增值税。

2. 营业税。《拍卖法》第五十六条规定,委托人、买受人可以与拍卖人约定佣金的比例。委托人、买受人与拍卖人对佣金比例未作约定,拍卖成交的,拍卖人可以向委托人、买受人各收取不超过拍卖成交价 5% 的佣金。收取佣金的比例按照同拍卖成交价成反比的原则确定。拍卖未成交的,拍卖人可以向委托人收取约定的费用;未作约定的,可以向委托人收取为拍卖支出的合理费用。

《营业税暂行条例》及实施细则明确规定,有偿提供应税劳务,有偿转让无形资产或者有偿转让不动产所有权的行为,应依法缴纳营业税。国家税务总局《关于拍卖行取得的拍卖收入征收增值税、营业税有关问题的通知》(国税发[1999]40 号)第二条规定,对拍卖行向委托方收取的手续费征收营业税。因此,拍卖行受托拍卖房屋、土地使用权等不动产,不动产的所有人按规定需要缴纳营业税;拍卖行拍卖不动产向委托人及买受人收取的佣金,分别按 5% 征收营业税;拍卖行拍卖动产向委托人收取的佣金,按 5% 征收营业税。

其他部门取得拍卖收入的税务处理

(1)电信部门拍卖手机、电话等“吉祥号码”,按“邮电通信业”缴纳营业税。

电信部门在提供电信劳务时,往往对某些吉祥、易记的电话号码采取公开拍卖的方式转让。这种行为仍属“邮电通信业”的征税范围,其营业额为拍卖收入及其他收入的全额,不得从中作任何扣除。

(2)公安部门拍卖机动车牌照,交通部门拍卖公交线路运营权不缴纳营业税。

国家税务总局《关于印发〈营业税问题解答(之一)〉的通知》(国税函发[1995]156 号)规定,公安部门拍卖机动车牌照,交通部门拍卖公交线路运营权,这两种行为均不属于营业税的征税范围,因而不征收营业税。

(3)土地管理部门以拍卖形式出让土地使用权的行为,不缴纳营业税。

国家税务总局《关于印发〈营业税税目注释(试行稿)〉的通知》(国税发[1993]149 号)规定,土地所有者出让土地使用权和土地使用者将土地使用权归还给土地所有者的行为,不征收营业税。此种形式广泛存在于房地产开发企业的土地使用权招标拍卖中,但这种土地使用权拍卖行为属于土地出让行为,不属于营业税的征收范围。

(4)人民法院的强制执行活动(包括拍卖行为)不缴纳营业税。

国家税务总局《关于人民法院强制执行被执行人财产有关税收问题的复函》(国税函[2005]869 号)第一条规定,人民法院的强制执行活动属司法活动,不具有经营性质,不属于应税行为,税务部门不能向人民法院强制执行活动征税。

个人财产拍卖行为的税务处理

国家税务总局《关于加强和规范个人取得拍卖收入征收个人所得税有关问题的通知》(国税发[2007]38 号)规定,个人通过拍卖市场拍卖个人财产,对其取得所得按规定征收个人所得税。个人财产拍卖所得应纳的个人所得税税款,由拍卖单位负责代扣代缴,并按规定向拍卖单位所在地主管税务机关办理纳税申报。另外,需要注意的是,纳税人如不能提供合法、完整、准确的财产原值凭证,不能正确计算财产原值的,按转让收入额的 3% 征收率计算缴纳个人所得税;拍卖品为经文物部门认定是海外回流文物的,按转让收入额的 2% 征收率计算缴纳个人所得税。

气象短信服务营业税如何计缴

某省气象信息中心与该省移动通信公司、联通公司及省电信有限公司合作开展气象短消息信息服务业务。结算方式为，每月从上述省级电信运营机构集中结算分回气象信息服务收入，由于开展气象短信息气象信息服务需各设区市气象局及其所属县（市）气象局（或气象服务中心）共同协作才能完成，因此该中心公司按照当月各县（市）用户量将收入分割给各县（市）气象协作单位，各市气象部门每月以分得的收入减去分割给县（市）气象部门收入，据此该公司及各相关业务合作单位应如何适用营业税税目，计税依据如何确定？

（1）省气象信息中心与电信运营商合作开展气象信息服务，其行为属于代理各市、县气象台（站）向社会提供气象信息服务，根据国家税务总局《关于印发〈营业税税目注释〉（试行稿）的通知》（国税发［1993］149 号）属于包括代购代销货物、代办进出口、介绍服务、其他代理服务等代委托人办理受托事项的业务。属于营业税服务业税目中代理业，适用税率 5%。其计税依据的确定，根据国家税务总局《关于代理业营业税计税依据确定问题的批复》（国税函［2007］908 号）规定，纳税人从事代理业务，应以其向委托人收取的全部价款和价外费用减除现行税收政策规定的可扣除部分后的余额为计税营业额。关于营业额减除项目凭证管理问题，财政部、国家税务总局《关于营业税若干政策问题的通知》（财税［2003］16 号）规定，营业额减除项目支付款项发生在境内的，该减除项目支付款项凭证必须是发票或合法有效凭证；支付给境外的，该减除项目支付款项凭证必须是外汇付汇凭证、外方公司的签收单据或出具的公证证明。就本例而言，营业额减除项目支付款项凭证必须是各气象协作单位提供的发票。

（2）气象服务合作方按照现行营业税政策规定，对提供气象信息服务的各市、县气象部门按照各自用户服务量分割后实际取得的气象信息服务收入，根据国税发［1993］149 号的规定，适用税目属于服务业税目中的其他服务业，适用税率 5%。同时，为避免重复纳税及正确适用差额征税的限定性条件，各协作单位收款时，应分别开具发票给上一级次的分割收入单位。

（3）电信运营商各电信运营商实际所取得用户使用气象数据业务而发生的基于短消息平台数据通信业务的收入，根据《营业税暂行条例》、实施细则及国税发［1993］149 号的规定，属于邮电通信业税目中的电信业，适用税率为3%。电信业计税营业额,为纳税人提供电信业务服务向对方收取的全部价款和价外费用(包括向对方收取的手续费、基金、集资费、代收款项、代垫款项及其他各种性质的价外收费)。凡价外费用,无论会计制度规定如何核算均应并入营业额计算纳税。对于双方合作开展电信业务,根据财政部、国家税务总局《关于营业税若干政策问题的通知》(财税[2003]16号)规定,邮政电信单位与其他单位合作,共同为用户提供邮政电信业务及其他服务并由邮政电信单位统一收取价款的,以全部收入减去支付给合作方价款后的余额为营业额。

版权输出按转让无形资产缴税

近日,有网友询问,版权输出是一种什么行为,是否属于营业税的征收范畴?

根据我国《著作权法》(中华人民共和国主席令第31号)的规定,版权即著作权,是指文学、艺术、科学作品的作者对其作品享有的权利,含以下人身权和财产权:发表权,署名权,修改权,保护作品完整权,复制权,发行权,出租权,展览权,表演权,放映权,广播权,信息网络传播权,摄制权,改编权,翻译权,汇编权,应当由著作权人享有的其他权利。版权所有人可以根据法律在法律规定的年限内对作品享有独占权。一般而言,其他人需要使用作品,应当事先取得版权所有人的许可,并向其支付报酬。

近年来,国内一些书刊通过版权输出的方式相继在国外出版发行,版权输出已成为我国出版物走出去的重要途径,就图书出版行业而言其运作主要有三种方式:一是版权输出,二是合作出版,三是直接经营本版书。这里的版权输出,是特指将中国内地出版社出版的图书,通过版权贸易的形式,输往国外,其交易形式分为交易即版权许可或版权转让。

就版权输出在税收政策上而言,无论是版权许可或版权转让,属于营业税中的转让无形资产的税目,适用税率为5%。国家税务总局《关于印发营业税税目注释(试行稿)》的通知(国税发[1993]149号)规定,转让著作权,是指转让著作的所有权或使用权的行为。著作,包括文字著作、图形著作(如画册、影集)、音像著作(如电影母片、录像带母带)。

国家税务总局《关于转让著作权征收营业税问题的通知》(国税发[2001]44号)规定,拥有无形资产所有权的单位或个人授权或许可他人向第三者转让"所有权人"的无形资产时,如"受托方"以"所有权人"的名义向第三者转让无形资产，转让过程中产生的权利和义务由“所有权人”承担，对“所有权人”应按照“受托方”向第三者收取的全部转让费依“转让无形资产”税目征收营业税，对“受托方”取得的佣金或手续费等价款按照“服务业”税目中的“代理”项目征收营业税；如“受托方”以自己的名义向第三者转让无形资产，转让过程中产生的权利和义务均由“受托方”承担，对“所有权人”向“受托方”收取的全部转让费和“受托方”向第三者收取的全部转让费，均按照“转让无形资产”税目征收营业税。如受托方所转让的无形资产不在我国境内使用，根据我国《营业税暂行条例实施细则》第七条第四款的规定不征营业税。

另外，需要补充说明的是，个人转让著作权的免缴营业税。

参考文献

[1]《中华人民共和国企业所得税法实施条例》立法起草小组．中华人民共和国企业所得税法实施条例释义及适用指南[M]．北京:中国财政经济出版社,2007.

[2]财政部会计司编写组．企业会计准则讲解(2006)[M]．北京:人民出版社,2007.

[3]庄粉荣．实用税收策划[M]．成都:西南财经大学出版社,2001.

[4]庄粉荣．投资活动与税收策划[M]．成都:西南财经大学出版社,2002.

[5]庄粉荣．纳税检查应对技巧[M]．成都:西南财经大学出版社,2002.

[6]庄粉荣．税收策划实务[M]．上海:上海立信会计出版社,2003.

[7]庄粉荣．纳税管理实务[M]．上海:上海立信会计出版社,2003.

[8]王雪华,庄粉荣,等．全国注册税务师执业资格考试复习指南(上、中、下册)[M]．南京:南京大学出版社,2004.

[9]庄粉荣．纳税筹划实战精典百例[M]．北京:机械工业出版社,2006,2010.

[10]庄粉荣,陈丽花．资产重组业务的税收筹划[M]．北京:机械工业出版社,2008.

[11]庄粉荣．销售业务的税收筹划[M]．北京:机械工业出版社,2009.

[12]庄粉荣．个人财富增值的税收筹划[M]．北京:机械工业出版社,2008.

[13]庄粉荣．纳税筹划大败局[M]．北京:机械工业出版社,2010.

[14]庄粉荣．税收筹划从哪里开始[J]．北大商业评论,2006(7).

[15]庄粉荣．个人理财新视角,涉税事项好筹划[J]．钱经,2009(7).

[16]中国税务报,2009-10~2010-3-31.